普通高等院校经管系列"十四五"规划教材

ECONOMIC MANAGEMENT

信息化财务管理实务

高菲 / 主编
宋粉鲜 郭东东 石鑫 滕文惠 / 副主编

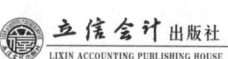
立信会计出版社
LIXIN ACCOUNTING PUBLISHING HOUSE

图书在版编目(CIP)数据

信息化财务管理实务 / 高菲主编. —— 上海：立信会计出版社，2022.1
ISBN 978-7-5429-6982-8

Ⅰ.①信… Ⅱ.①高… Ⅲ.①财务管理—管理信息系统—研究 Ⅳ.①F275-39

中国版本图书馆 CIP 数据核字(2021)第 245532 号

策划编辑　张巧玲
责任编辑　毕芸芸

信息化财务管理实务

出版发行	立信会计出版社			
地　　址	上海市中山西路 2230 号	邮政编码	200235	
电　　话	(021)64411389	传　真	(021)64411325	
网　　址	www.lixinaph.com	电子邮箱	lixinaph2019@126.com	
网上书店	http://lixin.jd.com	http://lxkjcbs.tmall.com		
经　　销	各地新华书店			
印　　刷	上海天地海设计印刷有限公司			
开　　本	787 毫米×1092 毫米　1/16			
印　　张	21.5			
字　　数	551 千字			
版　　次	2022 年 1 月第 1 版			
印　　次	2022 年 1 月第 1 次			
印　　数	1—2100			
书　　号	ISBN 978-7-5429-6982-8/F			
定　　价	55.00 元			

如有印订差错，请与本社联系调换

前 言

财务管理综合应用会计学、经济学及金融学等多门学科知识,将财务理论的综合性、全面性整合体现,在财会专业的课程体系和教学计划中占据重要地位,具有较强的应用性和实践性。根据麦肯锡全球研究院的研究,42%的财务活动通过成熟的技术可以实现全自动化,还有19%可以实现近全自动化。信息技术在财务管理自动化中的作用和价值日益提高。信息化财务管理培养学习者利用数据技术的处理方法和工具,对企业的筹资、投资、营运、分配等环节展现价值创造的管理能力。

在当前高校应用型转型的大背景下,院校在课程的设置上除了保持课程系统的理论体系,更加注重应用能力的培养,重视课程的实践性、实用性和创新性。在教材编写中,编者在深入研究讨论的基础上按照任务式学习法的思路,设计、编写了本教材。本教材更加侧重实践教学方法的应用,注重理论联系实际,结合"教学内容模块化",每个项目基本按照"情景引例——知识目标——能力目标——背景知识——活动目标——实训——习题"的体例编写,强调对问题的引导性学习思考,专业培养的针对性强。

本教材的主要特色如下:

(1) 在内容选取上,遵循企业财务管理常规流程,设置财务管理基础知识、投资决策、筹资决策、运营管理与股利分配决策、中小企业财务管理等知识章节,重视现实业务学习的同时关注相关理论的最新发展,重视学习者自我学习能力、系统性学习能力、数据处理能力的培养。

(2) 在内容设计上,强调应用型导向和活动目标的设计,以及对解决现实问题的思考,辅助常规财务处理工具——Excel,融入理论知识对现实财务问题的解决。

(3) 在章节设计上,以财务管理目标为导向、以资金流转为主线,让学习者学习如何运用资金时间价值形式,风险报酬原理,企业筹资、投资、资金营运、收益分配等财务知识进行分析、评价与决策。

本教材主要为三大群体提供学习支持:

(1) 财务类专业学生。基于教学理念的指引,本教材设计、细分了13个项目大类,83个活动子类,可满足学习者进行较系统、全面的财务管理课程教学诉求。

(2) 非财务类专业学生。本教材设计的构建是基于具体能力培养目标展开的,对应财务管理13大项目,进行了83项教学活动的设计,学习者可结合自身专业特色,选择相关的教学活动进行学习。

(3)企业财务工作者。本教材以实务工作中所遇到的问题为设计起点,提供必要的理论工具和财务方法进行问题的对应解决讲解,可为企业工作者解决实际问题提供相关智力支持。

在编写过程中,编者致力于为财务学习者提供适应时代背景,最新的学习成长素材,参考了大量的文献资料。在此,我们向参考过的文献的作者表示诚挚的谢意。由于编者水平有限,书中如存在疏漏与不当之处,敬请广大读者批评指正。

编者

2022年1月

目 录

项目一 财务管理工作知识储备 1
任务1 认知财务管理的内容 3
活动1 分析企业财务活动及其财务关系 3
活动2 模拟财务管理的环节 5
任务2 财务管理目标选择与协调 6
活动3 企业财务管理目标的选择 6
活动4 利益冲突的协调 8
任务3 财务管理环境分析 9
活动5 分析经济环境 9
活动6 分析法律环境 10
活动7 分析金融环境 11
任务4 财务管理组织机构设置 14
活动8 设置财务管理组织机构 14
活动9 了解财务经理的职责 16
活动10 了解财务职业生涯 17

项目二 财务管理基础 21
任务1 货币时间价值的应用 22
活动1 复利终值与现值 22
活动2 年金终值与现值 23
任务2 衡量风险与收益 27
活动3 风险与收益的估算 28
活动4 资本资产定价模型 32
财务管理基础实训 33

项目三 项目投资管理 39
任务1 项目投资的现金流量预估 41
活动1 现金流量估算 41
任务2 项目投资财务评价 43
活动2 净现值 44
活动3 年金净流量 46
活动4 现值指数 47
活动5 内含收益率 48
活动6 投资回收期 50

任务3　项目投资方案决策 ································· 52
　　　　活动7　独立投资方案决策 ································· 52
　　　　活动8　互斥投资方案决策 ································· 53
　　　　活动9　固定资产更新决策 ································· 55
　　项目投资管理实训 ··· 58
　　　　实训1　投资决策 ··· 58
　　　　实训2　固定资产更新决策 ································· 61

项目四　证券投资管理 ·· 66
　　任务1　债券投资决策 ······································· 69
　　　　活动1　债券投资 ··· 69
　　任务2　股票投资决策 ······································· 73
　　　　活动2　股票投资 ··· 73
　　任务3　证券组合投资 ······································· 76
　　　　活动3　证券投资组合 ····································· 76
　　证券投资管理实训 ··· 77
　　　　实训1　估算债券价值 ····································· 77
　　　　实训2　估算股票价值 ····································· 79

项目五　筹资方案管理 ·· 84
　　任务1　筹资方案的整体认知 ································· 86
　　　　活动1　筹资动因识别 ····································· 86
　　　　活动2　拓展筹资渠道 ····································· 89
　　　　活动3　筹资方式决策 ····································· 90
　　任务2　认知权益性筹资 ····································· 92
　　　　活动4　吸收直接投资 ····································· 92
　　　　活动5　发行股票筹资 ····································· 93
　　任务3　认知负债性筹资 ····································· 98
　　　　活动6　长期负债筹资 ····································· 98
　　　　活动7　短期负债筹资 ···································· 104
　　任务4　资金需要量决策 ···································· 105
　　　　活动8　销售百分比法 ···································· 105
　　筹资方案管理实训 ·· 107
　　　　实训1　选择还贷方式 ···································· 107
　　　　实训2　选择租赁筹资 ···································· 112

项目六　资本成本与资本结构 ································ 123
　　任务1　资本成本的计算与应用 ······························ 125
　　　　活动1　认识资本成本 ···································· 125
　　　　活动2　个别资本成本率的计算 ···························· 126
　　　　活动3　综合资本成本率的计算 ···························· 129
　　任务2　杠杆原理及其计算与应用 ···························· 133

活动4　经营杠杆的计算与分析 …………………………………… 133
　　　活动5　财务杠杆的计算与分析 …………………………………… 135
　　　活动6　总杠杆的计算与分析 ……………………………………… 137
　　任务3　资本结构优化分析 ……………………………………………… 138
　　　活动7　最佳资本结构的确定 ……………………………………… 138
　　资本成本与资本结构实训 ………………………………………………… 141

项目七　营运资金管理 ……………………………………………………… 153
　　任务1　营运资金的整体认知 …………………………………………… 154
　　　活动1　现金周期与营运周期 ……………………………………… 154
　　　活动2　流动资产投资策略 ………………………………………… 157
　　任务2　信用政策管理 …………………………………………………… 159
　　　活动3　目标现金余额 ……………………………………………… 159
　　　活动4　商业信用 …………………………………………………… 163
　　　活动5　应收账款管理 ……………………………………………… 165
　　任务3　存货管理决策 …………………………………………………… 169
　　　活动6　存货管理 …………………………………………………… 169
　　营运资金管理实训 ………………………………………………………… 173
　　　实训1　信用政策管理 ……………………………………………… 173
　　　实训2　存货管理 …………………………………………………… 175

项目八　收益分配管理 ……………………………………………………… 183
　　任务1　认知收益分配管理流程 ………………………………………… 184
　　　活动1　收益分配管理规范 ………………………………………… 184
　　任务2　确定股利政策 …………………………………………………… 188
　　　活动2　剩余股利分配政策决策 …………………………………… 188
　　　活动3　固定或稳定增长股利分配政策决策 ……………………… 189
　　　活动4　固定股利支付率股利分配政策决策 ……………………… 190
　　　活动5　低正常股利加额外股利分配政策决策 …………………… 190
　　任务3　股利分配方案的确定及股利的发放 …………………………… 191
　　　活动6　股票股利政策 ……………………………………………… 191
　　　活动7　股利发放的日程安排 ……………………………………… 194
　　　活动8　股票分割决策 ……………………………………………… 195
　　收益分配管理实训 ………………………………………………………… 197
　　　实训1　构建股利分配模型 ………………………………………… 197
　　　实训2　构建收益分配模型 ………………………………………… 200

项目九　财务分析 …………………………………………………………… 203
　　任务1　财务能力分析 …………………………………………………… 206
　　　活动1　偿债能力分析 ……………………………………………… 206
　　　活动2　营运能力分析 ……………………………………………… 215
　　　活动3　盈利能力分析 ……………………………………………… 218

   活动 4　发展能力分析 ·· 223
  任务 2　财务趋势分析 ·· 224
   活动 5　财务趋势分析 ·· 224
   活动 6　比较百分比财务报表 ··· 229
   活动 7　比较财务比率 ·· 230
  任务 3　财务综合分析 ·· 231
   活动 8　财务比率综合评分法 ··· 231
   活动 9　杜邦分析法 ··· 233
  财务分析实训 ··· 235

项目十　兼并、收购与公司控制权 ·· 246
  任务 1　企业并购动因及效应 ··· 248
   活动 1　并购动因及效应 ·· 248
  任务 2　企业并购估价 ·· 253
   活动 2　目标公司价值评估 ··· 254
  任务 3　企业并购运作 ·· 258
   活动 3　企业并购筹资 ·· 258
   活动 4　企业杠杆并购 ·· 261
   活动 5　管理层收购 ··· 262
   活动 6　并购防御战略 ·· 263
   活动 7　并购整合 ·· 265

项目十一　国际财务管理 ·· 271
  任务 1　认知国际财务管理 ·· 272
   活动 1　经济全球化与跨国公司的崛起 ·· 272
  任务 2　汇率风险的套期保值 ··· 274
   活动 2　认识外汇市场 ·· 274
   活动 3　三种套期保值的策略 ··· 275
  任务 3　认知国际财务管理活动 ·· 279
   活动 4　国际企业财务管理活动 ·· 279
   活动 5　国际企业税收管理 ··· 289

项目十二　中小企业财务管理 ·· 293
  任务 1　中小企业筹资管理决策 ·· 295
   活动 1　中小企业筹资管理 ··· 295
  任务 2　中小企业投资管理决策 ·· 299
   活动 2　中小企业投资管理 ··· 299
  任务 3　中小企业营运资本管理决策 ··· 301
   活动 3　中小企业营运资本管理 ·· 301

项目十三　非营利组织财务管理 ··· 310
  任务 1　非营利组织的预算与筹资管理决策 ··· 311
   活动 1　界定非营利组织财务管理 ·· 311

任务 2　非营利组织的筹资管理决策 ………………………………………… 313
　　　　活动 2　非营利组织的筹资管理 ……………………………………… 313
　　任务 3　非营利组织的资本预算决策 ………………………………………… 316
　　　　活动 3　非营利组织的预算管理 ……………………………………… 316
　　　　活动 4　非营利组织的资本预算 ……………………………………… 319
附表 ………………………………………………………………………………… 323

项目一
财务管理工作知识储备

情景引例

李明是一位刚毕业的大学生,他没有像其他同学一样找一家公司上班,而是选择了自主创业。他根据在大学中所学知识,以及利用假期参与各类实习所积累的一些工作经验,在反复进行可行性论证后,拟在高新区开设一家书友俱乐部,主营业务为图书销售,兼营咖啡售卖。万事开头难,李明面对的问题千头万绪,如俱乐部选址和场地租借、场地设计与装修、工商税务登记与银行开户、员工招聘与培训等。从财务管理角度出发,李明梳理出他认为最需要解决的管理事项:①俱乐部开业时需花多少钱?②开办俱乐部必须得有本金投入,这部分钱从何而来?对本金不足以满足全部投资造成的资金缺口,该如何筹措?③如何判断俱乐部是否该经营?④俱乐部未来发展规划与预期收益分配该如何协调?李明曾考察过几家书友俱乐部,对其经营模式有一定了解,下一步需要制订一份商业计划书,对该项目的投资可行性进行较为细致的测算及说明。李明设想先做单体式俱乐部,在未来5~8年实现连锁式经营。

想一想:如果你是李明的财务顾问,该如何替他进行财务规划和财务管理,处理财务相关的问题?

知识目标

财务管理的内容、财务管理的目标、财务管理的环境、财务管理的组织机构。

能力目标

- 能够正确分析企业财务活动与财务关系,熟悉企业财务管理的环节。
- 能够合理选择企业财务管理目标并对利益冲突进行协调。
- 能够准确分析企业财务管理的环境,合理设置财务管理的组织机构。

背景知识

1. 财务管理的萌芽时期

企业财务管理起源于15世纪末16世纪初。当时西方社会正处于资本主义萌芽时期,地中海沿岸的许多商业城市出现了由公众入股的商业组织,入股的股东有商人、王公、大臣、市民等。商业股份经济的发展客观上要求企业合理预测资本需要量,有效筹集资本。但由于这时的企业对资本的需要量并不是很大,筹资渠道和筹资方式比较单一,企业的筹资活动仅仅附属于商业经营管理,并没有形成独立的财务管理职业,这种情况一直持续到19世纪末20世纪初。

2. 筹资财务管理时期

19世纪末20世纪初，工业革命的成功促进了企业规模的不断扩大、生产技术的重大改进和工商活动进一步发展，股份公司迅速发展起来，并逐渐成为占主导地位的企业组织形式。股份公司的发展不仅引起了资本需求量的扩大，也使筹资的渠道和方式发生了重大变化，企业筹资活动得到进一步强化，如何筹集资本扩大经营，成为大多数企业关注的焦点。于是，许多公司纷纷建立了一个新的管理部门——财务管理部门，财务管理开始从企业管理中分离出来，成为一种独立的管理职业。当时公司财务管理的职能主要是预计资金需要量和筹措公司所需资金，融资是当时公司财务管理理论研究的根本任务。因此，这一时期被称为融资财务管理时期或筹资财务管理时期。

3. 法规财务管理时期

1929年爆发的世界性经济危机和20世纪30年代西方经济整体的不景气，造成众多企业破产，投资者损失严重。为保护投资人利益，西方各国政府加强了证券市场的法制管理。此时财务管理面临的突出问题是金融市场制度与相关法律规定等问题。财务管理首先研究和解释各种法律法规，指导企业按照法律规定的要求，组建和合并公司，发行证券以筹集资本。因此，西方财务学家将这一时期称为"法规财务管理时期"或"法规描述时期（Descriptive Legalistic Period）"。20世纪30年代后，财务管理的重点开始从扩张性的外部融资，向防御性的内部资金控制转移，各种财务目标和预算的确定、债务重组、资产评估、保持偿债能力等问题，开始成为这一时期财务管理研究的重要内容。

4. 资产财务管理时期

20世纪50年代以后，面对激烈的市场竞争和买方市场趋势的出现，财务经理普遍认识到，单纯靠扩大融资规模、增加产品产量已无法适应新的形势发展需要，财务经理的主要任务应是解决资金利用效率问题，公司内部的财务决策上升为最重要的问题，西方财务学家将这一时期称为"内部决策时期（Internal Decision-making Period）"。在此期间，资金的时间价值引起财务经理的普遍关注，以固定资产投资决策为研究对象的资本预算方法日益成熟，财务管理的重心由注重外部融资转向注重资金在公司内部的合理配置，这使公司财务管理发生了质的飞跃。由于这一时期资产管理成为财务管理的重中之重，因此称之为资产财务管理时期。

5. 投资财务管理时期

第二次世界大战结束以来，科学技术迅速发展，产品更新换代速度加快，国际市场迅速扩大，跨国公司增多，金融市场繁荣，市场环境更加复杂，投资风险日益增加，企业必须更加注重投资效益，规避投资风险，这对已有的财务管理提出了更高要求。20世纪60年代中期以后，财务管理的重点转移到投资问题上，因此称之为投资财务管理时期。财务管理学中原来比较独立的两个领域——投资学和公司财务管理的相互组合，使公司财务管理理论跨入投资财务管理的新时期。20世纪70年代后，金融工具的推陈出新使公司与金融市场的联系日益加强。认股权证、金融期货等广泛应用于公司筹资与对外投资活动，推动财务管理理论日益发展和完善。由于吸收了自然科学和社会科学的丰富成果，财务管理进一步发展成为集财务预测、财务决策、财务计划、财务控制和财务分析于一身，以筹资管理、投资管理、营运资金管理和利润分配管理为主要内容的管理活动，并在企业管理中居于核心地位。

6. 财务管理深化发展的新时期

20世纪70年代末，企业财务管理进入深化发展的新时期，并朝着国际化、精确化、电算化、网络化方向发展。70年代末和80年代初期,西方世界普遍遭遇了旷日持久的通货膨胀。大规模的持续通货膨胀导致资金占用迅速上升,筹资成本随利率上涨,有价证券贬值,企业筹资更加困难,公司利润虚增,资金流失严重。严重的通货膨胀给财务管理带来了一系列前所未有的问题,因此这一时期财务管理的任务主要是对付通货膨胀。通货膨胀财务管理一度成为热点问题。80年代中后期以来,进出口贸易筹资、外汇风险管理、国际转移价格问题、国际投资分析、跨国公司财务业绩评估等,成为财务管理研究的热点,并由此产生了一门新的财务学分支——国际财务管理。国际财务管理成为现代财务学的分支。80年代中后期,拉美、非洲和东南亚发展中国家陷入沉重的债务危机,苏联和东欧国家政局动荡、经济濒临崩溃,美国经历了贸易逆差和财政赤字,贸易保护主义一度盛行。这一系列事件导致国际金融市场动荡不安,使企业面临的投融资环境具有高度不确定性。因此,企业在其财务决策中日益重视财务风险的评估和规避,其结果是效用理论、线性规划、对策论、概率分布、模拟技术等数量方法在财务管理工作中的应用与日俱增。财务风险问题与财务预测、决策数量化受到高度重视。

随着数学方法、应用统计、优化理论与电子计算机等先进方法和手段在财务管理中的应用,公司财务管理理论发生了一场"革命"。财务分析向精确方向飞速发展。20世纪80年代诞生了财务管理信息系统。近年来,随着计算机技术、电子通信技术和网络技术的迅猛发展,财务管理的一场伟大革命——网络财务管理,已经悄然到来。

任务1　认知财务管理的内容

活动1　分析企业财务活动及其财务关系

活动目标:能够正确分析企业的财务活动及其财务关系。

基本知识:

财务管理是企业组织财务活动、处理财务关系的一项综合性管理工作。

1. 企业财务活动

企业的财务活动包括筹资、投资、资金营运、资金分配等一系列行为。

1) 筹资

企业组织商品生产,必须以占有或能够支配一定数额的资金为前提。也就是说,企业从各种渠道以各种方式筹集资金,是资金活动的起点。所谓筹资是指企业为了满足投资和用资的需要,筹措和集中所需资金的过程。在筹资过程中,企业一方面要确定筹资的总规模,以保证投资所需要的资金;另一方面要通过筹资渠道、筹资方式或工具的选择,合理确定筹资结构,以降低筹资成本和风险,提高企业价值。

企业通过筹资可以形成两种不同性质的资金来源:一是企业权益资金,企业可以通过向投资者吸收直接投资、发行股票、用留存收益转增资本等方式取得,其投资者包括国家、法人、个人等;二是企业债务资金,企业可以通过银行贷款、发行债券、利用商业信用等方式取得。企业筹集资金,表现为企业资金的流入。企业偿还借款、支付利息、股利以及付出各种筹集费用等,则表现为企业资金的流出。这种因为资金筹集而产生的资金收支,便是由企业筹资而引起的财务活动,是企业财务管理的主要内容之一。

2) 投资

企业取得资金后,必须将资金投入使用,以谋求最大的经济效益;否则,筹资就失去了目的和效用。企业投资可以分为广义的投资和狭义的投资两种。广义的投资是指将筹集的资金投入使用的过程,包括企业内部使用资金的过程(如购置流动资产、固定资产、无形资产等)和对外投放资金的过程(如投资购买其他企业的股票、债券或其他企业联营等)。狭义的投资仅指对外投资。企业无论是购买内部所需资产,还是购买各种证券,都需要支付资金。而当企业变卖其对内投资形成的各种资产或收回其对外投资时,则会产生资金的收入。这种企业投资产生的资金收付,便是由投资而引起的财务活动。

企业在投资过程中,必须考虑投资规模(即为确保获取最佳投资效益,企业应投入资金数额的多少);同时,企业还必须通过投资方向和投资方式的选择,来确定合理的投资结构,以提高投资效益、降低投资风险。所有这些投资活动都是财务管理的内容。

3) 资金营运

企业在日常生产经营过程中,会发生一系列的资金收付。首先,企业要采购材料或商品,以便从事生产和销售活动,同时,还要支付工资和其他营业费用;其次,当企业把产品或商品售出后,便可取得收入,收回资金;最后,如果企业现有资金不能满足企业经营的需要,还要采取短期借款方式来筹集所需资金。上述各方面都会产生企业资金的收付。这种因企业日常生产经营而引起的财务活动,被称为资金营运活动。

企业的营运资金,主要是指为了满足企业日常营业活动的需要而垫支的资金,营运资金的周转与生产经营周期具有一致性。在一定时期内,资金周转越快,资金的利用率就越高,就可能生产出更多的产品,取得更多的收入,获得更多的报酬。因此,如何加速资金周转,提高资金利用效果,也是财务管理的主要内容之一。

4) 资金分配

资金分配主要是指收益的分配。收益是一个含义比较广泛的概念,企业的收益亦有层次上的区分。企业营业收入和其他收入扣除生产经营过程中发生的各项耗费和损失之后的余额被称为息税前收益(EBIT),即支付利息及缴纳所得税之前的收益。息税前收益是企业财务管理中一个非常重要的概念。资金分配,从总体上说,就是将这部分收益分别以利息、企业所得税和利润(股利)等形式在投资者(包括企业所有者及债权人)及国家之间进行分配。这里需要说明的是:首先,依法向国家缴纳所得税是企业的法定义务,这一部分分配具有强制的性质;其次,在分配顺序上,向债权人支付利息属于息税前收益的第一分配项目,而且,企业不论有无收益,都必须向债权人支付利息,否则就有可能被迫清算企业的财产。

企业息税前收益在支付了利息和所得税之后的余额,即为企业的税后利润,是企业的最终经营成果。将税后利润在企业所有者之间进行分配,是企业收益分配中最重要的内容,也是收益分配管理的重点。

上述财务活动的四个方面,不是相互割裂、互不相关的,而是相互联系、相互依存的。正是上述相互联系又有一定区别的四个方面,构成了完整的企业财务活动,这四个方面也就是企业管理的基本内容。

2. 企业财务关系

企业的财务关系是指企业在筹资、投资和资金分配过程中与各方面发生的经济利益关系。财务关系的内容和本质特征是由经济体制所决定的。在市场经济条件下,企业的财务关系主要有以下方面:

(1) 企业与企业所有者之间的财务关系。企业与企业所有者之间的财务关系是各种财务关系中最根本的关系,这种关系是企业所有者对企业投入资金并参与企业收益分配而形成的投资和分配的关系。

(2) 企业与债权人及债务人之间的财务关系。企业债权人与债务人之间的财务关系,具体表现为与以下单位和个人之间的债权债务关系:

第一,企业与银行及非银行机构之间的直接借贷关系。

第二,企业与债券持有人和债券发行人之间的间接借贷关系。

第三,企业与购、销客户之间的由于赊销、赊购而形成的商业信用关系。

企业与债权人、债务人之间的财务关系,是企业所有财务关系中最为敏感的关系,能否处理好这种关系,直接关系到企业的形象与信誉,甚至直接关系到企业的生存与发展前景。

(3) 企业与国家之间的财务关系。企业与国家之间的财务关系表现为责任与义务关系,企业依法向国家交纳税金是企业对国家应尽的义务。因此,企业与国家之间的财务关系主要是指企业按税法规定向国家交纳税金的关系。

(4) 企业与内部职工之间的财务关系。企业与内部职工之间的财务关系主要表现为企业向职工支付工资、劳保及福利等方面的报酬,体现着企业与职工之间的按劳分配关系。

(5) 企业与社会的关系。企业与社会有着千丝万缕的关系,如环境保护关系、法律安全关系、产品质量关系等,这些关系会产生新的财务关系。

除此之外,还有企业通过对外投资、横向联合、融资租赁等活动而产生的企业与其他经济主体间的财务关系。

以上种种财务关系都是通过企业日常财务活动来表现和处理的,随着我国市场经济体制的不断发展与完善,以及金融市场的不断成熟和金融工具的日益现代化,企业的财务活动以及与各方面的财务关系将越来越复杂,如何处理好企业与各方面的财务关系,将成为决定企业生存和发展的关键问题之一。

活动 2 │ 模拟财务管理的环节

活动目标: 掌握财务规划和预测、财务决策、财务预算、财务控制、财务分析和业绩评价等财务管理环节。

基本知识:

财务管理的环节是指财务管理工作的步骤与一般程序。一般来说,企业财务管理包括以下 5 个环节。

1. 财务规划和预测

财务规划和预测首先要有全局观念,根据企业战略目标和规划,结合对未来宏观、微观形势的预测,来制定企业财务的战略和规划。企业战略目标的实现需要确定与之相匹配的企业财务战略目标,因此财务战略目标是企业战略目标的具体表现。财务战略规划也就是企业整体战略规划的具体化。在财务战略的指导下,企业财务人员要根据财务活动的历史资料，考虑现实的要求和条件，对企业未来的财务活动和财务成果做出科学的预计和测算。本环节的主要任务在于：测算各项生产经营方案的经济效益，为决策提供可靠的依据；预计财务收支的发展变化情况，以确定经营目标；测定各项定额和标准，为编制计划、分解计划指标服务。财务预测环节的工作主要包括以下步骤：①明确预测目标；②收集相关资料；③建立预测模型；④确定财务预测结果。

2. 财务决策

财务决策是指财务人员按照财务目标的总体要求，利用专门方法对各种备选方案进行比较分析，并从中选出最佳方案的过程。在市场经济条件下，财务管理的核心是财务决策，财务预测是为财务决策服务，决策成功与否直接关系到企业的兴衰成败。财务决策环节的工作主要包括以下步骤：①确定决策目标；②提出备选方案；③选择最优方案。

3. 财务预算

财务预算是指运用科学的技术手段和数量方法，对未来财务活动的内容及指标所进行的具体规划。财务预算是以财务决策确立的方案和财务预测提供的信息为基础编制的，是财务预测和财务决策的具体化，是控制财务活动的依据。财务预算的编制一般包括以下步骤：①分析财务环境，确定预算指标；②协调财务能力，组织综合平衡；③选择预算方法，编制财务预算。

4. 财务控制

财务控制是在财务管理的过程中，利用有关信息和特定手段，对企业财务活动所施加的影响或进行的调节。实行财务控制是落实预算任务、保证预算实现的有效措施。财务控制一般要经过以下步骤：①制定控制标准，分解落实责任；②实施追踪控制，及时调整误差；③分析执行情况，搞好考核奖惩。

5. 财务分析和业绩评价

财务分析是根据核算资料，运用特定方法，对企业财务活动过程及其结果进行分析和评价的一项工作。通过财务分析，可以掌握各项财务计划的完成情况，评价财务状况，研究和掌握企业财务活动的规律性，改善财务预测、决策、预算和控制，改善企业管理水平，提高企业经济效益。财务分析包括以下步骤：①收集资料，掌握信息；②指标对比，揭露矛盾；③分析原因，明确责任；④提出措施，改进工作。

在财务分析的基础上建立的经营业绩评价体系是企业建立奖励机制和发挥激励作用的依据和前提。一般来说，经营业绩评价体系应该是一个以财务指标为基础，并包括非财务指标的完整体系。非财务指标主要包括企业的战略驱动因素，如客户关系、学习和成长能力、内部经营过程等。一个完善的业绩评价体系应该力求达到内部与外部的平衡和长期与短期的平衡。

上述 5 个环节的财务管理工作相互联系、相互依存。

任务 2　财务管理目标选择与协调

活动 3 | 企业财务管理目标的选择

活动目标：能够正确选择企业财务管理的目标。

基本知识：

财务管理目标是在特定的理财环境中，通过组织财务活动、处理财务关系所要达到的目的。财务管理目标是一切财务活动的出发点和归宿。一般而言，最具有代表性的财务管理目标包括以下四种观点。

1. 利润最大化目标

起源于亚当·斯密关于"经济人"假说的利润最大化目标是经济学界的传统观点，时至今日，这种观点在理论界与实务界仍有较大影响。以追逐利润最大化作为财务管理的目标，其原因有三个方面：①人类进行生产经营活动的目的是创造更多的剩余产品，在商品经济条件下，剩余产品的多少可以用利润这个价值指标来衡量；②在自由竞争的资本市场中，资本的使用权最终属于获利最多的企业；③每个企业都最大限度地获得利润，整个社会的财富才可能实现最大化，从而带来社会的进步和发展。

利润最大化目标在实践中也存在一些问题：①这里的利润是指企业一定时期实现的利润总额，它没有考虑货币的时间价值；②没有反映创造的利润与投入的资本之间的关系，因而不利于不同资本规模的企业之间的比较；③没有考虑风险因素，高额利润往往要承担过大的风险；④片面追求利润最大化，可能导致企业的短期行为，如忽视科技开发、产品开发、人才开发、生产安全、技术装备水平、生活福利设施、履行社会责任等。

2. 股东财富最大化目标

以股东财富最大化作为财务管理的目标，主要根源于股东作为公司的所有者，承担着公司的全部风险，因而也应享受因经营活动带来的全部税后收益。或者说，股东对企业收益具有剩余要求权。这种剩余要求权赋予股东的权利、义务、风险、收益都大于公司的债权人、经营者和其他员工。因此，在确定公司财务管理目标时，应从股东的利益出发，选择股东财富最大化。在股份经济条件下，股东财富是由其所持有的股票数量和股票市场价格两方面决定的，在股票数量一定的前提下，当股票价格达到最高时，股东财富也达到最大。因此，股东财富最大化也可表示为股票价格最高化。

与利润最大化相比，以股东财富最大化作为理财目标具有积极的意义：①股票的内在价值是按照风险调整折现率折现后的现值，因此，股东财富这一指标能够考虑取得收益的时间因素和风险因素；②由于股票价值是一个预期值，股东财富最大化在一定程度上能够克服企业在追求利润时的短期行为，保证企业的长期发展；③股东财富最大化能够充分体现企业所有者对资本保值与增值的要求。

股东财富最大化目标也存在一些缺点：①股东财富最大化目标只适用于上市公司，对非上市公司则很难适用；②由于股票价格的变动不是公司业绩的唯一反映，而是受诸多因素影响的综合结果，因而股票价格的高低实际上不能完全反映股东财富或价值的大小；③股东财富最大化目标在实际工作中可能导致公司所有者与其他利益主体之间的矛盾与冲突。

3. 企业价值最大化目标

企业价值是指企业全部资产的市场价值，即企业资产未来预期现金流量的现值。企业价值不同于利润，利润只是新创造价值的一部分，而企业价值不仅包含了新创造的价值，还包含了企业潜在的或预期的获利能力。企业价值的评价一般是通过投资大众的市场评价进行的，投资者对企业潜在的获利能力预期越高，其价值就越大。企业价值的一般表达方式为：

企业价值＝债券市场价值＋股票市场价值

以企业价值最大化作为财务管理的目标，其优点主要表现在：①这一目标考虑了货币的时间价值和投资的风险价值；②这一目标反映了对企业资产保值增值的要求；③这一目标有利于克服管理上的片面性和短期行为；④这一目标有利于社会资源合理配置，社会资本通常流向企业价值最大化的企业或行业，从而实现社会效益最大化。

以企业价值最大化作为财务管理的目标也存在一些问题：①对于非上市企业，这一目标值不能依靠股票市价做出评判，而需通过资产评估方式进行，由于受到评估标准和评估方式的影响，这种估价不易客观和准确；②企业价值，特别是股票价值并非为企业所控制，其价格波动也并非与企业财务状况的实际变动相一致，这给企业实际经营业绩的衡量也带来了一定的困难。

4. 每股收益最大化目标

每股收益是企业实现的利润额与普通股股数的比值。这里的利润额是指净利润。所有者作为企业的投资者，其投资目标是取得资本收益，具体表现为净利润与出资额或普通股份数额的对比关系。这个目标的优点是把企业实现的利润额同投入的资本或股本数进行对比，能够说明企业的盈利水平，可以在不同资本规模的企业之间或同一企业不同期间进行比较，揭示其盈利水平的差异。但该指标没有考虑资金时间价值的风险因素，也不能避免企业的短期行为。

活动4　利益冲突的协调

活动目标：能够对相关利益群体的利益冲突进行有效协调。

基本知识：

企业财务管理目标是企业价值最大化，根据这一目标，财务活动所涉及的不同利益主体如何进行协调是财务管理必须解决的问题。

1. 所有者与经营者的矛盾与协调

企业价值最大化直接反映了企业所有者的利益，与企业经营者没有直接的利益关系。对所有者来讲，他所放弃的利益也就是经营者所得的利益。在西方，这种被放弃的利益也被称为所有者支付给经营者的享受成本。但问题的关键不是享受成本的多少，而是在增加享受成本的同时，是否更多地提高了企业价值。因而，经营者和所有者的主要矛盾就是经营者希望在提高企业价值和股东财富的同时，能更多地增加享受成本；而所有者和股东则希望以较小的享受成本支出带来更高的企业价值或股东财富。为了解决这一矛盾，应采取经营者的报酬与绩效相联系的方法，并辅之以一定的监督措施。

1）解聘

这是一种所有者约束经营者的常规办法。所有者对经营者予以监督，如果经营者未能使企业价值达到最大，就解聘经营者。为此，经营者会因为害怕被解聘而努力实现财务管理目标。

2）接收

这是一种通过市场约束经营者的办法。如果经营者决策失误、经营不力，未能采取一切有效措施使企业价值提高，该公司可能被其他公司强行接收或吞并，相应经营者也会被解聘。为此，经营者为了避免这种接收，必须采取一切措施提高股票市价。

3）激励

这将经营者的报酬与其绩效挂钩,以使经营者自觉采取能满足企业价值最大化的措施。激励有两种基本方式:①"股票选择权"方式。它是允许经营者以固定的价格购买一定数量的公司股票,股票的价格高于固定价格越多,经营者所得的报酬就越多。经营者为了获取更大股票涨价益处,就必然主动采取能够提高股价的行动。②"绩效股"形式。它是公司运用每股利润、资产收益率等指标来评价经营者的业绩,视其业绩大小给予经营者数量不等的股票作为报酬。如果公司的经营业绩未能达到规定目标,经营者也将部分丧失原先持有的"绩效股"。这种方式使经营者不仅为了夺得"绩效股"而不断采取措施提高公司的经营业绩,而且为了使每股市价最大化而采取各种措施使股票市价稳定上升。

2. 所有者与债权人的矛盾与协调

所有者的财务目标可能与债权人期望实现的目标发生矛盾。首先,所有者可能要求经营者改变举债资金的原定用途,将其用于风险更高的项目,这会增大偿债风险,债权人的负债价值也必然会实际降低。若高风险的项目一旦成功,额外的利润就会被所有者独享;但若失败,债权人却要与所有者共同负担由此而造成的损失。这对债权人来说风险与收益是不对称的。其次,所有者或股东可能未征得现有债权人的同意,而要求经营者发行新债券或举借新债,致使旧债券的价值降低(因为相应的偿债风险增加)。

为协调所有者与债权人的上述矛盾,通常可采取以下方式:

（1）限制性借款,即在借款合同中加入某些限制性条款,如规定借款的用途、借款的担保条款、借款人的信用条件等。

（2）收回借款或停止借款,即当债权人发现公司有侵蚀其债权价值的意图时,采取收回债权、不给予公司增加放款等措施,从而来保护自身的权益。

任务 3　财务管理环境分析

活动 5　分析经济环境

活动目标：能够准确分析企业面临的经济环境。

基本知识：

企业的财务管理环境又称理财环境,是指对企业财务活动产生影响作用的企业外部条件。财务管理环境是企业财务决策难以改变的外部约束条件,企业财务决策更多的是适应财务管理环境的要求和变化。财务管理环境涉及的范围很广,其中最重要的是经济环境、法律环境和金融环境。

影响财务管理的经济环境因素主要有经济周期、经济发展水平、经济政策等。

1. 经济周期

在市场经济条件下,经济发展与运行带有一定的波动性。这种波动大体上经历复苏、繁荣、衰退和萧条几个阶段的循环,这种循环叫作经济周期。资本主义经济周期是人所共知的现象,西方财务学者曾讨论了经济周期中的经济理财策略,形成了相关经济周期的理财策略建议,如表 1-1 所示。

表 1-1　　　　　　　　　　经济周期中的经济理财策略

复苏	繁荣	衰退	萧条
1. 增加厂房设备	1. 扩充厂房设备	1. 停止扩张	1. 建立投资标准
2. 实行长期租赁	2. 继续建立存货	2. 出售多余设备	2. 保持市场份额
3. 建立存货	3. 提高价格	3. 停止不利产品	3. 缩减管理费
4. 引进新产品	4. 开展营销规划	4. 停止长期采购	4. 放弃次要利益
5. 增加劳动力	5. 增加劳动力	5. 消减存货	5. 削减存货
		6. 停止雇员	6. 裁减雇员

我国的经济发展与运行也呈现其特有的周期特征,带有一定的经济波动。企业的筹资、投资和资产运营等理财活动都要受到这种经济波动的影响。比如在治理紧缩时期,社会资金十分短缺,利率上涨,会使企业的筹资非常困难,甚至影响到企业的正常生产经营活动。相应的,企业的投资方向会因利率的上涨而转向本币存款或贷款。此外,由于国际经济交流与合作的发展,西方的经济周期影响也不同程度地波及我国。因此,企业财务人员必须认识到经济周期的影响,掌握在经济发展波动中理财的能力。

2. 经济发展水平

习近平总书记在党的十九大报告中指出:"我国经济已由高速增长阶段转向高质量发展阶段。"这是根据国际、国内环境变化,特别是我国发展条件和发展阶段变化作出的重大判断。此经济发展背景给企业扩大规模、调整方向、打开市场,以及拓宽财务活动的领域带来了机遇;同时,资金短缺、成本上升等问题仍将长期存在,这又给企业财务管理带来严峻的考验。因此,企业财务管理工作者必须积极探索与经济发展水平相适应的财务管理模式。财务管理应当以宏观经济发展目标为导向,从业务工作角度保证企业经营目标和经营战略的实现。

3. 经济政策

我国经济体制改革的目标是建立社会主义市场经济体制,以进一步解放和发展生产力。在这个总目标的指导下,我国已经并持续进行财税体制、金融体制、外汇体制、外贸体制、计划体制、价格体制、投资体制、社会保障制度等的改革。所有这些改革措施,深刻地影响着我国人民的经济生活,也深刻地影响着我国企业的发展和财务活动的运行。例如,金融政策中货币的发行量、信贷规模都影响着企业投资的资金来源和投资的预期收益;财税政策会影响企业的资金结构和投资项目的选择等;价格政策能影响资金的投向和投资的回收期及预期收益等。可见,经济政策对企业财务的影响是非常大的。这就要求企业财务人员必须把握好经济政策,更好地为企业的经营理财活动服务。

活动6　分析法律环境

活动目标:能够准确分析企业面临的法律环境。
基本知识:
财务管理的法律环境是指企业和外部发生经济关系时所应遵守的各种法律、法规和规章。企业的理财活动,无论是筹资、投资还是利润分配,都要和企业外部发生经济关系。在处理这些经济关系时,应当遵守有关的法律规范。

1. 企业组织法规

企业组织必须依法成立。组建不同的企业要依照不同的法规。这些法规主要有《中华人民共和国公司法》(以下简称《公司法》)《全民所有制工业企业法》《外资企业法》《私营企业暂行条例》《合伙企业法》等。这些法规既是企业的组织法,又是企业的行为法。

各种不同组织形式的企业应按照相应的企业法进行理财活动。例如,《公司法》对公司的设立条件、设立程序、组织机构、组织变更和终止的条件和程序都作了规定,包括股东人数、法定资本的最低限额、资本的筹资方式等。只有按规定的条件和程序建立的企业,才能称为公司。《公司法》还对公司生产经营的主要方面做出了规定,包括股票的发行和交易、债券的发行和转让、利润的分配等。公司一旦成立,其主要的活动,包括财务管理活动,都要按照《公司法》的规定来进行。因此,《公司法》是公司财务管理最重要的强制性规范,公司的理财活动不能违反该法律,公司的自主权不能超出该法律的限制。

2. 税收法规

国家财政收入的主要来源是企业所交纳的税金,而国家财政状况和财政政策对于企业资金供应和税收负担都有着重要的影响;国家各种税种的设置、税率的调整,还具有调节生产经营职能的作用。企业的财务决策应当适应税收政策的导向,合理安排资金的投入,以追求最佳的经济效益。

国家税收制度特别是工商税收制度,是企业财务管理的重要外部条件。按照"十四五"规划纲要要求,我国提出了将进一步完善现代税收制度,健全地方税、直接税体系,优化税制结构,建立健全有利于高质量发展、社会公平、市场统一的税收制度体系。现有税种为企业所得税、增值税、消费税、土地使用税、社保费及其他。税负是企业的一种费用,会增加企业的现金流出,对企业理财有重要影响。企业都希望在不违反税法的前提下减轻税务负担。税负的减少,只能靠投资、筹资和利润分配等财务决策时的精心安排和筹划,而不允许在纳税行为已经发生时去偷税漏税。精通税法,对财务主管人员有重要意义。

3. 财务法规

财务法规是规范企业财务行为的法律规范,包括《中华人民共和国会计法》(以下简称《会计法》)、《企业财务通则》《企业会计准则》等。《会计法》作为我国会计工作的根本大法,是我国进行会计工作的基本依据。由于财务与会计工作的关联性,每个财务人员必须熟悉《会计法》并以此来指导自己的工作。《企业财务通则》是各类企业从事财务活动、实施财务管理和监督必须统一遵循的基本原则和规范。它对建立资本金制度、固定资产的折旧、成本的开支范围、利润的分配等问题作出了规定。《企业会计准则》是为了规范企业会计确认、计量和报告行为,保证会计信息质量,根据《会计法》和其他有关法律、法规制定的。它适用于中华人民共和国境内设立的企业(包括公司)。

除上述法规外,与企业财务管理有关的其他经济法规还有很多,包括各种证券法规、结算法规、合同法规等。财务人员必须熟悉这些法规,在守法的前提下完成财务管理的职能,实现企业的财务目标。

活动 7 分析金融环境

活动目标:能够准确分析企业面临的金融环境。

基本知识:

企业总是需要资金从事投资和经营活动。而资金的取得,除了自有资金,主要从金融机构和金融市场取得。金融政策的变化必然影响企业的筹资、投资和资金运营活动,因此,金融环境是企业最为主要的环境因素。影响财务管理的主要金融环境因素有金融机构、金融工具、金融市场、利息率等。

1. 金融机构

社会资金从资金供应者手中转移到资金需求者手中,大多要通过金融机构。金融机构包括银行业金融机构和其他金融机构。

1) 银行业金融机构

银行业金融机构是指经营存款、放款、汇兑、储蓄等金融业务,承担信用中介的金融机构。银行的主要职能是充当信用中介、充当企业之间的支付中介、提供信用工具、充当投资手段和充当国民经济的宏观调控手段。我国银行主要包括各种商业银行和政策性银行。商业银行,包括国有商业银行(如中国工商银行、中国农业银行、中国银行和中国建设银行)和其他商业银行(如交通银行、广东发展银行、投资银行、光大银行等);政策性银行主要包括中国进出口银行、国家开发银行等。

2) 其他金融机构

其他金融机构包括金融资产管理公司、信托投资公司、财务公司、金融租赁公司等。

2. 金融工具

金融工具是指在信用活动中产生的、能够证明债权债务关系并据以进行资金交易的合法凭证,它对于债权债务双方所应承担的义务与享有的权利均具有法律效力。金融工具一般具有期限性、流动性、风险性和收益性四个基本特征。

(1) 期限性。这是指金融工具一般规定了偿还期,也就是规定债务人必须全部归还本金之前所经历的时间。

(2) 流动性。这是指金融工具在必要时迅速转变为现金而不致遭受损失的能力。

(3) 风险性。这是指购买金融工具的本金和预定收益遭受损失的可能性,一般包括信用风险和市场风险两个方面。

(4) 收益性。这是指持有金融工具所能够带来的一定收益。

金融工具若按期限不同可分为资金市场工具和资本市场工具,前者主要有商业票据、国库券(国债)、可转让大额定期存单、回购协议等;后者主要有股票和债券。

3. 金融市场

1) 金融市场的定义、功能与要素

金融市场是指资金供应者和资金需求者双方通过金融工具进行交易的场所。金融市场可以是有形的市场,如银行、证券交易所等;也可以是无形的市场,如利用电脑、电传、电话等设施通过经纪人进行资金融通活动。

金融市场的主要功能有:转化储蓄为投资;改善社会经济福利;提供多种金融工具并加速流动,使中短期资金凝结为长期资金;提高金融体系竞争性和效率;引导资金流向。

金融市场的要素主要有:①市场主体,即参与金融市场交易活动而形成买卖双方的各经济单位。②金融工具,即借以进行金融交易的工具,一般包括债权债务凭证和所有权凭证。③交易价格,反映的是在一定时期内转让资金使用权的报酬。④组织方式,即金融市场的交易采用方式。

从企业财务管理角度来看,金融市场作为资金融通的场所,是企业向社会筹集资金必不可少的条件。财务管理人员必须熟悉金融市场的各种类型和管理规则,有效地利用金融市场来组织资金的筹措和进行资本投资等活动。

2) 金融市场的种类

金融市场按组织方式的不同可划分为两部分:第一部分是有组织的、集中的场内交易市场,即证券交易所,它是证券市场的主体和核心;第二部分是非组织化的、分散的场外交易市场,它是证券交易所的必要补充。本书主要对第一部分市场的分类作一介绍:

(1) 按期限划分为短期金融市场和长期金融市场。短期金融市场又称资金市场,是指以期限1年以内的金融工具为媒介,进行短期资金融通的市场。其主要特点有:①交易期限短;②交易的目的是满足短期资金周转的需要;③所交易的金融工具有较强的资金性。长期金融市场又称资本市场,是指以期限1年以上的金融工具为媒介,进行长期性资金交易活动的市场。其主要特点有:①交易的主要目的是满足长期投资性资金的供求需要;②收益较高而流动性较差;③资金借贷量大;④价格变动幅度大。

(2) 按证券交易的方式和次数分为初级市场和次级市场。初级市场也称一级市场或发行市场,是指新发行证券的市场,这类市场使预先存在的资产交易成为可能。次级市场也称二级市场或流通市场,是指现有金融交易的交易场所。初级市场我们可以理解为"新货市场",次级市场我们可以理解为"旧货市场"。

(3) 按金融工具的属性分为基础性金融市场和金融衍生品市场。基础性金融市场是指以基础性金融产品为交易对象的金融商场,如商业票据、企业债券、企业股票的交易商场。金融衍生品市场是指以金融衍生品生产工艺为交易对象的金融市场。所谓金融衍生产品是一种金融合约,其价值取决于一种或多种基础资产或指数,合约的基本种类包括远期、期货、掉期(互换)、期权,以及具有远期、期货、掉期(互换)和期权中一种或多种特征的结构化金融工具。

除上述分类外,金融市场还可以按交割方式分为现货市场、期货市场和期权市场;按交易对象分为票据市场、证券市场、衍生工具市场、外汇市场、黄金市场等;按交易双方在地理上的距离而划分为地方性的、全国性的、区域性的金融市场和国际金融市场。

4. 利息率

利息率也称利率,是利息占本金的百分比指标。从资金的借贷关系看,利率是一定时期运用资金资源的交易价格。资金作为一种特殊商品,以利率为价格标准的融通,实质上是资源通过利率实行的再分配。因此利率在资金分配及企业财务决策中起着重要作用。

1) 利率的类型

利率可按照不同的标准进行分类:

(1) 按利率之间的变动关系,分为基准利率和套算利率。基准利率又称基本利率,是指在多种利率并存的条件下起决定作用的利率。所谓起决定作用是指这种利率变动,其他利率也相应变动。因此,了解基准利率水平的变化趋势,就可了解全部利率的变化趋势。基准利率在西方通常是中央银行的再贴现率,在我国是中国人民银行对商业银行贷款的利率。套算利率是指基准利率确定后,各金融机构根据基准利率和借贷款项的特点而换算出的利率。例如,某金融机构规定,贷款AAA级、AA级、A级企业的利率,应分别在基准利率基础上加0.5%、1%、1.5%,加总计算所得的利率便是套算利率。

(2) 按利率与市场资金供求情况的关系,分为固定利率和浮动利率。固定利率是指在借贷期内固定不变的利率。受通货膨胀的影响,实行固定利率会使债权人利益受到损害。浮动利率是指在借贷期内可以调整的利率。在通货膨胀条件下采用浮动利率,可使债权人减少损失。

(3) 按利率形成机制的不同,分为市场利率和法定利率。市场利率是指根据资金市场上的供求关系,随着市场而自由变动的利率。法定利率是指由政府金融管理部门或者中央银行确定的利率。

2) 利率的一般计算公式

正如任何商品的价格均由供应和需求两方面来决定一样,资金这种特殊商品的价格——利率,也主要是由供给与需求来决定。但除了这两个因素,经济周期、通货膨胀、国家资金政策和财政政策、国际经济政治关系、国家利率管制程度等,对利率的变动均有不同程度的影响。因此,资金的利率通常由三部分组成:①纯利率;②通货膨胀补偿率(或称通货膨胀贴水);③风险收益率。利率的一般计算公式可表示如下:

$$利率 = 纯利率 + 通货膨胀补偿率 + 风险收益率$$

纯利率是指没有风险和通货膨胀情况下的均衡点利率。通货膨胀补偿率是指由于持续的通货膨胀会不断降低资金的实际购买力,为补偿其购买力损失而要求提高的利率。风险收益率包括违约风险收益率、流动性风险收益率和期限风险收益率。其中,违约风险收益率是指为了弥补因债务人无法按时还本付息而带来的风险,由债权人要求提高的利率;流动性风险收益率是指为了弥补因债务人资产流动不好而带来的风险,由债权人要求提高的利率;期限风险收益率是指为了弥补因偿债期长而带来的风险,由债权人要求提高的利率。

任务 4 财务管理组织机构设置

活动 8 设置财务管理组织机构

活动目标:能够科学设置合适的财务管理组织机构。

基本知识:

企业组织形式有很多,按照不同标准可以作不同的分类。这里主要介绍按照国际惯例划分的三种企业组织形式。

1. 个人独资企业

个人独资企业是指由一个自然人投资兴办的企业,企业主享有全部的经营所得,同时对债务负完全责任。

个人独资企业的优点有:①企业开办、转让、关闭的手续简便;②企业主自负盈亏,对企业的债务承担无限责任,因而企业主会竭力把企业经营好;③企业税负较轻,只需要缴纳个人所得税;④企业在经营管理上制约因素较少,经营方式灵活,决策效率高;⑤没有信息披露的限制,企业的技术和财务信息容易保密。

个人独资企业也存在无法克服的缺点,主要有:①风险巨大。企业主对企业承担无限责任,在硬化企业预算约束的同时,也带来了企业主承担风险过大的问题,从而限制了企业主向风险较大的部门或领域进行投资,这对新兴产业的形成和发展极为不利。②筹资困难。因为个人资金有限,在借款时往往会因信用不足而遭到拒绝,限制了企业的发展和大规模经营。③企业寿命有限。企业所有权和经营权高度统一的产权结构意味着企业主的死亡、破产、犯罪都有可能导致企业不复存在。

基于以上特点,个人独资企业的理财活动相对来说比较简单。

2. 合伙企业

合伙企业是指由两个以上的自然人订立合伙协议,共同出资、合伙经营、共享收益、共担风险,并对合伙企业债务承担无限连带责任的企业。为了避免经济纠纷,在合伙企业成立时,合伙人须订立合伙协议,明确每个合伙人的权利和义务。与个人独资企业相比,合伙企业资信条件较好,容易筹措资金和扩大规模,经营管理能力也较强。按照合伙人的责任不同,合伙企业可分为普通合伙企业和有限合伙企业。普通合伙企业的合伙人均为普通合伙人,对合伙企业的债务承担无限连带责任。有限合伙企业由普通合伙人和有限合伙人组成,有限合伙人以其出资额为限对债务承担有限责任。但是,有限合伙制要求至少有一人是普通合伙人,而且有限合伙人不直接参与企业经营管理活动。

合伙企业具有设立程序简单、设立费用低等优点,但也存在责任无限、权力分散、产权转让困难等缺点。

由于合伙企业的资金来源和信用能力比独资企业有所增加,盈余分配也更加复杂,因此合伙企业的财务管理比独资企业要复杂得多。

3. 公司制企业

公司制企业是指依照国家相关法律集资创建的,实行自主经营、自负盈亏,由法定出资人(股东)组成的,具有法人资格的独立经济组织。

公司制企业的主要特点包括以下几个方面:

(1) 独立的法人实体。公司一经宣告成立,法律即赋予其独立的法人地位,具有法人资格,能够以公司的名义从事经营活动,享有权利,承担义务,从而使公司在市场上成为竞争主体。

(2) 具有无限的存续期。股东投入的资本长期归公司支配,股东无权从公司财产中抽回投资,只能通过转让其拥有的股份收回投资。这种资本的长期稳定性决定了公司只要不解散、不破产,就能够独立于股东而持续、无限期地存在下去,这种情况有利于企业实行战略管理。

(3) 股东承担有限责任。这是指公司一旦出现债务,这种债务仅是公司的债务,股东仅以其出资额为限对公司债务承担有限责任,这就为股东分散了投资风险,从而有利于吸引社会游资,扩大企业规模。

(4) 所有权和经营权分离。公司的所有权属于全体股东,经营权委托专业的经营者负责管理,管理的专门化有利于提高公司的经营能力。

(5) 筹资渠道多元化。股份公司可以通过资本市场发行股票或发行债券募集资金,有利于企业的资本扩张和规模扩大。

一般来说,公司分为有限责任公司与股份有限公司。有限责任公司与股份有限公司的不同点在于:

(1) 股东的数量不同。有限责任公司的股东人数有最高和最低的要求,而股份有限公司的股东人数只有最低要求,没有最高限制。

(2) 成立条件和募集资金的方式不同。有限责任公司的成立条件相对来说比较宽松,股份有限公司的成立条件比较严格;有限责任公司只能由发起人集资,不能向社会公开募集资金,股份有限公司可以向社会公开募集资金。

(3) 股权转让的条件限制不同。有限责任公司的股东转让自己的出资要经股东会讨论通过;股份有限公司的股票可以自由转让,具有充分的流动性。

在上述三种企业组织形式中,公司制是大企业普遍采用的组织形式,因此,现代财务管理学的分析与研究以公司制企业为基本研究对象。本书所讲的财务管理也主要是指公司的财务管理。

活动9 了解财务经理的职责

活动目标: 能够科学界定财务经理的主要工作内容。
基本知识:

在大型企业中,理财活动通常与企业高层管理者有关,如副总裁、财务经理及其他经理。总裁是企业的首席执行官,直接负责管理企业的生产经营。总裁下面设副总裁(总监),负责不同部门的经营与管理。负责向财务总监报告的是财务经理和会计经理。财务经理负责投资、筹资、分配和营运资本的管理,并且通过这些工作为公司创造价值。图1-1描绘了企业的组织结构,并突出了财务活动。

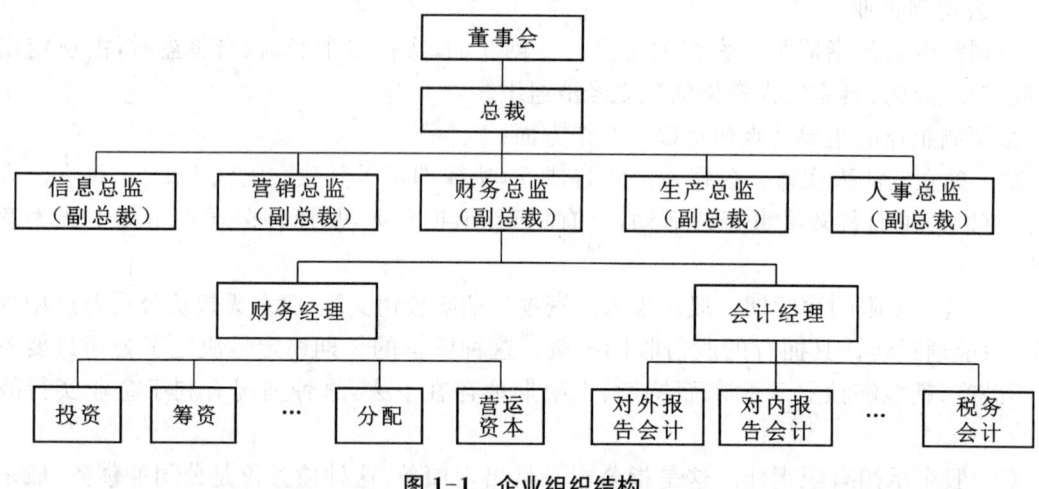

图1-1 企业组织结构

其中,企业财务经理的工作可用图1-2来说明。

图1-2中的箭头表明现金流量在企业与金融市场以及政府之间流动的方向。假设我们开始进行企业的筹资活动,财务经理为了筹集资金而在金融市场向投资者发售债券和股票,现金从金融市场流向企业(A),财务经理将现金用于投资(B),企业在生产经营过程中创造现金流(C),然后,企业将现金支付给债权人、股东(F)和政府(D)。股东以现金股利的方式得到投资回报;债权人因出借资金而获得了利息,并收回了本金;政府也获得了税收收入。需要注意的是,企业并不是将所有投资回报都用于支付,还将留存一部分用于再投资(E)。但是,从长期来看,只要企业支付给债权人和股东的现金(F)大于从金融市场上筹集到的资金(A),

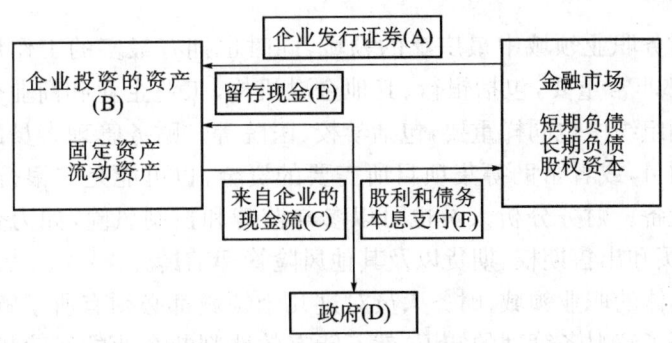

图1-2 财务经理主要工作范围梳理图

企业价值就得到了提升。

由此可见,财务经理的一部分工作就是在企业与金融市场之间进行资金运作,如上面讲到的借款、发售股票和债券、分配股利、偿还债务等。财务经理的另一部分工作是配合公司经营活动,安排资金收支,如进行流动资产、流动负债的管理,固定资产的投资决策等。

活动10 | 了解财务职业生涯

活动目标: 能够思考并设计财务职业生涯。

基本知识:

学生并不是一毕业就能成为财务经理,对于主修财务的学生来说,他们的职业生涯常常要从基础做起,通常可能从以下领域开始。

1. 金融机构

金融机构是指专门从事与货币信用相关的中介组织,大致分为银行类金融机构和非银行类金融机构。其中,银行类金融机构主要指商业银行;非银行金融机构则包括保险公司、基金管理公司、投资银行等。商业银行是最大的财务人才需求机构,它要吸收存款,将贷款投向公司或个人。一个人如果加入银行,通常要经历银行的整套运作程序以了解银行的业务,随后会被安排从事个人和小型公司的存款和贷款工作,也可能被安排帮助分析对大型公司大笔贷款的业务;如果在现金管理部门,则要帮助公司电子划转大笔金额的现金,如工资、税金、货款等;当然,也有可能被安排在银行的外汇部门工作,或者从事期货或期权等金融衍生工具的业务。

保险公司也需要大量的财务人员。保险公司通常要将投保人的保险金投资于金融债券、投资基金或者中长期贷款。因此,财务人员要负责评价企业的经营能力,调查企业的信用,决定投资于哪家公司的股票或者设计投资组合,以减少投资风险。

基金管理公司是从个人投资者手中筹集资金,投于多种股票或债券投资组合,谋求所管理的基金资产不断增值,使基金持有人获取尽可能多的报酬的机构。在基金管理公司工作,主要要负责分析证券的发展走势,决定何时买入或卖出何种证券。基金收益的好坏取决于基金管理人管理运用基金资产的水平,因此对基金管理人的任职资格有严格的限定。

投资银行是指经营资本市场业务的金融机构,业务包括帮助公司出售证券,为企业筹资,协助公司完成兼并和收购,提供咨询服务、资产管理、自有资金的操作交易等。在我国,投资银行的业务主要由证券公司承担。

2. 财务管理

财务管理是财务职业领域中最广泛的领域，同时也拥有最多的工作机会。财务管理在所有商业机构中都非常重要，包括银行、其他金融机构、工业企业和商业企业。财务管理在政府机构及非营利组织中也同样重要，包括学校、医院等。财务管理人员的工作是帮助其所在单位评估投资项目，或者帮助筹集项目所需要的资金，也可能是与银行谈判贷款，或者是协商租赁厂房和设备。财务分析人员也可以参与监督和控制风险，如为企业的厂房和设备投保，或者协助购买和出售期权、期货以及其他风险管理工具。

不管是哪个具体的职业领域，财务人员对这几个领域都必须有所了解。例如，银行负责贷款的人员如果不了解财务管理的知识，就不能有效地判断企业的经营状况，银行的贷款资金就会面临巨大的风险；同样，证券分析师必须掌握财务原理以向客户提供合理的建议；企业的财务经理必须明白银行是如何思考问题的，也应明白投资者是如何判断一个企业经营状况的，进而决定其投资决策。

习 题

一、单项选择题

1. 企业财务关系中最重要的关系是(　　)的财务关系。
　A. 经营者与债务人之间　　　　　　　B. 企业与政府部门之间
　C. 企业与职工之间　　　　　　　　　D. 经营者、股东以及债权人之间

2. 企业不能生存而终止的内在原因是(　　)。
　A. 长期亏损　　　　　　　　　　　　B. 不能偿还到期债务
　C. 决策者决策失误　　　　　　　　　D. 开发新产品失败

3. 上市股份公司财务管理目标实现程度的衡量指标是(　　)。
　A. 公司实现的利润额　　　　　　　　B. 公司的投资收益率
　C. 公司的股票价格　　　　　　　　　D. 公司的每股盈余

4. 处理财务关系的基本原则是(　　)。
　A. 维护投资者利益原则　　　　　　　B. 维护债权人利益原则
　C. 维护职工利益原则　　　　　　　　D. 利益关系协调原则

5. 企业财务管理的所有决策中最重要的决策活动是(　　)。
　A. 筹资决策　　　　　　　　　　　　B. 投资决策
　C. 营运资金决策　　　　　　　　　　D. 股利决策

6. 企业财务管理的目标与企业社会责任之间的关系是(　　)。
　A. 两者互相矛盾　　　　　　　　　　B. 两者没有联系
　C. 两者既矛盾又统一　　　　　　　　D. 两者完全统一

7. 企业财务管理的非经济环境为(　　)。
　A. 通货膨胀　　　　　　　　　　　　B. 利率波动
　C. 政府的经济政策　　　　　　　　　D. 金融市场状况

8. 不同形态的金融性资产不同，其获利能力也就不同，下面说法中正确的是(　　)。
　A. 流动性越高，其获利能力可能越高

B. 流动性越高,其获利能力可能越低

C. 流动性越低,其获利能力可能越低

D. 金融性资产的获利能力与流动性成正比

9. 一般来讲,金融性资产的属性具有相互联系、相互制约的关系是( )。

A. 流动强的,收益较差   B. 流动性强的,收益较好

C. 收益大的,风险较小   D. 流动性弱的,风险较小

10. 在没有通货膨胀时,( )的利率可以视为纯粹利润。

A. 短期借款   B. 金融债券

C. 国库券   D. 商业汇票贴现

二、多项选择题

1. 企业财务管理的主要内容有( )。

A. 筹资管理   B. 投资管理

C. 营运资金管理   D. 物资管理

E. 利润或股利分配管理

2. 利润最大化不是现代财务管理的最优目标,其原因有( )。

A. 没有反映获取的利润与投入资本的数量对比

B. 没有考虑利润获取的时间价值因素

C. 没有考虑企业的成本费用

D. 没有反映获取和利润与承受的风险程度

E. 没有反映企业财务管理的内容

3. 下列各项中,可用来协调企业与债权人之间矛盾的方法有( )。

A. 规定贷款用途   B. 规定借款的信用条件

C. 要求提供借款担保   D. 加强对债权人的监督

E. 收回借款或不再借款

4. 防止经营者背离股东目标的方法主要有( )。

A. 股东获取更多的信息,加强对经营者的监管

B. 聘用股东熟悉的人来经营企业

C. 采取激励措施,鼓励和引导经营者采取符合企业最大利益的行动

D. 通过立法规范经营者的行为

E. 定期更换经营者

5. 财务管理的环节主要有( )。

A. 财务预测   B. 财务分析

C. 财务决策   D. 财务预算

E. 财务控制

6. 有关企业总价值与报酬率、风险的相互关系的正确表述有( )。

A. 企业总价值与预期的报酬成正比

B. 企业总价值与预期的风险成反比

C. 在风险不变时,报酬越高,企业总价值越大

D. 在报酬不变时,风险越高,企业总价值越大

E. 在风险和报酬达到最佳均衡时,企业的总价值达到最大

7. 财务管理十分重视股价的高低,其原因是股价(　　)。

A. 代表了投资大众对公司价值的客观评价

B. 反映了资本和获利之间的关系

C. 反映了每股盈余大小和取得的时间

D. 它受企业风险大小的影响,反映了每股盈余的风险

E. 反映了投资者的收益变动情况

8. 我国曾于1996年发行10年期、利率为11.38%的可上市流通国债。决定其票面利率水平的主要因素有(　　)。

A. 纯粹利率 　　　　　　　　　　B. 通货膨胀附加率

C. 变现风险附加率 　　　　　　　D. 违约风险附加率

E. 到期风险附加率

9. 财务管理环境又称理财环境,其涉及的范围广,主要包括(　　)。

A. 经济环境 　　　　　　　　　　B. 法律环境

C. 自然环境 　　　　　　　　　　D. 金融环境

E. 人文环境

项目二 财务管理基础

情景引例

拿破仑1797年3月在卢森堡第一国立小学演讲时说了这样一番话:"为了答谢贵校对我,尤其是对我夫人约瑟芬的盛情款待,我不仅今天呈上一束玫瑰花,并且在未来的日子里,只要我们法兰西存在一天,每年的今天我都将亲自派人送给贵校一束价值相等的玫瑰花,作为法兰西与卢森堡友谊的象征。"时过境迁,拿破仑穷于应付连绵的战争和此起彼伏的政治事件,最终惨败而被流放到圣赫勒拿岛,把在卢森堡的诺言忘得一干二净。可卢森堡这个小国对"这位欧洲巨人与卢森堡孩子亲切、和谐相处的一刻"念念不忘,并将其载入他们的史册。1984年年底,卢森堡旧事重提,向法国提出"违背赠送玫瑰花"诺言案的索赔;要么从1797年起,用3路易作为一束玫瑰花的本金,以5厘复利(即利滚利)计息全部清偿这笔玫瑰款;要么法国政府在法国各大报刊上公开承认拿破仑是个言而无信的小人。起初,法国政府准备不惜重金赎回拿破仑的声誉,却又被电脑算出的数字惊呆了:原本3路易的许诺,本息竟高达1 375 596法郎。经冥思苦想,法国政府斟词酌句的答复是:"以后,无论在精神上还是物质上,法国将始终不渝地对卢森堡大公国的中小学教育事业予以支持与赞助,来兑现我们拿破仑将军那一诺千金的玫瑰花信誉。"这一措辞最终得到了卢森堡人民的谅解。

(参考资料来源:《读者》2000年第17期,第49页。)

想一想:这件事情的背后反映了什么样的财务管理含义。

知识目标

货币时间价值的概念、内容,复利终值、现值的概念及确定,年金终值、现值的概念及确定;资产收益率的类型;资产风险的衡量指标以及风险大小判断;资本资产定价模型的运用。

能力目标

- 能够计算复利的终值和现值,并进行判断。
- 能够区分不同类别的年金。
- 能够计算不同类别年金的终值和现值,并进行判断。
- 能够计算资产收益率,并进行判断。
- 能够衡量资产风险,并进行判断。

背景知识

货币时间价值,是指在没有风险和没有通货膨胀的情况下,货币经历一定时间的投资和再投资所增加的价值,也称为资金的时间价值。在实务中,人们习惯使用相对数字表示货币的时间价值,即用增加的价值占投入货币的百分数来表示。用相对数表示的货币时间价值也称为纯粹利率(简称纯利率)。纯利率是指在没有通货膨胀、无风险情况下资金市场的平均利率。没有通货膨胀时,短期国债利率可以视为纯利率。货币随时间的延续而增值,不同时间单位货币的价值不相等,因此,不同时间的货币不宜直接进行比较,需要把它们换算到相同的时点进行比较才有意义。由于货币随时间的增长过程与复利的计算过程在数学上相似,因此,在换算时广泛使用复利计算方法。

资产收益是指资产的价值在一定时期的增值。一般情况下,有两种表述资产收益的方式:第一种方式是以金额表示的,称为资产的收益额,通常以资产价值在一定期限内的增值量来表示;第二种方式是以百分比表示的,称为资产的收益率或报酬率,是资产增值量与期初资产价值(价格)的比值。显然,以金额表示的收益与期初资产的价值(价格)相关,不利于不同规模资产之间收益的比较,而以百分数表示的收益则是一个相对指标,便于不同规模下资产收益的比较和分析。所以,通常情况下,我们都是以收益率来表示资产的收益。另外,由于收益率是相对于特定期限的,它的大小要受计算期限的影响,但是计算期限常常不一定是一年,为了便于比较和分析,对于计算期限短于或长于一年的资产在计算收益率时一般要将不同期限的收益率转化成年收益率。因此,如果不作特殊说明的话,资产的收益指的就是资产的年收益率,又称资产的报酬率。

风险是指收益的不确定性。企业风险,是指对企业的战略与经营目标实现产生影响的不确定性。从财务管理的角度看,风险是指企业在各项财务活动过程中,由于各种难以预料或无法控制的因素的作用,企业的实际收益与预计收益发生背离,从而蒙受经济损失的可能性。

任务1 货币时间价值的应用

活动1 复利终值与现值

活动目标:能够计算复利的终值与现值。

工作实例2-1:乐天公司将100万元存入银行,年利率为10%,计算1年后、2年后的本利和。

任务工具:

步骤一:

本利和:现在的一定本金在将来一定时间,按复利计算方法计算的本金与利息之和,即复利终值。

复利终值:现在的特定资金按复利计算方法,折算到将来某一时点的价值。

复利计算方法:每经过一个计息期,要将该期的利息加入本金再计算利息,逐期滚动计算,俗称"利滚利"。

一个计息期:相邻两次计息的间隔,如一年、半年等。

步骤二:

1年后的本利和:$F_1=100+100\times10\%=100\times(1+10\%)$

2年后的本利和:$F_2=100\times(1+10\%)\times(1+10\%)=100\times(1+10\%)^2$

步骤三：

n 年后的本利和：$F_n = 100 \times (1+10\%)^n$

复利终值计算公式：$F = P \times (1+i)^n$

式中：F 表示终值（或本利和）；P 表示现值（或初始值）；i 表示计息期利率；n 表示计息期数；$(1+i)^n$ 表示复利终值系数，用符号 $(F/P, i, n)$ 表示。

复利终值计算公式：$F = P \times (F/P, i, n)$

工作实例 2-2： 乐天公司将 100 万元存入银行，年利率为 4%，半年计息一次，按照复利计算，求 5 年后的本利和。

任务工具：

步骤一：

半年计息一次，一个计息期为半年，一年有两个计息期。

所以，计息期利率 = 4% ÷ 2 = 2%，即 $i = 2\%$。

5 年计息期 = 5 × 2 = 10，即 $n = 10$。

步骤二：

复利终值计算公式：$F = P \times (F/P, i, n)$

5 年后的本利和 = $100 \times (F/P, 2\%, 10) = 100 \times 1.2190 = 121.90$（万元）

为了便于计算，本书编制了"复利终值系数表"（附表一）。

工作实例 2-3： 乐天公司拟在 5 年后获得本利和 100 万元，假设存款年利率为 4%，按照复利计息，该公司现在应存入多少万元？

任务工具：

步骤一：

复利现值：未来某一时点的特定资金按复利计算方法，折算到现在的价值；或者说是为取得未来一定本利和，现在所需要的本金。

步骤二：

复利终值计算公式：$F = P \times (1+i)^n$

式中：F 表示终值（或本利和）；P 表示现值（或初始值）；i 表示计息期利率；n 表示计息期数。

复利现值计算公式：$P = F \times (1+i)^{-n}$

式中：$(1+i)^{-n}$ 表示复利现值系数，用符号 $(P/F, i, n)$ 表示。

复利现值计算公式：$P = F \times (P/F, i, n)$

步骤三：

$P = F \times (P/F, i, n) = 100 \times (P/F, 4\%, 5) = 100 \times 0.8219 = 82.19$（万元）

为便于计算，本书编制了"复利现值系数表"（附表二）。

活动 2 | 年金终值与现值

活动目标： 能够计算年金的终值与现值。

工作实例 2-4： 乐天公司投资一项目，在 5 年建设期内每年年末从银行借款 100 万元，借款年利率为 10%，5 年建设期结束后统一归还本息，求该项目竣工时乐天公司应付本息的总额。

任务工具：

步骤一：

年金：一定时期内每次等额收付的系列款项，通常记作 A。

普通年金：从第一期起，在一定时期内每期期末等额发生的系列收付款项，即后付年金。

普通年金终值：对于等额收付 n 次的普通年金而言，其终值指的是各期等额收付金额在第 n 期期末的复利终值之和。

步骤二：

根据计算复利终值的方法，计算普通年金终值 F 的公式为：

$$F = A + A \times (1+i) + A \times (1+i)^2 + \cdots + A \times (1+i)^{n-1} \tag{1}$$

等式两边同乘以 $(1+i)$，则有：

$$F \times (1+i) = A \times (1+i) + A \times (1+i)^2 + \cdots + A \times (1+i)^n \tag{2}$$

公式(2)－公式(1)：

$$F \times (1+i) - F = A \times (1+i)^n - A$$

$$F \times i = A \times [(1+i)^n - 1]$$

$$F = A \times \frac{(1+i)^n - 1}{i} \tag{3}$$

上式中的 $\frac{(1+i)^n - 1}{i}$ 称作"年金终值系数"，记为 $(F/A, i, n)$。$(F/A, i, n)$ 可通过直接查阅"年金终值系数表"（附表三）得到。

公式(3)也可写作：$F = A \times (F/A, i, n)$，即普通年金终值＝年金×年金终值系数。

步骤三：

项目竣工时乐天公司应付本息的总额为：

$$F = 100 \times \frac{(1+10\%)^5 - 1}{10\%} = 100 \times (F/A, 10\%, 5) = 100 \times 6.1051 = 610.51（万元）$$

工作实例 2-5： 乐天公司决定连续 5 年于每年年初存入 100 万元作为员工退休工资基金，银行存款利率为 10%，求乐天公司在第 5 年年末能一次取出的本利和。

任务工具：

步骤一：

预付年金：从第一期起，在一定时期内每期期初等额收付的系列款项，又称即付年金或先付年金。

预付年金终值：最后一期期末时的本利和，即各期收付款项的复利终值之和。

步骤二：

根据计算复利终值的方法，计算预付年金终值 F 的公式为：

$$F = A \times (1+i) + A \times (1+i)^2 + \cdots + A \times (1+i)^{n-1} + A \times (1+i)^n$$

$$F = A \times \frac{(1+i)^n - 1}{i} \times (1+i)$$

$$F = A \times (F/A, i, n) \times (1+i)$$

步骤三：
$$F = A \times (F/A, i, n) \times (1+i) = 100 \times (F/A, 10\%, 5) \times (1+10\%) = 671.56(万元)$$

工作实例 2-6：乐天公司租入一大型设备，每年年末需要支付租金 120 万元，年复利率为 10%，求乐天公司 5 年内应支付的该设备租金总额的现值。

任务工具：

步骤一：

普通年金现值：一定时期内每期期末等额收付款项在第一期期初的复利现值之和。

步骤二：

普通年金现值的计算公式为：

$$P = A \times (1+i)^{-1} + A \times (1+i)^{-2} + \cdots + A \times (1+i)^{-(n-1)} + A \times (1+i)^{-n}$$

$$P = A \times \frac{1-(1+i)^{-n}}{i}$$

上式中，$\frac{1-(1+i)^{-n}}{i}$ 称作"年金现值系数"，记为 $(P/A, i, n)$，可通过查阅"年金现值系数表"（附表四）得到。上式也可写作：$P = A \times (P/A, i, n)$。

步骤三：

$$P = 120 \times \frac{1-(1+10\%)^{-5}}{10\%} = 120 \times (P/A, 10\%, 5) = 120 \times 3.7908 = 454.9(万元)$$

工作实例 2-7：乐天公司购买一台设备，付款方式为现在付 10 万元，以后每隔一年付 10 万元，共计付款 6 次，假设利率为 5%，如果打算现在一次性付款，应该付多少万元？

任务工具：

步骤一：

预付年金现值：预付年金中各期等额收付金额在第一期期初的复利现值之和。

步骤二：

预付年金的现值即是在普通年金现值的基础上乘以 $(1+i)$，便可求得 n 期预付年金现值。

其计算公式为：

$$P = A \times \frac{1-(1+i)^{-n}}{i} \times (1+i)$$

$$P = A \times (P/A, i, n) \times (1+i)$$

步骤三：

$$P = A \times (P/A, i, n) \times (1+i) = 10 \times (P/A, 5\%, 6) \times (1+5\%) = 53.29(万元)$$

工作实例 2-8：乐天公司在年初存入一笔资金，存满 3 年后，从第 4 年开始每年年末取出 10 万元，至第 9 年年末取完，银行存款利率为 4%，求乐天公司应在最初一次存入银行的金额。

任务工具：

步骤一：

递延年金：第一次收付款发生时间与第一期无关，隔若干期后才开始发生的系列等额收付款项。它是普通年金的特殊形式,凡不是从第一期开始的年金都是递延年金。

递延年金终值:其一般公式与计算普通年金终值的一般公式完全相同,在此不再累述。

递延年金现值:递延年金中各期等额收付金额在第一期期初的复利现值之和。

步骤二:

递延年金现值的计算方法:先求出递延期末的现值,然后再将此现值调整到第一期期初。

$$P_m = A \times (P/A, i, n)$$

$$P = P_m \times (1+i)^{-m} = A \times \left[\frac{1-(1+i)^{-n}}{i} + 1\right] \times (1+i)^{-m}$$

$$= A \times (P/A, i, n) \times (P/F, i, m)$$

式中:m 表示递延期;n 表示年金等额收付期。

步骤三:

$$P = A \times (P/A, 4\%, 6) \times (P/F, 4\%, 3) = 10 \times 5.2421 \times 0.8890 = 46.60(万元)$$

工作实例 2-9: 乐天公司持有某公司优先股,每年每股股利为 2 元,若该公司想长期持有,在利率为 10% 的情况下,请对该股票投资进行估价。

任务工具:

步骤一:

永续年金:这是普通年金的极限形式,当普通年金的收付次数为无穷大时即为永续年金。永续年金的第一次等额收付发生在第一期期末。

步骤二:

由于永续年金持续期无限,没有终止的时间,因此没有终值,只有现值。

永续年金的现值可以看成是一个 n 无穷大时普通年金的现值,永续年金的现值可以通过对普通年金现值的计算公式导出:

$$P = A \times \frac{1-(1+i)^{-n}}{i} = A \times \frac{1-\frac{1}{(1+i)^n}}{i}$$

当 n 趋向于无穷大时,$P = \frac{A}{i}$,即永续年金现值=年金÷利率。

步骤三:

$$P = \frac{A}{i} = 2 \div 10\% = 20(元)$$

工作实例 2-10: 乐天公司有一笔 4 年期的借款,到期值为 1 000 万元。若存款年复利率为 10%,求为偿还该项借款应建立的偿债基金金额。

任务工具:

步骤一:

偿债基金:为了在约定的未来某一时点清偿某笔债务或积聚一定数额的资金而必须分次等额形成存款准备金。

步骤二：

由于每次形成的等额准备金类似年金存款，因而同样可以获得按复利计算的利息，所以债务实际上等于年金终值，每年提取的偿债基金等于年金 A。也就是说，偿债基金的计算实际上是年金终值的逆运算。其计算公式为：

$$A = F \times \frac{i}{(1+i)^n - 1}$$

$$A = F \times (F/A, i, n)^{-1}$$

偿债基金年金＝终值÷年金终值系数

步骤三：

$$A = 1\,000 \times \frac{1}{(F/A, 10\%, 4)} = 1\,000 \times \frac{1}{4.641\,0} = 215(万元)$$

工作实例 2-11： 乐天公司于 2021 年 1 月 25 日按揭贷款购买设备，贷款金额为 100 万元，年限为 10 年，年利率为 6%，月利率为 0.5%，从 2020 年 2 月 25 日开始还款，每月还一次，共计还款 120 次，每次还款的金额相同，求每次应该还款多少。

任务工具：

步骤一：

年资本回收额：在约定年限内等额回收初始投入资本的金额。

年资本回收额的计算实际上是已知普通年金现值 P，求年金 A。

步骤二：

年资本回收额的计算是年金现值的逆运算。其计算公式为：

$$A = P \times \frac{i}{1-(1+i)^{-n}}$$

$$A = P \times (P/A, i, n)^{-1}$$

年资本回收额＝年金现值÷年金现值系数

步骤三：

$$A = 100 \times \frac{1}{(P/A, 0.5\%, 120)} = 100 \times \frac{1}{90.08} = 1.11(万元)$$

任务 2　衡量风险与收益

想一想

学培有限公司是一家致力于发展全民学习的培训机构。该公司创始人看准全民学习需求这一市场商机，依托当地的新闻媒体广告和高质量的培训效果，经过短短几年的发展，已经迅速成长为当地最具培训实力的一家培训公司。公司规模不断扩大，培训项目不断拓展，从幼儿早期教育、学生各科目补习到成人继续教育，拥有三大类 40 多个小项目。公司现有一般的工作人员50人，专兼职教师500多人。2021年年初，公司董事长召开股东大会，提出新增老年大学培训项目的提案，请股东予以讨论。

股东张某说："公司最近几年发展很好，已经在本地小有名气，老百姓认我们的品牌。现在生活条件好了，很多老年人年轻时没机会学习，现在赋闲在家，确实有学习的需要。另外，社会老龄化，老年人越来越多，市场空间还是很大的，我看这个方案可行。"

股东陈某不同意张股东的观点，他认为，"尽管现在生活条件好了，但多数老人还是老观点，不会舍得花钱去学习。他们会认为，都这么大岁数了，学习还有什么用？另外，现在很多社区也有老年人活动室，在那里读书、活动也是一种学习。"

股东李某说："这个培训项目到底是否可行，得看我们的培训内容和培训宣传。另外，老年人的培训需求程度也不是我们在这儿能估计出来的，得做个市场调查。所以在讨论之前，还得请市场和财务部门共同做个市场风险与收益的预测方案。"

股东李某的发言得到了众股东的认同，股东大会最后决定由市场部做该项目的市场需求调查，财务部门根据调查结果，编写该投资项目的市场风险与收益预测方案。该公司经过近一个月的市场问卷调查，得出该项目的市场风险与收益预测情况，如表2-1所示。

表2-1　　　　　　　　　　市场风险与收益预测情况

项目市场需求	概率	预期收益率
好	0.3	30%
一般	0.5	10%
差	0.2	0

（参考资料来源：刘淑茹、赵明晓等：《财务管理案例精选精析》，中国社会科学出版社2008年版。）

试问该项目的预期收益率是多少？如果公司通常项目的风险为50%（用标准离差率表示），该项目的风险较大还是较小？

活动3　风险与收益的估算

活动目标： 能够确定投资的风险与收益。

工作实例2-12： 乐天公司有A、B两个投资项目，两个投资项目的收益率及其概率分布情况如表2-2所示，试计算两个项目的期望收益率。

表2-2　　　　　　　　　项目A和项目B投资收益率的概率分布

项目实施情况	该种情况出现的概率		投资收益率	
	项目A	项目B	项目A	项目B
好	0.2	0.3	15%	20%
一般	0.6	0.4	10%	15%
差	0.2	0.3	0	−10

任务工具：

步骤一：

期望收益率也称预期收益率，是指在不确定的条件下，预测的某资产未来可能实现的收益率。一般按照加权平均法计算期望收益率。计算公式如下：

$$期望收益率 = \sum_{i=1}^{n}(P_i \times R_i)$$

式中：P_i 表示情况 i 可能出现的概率；R_i 表示情况 i 出现时的收益率。

步骤二：

根据公式计算如下：

项目 A 的期望投资收益率＝0.2×15％＋0.6×10％＋0.2×0＝9％

项目 B 的期望投资收益率＝0.3×20％＋0.4×15％＋0.3×(−10％)＝9％

工作实例 2-13：以"工作实例 2-12"中的数据为例，分别计算 A、B 两个项目投资收益率的方差和标准差，并比较 A、B 两个项目的风险大小。

任务工具：

步骤一：

衡量风险的指标主要有收益率的方差、标准差、标准差率等。

1. 概率分布

在经济活动中，某一事件在相同的条件下可能发生也可能不发生，这类事件称为随机事件。概率是用来表示随机事件发生可能性大小的数值。通常，把必然发生的事件的概率定为 1，把不可能发生的事件的概率定为 0，而一般随机事件的概率是介于 0 与 1 之间的一个数。概率越大就表示该事件发生的可能性越大。随机事件所有可能结果出现的概率之和等于 1。

2. 期望值

期望值是一个概率分布中的所有可能结果，是以各自相应的概率为权数计算的加权平均值。期望值通常用符号 $\bar{E}$ 表示。计算公式如下：

$$\bar{E} = \sum_{i=1}^{n}(X_i \times P_i)$$

式中：X_i 表示第 i 种情况可能出现的结果；P_i 表示第 i 种情况可能出现的概率。

3. 方差

在概率已知的情况下，方差的计算公式为：

$$\delta^2 = \sum_{i=1}^{n}(X_i - \bar{E})^2 \times P_i$$

式中：$(X_i - \bar{E})$ 表示第 i 种情况可能出现的结果与期望值的离差；P_i 表示第 i 种情况可能出现的概率。方差的计算公式可以表述为离差的平方的加权平均数。

4. 标准差

标准差也称标准离差，是方差的平方根。在概率已知的情况下，其计算公式为：

$$\delta = \sqrt{\sum_{i=1}^{n}(X_i - \bar{E})^2 \times P_i}$$

标准差以绝对数衡量决策方案的风险，在期望值相同的情况下，标准差越大，风险越大；反之，标准差越小，则风险越小。由于无风险资产没有风险，因此，无风险资产的标准差等于零。

步骤二：

项目 A 投资收益率的方差 $=0.2\times(15\%-9\%)^2+0.6\times(10\%-9\%)^2+0.2\times(0-9\%)^2=0.0024$

项目 A 投资收益率的标准差 $=\sqrt{0.0024}=4.90\%$

项目 B 投资收益率的方差 $=0.3\times(20\%-9\%)^2+0.4\times(15\%-9\%)^2+0.3\times(-10\%-9\%)^2=0.0159$

项目 B 投资收益率的标准差 $=\sqrt{0.0159}=12.61\%$

由于项目 A 和项目 B 投资收益率的期望值相同（均为9%），因此，标准差大的风险大，计算结果表明，项目 B 的风险高于项目 A。

工作实例 2-14： 以"工作实例 2-12"中的数据为例，假设项目 A 和项目 B 的期望投资收益率分别为 10%和 12%，投资收益率的标准差分别为 6%和 7%，试比较项目 A 和项目 B 的风险大小。

任务工具：

步骤一：

标准差率是标准差同期望值之比，通常用符号 V 表示，其计算公式为：

$$V=\frac{\delta}{E}\times100\%$$

标准差率是一个相对指标，它以相对数反映决策方案的风险程度。方差和标准差作为绝对数，只适用于期望值相同的决策方案风险程度的比较。对于期望值不同的决策方案，评价和比较其各自的风险程度只能借助于标准差率这一相对数值。在期望值不同的情况下，标准差率越大，风险越大；反之，标准差率越小，风险越小。

步骤二：

由于项目 A 和项目 B 投资收益率的期望值不相同，因此，不能根据标准差比较风险大小，应该计算各自的标准差率，然后得出结论。

项目 A 投资收益率的标准差率 $=6\%\div10\%\times100\%=60\%$

项目 B 投资收益率的标准差率 $=7\%\div12\%\times100\%=58.33\%$

计算结果表明，项目 A 的风险高于项目 B。

步骤三：

通过上述方法将决策方案的风险加以量化后，决策者便可据此作出决策。对于多方案择优，决策者的行动准则应是选择低风险、高收益的方案，即选择标准差率最低、期望收益最高的方案。然而高收益往往伴有高风险，低收益方案的风险程度往往也较低，究竟选择何种方案，不仅要权衡期望收益与风险，还要考虑决策者对风险的态度，综合做出决定。对风险比较反感的人可能会选择期望收益较低同时风险也较低的方案，喜欢冒风险的人则可能选择风险虽高但同时收益也高的方案。一般的投资者和企业管理者都对风险比较反感，在期望收益相同的情况下，会选择风险小的方案。

工作实例 2-15： 乐天公司打算用 20 000 元购买 A、B、C 三种股票，股价分别为 40 元、10 元和 50 元；β 系数分别为 0.7、1.1 和 1.7。现有两个组合方案可供选择：

甲方案:购买 A、B、C 三种股票的数量分别是 200 股、200 股、200 股。

乙方案:购买 A、B、C 三种股票的数量分别是 300 股、300 股、100 股。

如果该投资者最多能承受 1.2 倍的市场组合系统风险,那么该投资者会选择哪个方案。

任务工具:

步骤一:

非系统风险,是指发生于个别公司的特有事件造成的风险。这类事件是非预期的、随机发生的,它只影响一个公司或少数公司,不会对整个市场产生太大影响。这种风险可以通过资产组合来分散,即发生于一家公司的不利事件可以被其他公司的有利事件所抵消。由于非系统风险可以通过资产组合分散掉,因此也称"可分散风险"。值得注意的是,在风险分散的过程中,不应当过分夸大资产多样性和资产个数的作用。实际上,在资产组合中资产数目较低时,增加资产的个数,分散风险的效应会比较明显,但资产数目增加到一定程度时,风险分散的效应就会逐渐减弱。

系统风险又被称为市场风险或不可分散风险,是影响所有资产的、不能通过资产组合消除的风险。这部分风险是由那些影响整个市场的风险因素所引起的。不同资产的系统风险不同,度量一项资产的系统风险的指标是 β 系数,它告诉我们相对于市场组合而言特定资产的系统风险是多少。

市场组合是指由市场上所有资产组成的组合,其收益率是市场的平均收益率,实务中通常用股票价格指数收益率的平均值来代替。由于包含了所有的资产,市场组合中的非系统风险已经被消除,因此,市场组合的风险就是市场风险或系统风险,市场组合相对于它自己的 β 系数是 1。总之,某一资产 β 值的大小反映了该资产收益率波动与整个市场报酬率波动之间的相关性及程度。在实务中,并不需要企业财务人员或投资者自己去计算证券的 β 系数,一些证券咨询机构会定期公布大量交易过的证券的 β 系数。

步骤二:

对于证券资产组合来说,其所含的系统风险的大小可以用组合 β 系数来衡量。证券资产组合的 β 系数是所有单项资产 β 系数的加权平均数,权数为各种资产在证券资产组合中所占的价值比例。其计算公式为:

$$\beta_p = \sum_{i=1}^{n}(W_i \times \beta_i)$$

式中:β_p 表示证券资产组合的 β 系数;W_i 表示第 i 项资产在组合中所占的价值比例;β_i 表示第 i 项资产的 β 系数。

由于单项资产的 β 系数不尽相同,因此通过替换资产组合中的资产或改变不同资产在组合中的价值比例,可以改变资产组合的系统风险。

步骤三:

甲方案:

A 股票比例:40×200÷20 000×100%=40%

B 股票比例:10×200÷20 000×100%=10%

C 股票比例:50×200÷20 000×100%=50%

甲方案的 β 系数=40%×0.7+10%×1.1+50%×1.7=1.24

乙方案：

A 股票比例：40×300÷20 000×100％＝60％

B 股票比例：10×300÷20 000×100％＝15％

C 股票比例：50×100÷20 000×100％＝25％

乙方案的 β 系数＝60％×0.7＋15％×1.1＋25％×1.7＝1.01

该投资者最多能承受 1.2 倍的市场组合系统风险，意味着该投资者能承受的 β 系数最大值为 1.2，所以，该投资者会选择乙方案。

活动 4 | 资本资产定价模型

活动目标： 能够理解和使用资本资产定价模型。

工作实例 2-16： 假设平均风险的风险收益率为 5％，平均风险的必要收益率为 8％，试计算"工作实例 2-15"中乙方案的风险收益率和必要收益率。

任务工具：

步骤一：

必要收益率也称最低报酬率或最低要求的收益率，表示投资者对某资产合理要求的最低收益率。必要收益率由两部分构成：

（1）无风险收益率。无风险收益率也称无风险利率，是指无风险资产的收益率，它的大小由纯粹利率（资金的时间价值）和通货膨胀补贴两部分组成。用公式表示如下：

$$无风险收益率＝纯粹利率（资金的时间价值）＋通货膨胀补偿率$$

由于国债的风险很小，尤其是短期国债的风险更小，因此，一般情况下，为了方便起见，通常用短期国债的利率近似地代替无风险收益率。

（2）风险收益率。风险收益率是指某资产持有者因承担该资产的风险而要求的超过无风险收益率的额外收益。风险收益率衡量了投资者将资金从无风险资产转移到风险资产而要求得到的"额外补偿"，它的大小取决于以下两个因素：一是风险的大小；二是投资者对风险的偏好。

综上所述，用公式表示如下：

$$必要收益率＝无风险收益率＋风险收益率＝纯粹利率（资金的时间价值）＋通货膨胀补偿率＋风险收益率$$

资本资产定价模型中，所谓资本资产主要指的是股票资产，而定价则试图解释资本市场如何决定股票收益率，进而决定股票价格。

资本资产定价模型是"必要收益率＝无风险收益率＋风险收益率"的具体化，资本资产定价模型的一个主要贡献是解释了风险收益率的决定因素和度量方法。在资本资产定价模型中，风险收益率＝$\beta \times (R_m - R_f)$，资本资产定价模型的完整表达式为：

$$R = R_f + \beta \times (R_m - R_f)$$

式中：R 表示某资产的必要收益率；β 表示该资产的系统风险系数；R_f 表示无风险收益率；R_m 表示市场组合收益率。由于当 $\beta = 1$ 时，$R = R_m$，而 $\beta = 1$ 时代表的是市场组合的平均风险，因此，R_m 还可以称为平均风险的必要收益率、市场组合的必要收益率等。

式中，(R_m-R_f) 为市场风险溢酬，由于市场组合的 $\beta=1$，因此，(R_m-R_f) 也可以称为市场组合的风险收益率或股票市场的风险收益率。由于 $\beta=1$ 代表的是市场平均风险，因此，(R_m-R_f) 还可以表述为平均风险的风险收益率。它是附加在无风险收益率之上的，由于承担了市场平均风险所要求获得的补偿，它反映的是市场作为整体对风险的平均"容忍"程度，也就是市场整体对风险的厌恶程度，市场整体对风险越是厌恶和回避，要求的补偿就越高，因此，市场风险溢酬的数值就越大。反之，如果市场的抗风险能力强，则对风险的厌恶和回避就不是很强烈，要求的补偿就低，因此，市场风险溢酬的数值就小。

步骤二：

由于乙方案的 β 系数为 1.01，因此，乙方案的风险收益率 $=1.01\times5\%=5.05\%$。

本题中，$R_m=8\%$，$R_m-R_f=5\%$，所以，$R_f=3\%$。

乙方案的必要收益率 $=3\%+5.05\%=8.05\%$

步骤三：

在资本资产定价模型中，计算风险收益率时只考虑了系统风险，没有考虑非系统风险，这是因为非系统风险可以通过资产组合消除，一个充分的投资组合几乎没有非系统风险。财务管理研究中假设投资人都是理智的，都会选择充分投资组合，非系统风险与资本市场无关。资本市场不会对非系统风险给予任何价格补偿。

资本资产定价模型对任何公司、任何资产（包括资产组合）都是适合的。只要将该公司或资产的 β 系数代入公式 $R=R_f+\beta\times(R_m-R_f)$ 中，就能得到该公司或资产的必要收益率。

财务管理基础实训

利用终值函数 FV，现值函数 PV，年金函数 PMT 和期数函数 NPER 在 Excel 工作簿中完成下列实验。

（1）某企业拥有 200 万元，现利用这笔资金建设一个化工厂，设年平均报酬率为 10%，10 年后该企业可收回的投资额与收益共有多少？

（2）某人 5 年后需要支付 50 万元用于孩子出国留学，假设在投资回报率为 6% 时，现在他应投入多少万元？

（3）一个新近投产的公司，准备每年末从其盈利中提出 1 000 万元存入银行，提存 5 年积累一笔款项新建办公大楼，按年利率 5% 计算，到第 5 年年末总共可以积累多少资金？

（4）某租赁公司将一价款为 30 万元的设备以融资租赁方式出租，租期为 5 年，每年年初和年中等额收取两次租金。如市场利率为 6%，租赁公司应将租金定为多少？

（5）某人将现金 100 000 元投入一新项目，假设该项目的回报率固定不变且为 8%，多少年后投入的本金可翻倍？

实训指导

（1）新建一个 Excel 工作簿，在 sheet1 工作表中，输入如图 2-1 所示的数据，在 B6 单元格里输入公式"=FV(B4,B3,,-B2)"即可得出计算结果。

（2）在 sheet2 工作表中，输入如图 2-2 所示的数据，在 B6 单元格里输入公式"=-PV

(B4,B3,,B2)"即可得出计算结果。

	A	B
1	已知条件	
2	初始投资	2000000
3	投资年数	10
4	报酬率	10%
5	计算结果	
6	10年后收回的投资额与收益	¥5,187,484.92

图 2-1 投资额与收益计算

	A	B
1	已知条件	
2	5年后支出	500000
3	投资年数	5
4	投资回报率	6%
5	计算结果	
6	现在应该投入	¥373,629.09

图 2-2 投入金额计算

(3) 在 sheet3 工作表中,输入如图 2-3 所示的数据,在 B6 单元格里输入公式"＝－FV(B4,B3,B2)"即可得出计算结果。

	A	B
1	已知条件	
2	每年存入	10000000
3	提存年数	5
4	年利率	5%
5	计算结果	
6	5年末积累	¥55,256,312.50

图 2-3 第 5 年年末积累资金计算

	A	B
1	已知条件	
2	设备价值	300000
3	出租年数	5
4	市场利率	6%
5	租金收取方式	年初和年中等额收取
6	计算结果	
7	租金	¥34,144.81

图 2-4 租金计算

(4) 在 sheet4 工作表中,输入如图 2-4 所示的数据,在 B7 单元格里输入公式"＝PMT(B4/2,B3*2,－B2,,1)"即可得出计算结果。

(5) 在 sheet5 工作表中,输入如图 2-5 所示的数据,在 B6 单元格里输入公式"＝NPER(B4,,－B2,B3)"即可得出计算结果。

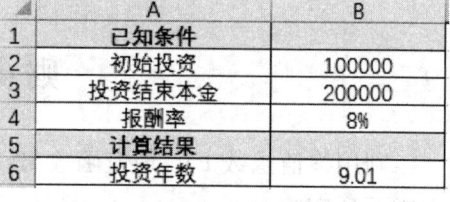

	A	B
1	已知条件	
2	初始投资	100000
3	投资结束本金	200000
4	报酬率	8%
5	计算结果	
6	投资年数	9.01

图 2-5 投资年数计算

还可以利用"单变量求解"工具解决这个问题。选择"数据—模拟分析—单变量求解",出现"单变量求解"对话框,选择目标单元格为"E3",目标值为"200 000",可变单元格选择"＄E＄6",单元"确定"按钮得到结果,如图 2-6 所示。

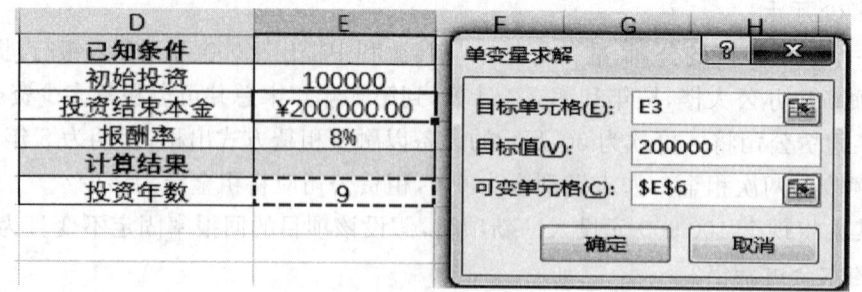

图 2-6 单变量求解

实训结论

在 Excel 中,单笔现金流和年金计算现值或终值均使用 PV 或 FV 函数,区别仅在于参数的选择。PMT年金函数基于固定利率及等额分期付款方式,返回贷款的每期付款额。NPER函数基于固定利率及等额分期付款方式,返回某项投资的总期数。在所有的有 n 个变量的方程中,只要知道其中"$n-2$"个变量的值,就能用"单变量求解"工具,只要设定第"$n-1$"个变量的目标值,即可求得第 n 个变量的值。

习 题

一、单项选择题

1. 某人拟在5年内的每年年初存入银行1 000元,银行存款年利率为8%,则5年后他可以从银行取得的款项是( )。

   A. $1\,000\times(F/P,8\%,5)$　　　　B. $1\,000\times(F/A,8\%,5)$
   C. $1\,000\times(F/A,8\%,5)\times(1+8\%)$　　D. $1\,000\times(F/P,8\%,5)\times(1-8\%)$

2. 下列无法衡量风险大小的指标是( )。

   A. 标准离差　　　　　　　　　B. 标准离差率
   C. β 系数　　　　　　　　　　D. 期望报酬率

3. 在复利终值和计息期确定的情况下,折现率越高,则复利现值( )。

   A. 越大　　　B. 越小　　　C. 不变　　　D. 不一定

4. 有一项年金,前3年后无流入,后5年每年年初流入500万元,假设年利率为10%,其现值为( )万元。

   A. 1 994.59　　　B. 1 565.68　　　C. 1 813.48　　　D. 1 423.21

5. 现有两个投资项目甲和乙,已知甲项目期望值为20%,乙项目期望值为30%,甲项目标准离差是40%,乙项目标准离差是50%,那么( )。

   A. 甲项目的风险程度大于乙项目　　　B. 甲项目的风险程度小于乙项目
   C. 甲项目的风险程度等于乙项目　　　D. 不能确定

二、多项选择题

1. 关于投资者要求的投资报酬率,下列说法正确的有( )。

   A. 风险程度越高,要求的报酬率越低
   B. 无风险报酬率越高,要求的报酬率越高
   C. 无风险报酬率越低,要求的报酬率越高
   D. 风险程度、无风险报酬率越高,要求的报酬率越高
   E. 它是一种机会成本

2. 关于衡量投资方案风险的下列说法中,正确的有( )。

   A. 预期报酬率的概率分布越窄,投资风险越小
   B. 预期报酬率的概率分布越窄,投资风险越大
   C. 预期报酬率的标准差越大,投资风险越大
   D. 预期报酬率的变异系数越大,投资风险越大
   E. 以上说法除B外都是正确的

3. 递延年金的特点有( )。

A. 年金的第一次支付发生在若干期以后　B. 没有终值
C. 年金的现值与递延期无关　D. 年金的终值与递延期无关
E. 现值系数是普通年金的倒数

4. 下列有关系数间的关系表述正确的有（　　）。
A. 年金终值系数与投资回收系数互为倒数
B. 年金现值系数和偿债基金系数互为倒数
C. 预付年金终值系数与普通年金终值系数相比，期数加1，系数减1
D. 预付年金现值系数与普通年金现值系数相比，期数减1，系数加1
E. 普通年金现值系数与预付年金现值相比，期数加1，系数减1

5. 某人年初存入一笔资金，存满5年后每年年末取出10 000元，至第10年年末取完，银行存款利率为10%，则此人应在最初一次存入银行的资金为（　　）。
A. $10\,000 \times [(P/A, 10\%, 5) \times (P/F, 10\%, 5)]$
B. $10\,000 \times [(P/A, 10\%, 10) - (P/A, 10\%, 5)]$
C. $10\,000 \times [(P/A, 10\%, 5) + (P/A, 10\%, 5)]$
D. $10\,000 \times [(F/A, 10\%, 5) \times (P/F, 10\%, 10)]$
E. $10\,000 \times [(F/A, 10\%, 10) \times (P/F, 10\%, 5)]$

三、简答题

1. 怎样理解货币时间价值的概念？
2. 什么是年金？常见的年金有哪几种？应如何计算？
3. 风险产生的原因是什么？试述风险衡量的基本步骤。
4. 什么是风险报酬？单项投资的风险报酬如何计算？
5. 什么是系统风险？什么是非系统风险？

四、计算分析题

1. 10年后你需要50 000元，你计划每年年末在银行户存入等额资金，年利率为7%，试问你每年应存入银行多少钱？

2. 年利率为16%，每半年复利一次，20年后的10万元，其复利现值是多少？

3. 1 000元存入银行3年期，年利率9%，一年复利一次，求3年的复利终值，若4个月复利一次，其终值是多少？

4. 年利率为10%，一年复利一次，5年后的1 000元，其复利现值是多少？

5. 年利率为6%，半年复利一次，9年后的1 000元，其复利现值是多少？

6. 某企业以10%的利率借款18 000元，投资于一个合作期限为5年的项目，问每年至少收回多少资金才是有利可图的？

7. 某企业于2×00年年初向银行借款150 000元，规定了2×04年年底为还清借款利息的日期，该企业应从2×00年至2×04年每年年末存入银行等额的款项，以便在2×04年的年末还清借款本利，借款年利率为15%，存款年利率为12%，问每年年末需要向银行存入多少钱？

8. 某企业欲将部分闲置的资金对外投资，可供选择的A、B两公司股票的报酬率及其概率分布情况，如表2-3所示。

表 2-3　　　　　　　　　　A、B 两公司股票的报酬率及其概率

经济状况	概率	报酬率(K_i)	
		A 公司	B 公司
繁荣	0.20	40%	70%
一般	0.60	20%	20%
衰退	0.20	0	−30%

要求：

(1) 分别计算 A、B 两公司的期望报酬率。

(2) 分布计算 A、B 两公司的标准离差。

(3) 若想投资于风险较小的公司，请做出你的合理选择。

9. 某企业有两个投资项目 A 和 B，其预计的报酬率和概率分布，如表 2-4 所示。

表 2-4　　　　　　　　　　A、B 两项目的报酬率及其概率

经济状况	概率	A 项目的报酬率	B 项目的报酬率
良好	0.30	70%	50%
一般	0.50	30%	30%
差	0.20	−30%	10%

该企业此类项目风险价值系数为 25%，其风险程度为中等，一般按 50% 的标准离差率计算，市场无风险报酬率为 12%。

要求：

(1) 计算 A、B 两项目的期望报酬率。

(2) 计算 A、B 两项目的标准离差和标准离差率。

(3) 计算 A、B 两项目的风险报酬率。

(4) 计算 A、B 两项目考虑了风险的必要报酬率。

(5) 请做出项目选择。

五、案例分析题

珊琪菲尔德女士的财务思考

1989 年，罗莎琳德·珊琪菲尔德（Rosalind Setchfield）赢得了一项总价值超过 130 万美元的大奖。这样，在以后的 20 年中，她每年都会收到 65 279.79 美元的分期付款，6 年后的 1995 年，珊琪菲尔德女士接到了位于佛罗里达州西部棕榈市的西格资产理财公司（Singer Asset Finance Company）一位销售人员打来的电话，称该公司愿意立即付给她 140 000 美元以获得今后 9 年其博彩资金的一半款项即现在的 140 000 美元交换以后 9 年共 293 759.1 美元（32 639.9×9）的分期付款。西格公司是一个奖金经纪公司，其公司职员的主要工作就是要跟踪类似珊琪菲尔德女士这样博彩大奖的获得者，西格公司将它们收购的这种获得未来现金流的权利再转售给一些机构投资者。本案例中，西格公司已谈好将它领取今后 9 年内珊琪菲尔德女士一半资金的权利以 196 000 美元的价格卖给了金融升级服务集团公司。如果珊琪菲尔德女士答应西格公司的报价，西格公司马上就能赚取 56 000 美元。最终珊琪菲尔德女士接受报价，交易达成。要求：

(1) 分析西格公司为何能安排这笔交易并立即获得 56 000 美元利润。

(2) 如果利率为 5‰，珊琪菲尔德女士未来 9 年的现金流量应该在 1995 年值多少钱？

(3) 金融升级服务集团公司能否得到好处？它的内含报酬率是多少？

项目三 项目投资管理

情景引例

娃哈哈集团是一家集产品研发、生产、销售于一体的大型食品饮料企业集团,也是中国最大的饮料生产企业之一。尽管在饮料市场上取得了领先地位,但考虑到公司的长远发展和分散风险的需要,娃哈哈集团开始谋求多元化发展。为了寻找新的增长点,从2010年起,娃哈哈就开始了持续的多元化投资。当年5月,娃哈哈高调宣布与荷兰皇家乳品公司合作,为其代工生产"爱迪生奶粉",决心进入奶粉品牌前列,但其市场占有率却不足1%。2012年,集团试水零售业,进军城市商业综合体,并开设"娃欧商场"。作为娃哈哈在零售业的首家也是唯一一家商场,娃欧在2014年因持续亏损而难以维系,被迫转型。2013年11月,集团宣布斥资150亿元进入白酒行业,与金酱酒业共同成立酒业销售公司,但业绩低迷。娃哈哈集团在主营业务增长乏力的情况下进行如此大跨步的非关联多元化投资,不仅没有为主业分忧,反而成为集团的拖累。2014年,集团年度目标是实现销售额1 023亿元,结果只完成了约728亿元,同比业绩罕见下滑7%,被宗庆后称为"娃哈哈业绩最差的一年"。

(参考资料来源:王化成、刘亭立等:《高级财务管理学》,中国人民大学出版社2017年版。)

想一想:项目投资对于一个企业的财务管理有什么意义。

知识目标

现金净流量的计算公式;各种投资决策评价指标的计算和特点;互斥投资方案决策的方法;固定资产更新决策;债券价值与内部收益率的计算及影响因素;股票价值与内部收益率的确定;证券投资基金的特点及分类。

能力目标

- 能够计算各种投资方案的现金净流量。
- 能够掌握和计算各种投资决策评价指标。
- 能够做出合理的互斥投资方案决策。
- 能够做出合理的固定资产更新决策。
- 能够判断和计算债券和股票的价值及内部收益率。

背景知识

投资,广义地讲,是指特定经济主体(包括政府、企业和个人)以本金回收并获利为基本目的,将货币、实物资产等作为资本投放于某一个具体对象,以在未来期间内获取预期经济利益的经济行为。企业投资,简言之,是指企业为获取未来收益而向一定对象投放资金的经济行为。

将企业投资进行科学分类,有利于企业分清投资的性质,按不同的特点和要求进行投资决策,加强投资管理。

1. 直接投资和间接投资

按投资活动与企业本身生产经营活动的关系,企业投资可以划分为直接投资和间接投资。

直接投资,是指将资金直接投放于形成生产经营能力的实体性资产,直接谋取经营利润的企业投资。企业可通过直接投资,购买并配置劳动力、劳动资料、劳动对象等具体生产要素,开展生产经营活动。

间接投资,是指将资金投放于股票、债券等权益性资产上的企业投资。之所以称之为间接投资,是因为股票、债券的发行方,是在筹集到资金后,再把这些资金投放于形成生产经营能力的实体性资产,从而获取经营利润;而间接投资方不直接介入具体生产经营过程,通过股票、债券上所约定的收益分配权利,获取股利或利息收入,分享直接投资的经营利润。基金投资也是一种间接投资,通过投资于股票、债券等的投资组合获取收益。

2. 项目投资与证券投资

按投资对象的存在形态和性质,企业投资可以划分为项目投资和证券投资。

企业可以通过投资,购买具有实质内涵的经营资产,包括有形资产和无形资产,形成具体的生产经营能力,开展实质性的生产经营活动,谋取经营利润。这类投资,被称为项目投资。项目投资的目的在于改善生产条件、扩大生产能力,以获取更多的经营利润。项目投资属于直接投资。

企业可以通过投资,购买证券资产,通过证券资产上所赋予的权利,间接控制被投资企业的生产经营活动,获取投资收益。这类投资,被称为证券投资,即购买属于综合生产要素的权益性权利资产的企业投资。证券投资的目的,在于通过持有权益性证券,获取投资收益,或控制其他企业的财务或经营政策,并不直接从事具体的生产经营过程。因此,证券投资属于间接投资。

3. 发展性投资与维持性投资

按投资活动对企业未来生产经营前景的影响,企业投资可以划分为发展性投资和维持性投资。

发展性投资,是指对企业未来的生产经营发展全局有重大影响的企业投资。发展性投资也可以称为战略性投资,如企业间兼并合并的投资、转换新行业和开发新产品投资、大幅度扩大生产规模的投资等。发展性投资项目实施后,往往可以改变企业的经营方向和经营领域,或者明显地扩大企业的生产经营能力,或者实现企业的战略重组。

维持性投资,是指为了维持企业现有的生产经营正常顺利进行,不会改变企业未来生产经营发展全局的企业投资。维持性投资也可以称为战术性投资,如更新替换旧设备的投资、配套流动资金投资等。维持性投资项目所需要的资金不多,对企业生产经营的前景影响不大,投资风险也相对较小。

4. 对内投资与对外投资

按投资活动资金投出的方向,企业投资可以划分为对内投资和对外投资。

对内投资,是指在本企业范围内部的资金投放,用于购买和配置各种生产经营所需的经营性资产。

对外投资,是指向本企业范围以外的其他单位的资金投放。对外投资多以现金、有形资产、无形资产等资产形式,通过联合投资、合作经营、换取股权、购买证券资产等投资方式,向企业外部其他单位投放资金。

对内投资都是直接投资;对外投资主要是间接投资,也可能是直接投资。

5. 独立投资与互斥投资

按投资项目之间的相互关联关系,企业投资可以划分为独立投资和互斥投资。

独立投资是相容性投资,各个投资项目之间互不关联、互不影响,可以同时存在。对于一个独立投资项目而言,其他投资项目是否被采纳,对本项目的决策并无显著影响。因此,独立投资项目决策考虑的是方案本身是否满足某种决策标准。

互斥投资是非相容性投资,各个投资项目之间相互关联、相互替代,不能同时存在。对于一个互斥投资项目而言,其他投资项目是否被采纳或放弃,直接影响本项目的决策,其他项目被采纳,本项目就不能被采纳。因此,互斥投资项目决策考虑的是各方案之间的排斥性,也许每个方案都是可行方案,但互斥决策需要从中选择最优方案。

任务1 项目投资的现金流量预估

活动1 现金流量估算

活动目标:能够估算投资项目的现金流入量、现金流出量和现金净流量。

工作实例3-1:乐天公司一项投资项目需要3年建成,每年年初投入建设资金90万元,共投入270万元。建成投产之时,需投入营运资金140万元,以满足日常经营活动需要。项目投产后,估计每年可获税后营业利润60万元。固定资产使用年限为7年,使用后第5年预计进行一次改良,估计改良支出为80万元,分两年平均摊销。资产使用期满后,估计有残值净收入11万元,采用使用年限法折旧。项目期满时,垫支营运资金全额收回。

任务工具:

步骤一:

由一项长期投资方案所引起的在未来一定期间所发生的现金收支,叫作现金流量。其中,现金收入称为现金流入量,现金支出称为现金流出量,现金流入量与现金流出量相抵后的余额,称为现金净流量(net cash flow,NCF)。

一般情况下,投资决策中的现金流量通常指现金净流量。这里,所谓的现金既指库存现金、银行存款等货币性资产,也可以指相关非货币性资产(如原材料、设备等)的变现价值。投资项目从整个经济寿命周期来看,大致可以分为三个阶段:期初投资期、营业期、终结期。现金流量的各个项目也可归属于各个阶段之中。

步骤二:

1. 期初投资期

期初投资阶段的现金流量主要是现金流出量,即在该投资项目上的原始投资,包括在长期资产上的投资和垫支的营运资金。如果该项目的筹建费较高,也可作为初始阶段的现金流出量计入递延资产。在一般情况下,初始阶段中固定资产的原始投资通常在年内一次性投入(如购买设备),如果原始投资不是一次性投入(如工程建造),则应把投资归属于不同投入年份之中。

1) 长期资产投资

长期资产投资包括在固定资产、无形资产、递延资产等长期资产上的购入、建造、运输、安装、试运行等方面所需的现金支出,如购置成本、运输费、安装费等。对于投资实施后导致固定资产性能改进而发生的改良支出,属于固定资产的后期投资。

2) 营运资金垫支

营运资金垫支是指投资项目形成了生产能力,需要在流动资产上追加的投资。由于扩大了企业生产能力,原材料、在产品、产成品等流动资产规模也随之扩大,需要追加投入日常营运资金。同时,企业营业规模扩充后,应付账款等结算性流动负债也随之增加,自动补充了一部分日常营运资金的需要。因此,为该投资垫支的营运资金是追加的流动资产扩大量与结算性流动负债扩大量的净差额。为简化计算,垫支的营运资金在营业期的流入流出过程可忽略不计,只考虑投资期投入与终结期收回对现金流量的影响。

2. 营业期

营业阶段是投资项目的主要阶段,该阶段既有现金流入量,也有现金流出量。现金流入量主要是营运各年的营业收入,现金流出量主要是营运各年的付现营运成本。

另外,营业期内某一年发生的大修理支出,如果在本年内一次性作为损益性支出,则直接作为该年付现成本;如果跨年摊销处理,则本年作为投资性的现金流出量,摊销年份以非付现成本形式处理。营业期内某一年发生的改良支出是一种投资,应作为该年的现金流出量,以后年份通过折旧收回。

在正常营业阶段,由于营运各年的营业收入和付现营运成本数额比较稳定,如不考虑所得税因素,营业阶段各年现金净流量一般为:

$$营业现金净流量=营业收入-付现成本=营业利润+非付现成本$$

式中,非付现成本主要是固定资产年折旧费用、长期资产摊销费用、资产减值损失等。其中,长期资产摊销费用主要有跨年的大修理摊销费用、改良工程折旧摊销费用、筹建费摊销费用等。

3. 终结期

终结阶段的现金流量主要是现金流入量,包括固定资产变价净收入、固定资产变现净损益和垫支营运资金的收回。

1) 固定资产变价净收入

投资项目在终结阶段,原有固定资产将退出生产经营,企业对固定资产进行清理处置。固定资产变价净收入,是指固定资产出售或报废时的出售价款或残值收入扣除清理费用后的净额。

2) 固定资产变现净损益

固定资产变现净损益对现金净流量的影响用公式表示如下:

$$固定资产变现净损益对现金净流量的影响=(账面价值-变价净收入)\times 所得税税率$$

如果"账面价值-变价净收入>0",则意味着发生了变现净损失,可以抵税,应减少现金流出,增加现金净流量。如果"账面价值-变价净收入<0",则意味着实现了变现净收益,应该纳税,增加现金流出,减少现金净流量。

变现时固定资产账面价值指的是固定资产账面原值与变现时按照税法规定计提的累计折旧的差额。如果变现时,按照税法的规定,折旧已经全部计提,则变现时固定资产账面价值等于税法规定的净残值;如果变现时,按照税法的规定,折旧没有全部计提,则变现时固定资产账面价值等于税法规定的净残值与剩余的未计提折旧之和。

3)垫支营运资金的收回

伴随着固定资产的出售或报废,投资项目的经济寿命结束,企业将与该项目相关的存货出售,应收账款收回,应付账款也随之偿付。营运资金恢复到原有水平,项目开始垫支的营运资金在项目结束时得到回收。

步骤三:

在实务中,对某一投资项目在不同时点上现金流量数额的测算,通常通过编制"投资项目现金流量表"进行。通过该表,能测算出投资项目相关现金流量的时间和数额,以便进一步进行投资项目可行性分析。

根据以上资料,编制成"投资项目现金流量表"如表3-1所示。

表3-1 投资项目现金流量表 单位:万元

项目	第0年	第1年	第2年	第3年	第4年	第5年	第6年	第7年	第8年	第9年	第10年	总计
固定资产价值	-90	-90	-90									-270
固定资产折旧					37	37	37	37	37	37	37	259
改良支出									-80			-80
改良支出摊销										40	40	80
税后营业利润					60	60	60	60	60	60	60	420
残值净收入											11	11
营运资金					-140						140	0
总计	-90	-90	-90	-140	97	97	97	97	17	137	288	420

任务2 项目投资财务评价

读一读

红光照相机厂是生产照相机的中型企业,该厂生产的照相机质量优良、价格合理,长期以来供不应求。为了扩大生产能力,红光厂准备新建一条生产线。

王禹是该厂助理会计师,主要负责筹资和投资工作。总会计师张力要求王禹收集建设

新生产线的有关资料,写出投资项目的财务评价报告,以供厂领导决策参考。王禹经过十几天的调查研究,得到以下有关资料:

该生产线的初始投资是12.5万元,分两年投入。第1年年初投入10万元,第2年年初投入2.5万元。第2年可完成建设并正式投产。投产后每年可生产照相机1 000架,每架销售价格是300元,每年可获销售收入30万元。投资项目可使用5年,5年后残值2.5万元。在投资项目经营期间要垫支流动资金2.5万元,这笔资金在项目结束时可如数收回。该项目生产的产品年总成本的构成情况如下:原材料费用20万元,工资费用3万元,管理费(扣除折旧)2万元,折旧费2万元。

王禹又对红光厂的各种资金来源进行了分析研究,得出该厂加权平均的资金成本为10%。王禹根据以上资料,计算出该投资项目的营业现金流量、现金流量、净现值,并把这些数据资料提供给全厂各方面领导参加的投资决策会议。在厂领导会议上,王禹对他提供的有关数据作了必要的说明。他认为,建设新生产线有3 353元净现值,故这个项目是可行的。

厂领导会议对王禹提供的资料进行了分析研究,认为王禹在收集资料方面做了很大努力,计算方法正确,但却忽略了物价变动问题,这便使得王禹提供的信息失去了客观性和准确性。总会计师张力认为,在项目投资和使用期间内,通货膨胀率大约为10%。他要求各有关负责人认真研究通货膨胀对投资项目各有关方面的影响。基建处长李明认为,由于受物价变动的影响,初始投资将增长10%,投资项目终结后,设备残值将增加到37 500元。生产处长赵芳认为,由于物价变动的影响,原材料费用每年将增加14%,工资费用也将增加10%。财务处长周定认为,扣除折旧以后的管理费用每年将增加4%,折旧费用每年仍为20 000元。销售处长吴宏认为,产品销售价格预计每年可增加10%。厂长郑达指出,除了考虑通货膨胀对现金流量的影响,还要考虑通货膨胀对货币购买力的影响。他要求王禹根据以上领导的意见,重新计算投资项目的现金流量和净现值,提交下次会议讨论。

(参考资料来源:王化成,《财务管理教学案例》,中国人民大学出版社2005年版;
袁建国,《财务管理》,东北财经大学出版社2005年版。)

活动2 | 净现值

活动目标:能够利用净现值对项目投资可行性进行分析评价。

工作实例3-2:乐天公司现有甲、乙、丙三个投资项目,贴现率为10%,试分析哪个为最优投资项目。有关资料如表3-2所示。

表3-2　　　　　　　　投资项目现金流量表　　　　　　　　单位:元

期间	甲项目		乙项目		丙项目	
	净收益	现金净流量	净收益	现金净流量	净收益	现金净流量
0		−100 000		−90 000		−120 000
1	10 000	30 000	10 000	40 000	25 000	90 000
2	15 000	40 000	10 000	40 000	5 000	60 000
3	5 000	60 000	10 000	40 000		
合计	30 000	30 000	30 000	30 000	30 000	30 000

任务工具：

步骤一：

投资决策，是对各个可行方案进行分析和评价，并从中选择最优方案的过程。投资项目决策的分析评价，需要采用一些专门的评价指标和方法。常用的财务可行性评价指标有净现值、年金净流量、现值指数、内含收益率、回收期等，围绕这些指标进行投资项目财务评价就产生了净现值法、内含收益率法、回收期法等评价方法。同时，按照是否考虑了货币时间价值来分类，这些评价指标可以分为静态评价指标和动态评价指标。考虑了货币时间价值因素的称为动态评价指标，没有考虑货币时间价值因素的称为静态评价指标。

一个投资项目，其未来现金净流量现值与原始投资额现值之间的差额，称为净现值（net present value，NPV）。计算公式为：

$$净现值=未来现金净流量现值-原始投资额现值$$

计算净现值时，要按预定的贴现率对投资项目的未来现金流量和原始投资额进行贴现。预定贴现率是投资者所期望的最低投资收益率。净现值为正，方案可行，说明方案的实际收益率高于所要求的收益率；净现值为负，方案不可取，说明方案的实际投资收益率低于所要求的收益率。

当净现值为零时，说明方案的投资收益刚好达到所要求的投资收益，方案也可行。所以，净现值的经济含义是投资方案收益超过基本收益后的剩余收益。其他条件相同时，净现值越大，方案越好。采用净现值法来评价投资方案，一般有以下步骤：

（1）测定投资方案各年的现金流量，包括现金流出量和现金流入量。

（2）设定投资方案采用的贴现率。确定贴现率的参考标准可以是：①以市场利率为标准。资本市场的市场利率是整个社会投资收益率的最低水平，可以视为一般最低收益率要求。②以投资者希望获得的预期最低投资收益率为标准。这就考虑了投资项目的风险补偿因素以及通货膨胀因素。③以企业平均资本成本率为标准。企业投资所需要的资金，都或多或少地具有资本成本，企业筹资承担的资本成本率水平，给投资项目提出了最低收益率要求。

（3）按设定的贴现率，分别将各年的现金流出量和现金流入量折算成现值。

（4）将未来的现金净流量现值与投资额现值进行比较，若前者大于或等于后者，方案可行；若前者小于后者，方案不可行，说明方案的实际收益率达不到投资者所要求的收益率。

步骤二：

甲项目净现值=（30 000×0.909 1+40 000×0.826 4+60 000×0.751 3）-100 000
　　　　　　 =105 407-100 000=5 407（元）

乙项目净现值=（40 000×0.909 1+40 000×0.826 4+40 000×0.751 3）-90 000
　　　　　　 =99 472-90 000=9 472（元）

丙项目净现值=（90 000×0.909 1+60 000×0.826 4）-120 000
　　　　　　 =131 403-120 000=11 403（元）

三个项目的净现值分别为：甲方案5 407元，乙方案9 472元，丙方案11 403元。三个项目的净现值都大于零,说明这三个项目都是有利的,但是相比之下,丙项目的净现值最大,应该是最佳项目,这主要是因为丙项目在投资后的第一年就收回全部收益的75%,第二年又收回50%,回收投资快,投资风险小。

步骤三:

净现值法简便易行,其主要优点在于:

(1) 适用性强,能基本满足项目年限相同的互斥投资方案决策。如有A、B两个项目,资本成本率为10%,A项目投资50 000元可获净现值10 000元,B项目投资20 000元可获净现值8 000元。尽管A项目投资额大,但在计算净现值时已经考虑了实施该项目所承担的还本付息负担,因此净现值大的A项目优于B项目。

(2) 能灵活地考虑投资风险。净现值法在所设定的贴现率中包含投资风险收益率要求,就能有效地考虑投资风险。例如,某投资项目期限为15年,资本成本率为18%,由于投资项目时间长,风险也较大,因此投资者认定,在投资项目的有效使用期限15年中第一个5年期内以18%折现,第二个5年期内以20%折现,第三个5年期内以25%折现,以此来体现投资风险。

净现值法也具有明显的缺陷,主要表现在:

(1) 所采用的贴现率不易确定。如果两方案采用不同的贴现率贴现,采用净现值法不能够得出正确结论。同一方案中,如果要考虑投资风险,要求的风险收益率不易确定。

(2) 不适用独立投资方案的比较决策。如果各方案的原始投资额现值不相等,有时无法作出正确决策。独立投资方案,是指两个以上投资项目互不依赖,可以同时并存。如对外投资购买甲股票或购买乙股票,它们之间并不冲突。在独立投资方案比较中,尽管某项目净现值大于其他项目,但所需投资额大,获利能力可能低于其他项目,而该项目与其他项目又是非互斥的,因此只凭净现值大小无法决策。

(3) 不能直接用于对寿命期不同的互斥投资方案进行决策。一项目尽管净现值小,但其寿命期短;另一项目尽管净现值大,但它是在较长的寿命期内取得的。两项目由于寿命期不同,因而净现值是不可比的。要采用净现值法对寿命期不同的投资方案进行决策,需要将各方案均转化为相等寿命期进行比较。

活动3 | 年金净流量

活动目标: 能够利用年金净流量对项目投资可行性进行分析评价。

工作实例3-3: 乐天公司有甲、乙两个投资方案,甲方案需一次性投资10 000元,可用8年,残值2 000元,每年取得税后营业利润3 500元;乙方案需一次性投资10 000元,可用5年,无残值,第1年获利3 000元,以后每年递增10%。如果资本成本率为10%,应采用哪种方案?

任务工具:

步骤一:

投资项目的未来现金净流量与原始投资额的差额,构成该项目的现金净流量总额。项目期间内全部现金净流量总额的总现值或总终值折算为等额年金的平均现金净流量,称为年金净流量(ANCF)。年金净流量的计算公式为:

$$年金净流量 = \frac{现金净流量总现值}{年金现值系数} = \frac{现金净流量总终值}{年金终值系数}$$

式中,现金净流量总现值即为 NPV。与净现值指标一样,年金净流量指标大于零,说明每年平均的现金流入能抵补现金流出,投资项目的净现值(或净终值)大于零,方案的收益率大于所要求的收益率,方案可行。在对两个以上寿命期不同的投资方案进行比较时,年金净流量越大,方案越好。

步骤二:

两项目使用年限不同,净现值是不可比的,应考虑它们的年金净流量。

甲方案营业期每年 NCF=3 500+(10 000−2 000)÷8=4 500(元)

乙方案营业期各年 NCF:

第 1 年=3 000+10 000÷5=5 000(元)

第 2 年=3 000×(1+10%)+10 000÷5=5 300(元)

第 3 年=3 000×(1+10%)^2+10 000÷5=5 630(元)

第 4 年=3 000×(1+10%)^3+10 000÷5=5 993(元)

第 5 年=3 000×(1+10%)^4+10 000÷5=6 392.30(元)

甲方案净现值=4 500×5.335+2 000×0.467−10 000=14 941.50(元)

乙方案净现值=5 000×0.909+5 300×0.826+5 630×0.751+5 993×0.683+

     6 392.30×0.621−10 000

    =11 213.77(元)

甲方案年金净流量=14 941.50÷(P/A,10%,8)=2 801(元)

乙方案年金净流量=11 213.77÷(P/A,10%,5)=2 958(元)

尽管甲方案净现值大于乙方案,但它是 8 年内取得的。而乙方案年金净流量高于甲方案,如果按 8 年计算可取得 15 780.93 元(2 958×5.335)的净现值,高于甲方案。因此,乙方案优于甲方案。本例中,用终值进行计算也可得出同样的结果。

从投资收益的角度来看,甲方案投资额为 10 000 元,扣除残值现值 934 元(2 000×0.467),按 8 年年金现值系数 5.335 计算,每年应回收 1 699 元(9 066÷5.335)。这样,每年现金流量 4 500 元中,扣除投资回收 1 699 元,投资收益为 2 801 元。按同样方法计算,乙方案年投资收益为 2 958 元。所以,年金净流量的本质是各年现金流量中的超额投资收益额。

步骤三:

年金净流量法是净现值法的辅助方法,在各方案寿命期相同时,实质上就是净现值法。因此它适用于期限不同的投资方案决策。但同时,它也具有与净现值法同样的缺点,不便于对原始投资额不相等的独立投资方案进行决策。

活动 4 | 现值指数

活动目标: 能够利用现值指数对项目投资可行性进行分析评价。

工作实例 3-4: 乐天公司有两个独立投资方案,有关资料如表 3-3 所示,试分析应采用哪种方案。

表 3-3　　　　　　　　　　　　　　净现值计算表　　　　　　　　　　　　　单位：元

项目	方案 A	方案 B
原始投资额现值	30 000	3 000
未来现金净流量现值	31 500	4 200
净现值	1 500	1 200

任务工具：

步骤一：

现值指数（present value index，PVI）是投资项目的未来现金净流量现值与原始投资额现值之比。计算公式为：

$$现值指数 = \frac{未来现金净流量现值}{原始投资额现值}$$

从现值指数的计算公式可见，现值指数的计算结果有三种：大于1，等于1，小于1。若现值指数大于或等于1，方案可行，说明方案实施后的投资收益率高于或等于必要收益率；若现值指数小于1，方案不可行，说明方案实施后的投资收益率低于必要收益率。现值指数越大，方案越好。

步骤二：

从净现值的绝对数来看，方案 A 大于方案 B，似乎应采用方案 A；但从投资额来看，方案 A 的原始投资额现值大大超过了方案 B。所以，在这种情况下，如果仅用净现值来判断方案的优劣，就难以作出正确的比较和评价。按现值指数法计算：

$$A 方案现值指数 = \frac{31\ 500}{30\ 000} = 1.05$$

$$B 方案现值指数 = \frac{4\ 200}{3\ 000} = 1.40$$

计算结果表明，方案 B 的现值指数大于方案 A，应当选择方案 B。

步骤三：

现值指数法也是净现值法的辅助方法，在各方案原始投资额现值相同时，实质上就是净现值法。现值指数是未来现金净流量现值与所需投资额现值之比，是一个相对数指标，反映了投资效率，因此，用现值指数指标来评价独立投资方案，可以克服净现值指标不便于对原始投资额现值不同的独立投资方案进行比较和评价的缺点，从而对方案的分析评价更加合理、客观。

活动 5　内含收益率

活动目标： 能够利用内含收益率对项目投资可行性进行分析评价。

工作实例 3-5： 乐天公司拟购入一台新型设备，购价为 160 万元，使用年限为 10 年，无残值。该方案的最低投资收益率要求为 12%（以此作为贴现率）。使用新设备后，估计每年产生现金净流量 30 万元。

要求： 用内含收益率指标评价该方案是否可行？

任务工具：

步骤一：

内含收益率(internal rate of return，IRR)，是指对投资方案未来的每年现金净流量进行贴现，使所得的现值恰好与原始投资额现值相等，从而使净现值等于零时的贴现率。

内含收益率法的基本原理是：在计算方案的净现值时，以必要投资收益率作为贴现率计算，净现值的结果往往是大于零或小于零，这就说明方案实际可能达到的投资收益率大于或小于必要投资收益率；而当净现值为零时，说明两种收益率相等。根据这个原理，内含收益率法就是要计算出使净现值等于零时的贴现率，这个贴现率就是投资方案的实际可能达到的投资收益率。

步骤二：

未来每年现金净流量相等时，求内含收益率。

每年现金净流量相等是一种年金形式，通过查年金现值系数表，可计算出未来现金净流量现值，并令其净现值为零，则有：

未来每年现金净流量×年金现值系数－原始投资额现值＝0

计算出净现值为零时的年金现值系数后，通过查年金现值系数表，利用插值法即可计算出相应的贴现率 i，该贴现率就是方案的内含收益率。

步骤三：

令：300 000×年金现值系数－1 600 000＝0

得：年金现值系数＝5.333 3

现已知方案的使用年限为 10 年，查年金现值系数表，可查得：时期 10，系数 5.333 3 所对应的贴现率在 12％～14％。采用插值法求得，该方案的内含收益率为 13.46％，高于最低投资收益率 12％，方案可行。

工作实例 3-6： 乐天公司有一投资方案，需一次性投资 120 000 元，使用年限为 4 年，每年现金净流量分别为：30 000 元、40 000 元、50 000 元、35 000 元。

要求： 计算该投资方案的内含收益率，并据以评价该方案是否可行。

任务工具：

步骤一：

如果投资方案的未来每年现金净流量不相等，各年现金净流量的分布就不是年金形式，不能采用直接查年金现值系数表的方法来计算内含收益率，而需采用逐次测试法。

逐次测试法的具体做法是：根据已知的有关资料，先估计一次贴现率，来试算未来现金净流量的现值，并将这个现值与原始投资额现值相比较，如净现值大于零，为正数，表示估计的贴现率低于方案实际可能达到的投资收益率，需要重估一个较高的贴现率进行试算；如果净现值小于零，为负数，表示估计的贴现率高于方案实际可能达到的投资收益率，需要重估一个较低的贴现率进行试算。如此反复试算，直到净现值等于零或基本接近于零，这时所估计的贴现率就是希望求得的内含收益率。

步骤二：

由于该方案每年的现金净流量不相同，需逐次测试计算方案的内含收益率。测算过程如表 3-4 所示。

表 3-4　　　　　　　　　　　　净现值的逐次测试　　　　　　　　　　金额单位：元

年数	每年现金净流量	第一次测算 8%		第二次测算 12%		第三次测算 10%	
1	30 000	0.926	27 780	0.893	26 790	0.909	27 270
2	40 000	0.857	34 280	0.797	31 880	0.826	33 040
3	50 000	0.794	39 700	0.712	35 600	0.751	37 550
4	35 000	0.735	25 725	0.636	22 260	0.683	23 905
未来现金净流量现值合计			127 485		116 530		121 765
减：原始投资额现值			120 000		120 000		120 000
净现值			7 485		−3 470		1 765

第一次测算，采用折现率8%，净现值为正数，说明方案的内含收益率高于8%。第二次测算，采用折现率12%，净现值为负数，说明方案的内含收益率低于12%。第三次测算，采用折现率10%，净现值仍为正数，但已较接近于零。因而可以估算，方案的内含收益率在10%~12%。进一步运用插值法，得出方案的内含收益率为10.67%。

步骤三：

内含收益率法的主要优点在于：

（1）内含收益率反映了投资项目可能达到的收益率，易于被高层决策人员所理解。

（2）对于独立投资方案的比较决策，如果各方案原始投资额现值不同，可以通过计算各方案的内含收益率，反映各独立投资方案的获利水平。

内含收益率法的主要缺点在于：

（1）计算复杂，不易直接考虑投资风险大小。

（2）在互斥投资方案决策时，如果各方案的原始投资额现值不相等，有时无法作出正确的决策。一方案原始投资额低，净现值小，但内含收益率可能较高；而另一方案原始投资额高、净现值大，但内含收益率可能较低。

活动6 | 投资回收期

活动目标： 能够利用回收期对项目投资可行性进行分析评价。

工作实例3-7： 乐天公司准备从甲、乙两种机床中选购一种。甲机床购价为35 000元，投入使用后，每年现金净流量为7 000元；乙机床购价为36 000元，投入使用后，每年现金流量为8 000元。

要求： 用回收期指标决策乐天公司应选购哪种机床？

任务工具：

步骤一：

回收期（payback period, PP），是指投资项目的未来现金净流量与原始投资额相等时所经历的时间，即原始投资额通过未来现金流量回收所需要的时间。

投资者希望投入的资本能以某种方式尽快地收回来，收回的时间越长，所担风险就越大。因而，投资方案回收期的长短是投资者十分关心的问题，也是评价方案优劣的标准之一。用回收期指标评价方案时，回收期越短越好。

静态回收期没有考虑货币时间价值，直接用未来现金净流量累计原始投资数额时所经历的时间作为静态回收期。

1) 未来每年现金净流量相等时

这种情况是一种年金形式,因此:

$$静态回收期=\frac{原始投资额}{每年现金净流量}$$

2) 未来每年现金净流量不相等时

在这种情况下,应把未来每年的现金净流量逐年加总,根据累计现金流量来确定回收期。可依据如下公式进行计算(设 M 是收回原始投资额的前一年):

$$静态回收期=M+第\,M\,年的尚未收回额÷第(M+1)年的现金净流量$$

步骤二:

甲机床回收期 $=\dfrac{35\,000}{7\,000}=5(年)$

乙机床回收期 $=\dfrac{36\,000}{8\,000}=4.5(年)$

计算结果表明,乙机床的回收期比甲机床短,该工厂应选择乙机床。

工作实例3-8: 乐天公司有一投资项目,需投资150 000元,使用年限为5年,每年的现金流量不相等,资本成本率为5%,有关资料如表3-5所示。

要求:计算该投资项目的回收期。

表3-5　　　　　　　　　　　　项目现金流量　　　　　　　　　　　　　　单位:元

年数	现金净流量	累计净流量	净流量现值	累计现值
1	30 000	30 000	28 560	28 560
2	35 000	65 000	31 745	60 305
3	60 000	125 000	51 840	112 145
4	50 000	175 000	41 150	153 295
5	40 000	215 000	31 360	184 655

任务工具:

步骤一:

动态回收期需要将投资引起的未来现金净流量进行贴现,以未来现金净流量的现值等于原始投资额现值时所经历的时间为动态回收期。

1) 未来每年现金净流量相等时

在这种年金形式下,假定动态回收期为 n 年,则:

$$(P/A, i, n)=\frac{原始投资额现值}{每年现金净流量}$$

计算出年金现值系数后,通过查年金现值系数表,利用插值法,即可推算出动态回收期 n。

2) 未来每年现金净流量不相等时

在这种情况下,应把每年的现金净流量逐一贴现并加总,根据累计现金流量现值来确定回收期。可依据如下公式进行计算(设 M 是收回原始投资额现值的前一年):

动态回收期 = M + 第 M 年的尚未收回额的现值 ÷ 第(M+1)年的现金净流量现值

步骤二：

乐天公司投资项目的动态回收期为：

项目回收期 = $3 + \dfrac{150\,000 - 112\,145}{41\,150} = 3.92$（年）

步骤三：

回收期法的优点是计算简便，易于理解。这种方法是以回收期的长短来衡量方案的优劣，收回投资所需的时间越短，所冒的风险就越小。可见，回收期法是一种较为保守的方法。

回收期法中静态回收期的不足之处是没有考虑货币的时间价值。

静态回收期和动态回收期还有一个共同局限，就是它们计算回收期时只考虑了未来现金净流量（或现值）总和中等于原始投资额（或现值）的部分，没有考虑超过原始投资额（或现值）的部分。显然，回收期长的项目，其超过原始投资额（或现值）的现金流量并不一定比回收期短的项目少。

任务 3　项目投资方案决策

活动 7　独立投资方案决策

活动目标： 当存在多个独立投资方案时，能够确定多个独立投资方案的投资顺序。

工作实例 3-9： 乐天公司有足够的资金，准备投资于三个独立投资项目。A 项目原始投资额为 10 000 元，期限为 5 年；B 项目原始投资额为 18 000 元，期限为 5 年；C 项目原始投资额为 18 000 元，期限为 8 年。贴现率为 10%，其他有关资料如表 3-6 所示。问：如何安排投资顺序？

表 3-6　　　　　　　　　独立投资方案的可行性指标　　　　　　金额单位：元

项目	A 项目	B 项目	C 项目
原始投资额	−10 000	−18 000	−18 000
每年 NCF	4 000	6 500	5 000
期限（年）	5	5	8
净现值（NPV）	5 164	6 642	8 675
现值指数（PVI）	1.52	1.37	1.48
内含收益率（IRR）	28.68%	23.61%	22.28%
年金净流量（ANCF）	1 362	1 752	1 626

任务工具：

步骤一：

项目投资，是指将资金直接投放于生产经营实体性资产，以形成生产能力，如购置设备、建造工厂、修建设施等。项目投资一般是企业的对内投资，也包括以实物性资产投资于其他企业的对外投资。

独立投资方案，是指两个或两个以上项目互不依赖，可以同时存在，各方案的决策也是独立的。独立投资方案的决策属于筛分决策,评价各方案本身是否可行,即方案本身是否达到某种要求的可行性标准。独立投资方案之间比较时,决策要解决的问题是如何确定各种可行方案的投资顺序,即各独立方案之间的优先次序。排序分析时,以各独立方案的获利程度作为评价标准,一般采用内含收益率法进行比较决策。

步骤二:

将上述三个方案的各种决策指标加以对比,从表 3-6 数据可以看出:

(1) A 项目与 B 项目比较:两项目原始投资额不同但期限相同,尽管 B 项目净现值和年金净流量均大于 A 项目,但 B 项目原始投资额高,获利程度低。因此,应优先安排内含收益率和现值指数较高的 A 项目。

(2) B 项目与 C 项目比较:两项目原始投资额相等但期限不同,尽管 C 项目净现值和现值指数高,但它需要经历 8 年才能获得。B 项目 5 年项目结束后,所收回的投资可以进一步投资于其他后续项目。因此,应该优先安排内含收益率和年金净流量较高的 B 项目。

(3) A 项目与 C 项目比较:两项目的原始投资额和期限都不相同,A 项目内含收益率较高,但净现值和年金净流量都较低。C 项目净现值高,但期限长;C 项目年金净流量也较高,但它是依靠较大的投资额取得的。因此,从获利程度的角度来看,A 项目是优先方案。

步骤三:

综上所述,在独立投资方案比较性决策时,内含收益率指标综合反映了各方案的获利程度,在各种情况下的决策结论都是正确的。本例中,投资顺序应该按 A、B、C 顺序实施投资。现值指数指标也反映了方案的获利程度,除了期限不同的情况外,其结论也是正确的。但在项目的原始投资额相同而期限不同的情况下(如 B 项目和 C 项目的比较),现值指数实质上就是净现值的表达形式。至于净现值指标和年金净流量指标,它们反映的是各方案的获利数额,要结合内含收益率指标进行决策。

活动 8 | 互斥投资方案决策

活动目标: 当存在互斥投资方案时,能够选择最优投资方案。

工作实例 3-10: 从"工作实例 3-9"可知,A、B 两项目寿命期相同,而原始投资额不等;B、C 两项目原始投资额相等而寿命期不同。如果这三个项目是互斥投资方案,则对寿命期相同的 A、B 项目进行决策。

任务工具:

步骤一:

互斥投资方案,方案之间互相排斥,不能并存,因此决策的实质在于选择最优方案,属于选择决策。选择决策要解决的问题是应该淘汰哪个方案,即选择最优方案。从选定经济效益最大的要求出发,互斥决策以方案的获利数额作为评价标准。因此,一般采用净现值法和年金净流量法进行选优决策。但由于净现值指标受投资项目寿命期的影响,年金净流量法是互斥方案最恰当的决策方法。

步骤二:

A 项目与 B 项目比较,两项目原始投资额不等。尽管 A 项目的内含收益率和现值指数都较高,但互斥方案应考虑获利数额,因此净现值高的 B 项目是最优方案。两项目的期限是相同的,年金净流量指标的决策结论与净现值指标的决策结论是一致的。

B项目比A项目投资额多8 000元,按10%的贴现率水平要求,分5年按年金形式回收,每年应回收2 110元(8 000÷3.790 8)。但B项目每年现金净流量比A项目也多取得2 500元,扣除增加的回收额2 110元后,每年还可以多获得投资收益390元。这个差额,正是两项目年金净流量指标值的差额(1 752－1 362)。所以,在原始投资额不等、寿命期相同的情况下,净现值与年金净流量指标的决策结论一致,应采用年金净流量较大的B项目。

步骤三:

事实上,互斥方案的选优决策,各方案本身都是可行的,均有正的净现值,表明各方案均收回了原始投资,并有超额收益。进一步在互斥方案中选优,方案的获利数额作为选优的评价标准。在项目的寿命期相等时,不论方案的原始投资额大小如何,能够获得更大的获利数额即净现值的,即为最优方案。所以,在项目寿命期相等的互斥投资方案的选优决策中,原始投资额的大小并不影响决策的结论,无须考虑原始投资额的大小。

工作实例3-11: 乐天公司现有甲、乙两个机床购置方案,所要求的最低投资收益率为10%。甲机床投资额10 000元,可用2年,无残值,每年产生8 000元现金净流量。乙机床投资额20 000元,可用3年,无残值,每年产生10 000元现金净流量。两方案的相关评价指标如表3-7所示。问:两方案何者为优?

表3-7　　两方案的相关评价指标　　金额单位:元

项目	甲机床	乙机床
净现值(NPV)	3 888	4 870
年金净流量(ANCF)	2 238	1 958
内含收益率(IRR)	38%	23.39%

任务工具:

步骤一:

在两个寿命期不等的互斥投资项目比较时,可采用如下方法:

方法一:共同年限法。因为按照持续经营假设,寿命期短的项目,收回的投资将重新进行投资。针对各项目寿命期不等的情况,可以找出各项目寿命期的最小公倍期数,作为共同的有效寿命期。原理为假设投资项目在终止时进行重置,通过重置使两个项目达到相等的年限,然后应用项目寿命期相等时的决策方法进行比较,即比较两者的净现值大小。

方法二:年金净流量法。用该方案的净现值除以对应的年金现值系数,当两项目资本成本相同时,优先选取年金净流量较大者;当两项目资本成本不同时,还需进一步计算永续净现值,即用年金净流量除以各自对应的资本成本。

步骤二:

方法一:共同年限法。

将两方案的期限调整为最小公倍数6年,按两方案期限的最小公倍数测算,甲方案经历了3次投资循环,乙方案经历了2次投资循环。各方案的相关评价指标为:

(1)甲方案:净现值＝8 000×4.355 3－10 000×0.683 0－10 000×0.826 4－10 000＝9 748(元)

(2)乙方案:净现值＝10 000×4.355 3－20 000×0.751 3－20 000＝8 527(元)

上述计算说明,延长寿命期后,两方案投资期限相等,甲方案的净现值9 748元高于乙方案的净现值 8 527 元,故甲方案优于乙方案。

步骤三:

方法二:年金净流量法。

(1) 甲方案:年金净流量=2 238(元)

(2) 乙方案:年金净流量=1 958(元)

从表 3-7 中数据可得,甲方案的年金净流量 2 238 元高于乙方案 1 958 元,因此甲方案优于乙方案。

至于内含收益率指标,可以测算出:当 $i=38\%$ 时,甲方案净现值=0;当 $i=23.39\%$ 时,乙方案净现值=0。这说明,只要方案的现金流量状态不变,按公倍数年限延长寿命后,方案的内含收益率并不会变化。

同样,只要方案的现金流量状态不变,按公倍数年限延长寿命后,方案的年金净流量指标也不会改变。甲方案仍为 2 238 元(9 748÷4.355 3),乙方案仍为 1 958 元(8 527÷4.355 3)。由于寿命期不同的项目,换算为最小公倍数年限比较麻烦,而按各方案本身期限计算的年金净流量与换算公倍数期限后的结果一致,因此,实务中对于期限不等的互斥方案比较,无须换算寿命期限,直接按原始期限的年金净流量指标决策。

步骤四:

综上所述,互斥投资方案的选优决策中,年金净流量全面反映了各方案的获利数额,是最佳的决策指标。净现值指标在寿命期不同的情况下,需要按各方案最小公倍数期限调整计算,在其余情况下的决策结论也是正确的。因此,在互斥方案决策的方法选择上,项目寿命期相同时可采用净现值法,项目寿命期不同时主要采用年金净流量法。

活动 9 | 固定资产更新决策

活动目标: 能够做出合理的固定资产更新决策。

工作实例 3-12: 乐天公司现有一台旧机床是 3 年前购进的,目前准备用一新机床替换。该公司所得税税率为 25%,资本成本率为 10%,其余资料如表 3-8 所示。

表 3-8　　　　　　　　　　　新旧设备资料　　　　　　　　　金额单位:元

项目	旧设备	新设备
原价	84 000	76 500
税法残值	4 000	4 500
税法使用年限(年)	8	6
已使用年限(年)	3	0
尚可使用年限(年)	6	6
垫支营运资金	10 000	11 000
大修理支出	18 000(第 2 年年末)	9 000(第 4 年年末)
每年折旧费(直线法)	10 000	12 000
每年营运成本	13 000	7 000
目前变现价值	40 000	76 500
最终报废残值	5 500	6 000

任务工具:

步骤一:

固定资产反映了企业的生产经营能力,固定资产更新决策是项目投资决策的重要组成部分。从决策性质上看,固定资产更新决策属于互斥投资方案的决策类型。因此,固定资产更新决策所采用的决策方法是净现值法和年金净流量法,一般不采用内含收益率法。

寿命期相同的设备重置决策。一般来说,用新设备来替换旧设备如果不改变企业的生产能力,就不会增加企业的营业收入,即使有少量的残值变价收入,也不是实质性收入增加。因此,大部分以旧换新进行的设备重置都属于替换重置。在替换重置方案中,所发生的现金流量主要是现金流出量。如果购入的新设备性能提高,扩大了企业的生产能力,这种设备重置属于扩建重置。

步骤二:

本例中,两机床的使用年限均为6年,可采用净现值法决策。整理两个方案的有关现金流量资料如表3-9和表3-10所示。

表3-9　　　　　　　　　　　保留旧机床方案　　　　　　　　　金额单位:元

项目	现金流量	年数	现值系数	现值
每年营运成本	$13\,000 \times (1-25\%) = -9\,750$	1~6	4.355	-42 461.25
每年折旧抵税	$10\,000 \times 25\% = 2\,500$	1~5	3.791	9 477.5
大修理费	$18\,000 \times (1-25\%) = -13\,500$	2	0.826	-11 151
残值变价收入	5 500	6	0.565	3 107.5
残值净收益纳税	$(5\,500 - 4\,000) \times 25\% = -375$	6	0.565	-211.88
营运资金收回	10 000	6	0.565	5 650
目前变价收入	-40 000	0	1	-40 000
变现净损失减税	$(40\,000 - 54\,000) \times 25\% = -3\,500$	0	1	-3 500
垫支营运资金	-10 000	0	1	-10 000
净现值	—	—	—	-89 089.13

表3-10　　　　　　　　　　　购买新机床方案　　　　　　　　　金额单位:元

项目	现金流量	年数	现值系数	现值
设备投资	-76 500	0	1	-76 500
垫支营运资金	-11 000	0	1	-11 000
每年营运成本	$7\,000 \times (1-25\%) = -5\,250$	1~6	4.355	-22 863.75
每年折旧抵税	$12\,000 \times 25\% = 3\,000$	1~6	4.355	13 065
大修理费	$9\,000 \times (1-25\%) = -6\,750$	4	0.683	-4 610.25
残值变价收入	6 000	6	0.565	3 390
残值净收益纳税	$(6\,000 - 4\,500) \times 25\% = -375$	6	0.565	-211.88
营运资金收回	11 000	6	0.565	6 215
净现值	—	—	—	-92 515.88

上面两表结果说明：在两方案营业收入一致的情况下，新设备现金流出总现值为 -92 515.88元，旧设备现金流出总现值为-89 089.13元。因此，继续使用旧设备比较经济。

步骤三：

本例中有几个特殊问题应注意：

(1) 两机床使用年限相等，均为6年。如果年限不等，不能用净现值法决策。另外，新机床购入后，并未扩大企业营业收入。

(2) 垫支营运资金时，尽管是现金流出，但不是本期成本费用，不存在纳税调整问题。营运资金收回时，按存货等资产账面价值出售，无出售净收益，也不存在纳税调整问题。如果营运资金收回时，存货等资产变价收入与账面价值不一致，需要进行纳税调整。

(3) 本例中大修理支出是确保固定资产正常工作状态的支出，在发生时计入当期损益，不影响固定资产后续期间账面价值。如果涉及固定资产的改扩建支出等需资本化的后续支出，则需考虑对固定资产价值的影响以及后续期间折旧抵税额等相关现金流量的变化。

工作实例3-13： 乐天公司现有旧设备一台，由于节能减排的需要，准备予以更新。当期贴现率为15%，假设不考虑所得税因素的影响，其他有关资料如表3-11所示。

表3-11　　　　　　　　　　乐天公司新旧设备资料　　　　　　　　金额单位：元

项目	旧设备	新设备
原价	35 000	36 000
预计使用年限(年)	10	10
已经使用年限(年)	4	0
税法残值	5 000	4 000
最终报废残值	3 500	4 200
目前变现价值	10 000	36 000
每年折旧费(直线法)	3 000	3 200
每年营运成本	10 500	8 000

任务工具：

步骤一：

寿命期不同的设备重置方案，用净现值指标可能无法得出正确决策结果，应当采用年金净流量法决策。寿命期不同的设备重置方案，在决策时有如下特点：

(1) 扩建重置的设备更新后会引起营业现金流入与流出的变动，应考虑年金净流量最大的方案。替换重置的设备更新一般不改变生产能力，营业现金流入不会增加，只需比较各方案的年金流出量即可，年金流出量最小的方案最优。

(2) 如果不考虑各方案的营业现金流入量变动，只比较各方案的现金流出量，我们把按年金净流量原理计算的等额年金流出量称为年金成本。替换重置方案的决策标准，是要求年金成本最低。扩建重置方案所增加或减少的营业现金流入也可以作为现金流出量的抵减，并据此比较各方案的年金成本。

(3) 设备重置方案运用年金成本方式决策时，应考虑的现金流量主要有：①新旧设备目前市场价值。对于新设备而言，目前市场价格就是新设备的购价，即原始投资额；对于旧设备而言，目前市场价值就是旧设备的重置成本或变现价值。②新旧设备残值变价收入。残值变价收入应作为现金流出的抵减。残值变价收入现值与原始投资额的差额,称为投资净额。③新旧设备的年营运成本,即年付现成本。如果考虑每年的营业现金流入,应作为每年营运成本的抵减。

(4) 年金成本可在特定条件下(无所得税因素、每年营运成本相等),按如下公式计算:

$$年金成本 = \frac{\sum(各项目现金净流出现值)}{年金现值系数}$$

$$= \frac{原始投资额 - 残值收入 \times 复利现值系数 + \sum(年营运成本现值)}{年金现值系数}$$

$$= \frac{原始投资额 - 残值收入}{年金现值系数} + 残值收入 \times 贴现率 + \frac{\sum(年营运成本现值)}{年金现值系数}$$

步骤二:

由于两设备的尚可使用年限不同,因此比较各方案的年金成本。按不同方式计算如下:

$$旧设备年金成本 = \frac{10\,000 - 3\,500 \times (P/F, 15\%, 6)}{(P/A, 15\%, 6)} + 10\,500$$

$$或: = \frac{10\,000 - 3\,500}{(P/A, 15\%, 6)} + 3\,500 \times 15\% + 10\,500$$

$$= 12\,742.76(元)$$

$$新设备年金成本 = \frac{36\,000 - 4\,200 \times (P/F, 15\%, 10)}{(P/A, 15\%, 10)} + 8\,000$$

$$或: = \frac{36\,000 - 4\,200}{(P/A, 15\%, 10)} + 4\,200 \times 15\% + 8\,000$$

$$= 14\,965.92(元)$$

上述计算表明,继续使用旧设备的年金成本为 12 742.76 元,低于购买新设备的年金成本 14 965.92 元,每年可以节约 2 223.16 元,应当继续使用旧设备。

项目投资管理实训

实训 1 投资决策

某投资公司现有 A、B、C 三个互斥投资项目可供选择:假设这三个投资项目的当前(第 0 年)投资金额与今后 3 年(第 1~3 年)的预期回报如表 3-12 所示。

表 3-12　　A、B、C 三个项目的投资金额与预期回报　　单位:万元

项目	初始投资额	预期回报		
		第一年	第二年	第三年
项目 A	1 800	900	900	900
项目 B	1 800	1 100	900	800
项目 C	2 000	800	1 000	1 300

想一想：（1）建立一个决策模型，当公司使用的贴现率在1％～15％范围内变动时，利用净现值法给出这三个项目中最优的投资项目。

（2）绘制三个项目净现值贴现率不同时的折线图。

实训指导

（1）新建一个Excel工作簿，在sheet1工作表中，输入如图3-1所示的数据。

	A	B	C	D	E	F
1	项目投资决策模型					
2	项目贴现率	10%				
3	项目	第0年	第1年	第2年	第3年	NPV
4	项目A	-1800	900	900	900	
5	项目B	-1800	1100	900	800	
6	项目C	-2000	800	1000	1300	
7						
8	决策结论					
9	最大净现值					
10	实现该净现值最大值的项目					
11	结论					

图3-1 原始数据

（2）计算项目的净现值。选中F4单元格，输入"=NPV($B$2,C4:E4)+B4"，单击回车键输出计算结果。再次选中F4单元格，将鼠标置于右下角，出现填充柄的时候向下拖动，将公式复制至F6单元格。输出结果如图3-2中F4:F6所示。

（3）作出决策结论。选中D9单元格，输入"=MAX(F4:F6)"，单击回车

	A	B	C	D	E	F
1	项目投资决策模型					
2	项目贴现率		10%			
3	项目	第0年	第1年	第2年	第3年	NPV
4	项目A	-1800	900	900	900	438.17
5	项目B	-1800	1100	900	800	544.85
6	项目C	-2000	800	1000	1300	530.43
7						
8	决策结论					
9	最大净现值				544.85	
10	实现该净现值最大值的项目				项目B	
11	结论				最优项目是项目B	

图3-2 计算结果

键计算出最大净现值。选中D10单元格，输入"=INDEX(A4:A6,MATCH(D9,F4:F6,0))"，单击回车键输出最大净现值对应的项目名称。最后选中D11单元格，输入"=IF(D9>0,"最优项目是"&D10,"三个项目均不可取")"，单击回车键作出决策结论。输出结果如图3-2中D9:D11所示。

（4）添加数值调节按钮控制贴现率变动。在"文件—选项—自定义功能区—开发工具"前打勾，显示"开发工具"工具栏。在"开发工具—插入—表单控件"中选中"数值调节钮"控件，当光标变成"+"字状，绘制出一个数值调节按钮，调整其大小和位置。右击该数值调节按钮，在弹出的快捷菜单上选择"设置控件格式"命令，打开"设置控件格式"对话框，如图3-3所示。

在"控制"选项卡设置最小值为"1"，最大值为"15"，步长为"1"，在"单元格链接"的编辑框中输入"$C$2"。接下来选中C2单元格，输入"10"，再选中B2单元格，输入"=C2/100"，这样就将数值调节按钮与贴现率动态连接在一起，通过单击数值调节按钮的向上和向下箭头，可以按照步长增加或减少贴现率。当贴现率发生改变，项目的净现值及决策结论也随之

改变。为防止误操作造成选择数据的改动,同时为了保持模型整洁,可以将 C2 里的数据隐藏起来,这里将 C2 的数据颜色设置成了背景色"白色"。最终结果如图 3-2 所示。

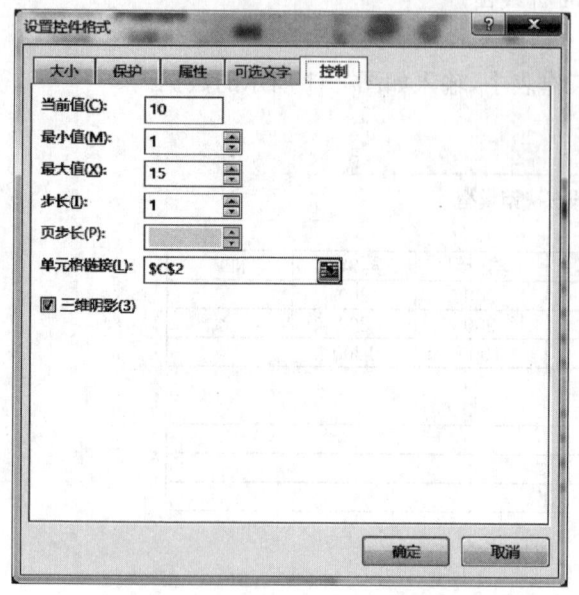

	H	I	J	K
1		项目A	项目B	项目C
2		478.17	584.43	579.46
3	1%	846.89	947.85	1034.14
4	2%	795.49	897.34	970.50
5	3%	745.75	848.41	908.98
6	4%	697.58	800.99	849.48
7	5%	650.92	755.02	791.92
8	6%	605.71	710.43	736.22
9	7%	561.88	667.17	682.29
10	8%	519.39	625.19	630.06
11	9%	478.17	584.43	579.46
12	10%	438.17	544.85	530.43
13	11%	399.34	506.40	482.89
14	12%	361.65	469.04	436.79
15	13%	325.04	432.72	392.08
16	14%	289.47	397.41	348.68
17	15%	254.90	363.06	306.57

图 3-3 "设置控件格式"对话框　　　　　　图 3-4 散点图数据源

(5) 绘制基于净现值的投资评价模型散点图。利用模拟运算表准备绘制图形所需的数值,如图 3-4 所示。首先直接输入 I1:K1,H3:H17 两个单元格区域内的数据;然后再分别选中 I2 单元格,输入"=F4",选中 J2 单元格,输入"=F5",选中 K2 单元格,输入"=F6";最后选中 H2:K17 单元格区域,选择"数据—模拟分析—模拟运算表",打开"模拟运算表"对话框,如图 3-5 所示。在"输入引用列的单元格"项

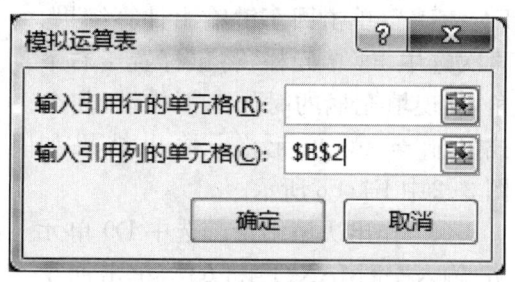

图 3-5 "模拟运算表"对话框

中,选择"$B$2"单元格,单击"确定"按钮,返回计算结果如图 3-4 所示。
　　同时选中 H1:K1、H3:K17 两个单元格区域,选择"插入—图表—带平滑线散点图",调整图表的大小及位置,在图表标题处,输入"基于净现值的投资评价模型"即可完成基本图表绘制。接下来绘制 B、C 项目的交点,选中 H19 单元格,输入"B、C 项目交点坐标",选中 H20 单元格,输入"=IRR(B5:E5−B6:E6)",单击回车键输出结果,再选中 I20 单元格,输入"=NPV(H20,C5:E5)+B5",单击回车键即完成交点坐标的计算,如图 3-6 所示。在空白处

	H	I	J	K
18				
19	B、C项目交点坐标			
20	8.49%	605.07		

图 3-6 B、C 项目交点坐标

单击鼠标右键,在弹出的快捷菜单上选择"选择数据"项,弹出"选择数据源"对话框,如图3-7所示。然后单击"添加"按钮,将交点坐标添加进去,即可完成交点坐标绘制。调整图表及交点格式,最终结果如图3-8所示。

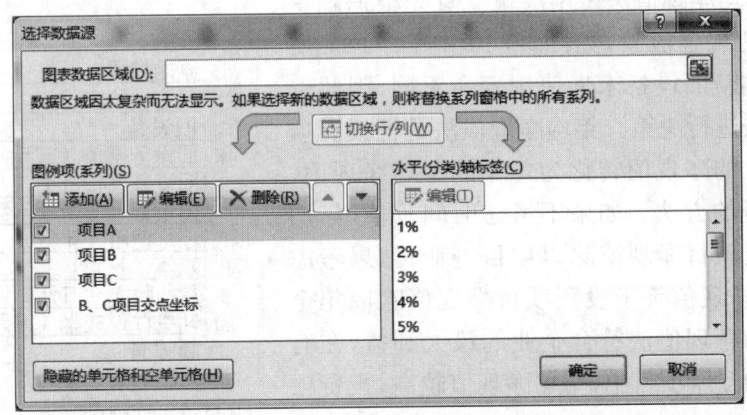

图 3-7 "选择数据源"对话框

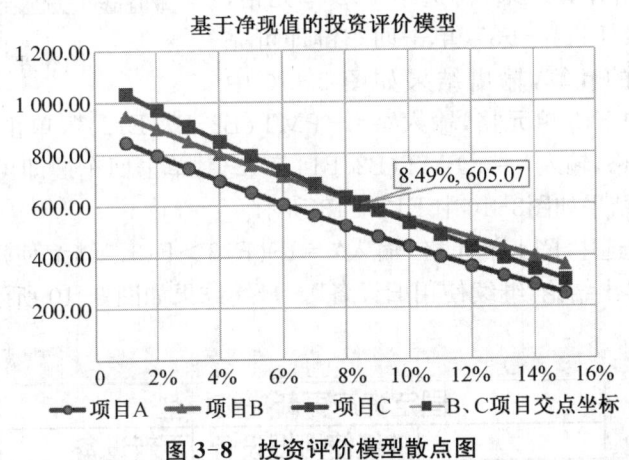

图 3-8 投资评价模型散点图

实训结论

本实验通过NPV函数计算各项目的净现值,利用MATCH、INDEX函数查找到净现值最大的项目,最后利用IF函数作出项目决策。利用模拟运算表,计算出不同贴现率时各项目的净现值,根据这些数据绘制出该模型的带平滑线的散点图,通过该图可以直观地看到A、B、C三个项目净现值的大小关系。

实训2 固定资产更新决策

甲公司考虑用一台效率更高的新设备来替换旧设备,以增加收益、降低成本。旧设备原值800万元,已提折旧400万元,已使用5年,还可使用5年,预计使用期满后无残值。旧设备每年可带来营业收入1 000万元,年需耗费付现成本500万元。如果现在出售此设备可得价款280万元,拟更换的新设备的购置成本为1 000万元,估计可使用8年,预计净残值100万元。新设备每年可带来营业收入1 100万元,每年需耗费付现成本480万元。甲公司要求的投资报酬率为10%，甲公司是否应该更新旧设备？

实训指导

（1）新建一个Excel工作簿，在sheet1工作表中，输入如图3-9所示的数据。

（2）使用年均净现值法做出决策。首先根据题意估算新旧设备的现金流量，如图3-10中D2:F11所示。由于本案例新旧设备未来使用寿命不同，因此选择年均净现值法进行决策。年均净现值法是把投资项目在寿命期内总的净现值转化为每年的平均净现值，并进行比较分析的方法。如果不考虑时间价值，年均净现值等于投资项目净现值除以项目寿命；如果考虑时间价值，年均净现值等于投资项目净现值除以年金现值系数。年均净现值法符合企业的最大利益，在有多个备选方案的互斥项目中，年均净现值越高，投资项目的年均收益越大。

选中E12单元格，输入"=NPV(B2,E4:E8)+E3"，单击回车键输出计算结果，再选中F12单元格，输入"=NPV(B2,F4:F11)+F3"，单击回车键即可完成新旧项目净现值的计算，输出结果如图3-10中E12:F12所示。选中E13单元格，输入"=-PMT(B2,B7,E12)"，单击回车键输出计算结果，再选中F13单元格，输入"=-PMT(B2,B14,F12)"，单击回车键即可完成新旧项目年均净现值的计算，输出结果如图3-10中E13:F13所示。

（3）作出决策。选中E14单元格，输入"=IF(E13>F13,"继续使用旧设备","更新设备")"，单击回车键得出结论"继续使用旧设备"。最终结果如图3-10所示。

	A	B
1	原始数据	
2	投资报酬率	10%
3	旧设备	
4	旧设备原值（万元）	800
5	旧设备已提折旧（万元）	400
6	旧设备已使用（年数）	5
7	还可使用（年数）	5
8	残值（万元）	0
9	营业收入（万元）	1000
10	耗费付现成本（万元）	500
11	新设备	
12	现出售旧设备（万元）	280
13	新设备购置成本（万元）	1000
14	可使用（年数）	8
15	预计净残值（万元）	100
16	每年营业收入（万元）	1100
17	耗费付现成本（万元）	480

图3-9　原始数据

	D	E	F
1		固定资产更新决策模型	
2		继续使用旧设备	更新设备
3	初始年	0	-720
4	第1年	500	620
5	第2年	500	620
6	第3年	500	620
7	第4年	500	620
8	第5年	500	620
9	第6年		620
10	第7年		620
11	第8年		720
12	净现值	1,895.39	2,634.30
13	年均净现值	500.00	493.78
14	结论	继续使用旧设备	

图3-10　固定资产更新决策模型

实训结论

净现值法是资本投资决策的主要方法之一，NPV 函数可以方便地实现净现值的计算，需要特别注意的是 NPV 函数计算的结果并不包括初始投资额。当原始投资额不同，计算期也不同，通常使用年金净现值法或最小公倍数法。

习 题

一、单项选择题

1. 下列各项中，属于长期投资决策静态评价指标的是（   ）。
   A. 投资利润率   B. 获利指数   C. 净现值   D. 内含报酬率
2. 下列评价指标中，其数值越小越好的指标是（   ）。
   A. 现值指数   B. 投资回收期   C. 内含报酬率   D. 投资利润率
3. 当某方案的净现值大于零时，其内含报酬率（   ）。
   A. 可能小于零   B. 一定小于零
   C. 一定大于设定的折现率   D. 不确定
4. 在单一方案决策过程中，与净现值评价结论可能发生矛盾的评价指标是（   ）。
   A. 现值指数   B. 投资回收期   C. 内含报酬率   D. 净现值率
5. 在投资项目评价指标中，不受建设期长短、投资方式、回收额的有无以及净现金流量大小影响的评价指标是（   ）。
   A. 投资回收期   B. 获利指数   C. 内含报酬率   D. 净现值率

二、多项选择题

1. 当新建项目的建设期不为 0 时，建设期内各年的净现金流量可能（   ）。
   A. 小于 0   B. 等于 0   C. 大于 0   D. 大于 1
2. 下列项目中，属于经营期现金流入项目的有（   ）。
   A. 营业收入   B. 回收流动资金
   C. 回收固定资产余值   D. 其他现金流入
3. 下列各项中，既属于原始投资额，又构成项目投资总额的有（   ）。
   A. 固定资产投资   B. 无形资产投资   C. 资本化利息   D. 垫支的流动资金
4. 下列指标中，属于动态指标的有（   ）。
   A. 投资利润率   B. 获利指数   C. 净现值   D. 内含报酬率
5. 在建设期不为 0 的完整工业投资项目中，分次投入的垫支流动资金的实际投资时间可以发生在（   ）。
   A. 建设起点   B. 建设期末   C. 试产期内   D. 终结点

三、计算分析题

1. 航运公司准备购入一设备以扩充生产能力。现有甲、乙两个方案可供选择，甲方案需投资 20 000 元，使用寿命为 5 年，采用直线法计提折旧，5 年后设备无残值。5 年中每年销售收入 8 000 元，每年的付现成本为 3 000 元。乙方案需投资 24 000 元，使用寿命为 5 年，采用直线法计提折旧，5 年后有残值收入 4 000 元。5 年中每年销售收入 10 000 元。付现成本，第一年为 4 000 元，以后逐年增加修理费 200 元，另垫支营运资金 3 000 元。假设所得税率为

40%。要求计算两方案每年的现金净流量。

2. 某公司有一投资项目,需要投资6 000元(其中,5 400元用于购置设备,600元用于追加流动资金)。预期该项目可使企业销售收入增加:第一年为2 000元,第二年为3 000元,第三年为5 000元。第三年年末结束项目,收回流动资金600元,假设公司所得税率为40%,固定资产按直线法在3年内计提折旧并不计残值。该公司要求的最低报酬率为10%。

要求:(1) 计算确定每年的现金净流量;

(2) 计算该项目的净现值;

(3) 计算该项目的投资回收期;

(4) 你认为该项目是否可行。

3. 某公司计划购入一套生产设备,成本为11 000元,设备投产后,第一年至第十年的预计现金流量均为2 400元,资本成本为10%。要求计算该方案的净现值、内含报酬率和投资回收期。

4. 光华公司两个投资项目的现金流量如表3-13所示,该企业的资本成本为10%。

表3-13　　　　　　　　甲、乙两个投资项目的现金流量　　　　　　　单位:元

	0	1	2	3	4	5
甲方案						
固定资产投资	−6 000					
营业现金流量		2 200	2 200	2 200	2 200	2 200
合　计	−6 000	2 200	2 200	2 200	2 200	2 200
乙方案						
固定资产投资	−8 000					
流动资产垫支	−2 000	2 800	2 500	2 200	1 900	1 600
营业现金流量						2 000
固定资产残值						2 000
营运资金回收						
合　计	−10 000	2 800	2 500	2 200	1 900	5 600

要求:

(1) 分别计算两个方案的净现值;

(2) 分别计算两个方案的获利指数;

(3) 分别计算两个方案的投资回收期;

(4) 分别计算两个方案的投资报酬率。

四、案例分析题

Day-Pro化学公司的两难困境

自1995年成立以来,Day-Pro化学公司一直设法维持着较高的投资回报率,它成功的秘密在于具有战略眼光的适时地开发、生产和销售可供不同工业部门使用的创新型产品。当前,公司管理者正在考虑生产热固树脂作为电子产品的包装材料。公司的研发小组提出了两个方案:一是环氧树脂,它的开办成本比较低。二是合成树脂,它的初始投资成本稍高,却具有较高的规模经济效益。最初,两个方案小组的负责人都提交了他们的现金流量预测,并提供了足够的资料来支持他们各自的方案。然而,由于这两种产品是相互排斥的,公司只能

向一个方案提供资金。

为了解决这种两难困境,公司委派财务助理迈克·马修斯,一名刚刚从中西部一所知名大学毕业的 MBA,分析这两个方案的成本和收益,并向董事会提交他的分析结果。迈克知道,这是一项难度很大的工作,因为并不是所有董事会成员都懂财务方面的知识。过去,董事会非常倾向于使用收益率作为决策的标准,有时也使用回收期法进行决策。然而,迈克认为,净现值法的缺陷最少,而且如果使用正确,将会在最大程度上增加公司的财富。

在对每个方案的现金流量进行预测和计算之后(表 3-14 和表 3-15),迈克意识到,这项工作比他原来设想的还要艰难。当用不同的资本预算方法计算这两个方案的现金流量时,会得出不一致的结论。净现值比较高的方案具有较长的回收期、较低的会计收益率和内含收益率。迈克绞尽脑汁,想搞清楚他如何才能使董事会相信内含收益率、会计收益率和回收期往往会引致不正确的决策。

表 3-14　　　　　　　　　　　　合成树脂项目的现金流量　　　　　　　　　　　单位：美元

项目	第 0 年	第 1 年	第 2 年	第 3 年	第 4 年	第 5 年
净利润		150 000	200 000	300 000	450 000	500 000
折旧(直线法)		200 000	200 000	200 000	200 000	200 000
净现金流量	−1 000 000	350 000	400 000	500 000	650 000	700 000

表 3-15　　　　　　　　　　　　环氧树脂项目的现金流量　　　　　　　　　　　单位：美元

项目	第 0 年	第 1 年	第 2 年	第 3 年	第 4 年	第 5 年
净利润		440 000	240 000	140 000	40 000	40 000
折旧(直线法)		160 000	160 000	160 000	160 000	160 000
净现金流量	−800 000	600 000	400 000	300 000	200 000	200 000

(参考资料来源:姚海鑫:《财务管理》,清华大学出版社 2007 年版。)

要求:

(1) 计算每个方案的投资回收期,并解释迈克应如何证明投资回收期法不适合本案例。

(2) 如果管理当局期望的会计收益率为 40%,应接受哪个方案?这种决策的错误在哪里?

(3) 计算两个方案的内部收益率。迈克应如何使董事会相信,内部收益率的衡量可能会产生误导?

(4) 计算每个方案的获利指数。这种度量是否有助于解决两难困境?

(5) 通过查阅这两个项目小组准备的文件材料,可以看出,在预测收益时合成树脂小组要比环氧树脂小组保守一些。这会对你的分析产生什么影响?

项目四
证券投资管理

2020年1月14日晚间,A股"最爱炒股的酒企"兰州黄河披露了自己2019年度业绩预报。根据预报,兰州黄河预计其2019年将实现净利润1 500万~1 900万元。据了解,其2018年同期亏损6 755.04万元。另外,兰州黄河预计其基本每股收益为0.080 7元/股~0.102 3元/股,而上年同期的基本每股收益为－0.363 6元/股。对于业绩扭亏为盈,兰州黄河表示,主要是自2019年年初以来A股市场持续向好,公司证券投资处置及持有收益较上年同期大幅回升所致,预计这部分非经常性损益对净利润的影响金额约为2 400万元。

实际上,兰州黄河在A股素有"最爱炒股的酒企"的名头。根据公开资料显示,兰州黄河,其公司全称为兰州黄河企业股份有限公司,是一家啤酒及啤酒原料生产企业,公司的主要产品为啤酒、饮料、麦芽等,主营业务也为啤酒、饮料、麦芽的生产、加工和销售业务。据了解,坐落于甘肃兰州的兰州黄河曾经靠着"黄河""青海湖"系列啤酒,风靡大西北。其在西北的市场份额曾达到30%以上,在甘肃省的市场占有率也一度达到70%以上。

头顶"啤酒西北王"的光环,兰州黄河于1999年正式登陆A股,成为国内第二家啤酒上市公司。然而上市之后,兰州黄河的经营便陷入困境,啤酒主业长期不振。数据显示,从2014年开始,兰州黄河的啤酒产销量一路下滑,其中销售量从2014年的2.39亿升下降至2018年的1.42亿升,同期的生产量也从2.4亿升下降至1.41亿升。同时,公司营业收入从2014年的7.96亿元下滑至2018年的5.09亿元,而在2019年前三季度,其营收为3.62亿元,同比下滑12.15%。

尽管业绩不济,但兰州黄河却十分热衷"炒股"。据了解,早在2010年,兰州黄河发布了一份《兰州黄河企业股份有限公司证券投资内控制度》报告,正式以制度化的形式,积极投身股市。而如今,根据其2019年前三季度财报显示,兰州黄河共持有10家A股上市公司股票,包括建发股份(8.000,0.00,0.00%)、广汇能源(2.470,0.00,0.00%)、太极集团(13.390,0.00,0.00%)、赢时胜(7.320,0.00,0.00%)、兰花科创(4.750,0.00,0.00%)、国民技术(6.140,0.00,0.00%)(维权)、中兴菌业、靖远煤电(2.550,0.00,0.00%)、浙能电力(3.440,0.00,0.00%)、伊之密(18.200,0.00,0.00%)等。

事实上,从几年前,兰州黄河就开始依靠炒股来实现扭亏为盈。比如2016年上半年,兰州黄河归母净利润为负的3 198万元,到了2017年上半年,归母净利润就变为正的708万元。其中,就要归功于证券投资受益。据了解,兰州黄河2017年上半年公允价值变动损益为3 558万元,占利润总额的199.15%。而在2019年前三季度,这样的情况也未改变。而从业绩来看,兰州黄河2019年前三季度的净利润为1 664.97万元,但如果扣除非经常性损益,其净利润只有391.06万元。而根据其报表来看,其1 273.91万元的非经常性损益中,投资收益的金额最大,多达 2 592.83 万元。

不过,需要说明的是,凭借炒股来提振业绩,兰州黄河也并非每次都能成功。比如 2016 年,兰州黄河的公允价值变动损失了 500 万元,投资净亏损 1 500 万元,这也使得当年兰州黄河净亏损 2 600 万元。2018 年则更为明显。当时,市场整体走势偏弱,个股下跌明显,兰州黄河公允价值变动净亏损 0.89 亿元,直接导致全年净亏损 0.66 亿元。

(参考资料来源:张蜀君:《"最爱炒股的酒企"兰州黄河预计 2019 年业绩扭亏全靠股票炒得好》,载《上游新闻·重庆商报》2020 年 1 月 14 日。)

想一想:企业在证券投资管理中应该有什么需要注意的。

知识目标

证券投资的目的、风险;债券价值评估,债券投资决策;股票价值评估,股票投资决策;证券投资组合价值评估,证券投资组合决策。

能力目标

- 能够评估债券价值,并进行合理的投资决策。
- 能够评估股票价值,并进行合理的投资决策。
- 能够评估证券投资组合价值,并进行合理的投资决策。

背景知识

证券投资不同于项目投资,项目投资的对象是实体性经营资产,经营资产是直接为企业生产经营服务的资产,如固定资产、无形资产等,它们往往是一种服务能力递减的消耗性资产。证券投资的对象是金融资产,金融资产是一种以凭证、票据或者合同合约形式存在的权利性资产,如股票、债券、基金及其衍生证券等。

1. 证券投资的目的

(1) 分散资金投向,降低投资风险。投资分散化,即将资金投资于多个相关程度较低的项目,实行多元化经营,能够有效地分散投资风险。当某个项目经营不景气而利润下降甚至导致亏损时,其他项目可能会获取较高的收益。将企业的资金分成内部经营投资和对外证券投资两个部分,实现了企业投资的多元化。而且,与对内投资相比,对外证券投资不受地域和经营范围的限制,投资选择面非常广,投资资金的退出和收回也比较容易,是多元化投资的主要方式。

(2) 利用闲置资金,增加企业收益。企业在生产经营过程中,由于各种原因有时会出现资金闲置、现金结余较多的情况。这些闲置的资金可以投资于股票、债券、基金等有价证券,谋取投资收益。同时,有时企业资金的闲置是暂时性的,可以投资于在资本市场上流通性和变现能力较强的有价证券,这类证券能够随时变卖,收回资金。

(3) 稳定客户关系,保障生产经营。没有稳定的原材料供应来源,没有稳定的销售客户,都会使企业的生产经营中断。为了保持与供销客户良好而稳定的业务关系,可以对业务关系链的供销企业进行投资,购买其债券或股票,甚至对其达到控制。这样,能够通过债权或股权对关联企业的生产经营施加影响和控制,保障本企业的生产经营顺利进行。

(4) 提高资产的流动性,增强偿债能力。除现金等货币资产外,有价证券投资是企业流动性最强的资产,是企业速动资产的主要构成部分。在企业需要支付大量现金,而现有现金储备又不足时,可以通过变卖有价证券迅速取得大量现金,保证企业的及时支付。

2. 证券投资的风险

由于证券资产的市价波动频繁,证券投资的风险往往较大。按风险性质划分,证券投资的风险可分为系统性风险和非系统性风险两大类别。

1) 系统性风险

证券资产的系统性风险,是指由于外部经济环境因素变化引起整个资本市场不确定性加强,从而对所有证券都产生影响的共同性风险。系统性风险影响到资本市场上的所有证券,无法通过投资多元化的组合而加以避免,也称为不可分散风险。

(1) 价格风险。价格风险是指由于市场利率上升,而使证券资产价格普遍下跌的可能性。价格风险来自资本市场买卖双方资本供求关系的不平衡。资本需求量增加,引起市场利率上升,也意味着证券资产发行量的增加,引起整个资本市场所有证券资产价格的普遍下降。需要说明的是,这里的证券资产价格波动并不是指证券资产发行者的经营业绩变化而引起的个别证券资产的价格波动,而是由于资本供应关系引起的全部证券资产的价格波动。

(2) 再投资风险。再投资风险是由于市场利率下降所造成的无法通过再投资而实现预期收益的可能性。根据流动性偏好理论,证券资产投资者一般喜欢持有短期证券资产,因为它们较易变现而收回本金。因此,为了避免市场利率上升的价格风险,投资者可能会投资于短期证券资产,但短期证券资产又会面临市场利率下降的再投资风险。

(3) 购买力风险。购买力风险是指由于通货膨胀而使货币购买力下降的可能性。证券资产是一种货币性资产,通货膨胀会使证券资产投资的本金和收益贬值,名义收益率不变而实际收益率降低。购买力风险对具有收款权利性质的资产影响很大,债券投资的购买力风险远大于股票投资。如果通货膨胀长期延续,投资人会把资本投向实体性资产以求保值,对证券资产的需求量减少,引起证券资产价格下跌。

2) 非系统性风险

证券资产的非系统性风险,是指由特定经营环境或特定事件变化引起的不确定性,从而对个别证券资产产生影响的特有风险。非系统性风险可以通过持有证券资产的多元化来抵销,也称为可分散风险。非系统性风险是公司特有风险,从公司内部管理的角度考察,公司特有风险的主要表现形式是公司经营风险和财务风险。从公司外部的证券资产市场投资者的角度考察,公司经营风险和财务风险的特征无法明确区分,公司特有风险是以违约风险、变现风险、破产风险等形式表现出来的。

(1) 违约风险。违约风险是指证券资产发行者无法按时兑付证券资产利息和偿还本金的可能性。有价证券资产本身就是一种契约性权利资产,经济合同的任何一方违约都会给另一方造成损失。违约风险是投资于收益固定型有价证券资产的投资者经常面临的,多发生于债券投资中。违约风险产生的原因可能是证券发行公司产品经销不善,也可能是公司现金周转不灵等。

(2) 变现风险。变现风险是指证券资产持有者无法在市场上以正常的价格平仓出货的可能性。持有证券资产的投资者,可能会在证券资产持有期限内出售现有证券资产投资于另一项目,但在短期内找不到愿意出合理价格的买主,投资者就会丧失新的投资机会或面临降价出售的损失。在同一证券资产市场上,各种有价证券资产的变现能力是不同的,交易越频繁的证券资产,其变现能力越强。

(3) 破产风险。破产风险是指在证券资产发行者破产清算时投资者无法收回应得权益的可能性。当证券资产发行者由于经营管理不善而持续亏损、现金周转不畅而无力清偿债务或其他原因导致难以持续经营时,可能会申请破产保护。破产保护会导致债务清偿的豁免、有限责任的退资,使得投资者无法取得应得的投资收益,甚至无法收回投资的本金。

任务 1 债券投资决策

活动 1 债券投资

活动目标:能够估算债券在某一时点的价值,并作出合理的投资决策。

工作实例 4-1:乐天公司计划投资某债券,面值 1 000 元,期限 20 年,每年支付一次利息,到期归还本金,以市场利率作为评估债券价值的贴现率,目前的市场利率为 10%,如果票面利率分别为 8%、10% 和 12%,求相应票面利率下的债券价值。

任务工具:

步骤一:

1. 债券要素

债券是依照法定程序发行的约定在一定期限内还本付息的有价证券,它反映证券发行者与持有者之间的债权债务关系。债券一般包含以下几个基本要素。

1) 债券面值

债券面值,是指债券设定的票面金额,它代表发行人借入并且承诺于未来某一特定日偿付债券持有人的金额。债券面值包括两方面的内容:①票面币种。即以何种货币作为债券的计量单位,一般而言,在国内发行的债券,发行的对象是国内有关经济主体,则选择本国货币,若在国外发行,则选择发行地国家或地区的货币或国际通用货币(如美元)作为债券的币种。②票面金额。票面金额对债券的发行成本、发行数量和持有者的分布具有影响,票面金额小,有利于小额投资者购买,从而有利于债券发行,但发行费用可能增加;票面金额大,会降低发行成本,但可能减少发行量。

2) 债券票面利率

债券票面利率,是指债券发行者预计一年内向持有者支付的利息占票面金额的比率。票面利率不同于实际利率,实际利率是指按复利计算的一年期的利率,债券的计息和付息方式有多种,可能使用单利或复利计算,利息支付可能半年一次、一年一次或到期时还本付息,这使得票面利率可能与实际利率发生差异。

3) 债券到期日

债券到期日,是指偿还债券本金的日期,债券一般都有规定到期日,以便到期时归还本金。

2. 债券的价值

将未来在债券投资上收取的利息和收回的本金折为现值,即可得到债券的内在价值。债券的内在价值也称债券的理论价格,只有债券价值大于其购买价格时,该债券才值得投资。影响债券价值的因素主要有债券的面值、期限、票面利率和所采用的贴现率等因素。

债券估价基本模型。典型的债券类型，是有固定的票面利率、每期支付利息、到期归还本金的债券，这种债券模式下债券价值计量的基本模型是：

$$V_b = \sum_{t=1}^{n} \frac{I_t}{(1+R)^t} + \frac{M}{(1+R)^n}$$

式中，V_b 表示债券的价值，I 表示债券各期的利息，M 表示债券的面值，R 表示债券价值评估时所采用的贴现率，即所期望的最低投资收益率。一般来说，经常采用市场利率作为评估债券价值时所期望的最低投资收益率。从债券价值基本计量模型中可以看出，债券面值、债券期限、票面利率、市场利率是影响债券价值的基本因素。

步骤二：

票面利率为 8% 时：

$V_b = 80 \times (P/A, 10\%, 20) + 1\,000 \times (P/F, 10\%, 20) = 829.69(元)$

票面利率为 10% 时：

$V_b = 100 \times (P/A, 10\%, 20) + 1\,000 \times (P/F, 10\%, 20) = 999.96(元)$

票面利率为 12% 时：

$V_b = 120 \times (P/A, 10\%, 20) + 1\,000 \times (P/F, 10\%, 20) = 1\,170.23(元)$

步骤三：

综上可知，债券的票面利率可能小于、等于或大于市场利率，因而债券价值就可能小于、等于或大于债券票面价值，因此在债券实际发行时就要折价发行、平价发行或溢价发行。折价发行是对投资者未来少获利息而给予的必要补偿；平价发行是因为票面利率与市场利率相等，此时票面价值和债券价值是一致的，所以不存在补偿问题；溢价发行是对债券发行者未来多付利息而给予的必要补偿。

工作实例 4-2：乐天公司计划进行债券投资，假定市场利率为 10%，面值为 1 000 元，每年支付一次利息，到期归还本金，票面利率分别为 8%、10% 和 12% 的三种债券，在债券到期日发生变化时的债券价值如表 4-1 所示。

表 4-1　　　　　　　　　债券期限变化的敏感性　　　　　　　　　金额单位：元

债券期限	债券价值				
	票面利率 10%	票面利率 8%	环比差异	票面利率 12%	环比差异
0	1 000	1 000	—	1 000	—
1	1 000	981.72	−18.28	1 018.08	18.08
2	1 000	964.88	−16.84	1 034.32	16.24
5	1 000	924.28	−40.6	1 075.92	41.6
10	1 000	877.6	−46.68	1 123.4	47.48
15	1 000	847.48	−30.12	1 151.72	28.32
20	1 000	830.12	−17.36	1 170.68	18.96

任务工具：
步骤一：

选择长期债券还是短期债券，是公司财务经理经常面临的投资选择问题。由于票面利率的不同，当债券期限发生变化时，债券的价值也会随之波动。

步骤二：

结合表 4-1 的数据，可以得出如下结论：

（1）引起债券价值随债券期限的变化而波动的原因，是债券票面利率与市场利率的不一致。如果债券票面利率与市场利率之间没有差异，债券期限的变化不会引起债券价值的变动。也就是说，只有溢价债券或折价债券，才产生不同期限下债券价值有所不同的现象。

（2）债券期限越短，债券票面利率对债券价值的影响越小。不论是溢价债券还是折价债券，当债券期限较短时，票面利率与市场利率的差异，不会使债券的价值过于偏离债券的面值。

（3）在票面利率偏离市场利率的情况下，债券期限越长，债券价值越偏离于债券面值。

（4）随着债券期限延长，债券的价值会越偏离债券的面值，但这种偏离的变化幅度最终会趋于平稳。或者说，超长期债券的期限差异，对债券价值的影响不大。

工作实例 4-3： 乐天公司计划进行债券投资，假定现有面值为 1 000 元、票面利率为 15% 的 2 年期和 20 年期两种债券，每年付息一次，到期归还本金。当市场利率发生变化时的债券价值如表 4-2 所示。

表 4-2　　　　　　　　　　市场利率变化的敏感性　　　　　　　　金额单位：元

市场利率	债券价值	
	2 年期债券	20 年期债券
5%	1 185.85	2 246.3
10%	1 086.4	1 426.1
15%	1 000	1 000
20%	923.2	756.5
25%	856	605.1
30%	796.15	502.4

任务工具：
步骤一：

债券一旦发行，其面值、期限、票面利率都相对固定了，市场利率成为债券持有期间影响债券价值的主要因素。市场利率决定债券价值的贴现率，市场利率的变化会造成系统性的利率风险。

步骤二：

结合表 4-2 的数据，可以得出如下结论：

（1）市场利率的上升会导致债券价值的下降，市场利率的下降会导致债券价值的上升。

（2）长期债券对市场利率的敏感性会大于短期债券，在市场利率较低时，长期债券的价值远高于短期债券；在市场利率较高时，长期债券的价值远低于短期债券。

(3) 市场利率低于票面利率时,债券价值对市场利率的变化较为敏感,市场利率稍有变动,债券价值就会发生剧烈的波动;市场利率超过票面利率后,债券价值对市场利率变化的敏感性减弱,市场利率的提高,不会使债券价值过分降低。

步骤三:

根据上述结论,财务经理在债券投资决策中应当注意:长期债券的价值波动较大,特别是票面利率高于市场利率的长期溢价债券,容易获取投资收益但安全性较低,利率风险较大。如果市场利率波动频繁,利用长期债券来储备现金显然是不明智的,将为较高的收益率而付出安全性的代价。

工作实例4-4:假定乐天公司目前以1 075.92元的价格购买一份面值为1 000元、每年付息一次、到期归还本金、票面利率为12%的5年期债券,投资者将该债券持有至到期日,求债券的内部收益率。

任务工具:

步骤一:

1. 债券收益的来源

债券投资的收益是投资于债券所获得的全部投资收益,这些投资收益来源于3个方面:

(1) 名义利息收益。债券各期的名义利息收益是其面值与票面利率的乘积。

(2) 利息再投资收益。债券投资评价时,有两个重要的假定:第一,债券本金是到期收回的,而债券利息是分期收取的;第二,将分期收到的利息重新投资于同一项目,并取得与本金同等的利息收益率。

(3) 价差收益。这是指债券尚未到期时投资者中途转让债券,在卖价和买价之间的价差上所获得的收益,也称资本利得收益。

2. 债券的内部收益率

债券的内部收益率,是指按当前市场价格购买债券并持有至到期日或转让日所产生的预期收益率,也就是债券投资项目的内含收益率。在债券价值估价基本模型中,如果用债券的购买价格 P_0 代替内在价值 V_b,就能求出债券的内部收益率。也就是说,用该内部收益率贴现所决定的债券内在价值,刚好等于债券的目前购买价格。

债券真正的内在价值是按市场利率贴现所决定的内在价值,当按市场利率贴现所计算的内在价值大于按内部收益率贴现所计算的内在价值时,债券的内部收益率才会大于市场利率,这正是投资者所期望的。

步骤二:

该债券的内部收益率为:

$$1\,075.92 = 120 \times (P/A, R, 5) + 1\,000 \times (P/F, R, 5)$$
$$R = 10\%$$

同理,如果债券目前购买价格为1 000元或899.24元,有:

$$\text{内部收益率} R = 12\%$$

或:
$$\text{内部收益率} R = 15\%$$

可见,溢价债券的内部收益率低于票面利率,折价债券的内部收益率高于票面利率,平价债券的内部收益率等于票面利率。

步骤三：

通常，也可以用简便算法对债券投资收益率近似估算，其公式为：

$$R = \frac{I+(B-P)/N}{(B+P)/2} \times 100\%$$

式中，P 表示债券的当前购买价格，B 表示债券面值，N 表示债券持有期限，分母是平均资金占用，分子是平均收益。

任务 2　股票投资决策

读一读

2021年2月5日，曾经的男士服装行业龙头雅戈尔因为投资获利百亿而登上了热搜。根据媒体报道，在几天前，宁波银行披露了截至2021年2月2日，股东雅戈尔减持计划完成，共减持宁波银行2.96亿股，半年时间合计套现达100亿元。其实，这并不是雅戈尔第一次因为投资获利登上热搜了。作为A股的老股之一，雅戈尔在1998年上市之后就开始涉足投资业务，并在随后的22年时间通过投资豪赚超过400亿元，被投资者称为"中国版的伯克希尔"。

雅戈尔最令人称道的一笔投资是在1999年投资中信证券。在1999年，雅戈尔斥资32亿元参股的中信证券，获得9.61%的股份，成为其第二大股东，其初始投资单位成本为1.60元/股，后经过股改、送股，雅戈尔在中信证券的投资成本降到0.87元/股。2003年，中信证券上市，2007年，雅戈尔减持中信证券股份4 506.56万股，一举获得16.51亿元的投资收益。

除了中信证券以外，雅戈尔还投资过交通银行、广博股份等多家上市企业，其中2007年大牛市期间还直接参与了59只股票的投资。如此来看，也难怪投资者称雅戈尔为"中国版的伯克希尔"了。

（资料来源：《搞实业不如去炒股？雅戈尔22年投资股市大赚400亿！》，
https://new.qq.com/rain/a/20210207A053ND00）

活动 2　股票投资

活动目标： 能够估算股票在某一时点的价值，并作出合理的投资决策。

工作实例4-5： 假定乐天公司准备购买A公司的股票，并且准备长期持有，要求达到12%的收益率，该公司今年每股股利0.8元，预计未来股利会以9%的速度增长，求A公司股票的价值。

任务工具：

步骤一：

投资于股票预期获得的未来现金流量的现值，即为股票的价值或内在价值、理论价格。股票是一种权利凭证，它之所以有价值，是因为它能给持有者带来未来的收益，这种未来的收益包括各期获得的股利、转让股票获得的价差收益、股份公司的清算收益等。价格小于内在价值的股票，是值得投资者投资购买的。股份公司的净利润是决定股票价值的基础。股票给持有者带来未来的收益一般是以股利形式出现的,因此可以通过股利计算确定股票价值。

从理论上说,如果股东中途不转让股票,股票投资没有到期日,投资于股票所得到的未来现金流量是各期的股利。假定某股票未来各期股利为 D_t(t 为期数),R_s 为估价所采用的贴现率即所期望的最低收益率,股票价值的估价模型为:

$$V_s = \frac{D_1}{1+R_s} + \frac{D_2}{(1+R_s)^2} + \cdots + \frac{D_n}{(1+R_s)^n} + \cdots$$

$$= \sum_{t=1}^{\infty} \frac{D_t}{(1+R_s)^t}$$

优先股是特殊的股票,优先股股东每期在固定的时点上收到相等的股利,优先股没有到期日,未来的现金流量是一种永续年金,其价值计算为:

$$V_s = \frac{D}{R_s}$$

步骤二:

与债券不同的是,持有期限、股利、贴现率是影响股票价值的重要因素。如果投资者准备永久持有股票,未来的贴现率也是固定不变的,那么未来各期不断变化的股利就成为评价股票价值的难题。为此,我们不得不假定未来的股利按一定的规律变化,从而形成几种常用的股票估价模式。

固定增长模式。一般来说,公司并没有把每年的盈余全部作为股利分配出去,留存的收益扩大了共同的资本额,不断增长的资本会创造更多的盈余,进一步又引起下期股利的增长。如果公司本期的股利为 D_0,未来各期的股利按上期股利的 g 速度呈几何级数增长,根据股票估价基本模型,股票价值 V_s 为:

$$V_s = \sum_{t=1}^{\infty} \frac{D_0 \times (1+g)^t}{(1+R_s)^t}$$

因为 g 是一个固定的常数,当 R_s 大于 g 时,上式可以化简为:

$$V_s = \frac{D_0 \times (1+g)}{R_s - g}$$

步骤三:

A 公司股票的价值为:

$$V_s = \frac{0.8 \times (1+9\%)}{12\% - 9\%} = 29.07(元)$$

如果 A 公司股票目前的购买价格低于 29.07 元,该公司的股票是值得购买的。

工作实例 4-6: 假定乐天公司准备购买 A 公司的股票,并且准备长期持有,要求达到 12% 的收益率,该公司今年每股股利 0.8 元,预计未来股利保持不变,求 A 公司股票的价值。

任务工具:

步骤一:

股利零增长模式。如果公司未来各期发放的股利都相等,并且投资者准备永久持有,那

么这种股票与优先股类似。或者说,当固定增长模式中 $g=0$ 时,有:

$$V_s = \frac{D_0}{R_s}$$

步骤二:
A 公司股票的价值为:

$$V_s = 0.8 \div 12\% = 6.67(元)$$

工作实例 4-7:假定乐天公司准备购买 B 公司的股票,打算长期持有,要求达到 12% 的收益率。B 公司今年每股股利为 0.6 元,预计未来 3 年股利以 15% 的速度增长,而后以 9% 的速度转入正常增长,求 B 公司股票的价值。

任务工具:
步骤一:
许多公司的股利在某一阶段有一个超常的增长率,这一期间的增长率 g 可能大于 R_s,而后阶段公司的股利固定不变或正常增长。对于阶段性增长的股票,需要分段计算,才能确定股票的价值。

步骤二:
首先,计算高速增长期股利的现值,计算过程如表 4-3 所示。

表 4-3　　　　　　　　　　高速增长期股利的现值　　　　　　　　　　金额单位:元

年数	股利	现值系数(12%)	股利现值
1	0.6×(1+15%)=0.69	0.893	0.616 2
2	0.69×(1+15%)=0.793 5	0.797	0.632 4
3	0.793 5×(1+15%)=0.912 5	0.712	0.649 7
合计	—	—	1.898 3

其次,计算正常增长期股利在第 3 年年末的现值:

$$V_3 = \frac{D_4}{R_s - g} = \frac{0.912\ 5 \times (1+9\%)}{12\% - 9\%} = 33.15(元)$$

最后,计算该股票的价值:

$$V_0 = 33.15 \times 0.712 + 1.898\ 3 = 25.50(元)$$

工作实例 4-8:乐天公司 2016 年 5 月购入 A 公司股票 1 000 股,每股购价 3.2 元;A 公司 2017 年、2018 年、2019 年分别派分现金股利 0.25 元/股、0.32 元/股、0.45 元/股;乐天公司 2019 年 5 月以每股 3.5 元的价格售出该股票,求 A 公司股票的内部收益率。

任务工具:
步骤一:
1. 股票收益的来源
股票投资的收益由股利收益、股利再投资收益、转让价差收益三部分构成,并且只要按货币时间价值的原理计算股票投资收益,就无须单独考虑再投资收益的因素。

2. 股票的内部收益率

股票的内部收益率,是使得股票未来现金流量贴现值等于目前的购买价格时的贴现率,也就是股票投资项目的内含收益率。股票的内部收益率高于投资者所要求的最低收益率时,投资者才愿意购买该股票。在固定增长股票估价模型中,用股票的购买价格 P_0 代替内在价值 V_s,有:

$$R = \frac{D_1}{P_0} + g$$

从上式可以看出,股票投资内部收益率由两部分构成:一部分是预期股利收益率 D_1/P_0;另一部分是股利增长率 g。

如果投资者不打算长期持有股票,而将股票转让出去,则股票投资的收益由股利收益和资本利得(转让价差收益)构成。这时,股票内部收益率 R 是使股票投资净现值为零时的贴现率,计算公式为:

$$NPV = \sum_{t=1}^{n} \frac{D_t}{(1+R)^t} + \frac{P_t}{(1+R)^n} - P_0 = 0$$

步骤二:

A 公司股票内部收益率的计算为:

$$NPV = \frac{0.25}{1+R} + \frac{0.32}{(1+R)^2} + \frac{0.45}{(1+R)^3} + \frac{3.5}{(1+R)^3} - 3.2 = 0$$

当 $R = 12\%$ 时,$NPV = 0.0898$

当 $R = 14\%$ 时,$NPV = -0.0682$

用插值法计算:$R = 12\% + 2\% \times \dfrac{0.0898}{0.0898 + 0.0682} = 13.14\%$

任务 3　证券组合投资

活动 3 | 证券投资组合

活动目标:能够估算证券组合的风险与收益,并做出合理的投资决策。

工作实例 4-9:乐华公司持有甲、乙、丙三种股票共 200 万元,其中:甲股票 100 万元,β 系数为 1.5;乙股票 70 万元,β 系数为 1;丙股票 30 万元,β 系数为 2。求甲、乙、丙三种股票的综合 β 系数。

任务工具:

步骤一:

投资组合能够分散非系统风险,因此,绝大多数法人投资者都同时投资于多种证券。即使个人投资者,一般也持有证券的投资组合而不是只投资于某一个证券。

步骤二:

甲、乙、丙三种股票的综合 β 系数为:

$$\beta = \frac{100}{200} \times 1.5 + \frac{70}{200} \times 1 + \frac{30}{200} \times 2 = 1.4$$

如果将其中的 100 万元的甲股票出手,同时买进相同金额的丁股票,其 β 系数为 1,则乙、丙、丁三种股票的综合 β 系数为:

$$\beta = \frac{70}{200} \times 1 + \frac{30}{200} \times 2 + \frac{100}{200} \times 1 = 1.15$$

可见,构成组合的个别股票(例中,甲股票换手为丁股票)的 β 系数减小,则组合的综合 β 系数降低,使得组合的投资风险减少。

工作实例 4-10:根据上例,甲、乙、丙、丁四种股票的预期报酬率分别为:甲股票 16%,乙股票 12%,丙股票 18%,丁股票 14%。求甲、乙、丙股票组合的平均预期报酬率及乙、丙、丁股票组合的平均预期报酬率。

任务工具:

步骤一:

投资组合的预期报酬率也可以根据个别证券的预期报酬率加权平均计算。其计算公式如下:

$$R = W_1 R_1 + W_2 R_2 + \cdots + W_n R_n = \sum_{n=1}^{n} W_n R_n$$

式中:R_n 表示个别证券的预期报酬率;W_n 表示个别证券在投资组合中投资额的比重;n 表示投资组合中的证券的种类。

步骤二:

甲、乙、丙股票组合的平均预期报酬率为:

R=16%×50%+12%×35%+18%×15%=14.9%

乙、丙、丁股票组合的平均预期报酬率为:

R=12%×35%+18%×15%+14%×50%=13.9%

计算出各种组合的平均预期报酬率以后,投资者可以根据必要的投资报酬率进行分析,以确定最优的组合方案。总之,预期报酬率高,投资风险就大;反之,投资风险小,预期报酬率必然低。投资者就需要在不提高风险的条件下使报酬率最高,或在一定的报酬率条件下,优化证券组合,使风险最低。

证券投资管理实训

实训 1 | 估算债券价值

甲公司 2×18 年 12 月 31 日发行面值为 1 000 元、5 年期、票面利率为 10%、每年 12 月 31 日付息一次到期归还本金的债券。某投资者准备于 2×19 年 1 月 1 日购入该债券,当前市场利率为 6%,该债券的市场价格为 1 120 元。

想一想：

(1) 甲公司债券的价值为多少？是否值得投资者购买？

(2) 当市场利率发生变化时，债券的价值如何变化？

(3) 若投资者购买了该债券，其预期收益率是多少？

实训指导

(1) 新建一个 Excel 工作簿，在 sheet1 工作表中，输入如图 4-1 所示的数据。

(2) 计算债券在投资期内的现金流量。选中 A9 单元格，输入债券的市场价格"-1120"，作为现金流出。选中 B9 单元格，输入"=\$B\$2*\$B\$4"，单击回车键输出计算结果。再次选中 B9 单元格，将鼠标置于右下角，出现填充柄的时候向右拖动，将公式复制至 E9 单元格。最后选中 F9 单元格，输入"=\$B\$2*\$B\$4+B2"，单击回车键输出计算结果，如图4-2所示。

	A	B
1	原始数据	
2	债券票面金额	1000
3	期数总和	5
4	票面利率	10%
5	市场利率	6%

图 4-1　原始数据

	A	B	C	D	E	F
7	投资现金流量					
8	0	1	2	3	4	5
9	-1120	100	100	100	100	1100

图 4-2　债券投资期内现金流量

(3) 利用 PV 函数和 NPV 函数计算债券价值并作出投资决策。选中 B12 单元格，输入"=-PV(B5,B3,B9,B2)"，单击回车键输出计算结果，再选中 D12 单元格，输入"=IF(B12>ABS(A9),"可以投资","不可以投资")"，单击回车即可得出决策结论；选中 B13 单元格，输入"=NPV(B5,B9:F9)"，单击回车键输出计算结果，再选中 D13 单元格，输入"=IF(B13>ABS(A9),"可以投资","不可以投资")"，单击回车键即可得出决策结论，如图 4-3 所示。

	A	B	C	D
11	(1)债券价值计算表			
12	利用PV函数：	1168.49	是否投资	可以投资
13	利用NPV函数：	1168.49	是否投资	可以投资

图 4-3　债券价值计算表

(4) 利用"模拟运算表"计算市场利率发生变化时对债券价值的影响。在 A18:A23 中输入可能的市场利率，选中 B17 单元格，输入"=B12"，再选中 A17:B23 单元格区域，选择"数据—模拟分析—模拟运算表"，打开"模拟运算表"对话框，如图 4-4 所示。在"输入引用列的单元格"项中，选择"\$B\$5"单元格，单击"确定"按钮，返回计算结果如图 4-5 所示。

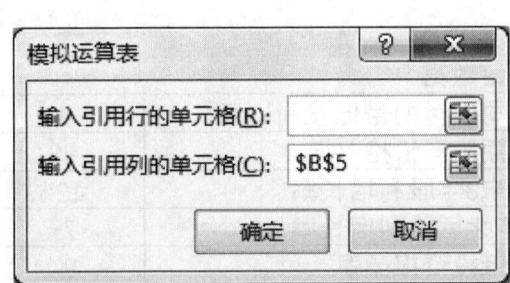

	A	B
15	(2)市场利率变化对债券价值影响的计算表	
16	必要收益率	债券价值
17		1168.49
18	4%	1267.11
19	5%	1216.47
20	6%	1168.49
21	7%	1123.01
22	8%	1079.85
23	9%	1038.90

图 4-4 "模拟运算表"对话框　　图 4-5 市场利率变化对债券价值影响的计算表

(5) 利用 IRR 函数和 RATE 函数计算债券投资的收益率。在 A26:F27 单元格区域中输入债券投资的现金流量。选中 B29 单元格,输入"＝IRR(A27:F27)",单击回车键输出计算结果;选中 B30 单元格,输入"＝RATE(B3,B27,A27,B2)",单击回车键输出计算结果,如图4-6所示。

	A	B	C	D	E	F
25	(3)债券预期收益率计算表					
26	购入价格	1	2	3	4	5
27	-1120	100	100	100	100	1100
28						
29	利用IRR函数计算:	7.07%				
30	利用RATE函数计算:	7.07%				

图 4-6 债券收益率计算表

实训结论

通过本实验,可以看出债券的价值就是持有债券未来现金流量的现值。可通过 NPV 函数和 PV 函数来计算债券的价值。当市场利率等于票面利率时,债券价值等于面值,当市场利率不等于票面利率时,市场利率越大,债券价值越小。债券的到期收益率就是使未来现金流量现值之和等于购买价格时候的收益率,实质是一个内部收益率的概念。可以通过 IRR 函数和 RATE 函数来计算收益率。

使用 PV 函数和 RATE 函数的前提是现金首付要符合年金的定义,不仅仅收支间隔要一致,而且每期的收付金额也必须一致。而 NPV 函数和 IRR 函数只要求收支间隔一致即可。

实训2 估算股票价值

某投资者有意购买甲股份有限公司的股票,经测算最低投资报酬率为8%,预计甲公司未来3年股利将高水平增长,增长率为12%,在此以后转为正常增长,增长率为7%,公司最低支付的股利为每股1元。当前股票价格为98元。

想一想：

该公司股票是被低估了还是被高估了，该投资者应如何操作该股票？

实训指导

（1）新建一个 Excel 工作簿，在 sheet1 工作表中，输入如图 4-7 所示的数据。

（2）根据题意得知，该公司未来股利增长分为两个阶段，高增长阶段和普通增长阶段。首先，输入如图 4-8 所示的计算表，计算每股股利。选中 C12 单元格，输入"=B2*(1+C11)"，单击回车键输出计算结果。选中 D12 单元格，输入"=C12*(1+D11)"，单击回车键输出计算结果。再次选中 D12 单元格，利用填充柄将公式复制至 F12 单元格，完成每股股利计算。计算结果如图 4-9 所示。

	A	B
1	原始数据	
2	公司支付的最低股利（元）	1
3	当期股票价格（元）	98
4	未来3年股利增长率	12%
5	3年之后股利增长率	7%
6	最低投资报酬率	8%

图 4-7 原始数据

	A	B	C	D	E	F
8	股票价值计算表					
9	股利增长阶段			第一阶段		第二阶段
10	期数		0	1	2	3	4
11	股利增长率			12%	12%	12%	7%
12	每股股利(元)						
13	第一阶段股利现值(元)						
14	第一阶段股利现值之和（元）						
15	第二阶段股票价值（元）						
16	第二阶段股票价值的现值（元）						
17	该股票目前的价值						

图 4-8 股票价值计算表

接下来，计算第一阶段的股利现值。选中 C13 单元格，输入"=-PV($B$6,C10,,C12)"，单击回车键输出计算结果。再次选中 C13 单元格，利用填充柄将公式复制至 E13 单元格。再选中 B14 单元格，输入"=SUM(C13:E13)"，单击回车键输出计算结果。计算结果如图 4-9 所示。

	A	B	C	D	E	F
8	股票价值计算表					
9	股利增长阶段			第一阶段		第二阶段
10	期数		0	1	2	3	4
11	股利增长率			12%	12%	12%	7%
12	每股股利(元)			1.12	1.25	1.40	1.50
13	第一阶段股利现值(元)			1.04	1.08	1.12	
14	第一阶段股利现值之和（元）	3.23					
15	第二阶段股票价值（元）					150.33	
16	第二阶段股票价值的现值（元）	119.33					
17	该股票目前的价值	122.56					

图 4-9 股票价值计算结果

然后，根据固定股利增长模型计算第二阶段股票价值。选中 E15 单元格，输入"＝E12＊(1+7%)/(8%－7%)"，单击回车键输出计算结果。选中 B16 单元格，输入"＝－PV(B6,E10,,E15)"，单击回车键输出计算结果。计算结果如图 4-9 所示。

最后，选中 B17 单元格，输入"＝B14+B16"，单击回车键完成该股票价值的计算。计算结果如图 4-9 所示。

（3）评价该公司股票价格，作出投资建议。选中 B20 单元格，输入"＝IF(B17＞B3,"该股票价格被低估",IF(B17=B3,"该股票价值与价格相符","该股票价格被高估"))"，单击回车键输出计算结果。选中 B21 单元格，输入"＝IF(B17＞B3,"建议投资者购买","不建议投资者购买")"，单击回车键即可得出决策结论。计算结果如图 4-10 所示。

	A	B
19	投资建议	
20	对该股票的价格评估	该股票价格被低估
21	对投资者的建议	建议投资者购买

图 4-10　投资建议

实训结论

股票的价值是所持有股票未来现金流量的现值总和。在现实生活中，很多公司的股利可能既不是一成不变，也不一定按照固定比率持续增长，而是出现不规则变化，比如预计未来一段时间内股利高速增长，接下来的时间正常固定增长或固定不变，则可以分别计算高速增长、正常固定增长、固定不变等各阶段未来收益的现值，各阶段现值之和就是非固定增长股利的股票价值。

习　题

一、单项选择题

1. 证券投资者购买证券时，可以接受的最高价格是证券（　　）。
   A. 票面价格　　　　B. 到期价格　　　　C. 市场价格　　　　D. 内在价值

2. 在证券投资中，证券发行人无法按期支付利息或本金的风险被称为（　　）。
   A. 利率风险　　　　B. 违约风险　　　　C. 购买力风险　　　D. 流动性风险

3. 影响证券投资的主要因素是（　　）。
   A. 安全性　　　　　B. 收益性　　　　　C. 流动性　　　　　D. 期限性

4. 一张面额 100 元的长期股票，每年可获利 10 元，如果折现率为 8%，则其估价为（　　）元。
   A. 100　　　　　　B. 125　　　　　　C. 110　　　　　　D. 80

5. 企业以债券对外投资，从其产权关系看属于（　　）。
   A. 债权投资　　　　B. 股权投资　　　　C. 证券投资　　　　D. 实物投资

二、多项选择题

1. 由影响所有公司的因素引起的风险，可称为（　　）。
   A. 可分散风险　　　B. 市场风险　　　　C. 不可分散风险　　D. 系统风险

2. 按照资本资产定价模型,影响特定股票预期收益率的因素有( )。
　A. 无风险的收益率　　　　　　　　B. 平均风险股票的必要收益率
　C. 特定股票 β 系数　　　　　　　　D. 财务杠杆系数

3. 证券投资的收益包括( )。
　A. 价差收益　　　B. 股利收益　　　C. 债券利息收益　　　D. 出售收入

三、计算分析题

1. 某公司于 2×00 年 5 月购买了一张面值 1 000 元的债券,其票面利率为 8%,每年 5 月 1 日计算并支付一次利息。该债券于 5 年后的 4 月 30 日到期。试计算在市场利率为 6%、8%、10%三种条件下债券的价值。

2. 某公司在 2×00 年 1 月平价发行新债券,每张面值 1 000 元,票面利率为 10%,5 年到期,每年 12 月 31 日付息。

要求:(1) 2×00 年 1 月 1 日的到期收益率是多少?
(2) 假定 2×04 年 1 月 1 日的市场利率下降到 8%,那么此时该债券的价值是多少?
(3) 假定 2×04 年 1 月 1 日的市价为 900 元,此时购买该债券的到期收益率是多少?
(4) 假定 2×02 年 1 月 1 日的市场利率为 12%,债券市价为 950 元,你是否购买该债券?

3. 某企业所持有的甲种股票,每股每年可获股利 15 元,预计 3 年后每股售价可达 180 元,企业要求的最低期望收益率为 20%。

要求:如果甲种股票现在的实际交易价格为 138 元,该企业是否应持有甲种股票。

4. 某煤矿矿藏逐渐枯竭,因此公司的收益和股利以每年 15%的比率减少。若该煤矿上年支付的股利为 15 元/股,投资人要求的最低收益率为 12%,那么该煤矿股票售价应为多少时投资人才会购买?

四、案例分析题

万利公司的对外投资决策

万利公司是一个经济实力非常强大的大型家电生产企业。多年来,其产品一直占领着国内、外销售市场。近年来,由于市场竞争的日益激烈,企业的生产经营面临着一些实际困难,经济效益开始出现下滑的迹象。为使企业走出困境,把有限的资金用在刀刃上,2003 年年初,公司领导召开会议,集体通过了"以销定产的产品销售计划,并利用手中多余资金 1 500 万元对外投资,以获投资效益"的决定。在会上,围绕这一决定,专门组织安排了 10 名调查人员进行市场调研。

经分析、整理调研资料,拟订可供公司选择的投资对象如下:

(1) 国家发行七年期国债,每年付息一次,且实行浮动利率。第 1 年利率为 2.63%,以后每年按当年银行存款利率加利率差 0.32%计算利息。

(2) 汽车集团发行五年期重点企业债券,票面利率为 10%,每半年付息一次。

(3) 春兰股份(代码 600854),中期预测每股收益 0.45 元,股票市场价格 22.50 元/股。总股本 30 631 万股,流通股 7 979 万股。公司主营设计制造空调制冷产品、空调使用红外遥控。财务状况十分稳健,公司业绩良好;但成长性不佳。春兰股份的星级评定为"★"。

(4) 格力电器(代码 000651),中期预测每股收益 0.40 元,股票市场价格 17.00 元/股。总股本 29 617 万股,流通股 21 676 万股。公司主营家用空调器、电风扇、清洁卫生器具。公司空调产销量居国内第一位,有行业领先优势,尤其是出口增长迅速,比去年出口增长

70.7%,经营业绩稳定增长。格力电器的星级评定为"★"。

(5) 华工科技(代码00088),中期预测每股收益0.10元,股票市场价格为68元/股。总股本11 500万股,流通股3 000万股。公司主营激光器、激光加工设备及成套设备、激光医疗设备等。该股科技含量高,成长性好,公积金也高。华工科技的星级评定为"★★"。

(参考资料来源:刘桂英、邱丽娟:《财务管理案例实验教程》,经济科学出版社、中国铁道出版社2005年版。)

要求:

(1) 案例中,可供选择的几种证券的收益和风险各有何特点?

(2) 根据案例资料,如果企业为了扩大经营规模实现规模效应,面对上述可供选择的投资方案应如何进行投资组合,且分散或避免投资风险?

(3) 根据案例资料,如果企业仅为获得投资收益,面对上述可供选择的投资方案应如何进行投资组合,且分散或避免投资风险?

项目五 筹资方案管理

情景引例

2020 年第一季度我国新经济企业数量不足百家,其中依然有 7 家获得投资,超过一半的项目来自医疗、企业服务领域(见表 5-1)。

表 5-1　　　　　　成立于 2020 年 Q1 且获得投资的新经济创业公司

公司名称	成立时间(地点)	领域	筹资金额	投资方
小米消费金融	2020.01(重庆)	消费金融	7.5 亿元	重启农商行/重庆金山控股/重庆大顺电器/重庆金冠捷莱
荆泰医药	2020.01(杭州)	生物技术与制药	数千万元	源码资本/峰瑞资本/晶泰科技
吾众汽车	2020.01(宁波)	汽车	600 万元	泰方投资
思谋科技	2020.01(深圳)	前沿技术	数千万元	IDG 资本
兰州宝石花医疗器械	2020.02(兰州)	医疗器械及硬件	200 万元	甘咨询
思科智能	2020.02(深圳)	行业信息化解决方案	200 万元	深圳春暖花开投资中心
数字青岛建设有限公司	2020.01(青岛)	企业 IT 服务	数千万元	腾讯投资/海信

1. 小米携手重庆农商行,发力消费金融

2020 年 1 月,小米消费金融成立,并获得重庆农村商业银行股份有限公司(简称重庆农商行)7.5 亿元战略投资。

小米消费金融的设立显示了小米发力消费金融的决心。2019 年 6 月,重庆小米创业投资有限公司成立,注册资本 2 亿元。这种种外在迹象都在表明小米这家科技公司不仅在海外向东南亚市场扩张,在国内也逐步向新一线、二线市场下沉。

2. 原腾讯 X-Lab 负责人创业做 AI,已获 IDG 资本天使投资

思谋科技致力于将 5G、AI 应用在高清视频、智能制造等领域,天使投资方为 IDG 资本,公司获得投资方青睐的主要原因是团队。

思谋科技创始人、董事长贾佳亚,是原腾讯杰出科学家、优图实验室 X-Lab 负责人、香港中文大学计算机科学工程系终身教授。CEO 沈小勇,曾担任腾讯优图实验室高级研究员。

另外一家科技公司恩科智能是一家智慧城市服务平台开发运营商,主要从事智慧城市服务平台的开发与运营业务,CEO 为乔大龙,恩科智能于近期获得深圳春暖花开投资中心及天使投资人左强的 200 万元投资。

3. 海信与腾讯合资,助力青岛智慧城市建设

在腾讯过往的投资案例中,腾讯以中后期大手笔著称,极少投资一家刚刚成立的初创企业,而数字青岛建设有限公司(简称数字青岛)成立即获得腾讯投资的主要原因是背靠海信

集团。海信集团成立于1969年,总部在山东青岛,是老牌的国产家电巨头之一,目前美的、海尔等传统家电巨头都在向智能家居、物联网进军,海信也不例外。

青岛海信网络科技有限公司(简称海信网络)是大股东,持有数字青岛45%的股权,青岛启迪大数据有限责任公司持有28%股份,而深圳市腾讯产业创投有限公司持股比例为15%,为第三大股东;青岛华通科技投资有限责任公司持股12%。

4. 疫情利好下的医疗及器械相关企业

受疫情影响,医疗行业下的检测试剂、疫苗研发等项目进展备受瞩目,对医药公司也是利好最大,因而有多家医药及医疗器械创业企业获得融资。

METiS由晶泰科技孵化,以人工智能驱动药物制剂开发,近期,公司完成天使轮数百万美元融资,由峰瑞资本领投,源码资本跟投。

METiS团队拥有计算、化工、材料和药学交叉领域的超一流背景,掌握纳米制剂、微球、口服缓控释等高端剂型设计技术;更为难得的是,团队拥有将多款产品管线推进到临床三期和上市的实战经验。METiS自主知识产权的制剂筛选优化高通量平台,未来会为新药开发的AI驱动提供数据。

随着基因治疗等创新疗法对给药和药物递送要求越来越高,结合计算和剂型设计,峰瑞非常看好METiS在提供技术服务和开发创新药两方面极为广阔的前景。

口罩生产商兰州宝石花医疗器械有限公司(简称兰州宝石花医疗器械)是在疫情期间紧急成立的,主营生产医用口罩及熔喷无纺布,公司发起方包括兰州三叶实业(兰州石油化工全资控股)、兰州宝石花医疗器械及地方企业。3月,上市公司甘咨询(甘肃工程咨询集团)公告拟出资200万元参股兰州宝石花医疗器械,占股10%。

这一笔投资主要是支持兰州地方企业的发展,以及解决特殊时期下口罩短缺的难题。

(参考资料来源:根据新经济创业企业对外披露报表信息整理。)

想一想:企业在何时需要进行筹资,在筹资过程中需要考虑哪些问题,对企业的经营发展有哪些影响。

◎ 知识目标

企业筹资的概念与筹资动机;企业筹资渠道与筹资方式的选取;对于各项权益类筹资、负债类筹资的筹资方式;各项筹资方式的筹资程序以及优缺点的分析;利用销售百分比法进行企业资金需要量的预测。

◎ 能力目标

- 能够识别企业的筹资动因。
- 能够选择合适的企业筹资方式。
- 能够识别各项筹资渠道的特点。
- 能够区分权益性筹资(吸收直接投资、发行股票、利用留存收益)的特点。
- 能够区分负债性筹资的方式及其优缺点。
- 能够通过销售百分比法计算资金需要量。

◎ 背景知识

企业筹资,是指企业根据其生产经营、对外投资以及调整资本结构等活动,对资金有一定的需求量,通过一定的渠道,采取适当的方式,经济有效地筹措和集中资本的活动。企业筹资活动是企业的一项基本财务活动,企业筹资管理是企业财务管理的一项主要内容。

筹资按照不同标准可进行分类。

(1) 按照资金的来源渠道不同,可将企业筹资分为权益性筹资和负债性筹资。

权益性筹资,也称自有资金筹资,是指企业通过吸收直接投资、发行股票、利用留存收益等方式筹集资金。企业采用权益性方式筹集资金,一般不用还本,财务风险小,但付出的资本成本相对较高。

负债性筹资,也称借入资金筹资,是指企业通过向银行借款、发行债券、融资租赁等方式筹集资金。企业采用借入资金的方式筹集资金,到期要归还本金和支付利息,一般承担较大风险,但相对而言,付出的资本成本较低。

(2) 按照所筹资金使用期限的长短,可将企业筹资分为短期资金筹集与长期资金筹集。

短期资金,是指使用期限在一年及一年以内或一个经营周期以内的资金。短期资金主要投资于现金、应收账款、存货等,一般在短期内可收回。短期资金通常采用短期银行借款、商业信用、短期融资券等方式来筹集。

长期资金,是指使用期限在一年以上或超过一年的一个经营周期以上的资金。长期资金主要投资于生产规模的扩大、固定资产的更新改造、新产品的开发和推广、取得无形资产等,一般需要几年甚至十几年才能收回。长期资金通常采用吸收直接投资、发行股票、发行债券、长期借款、融资租赁和利用留存收益等方式来筹集。

任务1　筹资方案的整体认知

活动1　筹资动因识别

活动目标:能够识别企业的筹资动因。

工作实例5-1:乐天公司在筹建初期,经核定确定固定资产需3 200万元,存货1 100万元,货币资金700万元,共计5 000万元;筹建时有实收资本金3 000万元,向银行取得长期借款2 000万元,共计5 000万元。

经过公司全员的努力,开发出很多新产品,公司效益良好,并占据可观的市场份额。

市场部C经理表示:目前市场处于上升趋势,根据公司现有情况,可以继续扩张市场。

生产部D经理表示:根据目前的情况,企业需要加大投入才可进行扩张。

财务部B经理表示:公司现有账户情况,如需要扩大生产经营规模,需要进行筹资。

A总经理通过几轮会议讨论后,决定抓住市场前景,进行扩张,要求各部门经理做好扩张方案。

想一想:财务经理B该做哪些思考和选择。

任务工具:

步骤一:

筹建时实收资本金3 000万元,向银行取得长期借款2 000万元,共计5 000万元。此时在新办企业时,有新建筹资的动机。

步骤二：

根据扩大生产经营的需要，现追加筹资2 600万元。其中，发行债券800万元，发生应付账款200万元，股东投入资本1 000万元；用以增添设备价值600万元，追加长期投资500万元，其他项目不变动。具体如表5-2所示。

表5-2　　　　　　　　　　乐天公司扩张筹资前后相关资料　　　　　　　　金额单位：万元

资产	A 初始金额	B 扩张筹资后金额	负债与所有者权益	A 初始金额	B 扩张筹资后金额
货币资金	700	400	短期借款		
应收账款		800	应付账款		200
存货	1 100	1 500	长期借款	2 000	2 000
长期股权投资		500	应付债券		800
固定资产	3 200	3 800	股东权益	3 000	4 000
合计	5 000	7 000	合计	5 000	7 000

步骤三：

比较A、B栏可以发现，乐天企业在扩张筹资后，资产总额从筹资前的5 000万元扩大到7 000万元，负债及所有者权益总额也同样增加。

步骤四：

新建筹资动机是在企业新建时为满足正常生产经营活动所需铺垫的资金而产生的筹资动机。企业新建时，要按照经营计划和策略所确定的生产规模核定固定资金需要量和流动资金需要量，筹措相应数额的资本金——所有者权益，资本金不足部分即需通过短期负债或长期负债进行筹集。

扩张筹资动机是企业因扩大生产经营规模或追加对外投资而产生的筹资动机。具有良好发展前景、处于成长时期的企业，通常会产生扩张筹资动机。当企业生产经营的产品供不应求时，需要购置设备增加市场供应；需要引进技术，开发适销对路的新产；追加有利的对外投资规模，开拓有发展前途的对外投资领域等。

工作实例5-2： 乐天企业在上一轮扩张后，经营平稳。近日，财务部A职员发现在企业账户上有一笔100万元的应付款要到期，长期借款中有400万元到期，但公司账户上并没有可用于能立即支付的现金，于是立即向财务部B经理汇报。

此时，财务部E职员正在B经理办公室汇报，说项目小组发现一个新的投资项目，经项目可行性分析决策，具有投资潜力，需要1 000万元用于新项目开发。

想一想：财务部B经理该如何应对该应付款和借款，新的投资项目是否该进行。

任务工具：

步骤一：

财务部B经理通过财务分析后，决定向银行借入短期借款500万元清偿到期债务。具体如表5-3所示。

表 5-3　　　　　　　　　　　　　调整筹资前后相关资料　　　　　　　　金额单位：万元

资产	C 调整筹资前	D 调整筹资后	负债与所有者权益	C 调整筹资前	D 调整筹资后
货币资金	400	400	短期借款		500
应收账款	800	800	应付账款	200	100
存货	1 500	1 500	长期借款	2 000	1 600
长期股权投资	500	500	应付债券	800	800
固定资产	3 800	3 800	股东权益	4 000	4 000
合计	7 000	7 000	合计	7 000	7 000

在此业务发生前，企业用 400 万元货币资金可用于偿还债务，但为了保持一定额度的货币资金，企业决定举新债还旧债。这种筹资的结果并没有扩大企业的资产总额和资本总额，只是改变了企业的资本结构。

步骤二：

调整筹资动机是企业在不增减资本总额的条件下，为了改变现有资本结构而形成的筹资动机。资本结构是指企业各种筹资方式的构成及其比例关系。一个企业在不同时期由于筹资方式的不同组合，会形成不相同的资本结构，随着相关情况的变化，目前的资本结构可能不再合理，需要相应地予以调整，使之趋于合理，主要形式有借新债还旧债、以债转股、以股抵债。

步骤三：

经过决定，采用发行债券的方式筹集资金 1 000 万元，用于新项目开发。具体如表 5-4 所示。

表 5-4　　　　　　　　　　　　　混合式筹资前后资料　　　　　　　　金额单位：万元

资产	E 调整筹资前	F 调整筹资后	负债与所有者权益	E 调整筹资前	F 调整筹资后
货币资金	400	700	短期借款	500	500
应收账款	800	800	应付账款	100	100
存货	1 500	1 500	长期借款	1 600	1 600
长期股权投资	500	500	应付债券	800	800
固定资产	3 800	4 500	股东权益	4 000	4 000
合计	7 000	8 000	合计	7 000	7 000

比较调整筹资前与筹资后可以看出，在混合筹资动机的驱使下，企业通过筹资，既扩大了资产和资本规模，又调整了资本结构，即这种筹资动机中兼容了扩张性筹资和调整性筹资两种筹资动机。

【总结】 企业筹资的动机，如表 5-5 所示。

表 5-5　　　　　　　　　　　　　企业筹资动机

种类	含义
新建性筹资动机	是指企业设立时，为取得资本金并形成开展经营活动的基本条件而产生的筹资动机

(续表)

种类	含义
扩张性筹资动机	是指企业因扩大经营规模或对外投资需要而产生的筹资动机
调整性筹资动机	是指企业因调整资本结构而产生的筹资动机
混合性筹资动机	同时兼容了扩张性筹资和调整性筹资两种筹资动机

活动2 拓展筹资渠道

活动目标：能够选择合适的企业筹资方式。

工作实例5-3：A总经理是乐天企业的总经理，财务部B经理今早来汇报情况。

财务B经理：今年的市场行情可观，经过前期的积累与发展，上一轮的投资项目回报很高，目前企业处于上升阶段，需要进而进行大量的投资。目前筹资渠道有两个，您看看哪个更合适一些。

方案一：采取银行信贷资金，为企业进行筹集资金。

方案二：采用企业自留资金，但自留资金金额有限，在新投资方案选择上会有一定的限制。

想一想：A总经理应该从哪些角度进行思考和选择筹资渠道。

任务工具：

步骤一：

企业在进行筹资时，首先要考虑筹资的原则，如表5-6所示。

表5-6　　筹资的原则

原则	具体表现
规模适当原则	企业筹资规模受到注册资本限额、企业债务契约约束、企业规模大小等多方面的影响，且不同时期企业的资金的需求量并不是一个常数。企业财务人员要认真分析科研、生产、经营状况，采用一定的方法，预测资金的需要数量，合理确定筹资规模。这样，既能避免因资金筹集不足影响生产经营的正常进行，又可以防止资金筹集过多，造成资金闲置
筹措及时原则	企业财务人员在筹集资金时必须熟知资金时间价值的原理和计算方法，以便根据资金需求的具体情况，合理安排资金的筹措时间，适时获取所需资金。这样，既能避免过早筹集资金形成资金投放前的闲置，又能防止取得资金的时间滞后错过资金投放的最佳时间
来源合理原则	资金的来源渠道和资金市场为企业提供了资金的源泉和筹资场所，反映资金的分布状况和供求关系，决定筹资的难易程度。不同来源的资金，对企业的收益和成本有不同的影响。企业应认真研究资金来源渠道和资金市场，合理选择资金来源
方式经济原则	在确定筹资数量、筹资时间、资金来源的基础上，企业在筹资时还必须认真研究各种筹资方式。企业筹集资金必然要付出一定的代价，不同筹资方式条件下的资本成本有高有低。为此，就需要对各种筹资方式进行分析、对比，选择经济、可行的筹资方式。与筹资方式相联系的问题是资金结构问题，企业应确定合理的资金结构，以便降低成本，减少风险

步骤二：

筹资渠道是企业筹集资金来源的方向与通道，我国企业筹资渠道主要有以下几种：

（1）国家财政资金。这是指国家对企业的直接投资，这种方法是国有企业特别是国有独资企业获得资金的主要渠道之一。国有企业的资金来源中，大多是由国家通过中央和地方财政部门以直接拨款方式形成的。从产权关系来看，财政资金属于国家投入的资金，产权归国家所有。

（2）银行信贷资金。这是指银行对各类企业的信贷，是各类企业筹资的重要来源。银行一般分为商业性银行和政策性银行。在我国，商业性银行主要有中国工商银行、中国农业银行、中国建设银行、中国银行以及交通银行等；政策性银行有国家开发银行、农业发展银行和中国进出口银行。商业性银行是以营利为目的、从事信贷资金投放的金融机构，它主要为企业提供各种商业贷款。政策性银行主要为特定企业提供政策性贷款。

（3）非银行金融机构资金。这主要有信托投资公司、保险公司、租赁公司、证券公司以及企业集团的财务公司等。它们有的集聚社会资本，融资融物；有的承销证券，提供信托服务。这种筹资渠道的财力虽然比银行要小，但具有广阔的发展前景。

（4）其他企业资金。企业在日常生产经营过程中，有时也可能形成部分暂时闲置的资金，为了让其发挥一定的效益，也需要相互融通和投资。另外，企业间的购销业务可以通过商业信用方式来完成，从而形成企业间的债权债务关系。企业间的相互投资和商业信用的存在，使其他企业资金也成为企业资金的重要来源。

（5）民间资金。我国企业和事业单位的职工和广大城乡居民持有的结余货币，作为"游离"于银行及非银行金融机构等之外的个人资金，可用于对企业进行投资，形成民间资金来源渠道，从而为企业所用。

（6）企业自留资金。这是指企业内部留存，主要是企业通过提留盈余公积和保留未分配利润而形成的资金。这是企业内部形成的筹资渠道，比较便捷，有盈利的企业通常可以加以利用。

步骤三：

乐天企业应根据目前公司的财务状况及外部资源进行可行性分析，首先确定筹资金额，进而进行渠道选择。

活动3 | 筹资方式决策

活动目标： 能够识别各项筹资渠道的特点。

工作实例5-4： 乐天企业A总经理决定抓住市场机遇，进行企业扩张。目前需要财务部B经理将各种筹资方式进行逐一梳理，从中选取合适的方案拟订筹资计划。

任务工具：

步骤一：

筹资方式是企业筹集资金所采取的具体形式，目前我国企业的筹资方式主要有以下几种。

1. 吸收直接投资

吸收直接投资（简称吸收投资）是指企业按照"共同投资、共同经营、共担风险、共享利润"的原则吸收国家、企业、单位、个人、外商投入资金的一种筹资方式，可以直接形成生产能力。吸收投资中的出资者,是企业的所有者,可通过一定方式参与企业经营决策,有关各方按出资额的比例分享利润、承担损失。

2. 发行股票

股票是股份公司为筹集自有资金而发行的有价证券,是持股人拥有公司股份的入股凭证。股票持有者为企业的股东,它证明持股人在股份公司中拥有的所有权。发行股票使大量社会"游离资金"得到集中和运用,并把一部分消费基金转化为生产资金,它是企业筹集长期资金的一个重要途径。

3. 银行借款

银行借款是指企业根据借款合同向银行(以及其他金融机构)借入的需要还本付息的款项。利用银行的长期和短期借款是企业筹集资金的一种重要方式。

4. 商业信用

商业信用是指商品交易中以延期付款或预收货款方式进行购销活动而形成的借贷关系,是企业之间的直接信用行为。随着市场经济的发展,商业信用在我国广泛推行,是企业筹集短期资金的一种重要方式。

5. 发行债券

债券是企业依照法定程序发行的,约定在一定期限内还本付息的有价证券,是持有公司债权的债权证书。发行债券是企业筹集负债资金的一个重要途径。

6. 租赁筹资

租赁是出租人以收取租金为条件,在契约或合同规定的期限内,将资产租让给承租用的一种交易行为。现代租赁已成为解决企业资金来源的一种重要方式。

7. 留存收益

留存收益是指企业从税后净利润中提取的盈余公积金以及从企业可供分配利润中留存的未分配利润。留存收益,是企业将当年利润转化为股东对企业追加投资的过程。

步骤二:

上述的7种方式可按其性质与特点分为两大类,也是企业最基本的两类筹资方式,即权益性筹资和负债性筹资,如图5-1所示。权益性筹资形成企业的股权资金,通过吸收直接投资、公开发行股票及利用留存收益等方式取得;负债性筹资形成企业的债务资金,通过向银行借款、发行公司债券、利用商业信用及融资租赁等方式取得。

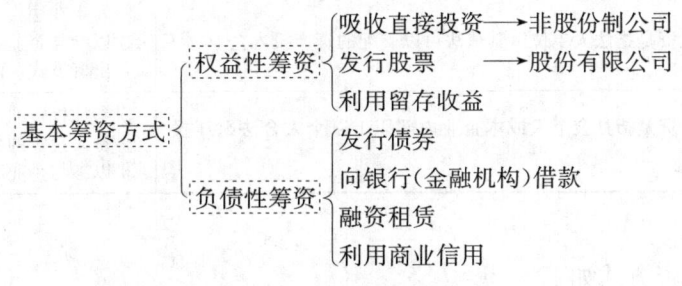

图 5-1 企业基本筹资方式

步骤三:

权益性筹资与负债性筹资均能为企业提供资金,解决资金短缺的问题,但在各种具体的筹资形式中,有其各自的特点。企业在实际发展需要中,应结合企业内部与外部环境,综合考虑各项筹资形式后,进行筹资方式的选择。

任务2　认知权益性筹资

活动4　吸收直接投资

活动目标:能够掌握吸收直接投资的筹资方式及其优缺点。

工作实例5-5:早上9点,乐天公司A总经理召集财务经理及财务人员来到会议室,参加财务部门有关筹资的专项会议。会议的关键词是:规模扩张、扩大投资、筹集资金。

A总经理:最近公司业务发展很好,每年的销售收入增加量都在50%以上,为了满足生产的需要,需要扩大资金投入,再建一个生产流水线。估计需要资金1 000万元左右。此次会议的讨论目的就是确定这1 000万元的资金怎么筹集,请大家积极发言,提建议,提方案。

财务A职员:国家刚刚降准,在这个时点上向银行贷款可以减少贷款利息。

财务B职员:银行贷款需要耗费时间长,可以直接吸收生产线投资,直接投产,快速可行。

想一想:乐天企业是否该选择通过吸收直接投资的方式进行筹资,为何这样考虑。

任务工具:

步骤一:

吸收直接投资是指企业按照"共同出资、共同经营、共担风险、共享利润"的原则,从国家、法人、个人、外商等外部主体吸收投资的一种方式,它不以证券为媒介,直接形成企业生产能力,投入资金的主体成为企业的所有者,参与企业经营,按其出资比例承担风险、享有收益。

吸收直接投资的方式,如表5-7所示。

表5-7　　　　　　　　　　吸收直接投资的方式

分类	含义	特点
吸收国家投资	国家投资是指有权代表国家投资的政府部门或者机构以国有资产投入企业,这种情况下形成的资本被称为国家资本。吸收国家投资是国有企业筹资自有资金的主要方式之一。吸收国家投资主要包括国家财政拨款、用税前利润还贷形成的国家资金、主管部门的专用拨款及税收减免所形成的国家资金	① 产权归属国家; ② 资金的运用与处置受国家约束较大; ③ 在国有企业中采用比较广泛
吸收法人投资	法人投资是指法人单位以其依法可以支配的资产投入企业	① 发生在法人单位之间; ② 以参与企业利润分配为目的; ③ 出资方式灵活多变
吸收个人投资	个人投资是指社会个人或本企业内部职工以个人合法财产投入企业	① 参加投资的人员较多; ② 每人投资的数额相对较少; ③ 以参与企业利润分配为目的

步骤二:

直接投资的出资方式如下。

1. 以现金出资

以现金出资是吸收投资中的一种重要的出资方式。有了现金,便可获取其他物质资源。因此,企业应尽量动员投资者采用现金方式出资。吸收投资所需投入现金的数额,取决于投入的实物、工业产权之外尚需多少资金来满足建厂的开支和日常周转需要。

2. 以实物出资

以实物出资就是投资者以厂房、建筑物、设备等固定资产和原材料、商品等流动资产所进行的投资。一般来说，企业吸收的实物应符合以下条件：①确为企业科研、生产、经营所需；②技术性能比较好；③作价公平合理。

3. 以工业产权出资

以工业产权出资是指投资者以专有技术、商标权、专利权等无形资产所进行的投资。一般来说，企业吸收的工业产权应符合以下条件：①能帮助研究和开发出新的高科技产品；②能帮助生产出适销对路的高科技产品；③能帮助改进产品质量，提高生产效率；④能帮助大幅度降低各种消耗；⑤作价比较合理。

企业在吸收工业产权投资时应特别谨慎，应进行认真的可行性研究。因为以工业产权投资实际上是把有关技术资本化了，把技术的价值固定化了；而技术具有时效性，因其不断老化而导致价值不断减少甚至完全丧失，风险较大。

4. 以土地使用权出资

投资者也可以用土地使用权来进行投资。土地使用权是按有关法规和合同的规定使用土地的权利。企业吸收土地使用权投资应符合以下条件：①确为企业科研、生产、销售活动所需要；②交通、地理条件比较适宜；③作价公平合理。

步骤三：

吸收投资的优点及缺点如表 5-8 所示。

表 5-8　　　　　　　　　　　　　吸收投资的优点及缺点

因素	内容
优点	① 有利于增强企业信誉。所筹集的资金属于自有资金，能增强企业的信誉和借款能力，对扩大企业经营规模、壮大企业实力具有重要作用。 ② 有利于尽快形成生产能力。可以直接获取投资者的先进设备和先进技术，有利于尽快形成生产能力，尽快开拓市场。 ③ 有利于降低财务风险。可以根据企业的经营状况向投资者支付报酬，企业经营状况好，要向投资者多支付一些报酬，企业经营状况不好，就可不向投资者支付报酬或少支付报酬，比较灵活，所以财务风险较小
缺点	① 资本成本较高。特别是企业经营状况较好和盈利较强时，更是如此。因为向投资者支付的报酬是根据其出资的数额和企业实现的利润的多少来计算的。 ② 容易分散企业控制权。投资者一般都要求获得与投资数量相适应的经营管理权，这是接受外来投资的代价之一。如果外部投资者的投资较多，则投资者会有相当大的管理权，甚至会对企业实行完全控制

活动 5 | 发行股票筹资

活动目标： 能够掌握如何运用普通股与优先股进行筹资，并区分两者的不同

工作实例 5-6： 第一次会议结束后：

乐天公司财务 C 职员：质疑吸收直接投资在企业经营状况较好和盈利能力较强时，所需负担的成本太高，他认为公司目前的股本规模还不大，可以考虑引进新的股东，通过增资扩股解决融资问题。

财务 D 职员：如果发行股票的话，是发普通股还是优先股呢？

想一想： 对于财务 C 职员提出的建议，你认为是否合理？

任务工具：
步骤一：

股票是股份有限公司为筹措权益资金而发行的有价证券,是持有有价证券的股东按持有股份享有权益和承担义务的书面凭证。

按照股东享有权利和承担义务的不同,可把股票分成普通股和优先股。

普通股是股份公司依法发行的具有管理权、股利不固定的股票。普通股具备股票的最一般特征,是股份公司资本的最基本部分。

优先股是股份公司依法发行的具有一定优先权的股票。优先权主要体现在利润分配和剩余财产分配权力上。

1. 享有权利的对比

1) 普通股股东享有的权利

(1) 公司管理权：①表决权。在出席或委托代理人出席股东大会时,有权投票选举董事会成员,并对公司重大事项行使表决权。②查账权。可委托会计师事务所查账。③质询权。对公司事务有质询权,可阻止越权经营。

(2) 分享盈利权：有权从公司盈利中得到股利。普通股的股利是不固定的,主要受公司经营业绩及其分配政策影响,并且盈利分配的方案由股东大会决定。普通股股东须在优先股股东取得固定股息之后才有权享受股利分配权。

(3) 出售或转让股份权：股东有权出售或转让股票。

(4) 优先认股权：当公司增发普通股时,原有股东有权按持有公司股票的比例,优先认购新股票,这样做主要是保证原股东的控制权。

(5) 剩余财产要求权：当公司解散、清算时,普通股股东对剩余财产有要求权,但分配顺序排在最后。

2) 优先股股东享有的权利

(1) 优先分配股利权：优先股股利的分配在普通股之前,优先股的股利不随公司经营状况而波动,其股利率是固定的。

(2) 优先分配剩余财产权：当企业清算时,优先股的剩余财产请求权位于债权人之后,但位于普通股之前。

(3) 表决权：优先股股东一般无表决权,通常也无权过问公司的经营管理,仅在涉及优先股股东的权益的相关事项时享有表决权。

2. 普通股与优先股优缺点的对比（表5-9）

表5-9 普通股及优先股优缺点对比

性质	普通股	优先股
优点	① 能增加股份公司的信誉。普通股筹资能增加股份公司主权资金的比重,较多的主权资金为债务人提供了较大的偿债保障,这有助于增加公司的信誉,有助于增加公司的举债能力。 ② 能减少股份公司的风险。普通股既无到期日,又无固定的股利负担,因此不存在不能偿付的风险。 ③ 能增强公司经营灵活性。普通股筹资比发行优先股或债券限制少,筹集和使用都较灵活	① 没有固定的到期日,不用偿还本金。 ② 股利支付率虽然固定,但无约定性。当公司财务状况不佳时,也可暂不支付,不像债券到期无力偿还本息有破产风险。 ③ 优先股属于自有资金,既能增强公司信誉及借款能力,又能保持原普通股股东的控制权

(续表)

性质	普通股	优先股
缺点	① 资金成本较高。发行普通股的资金成本一般高于债务资金，因为普通股股东期望报酬高，又因为股利要从税后净利润中支付，且发行费用也高于其他证券。 ② 新股东的增加，导致分散和削弱原股东对公司控股权。 ③ 有可能降低原股东的收益水平。	① 资本成本高，优先股股利要从税后利润中支付。 ② 优先股较普通股限制条款多。 ③ 可能给股份公司带来一定的财务压力，需要支付固定的股利，当盈利下降时，会成为公司一项较重的财务负担。

步骤二：

对比完普通股与优先股的优缺点之后，看一下股票该如何发行与销售。

1. 股票的发行方式

（1）公开间接发行。其是指通过中介机构，公开向社会公众发行股票。股份有限公司采用募集设立方式向社会公开发行新股时，由证券经营机构承销，属于股票的公开间接发行。这种发行方式的发行范围广、发行对象多，易于募集资本；股票的变现性强，流通性好；股票的公开发行有助于提高发行公司的知名度和扩大影响力。不足之处是手续繁杂，发行成本高。

（2）不公开直接发行。其是指不公开对外发行股票，只向少数特定的对象直接发行，不经中介机构承销。我国股份有限公司采用发起设立方式和以不向社会公开募集的方式发行新股的做法，即属于股票的不公开直接发行。这种发行方式弹性较大，发行成本低；但发行范围小，股票变现性差。

2. 股票的销售方式

（1）自销方式。股票发行的自销方式，是指发行公司自己直接将股票销售给认购者。这种销售方式可由发行公司直接控制发行过程，节省发行费用；但通常时间长，发行公司要承担全部发行风险。

（2）承销方式。股票发行的承销方式，是指发行公司将股票销售业务委托给证券公司经营代理。这种销售方式是发行股票所普遍采用的方式。由证券经营机构承销股票，承销又分为包销和代销两种具体方式。包销，是指根据承销协议商定的价格，证券经营机构一次性全部购进发行公司公开募集的全部股份，然后以较高的价格出售给社会上的认购者。对发行公司来说，包销的方式可及时筹足资本，免于承担发行风险，但股票以较低的价格售给承销商会损失部分溢价。代销，是指证券经管机构代替发行公司代售股票，并由此获取一定的佣金，但不承担股款未筹集足的风险。

步骤三：

确定好销售方式后，即将股票上市。公开发行的股票经批准在证券交易所挂牌交易。

【提示】股票上市是一把双刃剑，其有利影响与不利影响都非常显著，乐天公司需要进行多方位的分析，权衡利弊之后再做出决策。

1. 股票上市的有利影响

（1）促进公司资本社会化，分散风险。股票上市后，会有更多的投资者认购公司股份，可以防止公司股权集中化，同时也分散了公司的风险。

（2）提高股票的变现力和流动性。

（3）有助于确定公司增发新股的发行价格，便于筹措新资金。

（4）提高公司知名度，吸引更多顾客。股票上市后，可让公司为社会所知，并被认为经营优良，这会给公司带来良好的声誉，从而吸引更多的顾客，扩大公司的销售。

2. 股票上市的不利影响

（1）使公司失去隐私权。公司上市后，各种信息公开的要求，可能会暴露公司的商业秘密。

（2）股价有时会歪曲公司的实际状况，损害公司的声誉。

（3）可能会分散公司的控制权，造成管理上的困难。

【补充】利用留存收益进行筹资的途径及特点，如表5-10所示。

表5-10　　　　　　　　　利用留存收益筹资的途径及特点

筹资途径	① 提取盈余公积金。 【提示】盈余公积金主要用于企业未来的经营发展，经投资者审议后也可以用于转增股本（实收资本）和弥补以前年度经营亏损。盈余公积金不得用于以后年度的对外利润分配。 ② 未分配利润。 【提示】未分配利润，可用于企业未来经营发展、转增股本（实收资本）、弥补以前年度经营亏损和以后年度的对外利润分配
筹资特点	① 不会发生筹资费用。 ② 维持公司的控制权分布。 ③ 筹资数额有限

【总结】权益性筹资的特点，如图5-2所示。

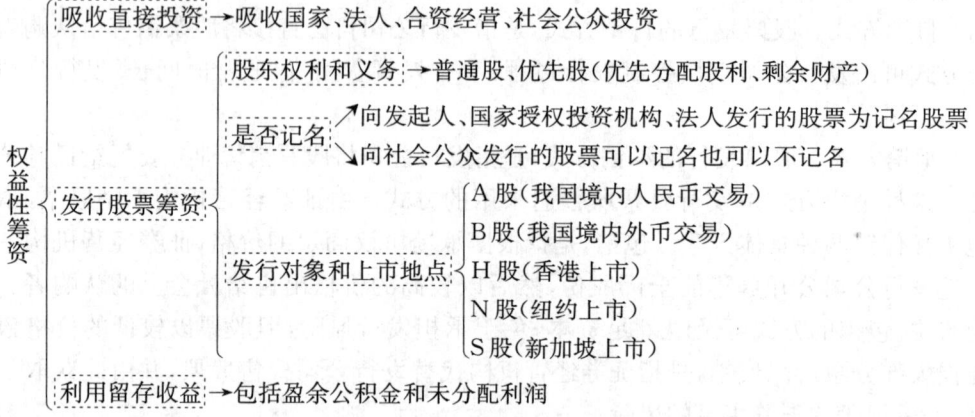

图5-2　权益性筹资方式的特点

将权益性筹资的三种方式进行比较，如表5-11所示。

表5-11　　　　　　　　　权益性筹资方式对比

项目	吸收直接投资	发行股票筹资	利用留存收益
生产能力形成	能够尽快形成	不易尽快形成	—
资本成本	最高（投资者往往要求将大部分盈余作为红利分配）	较高	最低
筹资费用	筹资费用较低	筹资费用高	没有

(续表)

项目	吸收直接投资	发行股票筹资	利用留存收益
社会声誉	—	能增强公司的社会声誉	—
产权交易	不易进行产权交易	促进股权流通和转让	
公司控制权	控制权集中,不利于公司治理	控制权分散,公司容易被经理人控制	不影响
公司与投资者的沟通	容易进行信息沟通	不容易进行信息沟通	—
筹资数额	较大	较大	有限

知识补充:

◈ **筹资创新**

企业筹资方式和筹资渠道的变化与国家金融业的发展密切相关。随着经济的发展和金融政策的完善,我国企业筹资方式和筹资渠道呈现多元化的趋势。

1. 商业票据筹资

商业票据筹资,是指通过商业票据进行资金筹集。商业票据是一种商业信用工具,是债务人向债权人开出的、承诺在一定时期内支付一定款项的支付保证书,即由无担保、可转让的短期期票组成。商业票据筹资具有筹资成本较低、灵活方便等特点。

2. 中期票据筹资

中期票据,是指具有法人资格的非金融类企业在银行间债券市场按计划分期发行的、约定在一定期限还本付息的债务筹资工具。发行中期票据一般要求具有稳定的偿债资金来源;拥有连续三年的经审计的会计报表,且最近一个会计年度盈利;主体信用评级达到AAA;待偿还债券余额不超过企业净资产的40%;募集资金应用于企业生产经营活动,并在发行文件中披露资金用途;发行利率、发行价格和相关费用由市场化方式确定。

3. 股权众筹筹资

股权众筹筹资,主要是指通过互联网形式进行公开小额股权融资的活动。股权众筹筹资必须通过股权众筹筹资中介机构平台(互联网网站或其他类似的电子媒介)进行。股权众筹筹资方应为小微企业,通过股权众筹筹资中介机构向投资人如实披露企业的商业模式、经营管理、财务、资金使用等关键信息,不得误导或欺诈投资者。股权众筹筹资业务由证监会负责监管。

4. 商圈筹资

商圈筹资模式包括商圈担保筹资、供应链筹资、商铺经营权、租赁权质押、仓单质押、存货质押、动产质押、企业集合债券等。发展商圈筹资是缓解中小商贸企业筹资困难的重大举措。改革开放以来,我国以商品交易市场、商业街区、物流区、电子商务平台等为主要形式的商圈发展迅速,已成为我国中小商贸服务企业生存与发展的重要载体。但是,由于商圈内多数商贸经营主体属中小企业,抵押物少、信用记录不健全,"筹资难"问题较为突出。发展商圈筹资有助于增强中小商贸经营主体的筹资能力,促进中小商贸企业健康发展;有助于促进商圈发展,增强经营主体集聚力,提升产业关联度,整合产业价值链,推进商贸服务业结构调整和升级,从而带动税收、就业增长和区域经济发展,实现扩大消费的战略目标;同时,也有助于银行业金融机构和筹资性担保机构等培养长期稳定的优质客户群体,扩大投信规模,降低筹资风险。

5. 供应链筹资

供应链筹资，是将供应链的核心企业及其上下游配套企业作为一个整体、根据供应链中相关企业的交易关系和行业特点制定的"一揽子"筹资模式。供应链筹资解决了上下游企业筹资难、担保难的问题，而且通过打通上下游筹资瓶颈，还可以降低供应链筹资成本，提高核心企业及配套企业的竞争力。

任务3　认知负债性筹资

活动6　长期负债筹资

活动目标：能够识别长期负债筹资几种不同方式的特点与区别。

工作实例5-7：乐天公司通过前期的筹资会议，已经初见成效，A总经理召集大家进行二次会议。

财务职员D提出：发行股票固然有一定的优势，但企业对股东的回报（股息）压力也是比较大的，是否可以考虑一下从其他方获得资金，如银行或者其他金融机构。

财务职员E表示同意：如果经营得好，企业对股东的回报（股息）也会远远高于对银行的回报（利息），如果只考虑发行股票筹资，可就亏大了。

财务部经理B指出：大家本周先梳理一下当前财务状况，资金的性质不同，权利和义务也不同，企业在发展的不同阶段要根据风险承受能力等相关因素做出不同的选择。

任务工具：

步骤一：

企业向金融机构进行长期借款，通常要经过以下程序。

1. 企业提出借款申请

企业申请借款必须符合贷款原则和条件，填写包括借款金额、借款用途、偿还能力、还款方式等主要内容的"借款申请书"，并提供以下资料：借款人及保证人的基本情况；会计师事务所核准的上年度财务报告；原有的不合理借款的纠正情况；抵押清单及同意抵押的证明；保证人拟同意保证的有关证明文件；项目建议书和可行性报告；等等。

2. 金融机构进行审批

银行接到企业的申请后，要对企业进行审查，决定是否对企业提供贷款：对借款人的信用等级进行评估；对借款人的信用及借款的合法性、安全性和盈利性等情况进行调查，核实抵押物、保证人情况，测定贷款的风险；贷款审批。

3. 签订借款合同

借款合同是规定借贷各方权利和义务的契约，内容分为基本条款和限制条款。基本条款是借款合同必须具备的条款。限制条款是为了降低贷款机构的贷款风险而对借款企业提出的限制条件，限制条款又有一般性限制条款、例行性限制条款和特殊性限制条款之分。借款合同的基本条款包括借款种类、借款用途、借款金额、借款利率、借款期限、还款资金来源及还款方式、保证条款、违约责任等。

【提示】长期借款的相关保护性条款，如表5-12所示。

表 5-12　　　　　　　　　　　长期借款的相关保护性条款

例行性 保护条款	作为例行常规,在大多数借款合同中都会出现,如定期向提供贷款的金融机构提交财务报表等
一般性 保护条款	是对企业资产的流动性及偿债能力等方面的要求条款,这类条款应用于大多数借款合同,如要求企业必须保持最低数额的营运资金和最低流动比率数值、限制非经营性支出等
特殊性 保护条款	针对某些特殊情况而出现在部分借款合同中的条款,只有在特殊情况下才能生效,如借款用途不得改变等

4. 取得借款

贷款合同签订后,即具有法律效力,企业可在核准的贷款指标范围内,根据用款计划和实际需求,一次将贷款转入存款结算账户,以便使用。

5. 归还借款

贷款到期时,借款企业可依贷款合同规定,按期偿还借款本金与利息或者续签合同。

步骤二:

长期借款还款方式如下:

(1) 定期支付利息、到期偿还本金:是最普通、最具代表性的偿还方式。对于借款企业来说,分期支付利息的压力较小,但借款到期后偿还本金的压力较大。

(2) 定期等额偿还方式:在债务期限内均匀偿还本利和,这样可减轻一次性偿还本金的压力,但可供借款企业使用的借款额会逐期减少。

(3) 到期一次还本付息:企业平时没有支付利息和本金的压力,有利于企业合理安排资金的使用,但到期还本付息的压力较大。

不同偿还方式使企业在借款期内偿还的本息总额是不同的,在整个偿还过程中现金流量分布也是不同的,企业应该根据自身的实际情况,合理选择偿还方式。

步骤三:

长期借款的优缺点,如表 5-13 所示。

表 5-13　　　　　　　　　　　　长期借款优缺点

优点	① 筹资速度快。长期借款的手续与发行股票、债券相比,要简单得多,一般所需时间较短,可以迅速获取资金。 ② 筹资成本较低。利用长期借款,利息可在税前列支,可减少企业实际负担的成本;借款筹资费用相对较少。 ③ 筹资弹性大。企业与银行可以直接接触,可通过直接商谈,来确定借款的时间、数额和利息;在借款期间,如果企业情况发生了变化,也可与银行进行协商,修改借款的数量条件;借款到期后,如有正当理由,还可延期归还
缺点	① 筹资风险高。长期借款通常有固定的利息负担且需要还本期限,在企业经营不利的情况下,可能会对企业造成较大的财务负担,因此筹资风险较高。 ② 限制条件较多。企业与银行签订的借款合同中有一些限制性条款,这些条款可能会限制企业的经营活动。 ③ 筹资数量有限。银行一般不愿借出巨额的长期借款,所以,利用银行借款筹资一般都有一定限度的限制

工作实例 5-8:乐天公司财务人员 E 听了长期银行借款存在的利弊后,转念想,既然银行借款绝大多数情况下都会有一定的限制与金额限度,那么发行长期债券是否对公司的筹资有一定的帮助。

想一想:如果进行发行债券筹资的话,有哪些相关因素需要考虑。

任务工具：
步骤一：

债券是为筹集资金而发行的、用以记载和反映债权债务关系的有价证券。可按不同的标志进行分类，如表5-14所示。

表5-14　债券的分类

分类标志	类型	含义
是否记名	记名债券	在公司债券存根簿载明债券持有人的姓名等其他信息
	无记名债券	在公司债券存根簿上不记载持有人的姓名
能否转换成公司股权	可转换债券	债券持有者可以在规定的时间内按规定的价格转换为发债公司股票的债券
	不可转换债券	不能转换为发债公司股票的债券
有无特定财产担保	担保债券（抵押债券）	以抵押方式担保发行人按期还本付息的债券，主要是抵押债券。按抵押品不同，分为不动产抵押债券、动产抵押债券和证券信托抵押债券
	信用债券	仅凭公司自身的信用发行的、没有抵押品作抵押担保的债券
是否公开发行	公开发行	① 资信状况符合规定标准的公司债券可以向公众投资者公开发行，也可以自主选择仅面向合格投资者公开发行。 ② 未达到规定标准的公司债券公开发行应当面向合格投资者
	非公开发行	非公开发行的公司债券应该向合格投资者发行

步骤二：

乐天在发行债券之前，应依据相关因素，运用一定的方法，确定债券发行价格。

1. 影响债券发行价的因素

（1）债券面额。债券的票面金额是决定债券发行价格的最基本因素。债券发行价格的高低，从根本上取决于债券面额的大小。一般而言，债券面额越大，发行价格越高。

（2）票面利率。债券的票面利率是债券的名义利率，通常在发行债券之前就已确定，并注明于债券票面上。一般而言，债券的票面利率越高，发行价格也越高；反之，就越低。

（3）市场利率。债券发行时的市场利率与债券票面利率，两者往往不一致，共同影响着债券的发行价格。一般来说，债券的市场利率越高，债券的发行价格越低；反之，就越高。

（4）债券期限。同银行借款一样，债券的期限越长，债权人的风险越大，要求的利息报酬就越高，债券的发行价格就可能较低；反之，可能较高。

因此，债券的发行价格是各种因素综合作用的结果。

2. 确定债券的发行价格

公司债券的发行价格通常有三种：平价、溢价和折价。平价是指以债券的票面金额为发行价格。溢价是指以高出债券票面金额的价格为发行价格。折价是指以低于债券票面金额的价格为发行价格。

【提示】债券发行价格的形成受诸多因素的影响，其中主要是票面利率与市场利率的一致程度。债的票面金额、票面利率在债券发行前即已参照市场利率和发行公司的具体情况确定下来，并载明于债券之上，但在发行债券时已确定的票面利率不一定与当时的市场利率一致。为了协调债券购销双方在债券利息上的利益，就要调整发行价格，即：当票面利率高于市场率时，以溢价发行债券；当票面利率低于市场利率时，以折价发行债券；当票面利率与市场利一致时，则以平价发行债券。

债券发行价格的计算公式为:

$$债券发行价格\ P = \frac{票面金额}{(1+市场利率)^n} + \sum_{t=1}^{n}\frac{债券利息}{(1+市场利率)^t}$$

$$= L \times (P/F, i, n) + I \times (P/A, i, n)$$

式中:L 表示债券金额;I 表示银行年利息;i 表示市场利率;n 表示债券期限;t 表示付息期数。

【提示】债券发行价格由两部分组成,一部分是债券到期还本面额按市场利率折现的价值;另一部分是债券各期利息(年金形式)的现值。均要考虑资金的时间价值。

步骤三:

长期债券的发行程序如下。

1. 提出申请

公司发行债券首先应由董事会制定债券发行方案,由股东大会做出决议,然后向国务院证券管理部门提出发行债券的申请。公司申请应提交公司登记证明、公司章程、公司债券筹集办法和验资报告。

2. 公告债券募集办法

企业发行债券的申请批准后,在公开向社会正式发行债券前,应当向社会公告债券的募集办法。根据我国《公司法》规定,募集办法中应载明本次发行债券的总金额、债券利率、还本付息的期限和方式、债券发行的起止日期等事项。

3. 委托证券机构出售

公司债券的发行方式一般有私募发行和公募发行两种。私募发行是指由发行公司将债券直接发售给投资者。这种发行方式因受限制,极少采用。公募发行是指发行公司通过承销机构向社会发售债券。在这种发行方式下,发行公司要与承销机构签订承销协议。承销机构由数家证券公司或投资银行组成。

4. 交付债券,收到债券款,登记债券存根簿

发行公司公开发行公司债券,由证券承销机构发售时,投资者直接向承销机构付款购买,承销机构代理收取债券款,交付债券;然后,发行公司向承销机构收缴债券款并结算预付的债券款。

步骤四:

1. 发行债券筹资的优点

(1)筹资成本低。与股票筹资方式相比,债券筹资的成本低,一方面是因为债券利率一般低于股息率;另一方面是因为债券利息具有抵税作用,使企业实际利息负担减轻。

(2)保证控制权。债券持有人无权参与企业的生产经营管理,因而不会分散股东的控制权。

(3)财务杠杆作用。由于债券筹资只支付固定的利息作用,在经营状况好时,能够为企业带来财务杠杆利益,提高自有资金收益水平。

(4)调整资金结构。当企业发行可转换债券或可提前收回债券时,能够增强筹资弹性,有利于企业资金结构的调整。

2. 发行债券筹资的缺点

(1)财务风险较大。由于债券必须到期归还,并支付固定的利息费用,在企业经营不景气时,会加重企业财务负担,加大财务风险,使未来筹资更加困难。

(2) 限制条款较多。对债券的发行,国家有严格的规定,限制了企业对债券筹资方式的使用,甚至会影响未来的筹资能力。

工作实例5-9: 乐天公司筹资后新的生产线投入使用,大大增加了产量。生产部经理提出,目前产成品向下游运输的速度已经跟不上了,需要增加两架空客飞机,尽快形成航运能力。财务部B经理提出,银行借款和发行债券筹资都需要耗费时间较长,是否可以考虑以融资租赁的形式进行筹资。

财务部B经理立即通知财务部职员进行融资租赁公司信息收集。

想一想:财务部职员需要进行哪些融资相关的可行性分析。

任务工具:

步骤一:

融资租赁,也称资本租赁、财务租赁,是由租赁公司按照承租企业的要求融资购买设备,并在契约或合同规定的较长期限内提供给承租企业使用的信用性业务。它是现代租赁的主要类型。融资租赁集融资与融物于一体,是承租企业筹集长期资金的一种特殊方式。

融资租赁的特点如下:

(1) 一般由承租人向出租人提出正式申请,由出租人融资购进设备租给承租人使用。

(2) 租赁期限较长。

(3) 租赁合同比较稳定,在规定的租期内非经双方同意,任何一方不得中途解约,这有利于维护双方的权益。

(4) 由承租人负责设备的维修保养和保险,但无权自行拆卸改装。

(5) 租赁期满时,按事先约定的办法处置设备,一般有退租、续租、留购三种选择。

步骤二:

融资租赁的程序如下所述。

1. 做出租赁决策

当企业需要长期使用某项设备而又没有购买该项设备所需资金时,一般有两种选择:一是筹措资金购买该项设备;二是融资租入该项设备。可以通过现金流量的分析计算做出合适的抉择。

2. 选择租赁公司

当企业决定采用融资租赁方式取得某项设备时,即应开始选择租赁公司,对融资条件、租赁费率等有关资料进行比较,择优选定。

3. 办理租赁委托

当企业选定租赁公司后,便可向其提出申请,办理委托。这种委托包括填写"租赁申请书"及提供财务状况的文件资料。

4. 签订购货协议

租赁公司受理租赁委托后,即由租赁公司与承租企业的一方或双方选择设备的制造商或销售商,与其进行技术与商务谈判,签订购货协议。

5. 签订租赁合同

租赁合同由承租企业与租赁公司签订。租赁合同用以明确双方的权利与义务,它是租赁业务最重要的文件,具有法律效力。融资租赁合同的内容包括一般条款和特殊条款两部分。

6. 办理验货及投保

承租企业收到租赁设备,要进行验收。验收合格后签发租赁设备收据及验收合格证并提交租赁公司,租赁公司据以向制造商或销售商付款。同时,承租企业向保险公司办理投保事宜。

7. 交付租金

承租企业在租赁期内按合同规定的租金数额、交付日期、交付方式,向租赁公司交付租金。

8. 租赁期满的设备处理

融资租赁合同期满,承租企业可按合同规定对租赁设备留购、续租或退还。一般来说,租赁公司会把租赁设备在期满时以低价甚至无偿转给承租企业。

步骤三:

经过多项对比分析,最终乐天公司考虑于2020年1月1日从租赁公司租入设备,价值60万元,租期6年,租赁期满时预计残值5万元,归租赁公司。年利率8%,租赁手续费率每年2%。租金每年年末支付一次。

每年租金 = [600 000 − 50 000 × (P/F,10%,6)] ÷ (P/A,10%,6) = 131 283(元)

相关租金摊销计划如表5-15所示。

表5-15　　　　　　　　　　租金摊销计划　　　　　　　　　　单位:元

年份	期初本金①	支付租金②	应计租费③	本金偿还额④	本金余额⑤
2020	600 000	131 283	60 000	71 283	528 717
2021	528 717	131 283	52 872	78 411	450 306
2022	450 306	131 283	45 031	86 252	364 054
2023	364 054	131 283	36 405	94 878	269 176
2024	269 176	131 283	26 918	104 365	164 811
2025	164 811	131 283	16 481	114 802	50 009

【提示】注意在设备分析时,对于残值可以倒推的形式进行。

步骤四:

1. 融资租赁筹资的优点

(1)筹资速度快。租赁往往比借款购置设备更迅速、更灵活,因而租赁是筹资与设备购置同时进行,可以缩短设备的购进、安装时间,使企业尽快形成生产能力。

(2)限制条款少。债券和银行借款都具有相当多的限制条款,虽然类似的限制在租赁公司也有,但一般比较少。

(3)设备淘汰风险小。当今,科学技术在迅速发展,固定资产更新周期日趋缩短。企业设备陈旧过时的风险很大,利用融资租赁可减少这一风险。

(4)财务风险小。租金在整个租期内分摊,不用到期归还大量本金。许多借款都在到期日一次偿还本金,这会给财务基础较弱的公司造成相当大的困难,有时会造成不能偿付的风险。而租赁则把这种风险在整个租期内分摊,可适当减少不能偿付的风险。

(5) 税收负担轻。租金可在税前扣除,具有抵免所得税的效用。

2. 融资租赁筹资的缺点

最主要的缺点就是资金成本较高。一般来说,其租金要比举借银行借款或发行债券所负担的利息高得多。在企业财务困难时,固定的租金也会构成一项较沉重的负担。

活动7 短期负债筹资

活动目标: 能够理解短期负债筹资的形式与特点。

工作实例5-10: 经过前两轮会议激烈的讨论,财务部已经基本为本次筹资梳理了各项股权类及负债类筹资方式。A总经理较为满意,会议最后,A总经理让财务部B经理带头,将近期财务指标进行分析,看是否还可有别的方式进行短期负债筹资,以应对在本次扩张时,有短期资金短缺的筹资需求。

想一想: 短期负债筹资大致有哪些,各有什么特点。

任务工具:

步骤一:

短期负债筹资主要有短期借款、商业信用及短期融资券等筹资方式。

(1) 短期借款,主要有生产周转借款、临时借款、结算借款等。短期借款还可依偿还方式的不同,分为一次性偿还借款和分期偿还借款;依利息支付方法的不同,可分为收款法借款、贴现法借款和加息法借款;依有无担保,可分为抵押借款和信用借款。

(2) 商业信用,是指企业之间以赊销商品和预付货款等形式提供的信用。这种信用的具体表现形式很多,如赊销商品、委托代销、分期付款、预付定金、按工程进度预付工程款、延期付款等。

(3) 短期融资券,又称商业票据或短期债券,是指由企业发行的无担保短期本票。在我国,短期融资券是指企业依照《短期融资券管理办法》的条件和程序在银行间债券市场发行和交易并约定在一定期限内还本付息的有价证券,是企业筹措短期(1年以内)资金的直接融资方式。在资本市场,经常有上市公司采用这种方法筹资,其特点是筹资额较大,成本较低。

步骤二:

短期负债筹资的优缺点,如表5-16所示。

表5-16 短期负债筹资的优缺点

分类	短期借款筹资	商业信用筹资	短期融资券筹资
优点	①筹资速度快; ②筹资弹性大	①筹资非常便利; ②资本成本相对较低且限制条件少	①筹资成本较低; ②筹资数额比较大; ③发行短期融资券可以提高企业商誉与知名度
缺点	①筹资风险大; ②与其他短期筹资方式相比,资本成本较高	期限一般较短	①风险比较大; ②筹资弹性比较小; ③发行条件较为严格

【总结】负债性筹资的优缺点,如表5-17所示。

表 5-17　　　　　　　　　　　　　　　负债性筹资的优缺点

	内容	说明
优点	筹资速度较快	与权益性筹资比，负债性筹资不需要经过复杂的审批手续和证券发行程序，如银行借款、融资租赁等，可以迅速地获得资金
	筹资弹性大	利用负债性筹资，可以根据企业的经营情况和财务状况，灵活地商定债务条件，控制筹资数量，安排取得资金的时间
	资本成本负担较轻	一般来说，负债性筹资的资本成本要低于权益性筹资。其一是取得资金的手续费用等筹资费用较低；其二是利息、租金等用费费用比股权资本要低；其三是利息等资本成本可以在税前支付
	可以利用财务杠杆	债权人从企业那里只能获得固定的利息或租金，不能参加公司剩余收益的分配。当企业的资本报酬率高于债务利率时，会增加普通股股东的每股收益，提高净资产报酬率，提升企业价值
	稳定公司的控制权	债权人无权参加企业的经营管理，利用负债性筹资不会改变和分散股东对公司的控制权
缺点	不能形成企业稳定的资本基础	债务资本有固定的到期日，到期需要偿还
	财务风险较大	债务资本有固定的到期日，有固定的债务利息负担，抵押、质押等担保方式取得的债务，资本使用上可能会有特别的限制
	筹资数额有限	负债性筹资的数额往往受到贷款机构资本实力的制约，除发行债券方式外，一般难以像发行股票那样一次筹集到大笔资本，无法满足公司大规模筹资的需要

任务 4　资金需要量决策

活动 8 | 销售百分比法

活动目标：能够通过销售百分比法计算资金需要量。

工作实例 5-11：乐天公司企业在筹资之前，应当采用一定的方法预测资金需要数量，只有这样，才能使筹集来的资金既能保证满足生产经营的需要，又不会有太多的闲置。

A 总经理让财务部 B 经理通过销售资料，预测一下 2020 年的资金需要量为多少。

想一想：财务部 B 经理该如何进行资金需要量预测。

任务工具：

步骤一：

乐天公司 2019 财务状况，如表 5-18 所示。

表 5-18　　　　　　　　　　　　　　　乐天公司资产负债表

2019 年 12 月 31 日　　　　　　　　　　　　　　　　　　　　单位：万元

资产		负债与所有者权益	
现金	5 000	应付费用	10 000
应收账款	15 000	应付账款	5 000
存货	30 000	短期借款	25 000
固定资产净值	30 000	公司债券	10 000
		实收资本	20 000
		留存收益	10 000
资产合计	80 000	负债与所有者权益合计	80 000

乐天公司 2019 年的销售收入为 100 000 万元,销售净利率为 10%,股利支付率为 60%,公司现有生产能力尚未饱和,增加销售无需追加固定资产投资。经预测,2020 年该公司销售收入将提高到 120 000 万元,企业销售净利率和利润分配政策不变。

步骤二:

1)预计销售额增长率

销售额增长率=(120 000-100 000)÷100 000×100%=20%

2)确定随销售额变动而变动的资产和负债项目

表 5-18 中,资产方除了固定资产外都将随销售量的增加而增加,因为较多的销售量需要占用较多的存货,发生较多的应收账款,导致现金需求增加。在负债与所有者权益一方,应付账款和应付费用也会随销售的增加而增加,但实收资本、公司债券、短期借款等不会自动增加。公司的利润如果不全部分配出去,留存收益也不会适当增加。

步骤三:

确定需要增加的资金数额,如表 5-19 所示。

表 5-19　　　　　　　　　　乐天公司销售百分比表

资产	占销售收入	负债与所有者权益	占销售收入
		应付费用	5%
现金	5%	应付账款	10%
应收账款	15%	短期借款	不变动
存货	30%	公司债券	不变动
固定资产净值	不变动	实收资本	不变动
		留存收益	不变动
合计	50%	合计	15%

从销售百分比表可以看出,销售收入每增加 100 元,必须增加 50 元的资金占用,但同时增加 15 元的资金来源。从 50% 的资金需求中减去 15% 自动产生的资金来源,还剩下 35% 的资金需求。本例中,销售收入从 100 000 万元,增加到 120 000 万元,增加了 20 000 万元,按照 35% 的比率可预测将增加 7 000 万元的资金需求。

表中,"不变动"是指该项目不随销售的变化而变化。表中的各项目占销售收入反映的是企业资本(资产)的密集度,是以资产负债表中的有关项目的数字除以销售收入求得,如存货:30 000÷100 000×100%=30%。

步骤四:

根据有关财务指标的约束确定对外筹资数额。

上述 7 000 万元的资金需求有些可通过企业内部来筹集。乐天公司 2019 年净利润为 12 000 万元(120 000×10%),公司股利支付率为 60%,则将有 40% 的利润即 4 800 万元被留存下来(即留存收益为 40%),从 7 000 万元中减去 4 800 万元的留存收益,则还有 2 200 万元的资金必须从外界来融通。

筹资方案管理实训

实训1 选择还贷方式

某企业从建行取得500万元的贷款,期限为8年,利率为8%,若按年度定期等额偿还本息,求每年还款额;若采用按年度等额还本、余额计息的方式归还,计算每年还本付息额。

实训指导

1. 等额法计算还本付息额

(1) 打开"实验5.1"工作簿,选择"负债性筹资"工作表,输入如图5-3所示的数据。

	A	B	C	D	E
1	基本条件				
2	贷款金额	500,000			
3	贷款期限	8			
4	贷款年率	8%			
5					
6	定额偿还相等份额本息的长期借款还本付息额				
7	年	年偿还额	支付利息	偿还本金	剩余本金
8	0				
9	1				
10	2				
11	3				
12	4				
13	5				
14	6				
15	7				
16	8				
17	合计				
18					
19					

图5-3 原始数据

(2) 计算每年偿还金额。选中B9单元格,在编辑栏内输入"=PMT(",单击 fx 插入函数 按钮,打开如图5-4所示的PMT函数参数对话框。在"Rate"参数后输"$B$4","Nper"参数后输入

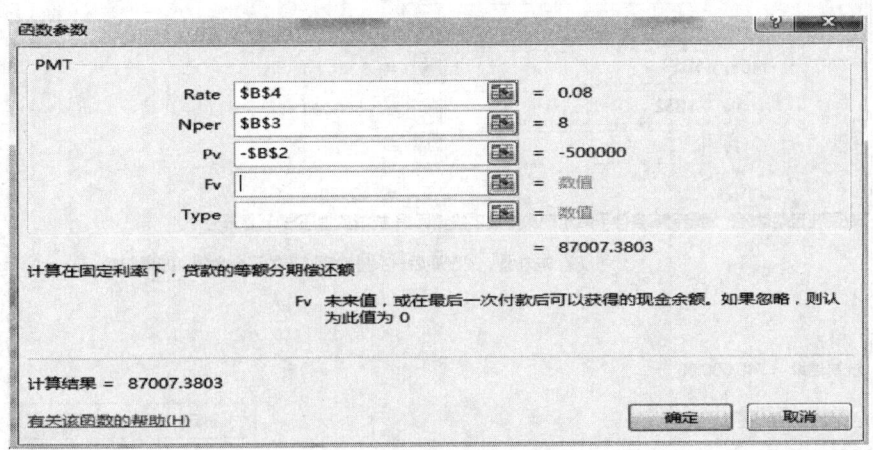

图5-4 PMT函数参数对话框

"＄B＄3","Pv"参数后输入"－＄B＄2"(注意：为了使得最终的计算结果为正数，代表现金流入的"Pv"参数用了负数进行表示)，单击"确定"按钮，完成利用 PMT 函数计算长期借款的每年偿还额。再次选中 B9 单元格，将鼠标置于右下角，出现填充柄的时候向下拖动，将公式复制到 B10:B16 区域，完成对年偿还额的计算。输出结果如图 5-5 所示。

	A	B	C	D	E
6	定额偿还相等份额本息的长期借款还本付息额				
7	年	年偿还额	支付利息	偿还本金	剩余本金
8	0				500,000
9	1	87,007.38			
10	2	87,007.38			
11	3	87,007.38			
12	4	87,007.38			
13	5	87,007.38			
14	6	87,007.38			
15	7	87,007.38			
16	8	87,007.38			
17	合计				

图 5-5　年偿还额输出结果

(3) 计算每年支付的利息，选中 C9 单元格，在编辑栏内输入"＝IPMT("，单击 fx 插入函数 按钮，打开如图 5-6 所示的 IPMT 函数参数对话框。在"Rate"参数后输入"＄B＄4"，在"Per"参数后输入"A9"，"Nper"参数后输入"＄B＄3"，"Pv"参数后输入"－＄B＄2"，单击"确定"按钮，完成利用 IPMT 函数计算长期借款每年支付的利息。也可以在 C9 单元格输入"＝E8＊＄B＄4"，再次选中 C9 单元格，将鼠标置于右下角，出现填充柄的时候向下拖动，将公式复制到 C10:C16 区域，完成对年支付利息的计算。输出结果如图 5-7 所示。

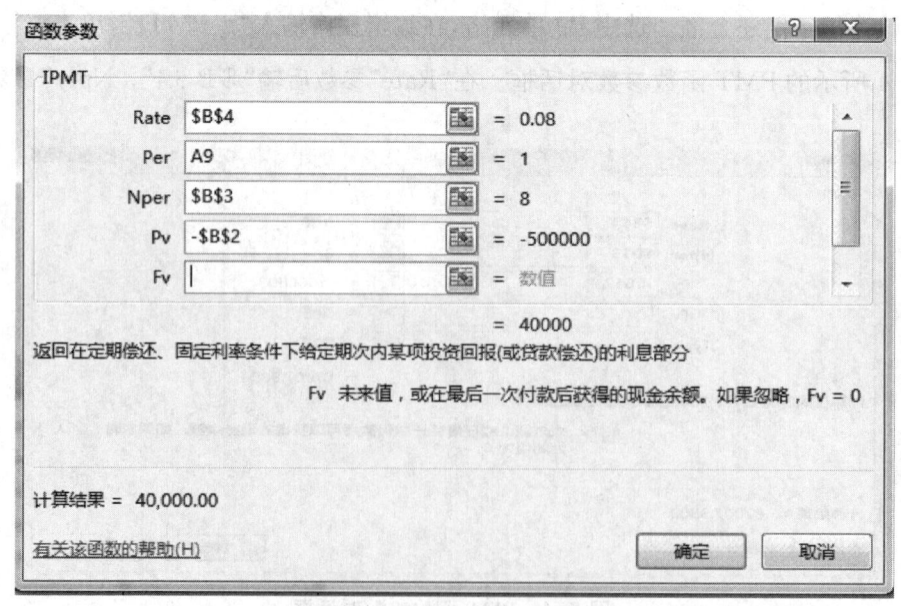

图 5-6　IPMT 函数参数对话框

	A	B	C	D	E
6	定额偿还相等份额本息的长期借款还本付息额				
7	年	年偿还额	支付利息	偿还本金	剩余本金
8	0				500,000
9	1	87,007.38	40,000.00		
10	2	87,007.38	36,239.41		
11	3	87,007.38	32,177.97		
12	4	87,007.38	27,791.62		
13	5	87,007.38	23,054.36		
14	6	87,007.38	17,938.12		
15	7	87,007.38	12,412.58		
16	8	87,007.38	6,444.99		
17	合计				

图 5-7　年支付利息输出结果

（4）计算每年偿还的本金。选中 D9 单元格，在编辑栏内输入"＝PPMT("，单击 fx 插入函数 按钮，打开如图 5-8 所示的 PPMT 函数参数对话框。在"Rate"参数后输入"＄B＄4"，在"Per"参数后输入"A9"，"Nper"参数后输入"＄B＄3"，"Pv"参数后输入"－＄B＄2"，单击"确定"按钮，完成利用 IPMT 函数计算长期借款每年偿还的本金。也可以在 D9 单元格输入"＝B9－C9"，再次选中 D9 单元格，将鼠标置于右下角，出现填充柄的时候向下拖动，将公式复制到 D10：D16 区域，完成对年偿还本金的计算。输出结果如图 5-9 所示。

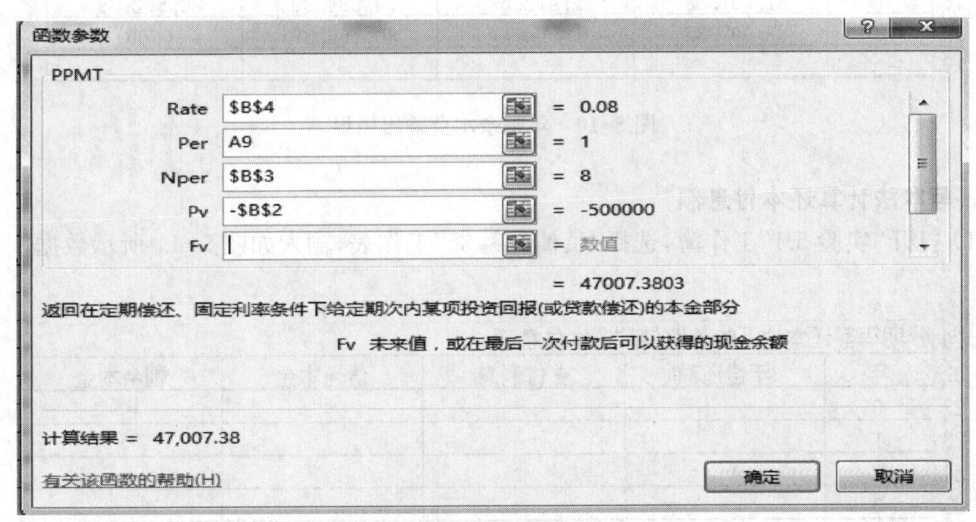

图 5-8　PPMT 函数参数对话框

（5）计算每年剩余本金。选中 E9 单元格，输入"＝E8－E9"，单击回车键输出结果。再次选中 E9 单元格，将鼠标置于右下角，出现填充柄的时候向下拖动，将公式复制到 E10：E16 区域，完成对每年剩余本金的计算。输出结果如图 5-10 所示。

最后在 B17 单元格输入"＝SUM(B9：B16)"，单击回车键输出年偿还额合计数，再将公式复制到 C17 和 D17 单元格。

	A	B	C	D	E
6	定额偿还相等份额本息的长期借款还本付息额				
7	年	年偿还额	支付利息	偿还本金	剩余本金
8	0				500,000
9	1	87,007.38	40,000.00	47,007.38	
10	2	87,007.38	36,239.41	50,767.97	
11	3	87,007.38	32,177.97	54,829.41	
12	4	87,007.38	27,791.62	59,215.76	
13	5	87,007.38	23,054.36	63,953.02	
14	6	87,007.38	17,938.12	69,069.26	
15	7	87,007.38	12,412.58	74,594.80	
16	8	87,007.38	6,444.99	80,562.39	
17	合计				

图 5-9 年偿还本金输出结果

	A	B	C	D	E
6	定额偿还相等份额本息的长期借款还本付息额				
7	年	年偿还额	支付利息	偿还本金	剩余本金
8	0				500,000
9	1	87,007.38	40,000.00	47,007.38	452,992.62
10	2	87,007.38	36,239.41	50,767.97	402,224.65
11	3	87,007.38	32,177.97	54,829.41	347,395.24
12	4	87,007.38	27,791.62	59,215.76	288,179.48
13	5	87,007.38	23,054.36	63,953.02	224,226.46
14	6	87,007.38	17,938.12	69,069.26	155,157.19
15	7	87,007.38	12,412.58	74,594.80	80,562.39
16	8	87,007.38	6,444.99	80,562.39	0.00
17	合计				

图 5-10 年剩余本金输出结果

2. 等本法计算还本付息额

（1）打开"实验 5.1"工作簿，选择"负债性筹资"工作表，输入如图 5-11 所示数据。

	A	B	C	D	E
20	分期等额还本法下的长期借款还本付息额				
21	年	年偿还额	支付利息	偿还本金	剩余本金
22	0				
23	1				
24	2				
25	3				
26	4				
27	5				
28	6				
29	7				
30	8				
31	合计				

图 5-11 等本法表格

(2) 计算每年偿还的本金。可利用数组公式，选中 D23:D30 区域，在编辑栏内输入"＝B2/B3"，单击"Ctrl＋Shift＋Enter"键，输出计算结果，如图 5-12 所示。

	A	B	C	D	E
20	分期等额还本法下的长期借款还本付息额				
21	年	年偿还额	支付利息	偿还本金	剩余本金
22	0				500,000
23	1			62500	
24	2			62500	
25	3			62500	
26	4			62500	
27	5			62500	
28	6			62500	
29	7			62500	
30	8			62500	
31	合计				

图 5-12　年偿还本金输出结果

(3) 计算每年的剩余本金。选中 E23 单元格，输入"＝E22－D23"，单击输出计算结果。再选中 E2，将鼠标置于右下角，出现填充柄的时候向下拖动，将公式复制到 E24:E30 区域，完成对每年剩余本金的计算。输出结果 5-13 所示。

	A	B	C	D	E
20	分期等额还本法下的长期借款还本付息额				
21	年	年偿还额	支付利息	偿还本金	剩余本金
22	0				500,000
23	1		40000	62500	437,500
24	2		35000	62500	375,000
25	3		30000	62500	312,500
26	4		25000	62500	250,000
27	5		20000	62500	187,500
28	6		15000	62500	125,000
29	7		10000	62500	62,500
30	8		5000	62500	0
31	合计				

图 5-13　年剩余本金输出结果

(4) 计算每年支付的利息。选中 C23 单元格，输入"＝E21＊＄B＄4"，单击回车键输出结果。再选中 D23，将鼠标置于右下角，出现填充柄的时候向下拖动，将公式复制到 D24:D30 区域，完成对每年支付利息的计算。输出结果如图 5-14 所示。

(5) 计算年偿还额。利用数组公式，选中 B23:B30 区域，在编辑栏内输入"＝C23:C30＋D23:D30"，单击 Ctrl＋Shift＋Enter 键，输出计算结果，如图 5-15 所示。

	A	B	C	D	E
20	分期等额还本法下的长期借款还本付息额				
21	年	年偿还额	支付利息	偿还本金	剩余本金
22	0				500,000
23	1			62500	437,500
24	2			62500	375,000
25	3			62500	312,500
26	4			62500	250,000
27	5			62500	187,500
28	6			62500	125,000
29	7			62500	62,500
30	8			62500	0
31	合计				

图 5-14　年支付利息输出结果

B24　{=C23:C30+ D23:D30}

	A	B	C	D	E
20	分期等额还本法下的长期借款还本付息额				
21	年	年偿还额	支付利息	偿还本金	剩余本金
22	0				500,000
23	1	102500	40000	62500	437,500
24	2	97500	35000	62500	375,000
25	3	92500	30000	62500	312,500
26	4	87500	25000	62500	250,000
27	5	82500	20000	62500	187,500
28	6	77500	15000	62500	125,000
29	7	72500	10000	62500	62,500
30	8	67500	5000	62500	0
31	合计				

图 5-15　年偿还额输出结果

(6) 选中 B31 单元格,输入"=SUM(B23:B30)",单击回车键输出计算结果。再将该公式复制到 C31 和 D31 单元格,完成最后的计算。

实训结论

不同还款方式下,企业的总偿还额、年偿还额是各不相同的,应选择对企业最有利的还款方式。此外,利用 PMT、IPMT、PPMT 函数,可以方便计算等额还款方式下各个相关指标。同时应注意掌握数组公式的运用,提高效率。

实训2　选择租赁筹资

某企业打算从租赁公司租入一套生产用设备,预计租赁期限为 8~10 年,租金可采用期初或期末支付的方式,每年付款次数为 1~4 次,租金年利率为 8%~15%。现有 A、B、C、D、E 五家租赁公司提供了租赁方案,如表 5-20 所示。

表 5-20　　　　　　　　　　　各种租赁方案的基本情况

备选方案	设备名称	租金总额(万元)	支付方法
A 租赁方案	X1	135	现付
B 租赁方案	X2	170	后付
C 租赁方案	X3	200	后付
D 租赁方案	X4	80	现付
E 租赁方案	X5	60	后付

要求：建立租赁筹资分析模型，按等额年金法计算不同方案下每期应支付的租金。

实训指导

（1）打开"实验 5.2"工作簿，选择"租赁筹资"工作表，选中单元格 B3:E8，选择"公式→根据所选内容创建"，出现如图 5-16 所示的对话框。选中"首行"以及"最左列"两项，对所选区域进行名称指定。

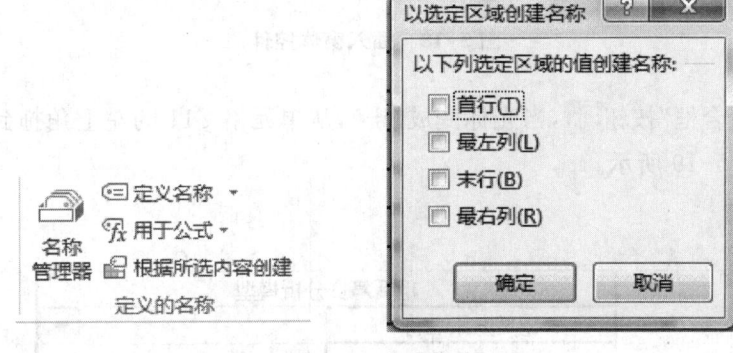

图 5-16　名称指定

（2）建立租赁筹资分析模型。在 Excel 中输入如图 5-17 所示的信息。

	A	B	C	D	E
1	基本条件				
2		租赁公司价格表			
3		备选方案	设备名称	租金总额	支付方法
4		A租赁方案	X1	1,350,000.0	先付
5		B租赁方案	X2	1,700,000.0	后付
6		C租赁方案	X3	2,000,000.0	后付
7		D租赁方案	X4	800,000.0	先付
8		E租赁方案	X5	2,600,000.0	后付
9					
10		租赁筹资分析模型			
11		租赁方案名称			
12		租金			
13		支付租金方法			
14		每年付款次数			
15		租赁年利率			
16		租赁年限			
17		总付款次数			
18		每期应付租金			

图 5-17　建立租赁筹资分析模型

(3) 首先选择"文件→选项→自定义功能区",勾选"主选项卡"中的"开发工具";然后选择"开发工具→插入"出现控件选项,如图 5-18 所示。

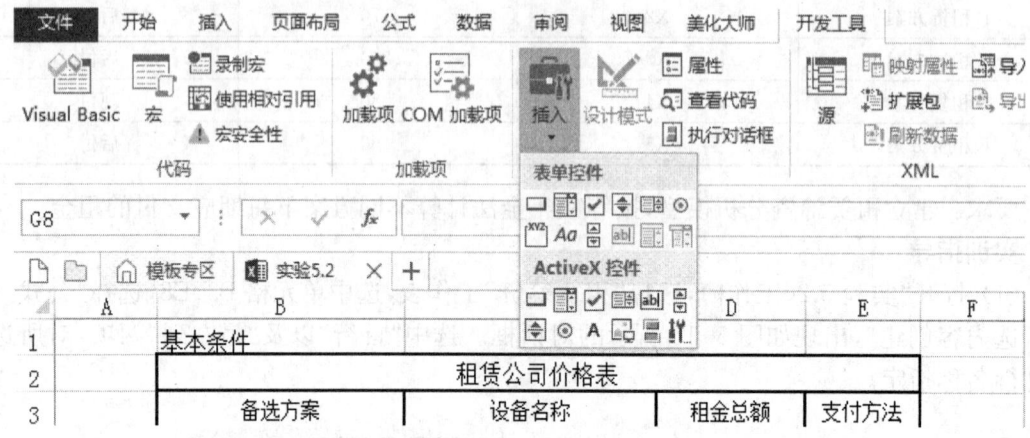

图 5-18 插入窗体控件

(4) 选中"组合框"按钮，当光标变成"+",从单元格 C11 的左上角拖到右下角。生成组合框控件如图 5-19 所示。

图 5-19 建立组合框控件

(5) 右击单元格 C11 的组合框,然后单击小菜单上的"设置控件格式"。单击"控制"选项卡,在"数据源区域"中选择"＄B＄4:＄B8",在"单元格链接"中选择"＄A＄11",表示组合框控件当前被选中项目按照项目内部编号在 A11 单元格返回,如图 5-20 所示。"1"表示"A 租赁方案","2"表示"B 租赁方案","3"表示"C 租赁方案","4"表示"D 租赁方案","5"表示"E 租赁方案",返回结果如图 5-21 所示。

(6) 选择 C12 单元格,输入"＝INDEX(租金总额,A11)";选中 C13 单元格,输入"＝INDEX(支付方法,A11)"。两单元格内内容,将随着 C11 单元格选择项目的变化,自动作出相应调整,返回对应位置的值,如图 5-22 所示。

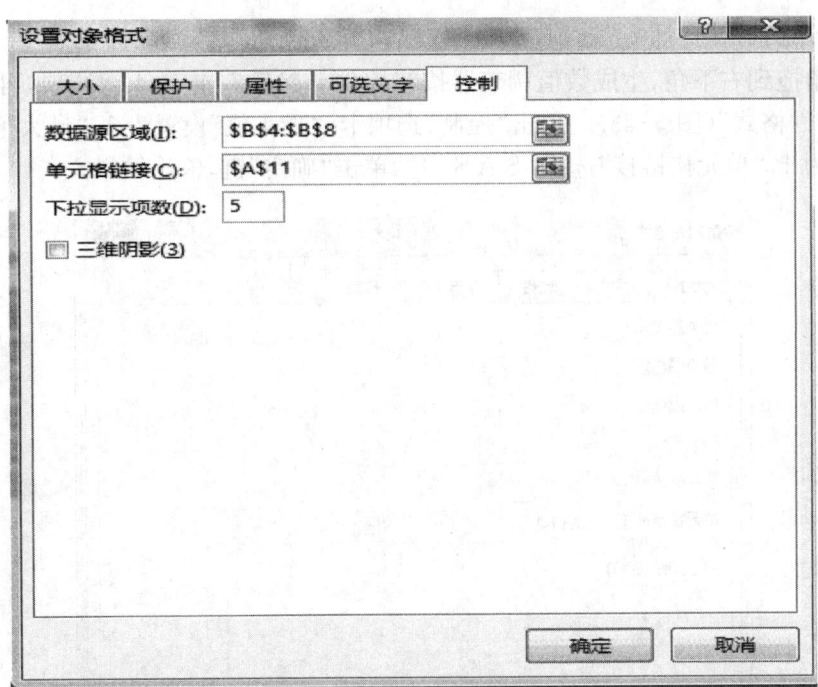

图 5-20　设置控件格式

	A	B	C
10		租赁筹资分析模型	
11	3	租赁方案名称	C租赁方案
12		租金	
13		支付租金方法	
14		每年付款次数	
15		租赁年利率	
16		租赁年限	
17		总付款次数	
18		每期应付租金	

图 5-21　设置控件格式输出结果

	A	B	C
10		租赁筹资分析模型	
11	3	租赁方案名称	C租赁方案
12		租金	2,000,000
13		支付租金方法	后付
14		每年付款次数	
15		租赁年利率	
16		租赁年限	
17		总付款次数	
18		每期应付租金	
19			
20			

图 5-22　租金和支付方法的输出结果

（7）在"开发工具→插入"选项，点击"数值调节表按钮"，当光标变成"＋"，从单元格 D14 的左上角拖到右下角，生成数值调节器按钮控件。然后右击 D14 微调项，再单击小菜单上的"设置控件格式"（图 5-23）。单击"控制"选项卡，"最小值"设置为 1，"最大值"设置为 4，"步长"设置为 1，"单元格链接"选择"＄A＄14"，单击"确定"键，输出结果。

图 5-23　设置数值调节按钮控件格式

再选中 C14 单元格，输入"＝A14"，使数值调节按钮控件的调整结果可以反映在 C14 单元格，输出结果如图 5-24 所示。

	A	B	C	D
10		租赁筹资分析模型		
11	2	租赁方案名称	B租赁方案	
12		租金	1,700,000	
13		支付租金方法	后付	
14	2	每年付款次数	2	
15		租赁年利率		
16		租赁年限		
17		总付款次数		
18		每期应付租金		
19				

图 5-24　设置数值调节按钮控件输出结果

（8）在"开发工具→插入"选项，点击"数值调节表"按钮，当光标变成"＋"，从单元格D15的左上角拖到右下角，生成滚动条按钮控件。然后右击D15微调项，再单击小菜单上的"设置控件格式"（图5-25）。单击"控制"选项卡，"最小值"设置为8，"最大值"设置为15，"步长"设置为1，"单元格链接"选择"＄A＄15"，单击确定键，输出结果。

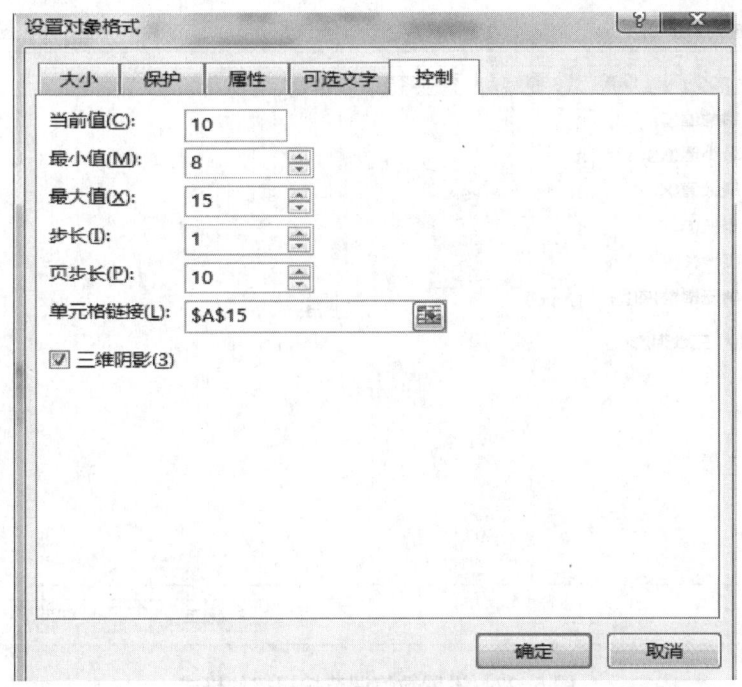

图5-25　设置滚动条控件格式

再选中C15单元格，输入"A15/100"，使滚动条控件的调整结果可以反映在C15单元格，输出结果如图5-26所示。

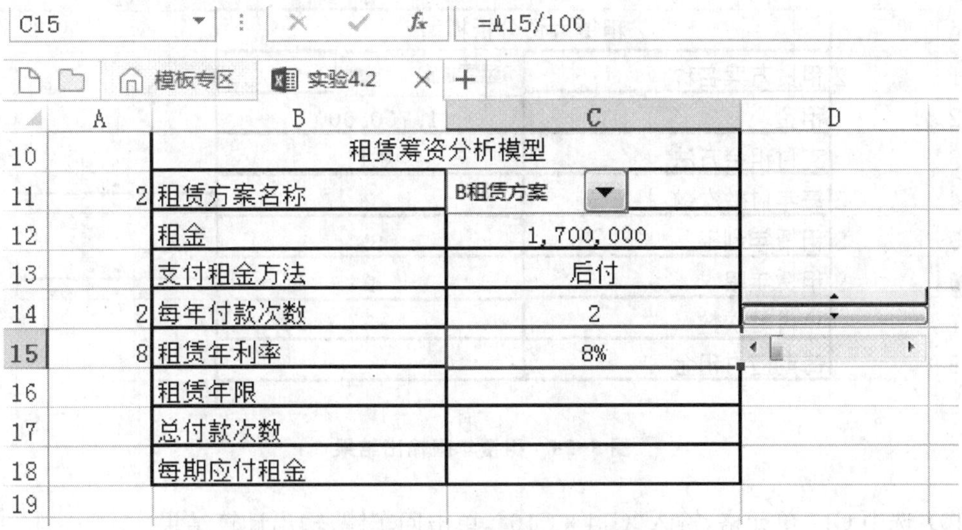

图5-26　滚动条控件输出结果

(9) 在"开发工具→插入"选项,点击"数值调节表按钮" ,当光标变成"＋",从单元格 D16 的左上角拖到右下角,生成滚动条按钮控件。然后右击 D16 微调项,再单击小菜单上的"设置控件格式"(图 5-27)。单击"控制"选项卡,"最小值"设置为 8,"最大值"设置为 10,"步长"设置为 1,"单元格链接"选择"＄A＄16",单击确定键,输出结果。

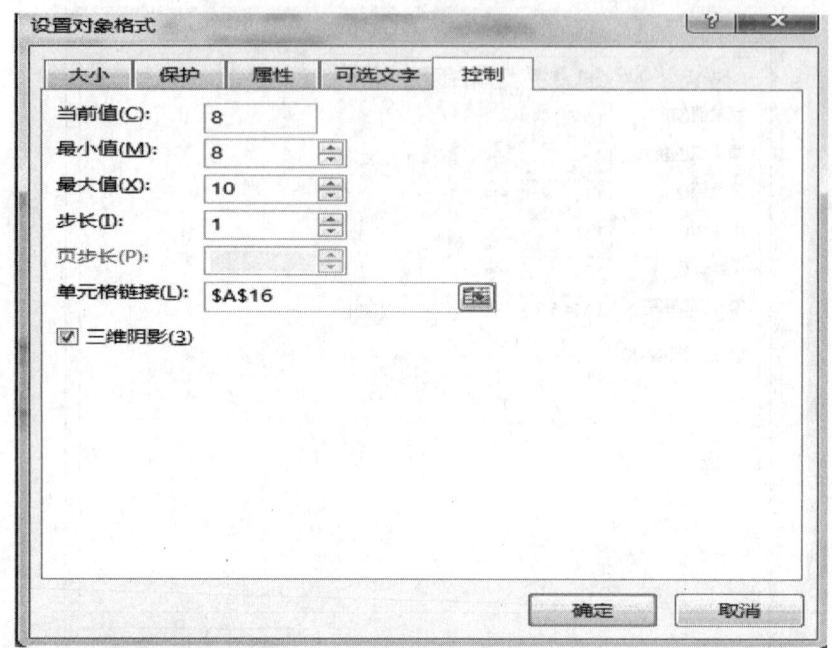

图 5-27 设置数值调节按钮控件格式

再选中 C16 单元格,输入"＝A16",使数值调节按钮控件的调整结果可以反映在 C16 单元格,输出结果如图 5-28 所示。

	A	B	C	D
10		租赁筹资分析模型		
11	2	租赁方案名称	B租赁方案	
12		租金	1,700,000	
13		支付租金方法	后付	
14	2	每年付款次数	2	
15	8	租赁年利率	8%	
16	9	租赁年限	9	
17		总付款次数		
18		每期应付租金		
19				

图 5-28 租赁年限输出结果

(10) 选中 C17 单元格,输入"C14＊C16",单击回车键,输出计算结果。

(11) 选中 C18 单元格,输入"＝PMT(C15/C14,C17,－C12,,IF(C13＝"现付",1,0))",

单击回车键,输出计算结果。输出结果如图5-29所示。

图 5-29　每期应付租金的计算结果

为了防止错误操作造成 A10:A18 区域中数据的改动,可以将 A 列隐藏起来。选定 A 列,单击右键,在小菜单中选择"隐藏"命令,A 列就被隐藏起来。若要再显示 A 列,可以选择"取消隐藏"命令。

实训结论

使用组合框、滚动条等控件计算筹资租赁各个方案的每期应付租金,大大节省了计算时间,更便于决策。

习　题

一、单项选择题

1. (　　)是企业资产运动的起点,是财务管理的重要内容。
   A. 筹资　　　　　　B. 投资　　　　　　C. 资金运营　　　　D. 收益分配
2. 优先股和债券的相同点是(　　)。
   A. 没有到期日　　　　　　　　　　　　B. 公司需向投资者支付固定报酬
   C. 不需要偿还本金　　　　　　　　　　D. 股利在税后支付
3. 当票面利率(　　)市场利率时,债券按折价发行。
   A. 大于　　　　　　B. 小于　　　　　　C. 等于　　　　　　D. 不确定
4. 国有独资公司的主要资金来源是(　　)。
   A. 国家财政资金　　　　　　　　　　　B. 银行信贷资金
   C. 其他企业资金　　　　　　　　　　　D. 外商资金
5. 商业信用筹资的缺陷是(　　)。
   A. 期限较短　　　　　　　　　　　　　B. 筹资成本低
   C. 容易取得　　　　　　　　　　　　　D. 限制性少
6. 融资租赁的期限一般为资产使用年限的(　　)。

A. 25% B. 50% C. 75% D. 100%

7. 出租人既出租某项资产,又以该项资产为担保借入资金的租赁方式为( )。
A. 直接租赁 B. 售后租回 C. 杠杆租赁 D. 经营租赁

8. 下列各项中属于优先股的优先权的是( )。
A. 优先配股权 B. 优先转让权
C. 优先经营决策权 D. 优先分配股利权

9. 吸收直接投资的优点是( )。
A. 资金成本低 B. 控制权集中
C. 产权关系明晰 D. 能较快形成生产能力

10. 融资性租赁实质上是由出租人提供给承租人使用固定资产的一种( )。
A. 信用业务 B. 买卖活动 C. 租借业务 D. 服务活动

11. 根据我国有关规定,股票不得( )。
A. 平价发行 B. 溢价发行 C. 折价发行 D. 市价发行

12. 当股份公司由于破产进行清算时,优先股的索赔权应位于( )的持有者之前。
A. 债券 B. 商业汇票 C. 借据 D. 普通股

13. 下列各项中,不属于商业信用的是( )。
A. 应付账款 B. 应付工资 C. 应付票据 D. 预收账款

14. 下列各项中,不能作为银行借款抵押品的是( )。
A. 无形资产 B. 固定资产 C. 原材料 D. 债券

15. 普通股每股净资产反映了普通股的( )。
A. 票面价值 B. 市场价值 C. 投资价值 D. 账面价值

16. 发行普通股股票是一种( )。
A. 筹资方式 B. 销售方式 C. 投资方式 D. 借债行为

17. 商业信用是( )之间的信用行为。
A. 企业与国家 B. 企业与企业
C. 企业与员工 D. 企业与银行

18. 企业下列吸收直接投资的筹资方式中,潜在风险最大的是( )。
A. 吸收货币资金 B. 吸收实物资产
C. 吸收专有技术 D. 吸收土地使用权

19. 与股票筹资相比,下列各项中,属于留存收益筹资特点的是( )。
A. 资本成本较高 B. 筹资费用较高
C. 稀释原有股东控制权 D. 筹资数额有限

20. 企业为了取得银行借款,将其持有的公司债券移交给银行占有,该贷款属于( )。
A. 信用贷款 B. 保证贷款 C. 抵押贷款 D. 质押贷款

二、多项选择题

1. 下列属于企业筹资方式的有( )。
A. 发行股票 B. 商业信用
C. 融资租赁 D. 国家财政资金

2. 企业筹集的资金,按性质可分为( )。

A. 短期资金　　　　B. 长期资金　　　　C. 权益资金　　　　D. 负债资金

3. 按股票的权利和义务的不同,股票可以分为(　　)。

A. 普通股　　　　　B. 优先股　　　　　C. 记名股　　　　　D. 无记名股

4. 下列筹资方式中筹集资金属于企业负债的有(　　)。

A. 银行借款　　　　B. 发行债券　　　　C. 融资租赁　　　　D. 商业信用

5. 银行借款的信用条件一般包括(　　)。

A. 借款期限　　　　B. 信贷额度　　　　C. 补偿性余额　　　D. 偿还条件

6. 决定债券发行价格的因素有(　　)。

A. 面值　　　　　　B. 票面利率　　　　C. 市场利率　　　　D. 债券期限

7. 优先股的"优先"权主要表现在(　　)。

A. 优先分配股利　　　　　　　　　　B. 优先分配剩余财产
C. 管理权优先　　　　　　　　　　　D. 决策权优先

8. 企业投资者的出资方式有(　　)。

A. 现金投资　　　　　　　　　　　　B. 实物投资
C. 工业产权投资　　　　　　　　　　D. 土地使用权投资

9. 融资租赁期满时,设备的处置可以采用的方式有(　　)。

A. 退还　　　　　　B. 续租　　　　　　C. 售后租回　　　　D. 留购

10. 企业吸收直接投资时,投资主体可以有(　　)。

A. 国家　　　　　　B. 个人　　　　　　C. 法人　　　　　　D. 外商

三、计算分析题

A公司2×21度实现销售收入120 000万元,销售净利率为8%,股利支付率为60%,公司现有生产能力尚未饱和,若增加销售不需要追加固定资产投资。经预测,该公司2×22年的销售收入将达到150 000万元,其他条件不变。

要求：预测该公司2×22年的资金需要量及对外筹资数额。

2×21年期末资产负债表　　　　　　　　　　　　　单位：万元

资产		负债及所有者权益	
现金	5 000	应付费用	10 000
应收账款	15 000	应付账款	5 000
存货	30 000	短期借款	25 000
固定资产净值	50 000	应付债券	10 000
		实收资本	40 000
		留存收益	10 000
资产合计	100 000	负债及所有者权益合计	100 000

四、案例分析题

大桥光学仪器厂资金筹集政策

大桥光学仪器厂是国家光学仪器的主要生产厂之一,为部级光学仪器生产的重点企业。现有职工704人,固定资产734万元,净值433万元,自有流动资金146万元。该厂生产的12光学经纬仪在2003年被评为省优质产品。目前,该厂正利用瑞士95万美元混合贷款及国内配套贷款,引进瑞士 WT2 经纬仪制造技术及设备。这几年,该厂工业总产值、实现利润、上缴税金、企业留存都有很大增长。

去年下半年以来,国家严格控制信贷资金投放,紧缩银根,企业间往来款相互拖欠加剧,许多企业都面临着不同程度的资金紧张。该厂面对引进设备需要大量付款的局面,资金紧张。具体情况是:

(1) 该厂流动资金于去年下半年开始紧张。去年年初,银行核对该厂的周转贷款为 83.24 万元。1～4 月份贷款 75.91 万元,由于紧缩贷款,从 5 月份起一次性扣还 10 万元,实际生产周转贷款只能保持 65.91 万元。

(2) 去年 1～6 月份,该厂购进材料月平均为 23.47 万元,从 7 月份起月平均为 32 万元,最高达 35 万元。其中与外协单位作进销处理的外购件占材料款的 60%,因为外协单位资金紧张,就将外购件大量交货,一交货即催该厂汇款,至去年年底,已欠外协单位货款约 20 万元。

(3) 从去年下半年开始,全市实行离、退休职工劳保统筹,规定市属各企业按在职职工工资总额的 21% 计提统筹资金,扣除本企业离退休金后,以差额上交市统筹委员会。这样,去年下半年增加负担 2.56 万元。

(4) 材料价格上涨,计划内电力不足不得不使用议价电,养路费、运输费提价,职工增加工资等加剧了资金的紧张程度。

(5) 与瑞士签署的引进经纬仪制造技术的协议已于去年 10 月份生效,随之将发生出国考察培训费、支付技术转让费共约 33 万美元。

面对企业资金紧张局面,该厂各职能部门提出了自己的对策。生产科认为:企业资金紧张,只有靠银行贷款来解决,别无他路。计划科认为:国家紧缩银根,不是临时措施,企业流动资金紧张不是一年半载就能解决得了的,解决资金紧张的局面,要采取预收货款,占用欠人资金来解决,对外协单位也应采取待本厂产品销售后再承付货款的办法。技术科认为:厂里流动资金紧张的根源是由引进项目支付软件费用造成的,要缓和资金紧张,就必须停止引进项目。销售科则认为:目前市场上经纬仪竞争激烈,特别是部分产品也取消了国家包销,而且产品升级换代很快,企业很难预测今后的销售量及销售收入,资金回笼是个问题,也是个难题。

要求:

对该厂资金紧张的现状,若你作为一个财务人员有什么看法?你的意见和建议是什么?

项目六 资本成本与资本结构

情景引例

2020年3月20日,国内大型能源企业中煤能源(601898)公布其2019年年度审计报告。报告显示其总资产规模已达到2 724亿元人民币(单位下同)。而在2006年上市前,中煤能源还仅仅是百亿级规模的企业,短短13年的时间,它竟然壮大为千亿级的能源企业,着实让人惊叹。

2006年,中煤能源集团(以下简称中煤集团)独家发起设立中国中煤能源股份有限公司,并于同年在港交所上市。

中煤能源上市后不久,2008年金融危机爆发,引发资本市场的"上市公司倒闭潮"。为缓解资金压力及寻求发展机遇,中煤能源回A股募集资金,借助中煤集团打通资源网络及资本优势,开启了"买买买"的操作。

在2008年中煤能源完成对国内煤炭供应商山西中煤东坡煤业100%股权的收购后,其业务发展并不满足供煤领域,公司通过收购内蒙古蒙大能源涉足煤化工领域。

随后,在2010—2018年,公司不停加大在国内煤化工、电力及煤矿装备等领域的并购操作。借助于近些年不断的收购,公司目前已发展成为集煤炭生产和贸易、煤化工、发电、煤矿装备制造四大主业于一体的大型能源企业。

在经历2015年巨亏后,中煤能源积极调整了发展战略,在优化资本结构的同时,打造出"煤—电—化"循环经济新模式,有效地拓宽了产品和服务范围,不断地增强公司抗风险能力和核心竞争力。终于,2016年中煤能源没有让亏损延续下去,反而净盈利17亿元。

企业在发展过程中应重视经营现金流,保持充裕状态,时刻留意资本结构变化。煤炭行业作为资本密集型的产业,煤炭市场参与者的经营现金流及资本结构的好坏直接影响经营活动的进行。特别是作为煤炭行业头部企业的中煤能源,在2012—2015年,曾因高资本开支、低经营活动现金流的处境,为2015年的亏损埋下隐患。

因此,近些年中煤能源的资本结构变化及现金流的表现就成为市场投资者比较在意的地方。

在资本开支与经营活动现金流方面,中煤能源资本开支从2012年高点的353亿元降至2019年的147.14亿元,整体资本开支减幅明显,这主要由期间公司加强资本开支的合理管控,在建工程项目投入收窄所致。随着资本支出下滑,公司经营活动现金流在不断地增厚,从2015年的72.85亿元增至2019年的219.84亿元,这意味着公司当前经营活动中所需的现金流量相对充裕。

资本结构变化方面,中煤能源的总负债从2015年的1 570亿元降至2019年的1 551亿元。虽降幅仅有 19 亿元,但整体负债并没有出现递增的趋势。

(参考资料来源:根据中煤能源对外披露财务报告整理。)

想一想:中煤能源在资本结构管理中关注了哪些?对企业的持续经营发展有哪些影响?

知识目标

资本成本的概念及计算;经营杠杆的原理与计量方法;财务杠杆的原理与计量方法;总杠杆的原理与计量方法;杠杆与风险的关系;资本结构的含义;最佳资本结构的决策方法与含义。

能力目标

- 能够掌握资本成本的基本含义及作用。
- 能够熟练掌握个别资本成本率及综合资本成本率的计算。
- 能够理解经营杠杆、财务杠杆及总杠杆的原理,并能进行杠杆计算与风险分析。
- 能够选择适当的方法确定企业最佳资本结构。

背景知识

企业从事生产经营活动,必须筹措资金,而通过不同的筹资渠道需要采用不同的筹资方式,但在市场经济条件下,又不可能让企业无偿地使用资金,因此,企业在进行筹资活动时,必须分析与把握、衡量与计算各种资本来源的使用代价。

企业必须向资金提供者支付一定数量的费用作为补偿。而资本成本即企业选择资金来源、拟定筹资方案的依据。

资本成本的作用具体体现为以下几点。

1. 资本成本是比较筹资方式、选择筹资方案的依据

各种资本的资本成本率,是比较、评价各种筹资方式的依据。在评价各种筹资方式时,一般会考虑对企业控制权的影响、对投资者吸引力的大小、筹资的难易和风险、资本成本的高低等因素,而资本成本又是其中最重要的因素。在其他条件相同时,企业应选择资本成本最低的方式进行筹资。

2. 平均资本成本是衡量资本结构是否合理的重要依据

企业的财务管理目标是企业价值最大化,企业价值是企业资产带来的未来现金流量的贴现值。计算企业价值时,经常采用企业的平均资本成本作为贴现率,当平均资本成本最小时,企业价值最大,此时的资本结构是企业理想的资本结构。

3. 资本成本是评价投资项目可行性的主要标准

任何投资项目,如果它预期的投资报酬率超过该项目使用资本的资本成本率,则该项目在经济上就是可行的。因此,资本成本率是企业用以确定项目要求达到的投资报酬率的最低标准。

4. 资本成本是评价企业整体业绩的重要依据

一定时期,企业资本成本率的高低,不仅反映企业筹资管理的水平,还可作为评价企业整体经营业绩的标准。企业的生产经营活动,实际上就是筹集资金形成资产的运营,企业的总资产税后报酬率应高于其平均资本成本率,这样才能带来剩余收益。

任务1 资本成本的计算与应用

活动1 认识资本成本

活动目标：能够掌握资本成本的基本含义及作用。

工作实例6-1：乐天公司经过三轮的筹资会议后，梳理出了权益性筹资与负债性筹资的利弊，A总经理对大家在会上的讨论以及在会下的方案设计非常满意。

A总经理：经过前期的论证分析，我们对于此次筹资已经基本明晰方向了，大家现在讨论一下，我们具体用哪种方式筹资好一些？

财务部职员D：我认为负债性筹资好，负债性筹资资本成本低啊，为公司节约成本是第一位的。财务部职员A：不不不，成本是一方面，但是负债性筹资风险大啊，咱们这条生产线引进后，如果还需短期注资，那么对于公司财务压力就过大了。

财务部职员F：我的意见是先看看公司的财务状况，进行财务分析，咱们的资产负债比是多少，公司目前的负债率是多少，然后再看看市场情况，计算一下筹资成本，再综合考虑。

想一想：如果你是财务部B经理，你该如何进行决策。

任务工具：

步骤一：

资本成本的体现如下：

对于筹资者：体现为取得资本使用权所付出的代价。

对于出资者：体现为让渡资本使用权所带来的投资收益。

步骤二：

影响资本成本的因素，如表6-1所示。

表6-1 影响资本成本的因素

因素	具体体现指标	影响
总体经济环境	无风险收益率	如果国民经济保持健康、稳定、持续增长，整个社会经济的资金供给和需求相对均衡且通货膨胀水平低，资本成本相应就比较低；反之，资本成本就较高
资本市场条件	资本市场的效率，证券市场流动性	如果资本市场缺乏效率，证券市场的流动性低，投资者投资风险大，资本成本就比较高
企业经营状况和融资状况	经营风险、财务风险	如果企业经营风险高，财务风险大，则企业总体风险水平高，投资者要求的预期收益率大，企业筹资的资本成本相应就大
企业对筹资规模和时限的需求	筹资规模，使用资金时间长度	企业一次性需要筹集的资金规模大、占用资金时限长，资本成本就高

步骤三：

资本成本是指企业为筹集和使用资本而付出的代价，因此其包括：

(1) 筹资费用。它是指企业在筹措资金过程中为获取资金而付出的费用，如向银行支付的借款手续费，发行股票、债券需支付的发行费等。筹资费用通常在筹措资金时一次性支付，用资过程中不再发生。

(2)占用费用。它是指企业在生产经营、投资过程中因使用资金而付出的代价,如向股东支付的股利、向债权人支付的利息等。占用费用一般是定期支付的。

资本成本大小可以用绝对数表示,也可以用相对数表示。为了便于比较,一般用相对数表示,即表示为年资金占用费用与实际筹资资金(即筹资总额扣除筹资费用后的差额)的比率。

个别资本成本率的计算,采用通用模式:

$$资本成本率 = \frac{年资金占用费用}{筹资总额 - 筹资费用} \times 100\% = \frac{年资金占用费用}{筹资总额 \times (1-筹资费用率)} \times 100\%$$

或:

$$K = \frac{D}{P(1-f)} \times 100\%$$

式中:K 表示资本成本率;D 表示年资金占用费用;P 表示筹资总额;f 表示筹资费用率。

【提示】资本成本的代价分为筹资代价及使用代价,如图 6-1 所示。

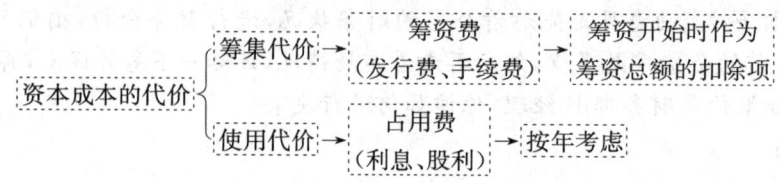

图 6-1 资本成本的代价

活动 2 | 个别资本成本率的计算

活动目的:能熟练进行个别资本成本率的计算。

工作实例 6-2:经过会后的研究,现财务部决定经过市场调查,分别计算并对比一下,公司筹集 1 000 万元的资金,在银行借款、发行债券、发行优先股、发行普通股及发行优先股的形式下需要的资本成本率是多少。具体信息如下:

银行借款:乐天企业取得 5 年期长期银行借款 1 000 万元,年利率为 11%,每年付息一次,到期一次还本,筹资费率为 3%,企业所得税税率为 25%。

发行债券:乐天企业发行总面额为 1 000 万元的 5 年期债券,票面利率为 12%,每年付息一次,到期一次还本,发行费用率为 5%,企业所得税税率为 25%。债券按面值等价发行。

发行普通股:乐天企业增发普通股,每股发行价格 20 元,共计发放 50 万股,筹资费用率为 6%,预计下一期发行的股利为每股 1.5 元,以后每年递增 5%。

发行优先股:乐天企业发行面值总额为 1 000 万元的优先股,溢价发行,发行总价为 1 200 万元,规定的年股息率为 12%,发行时筹资费用率为 5%。

任务工具:

步骤一:

银行借款成本主要包括银行借款利息和借款手续费用。手续费用是筹资费用的具体体现;借款利息可列作企业财务费用,是在税前支付的,具有抵减所得税的作用,应以税后利息作为银行借款资本成本中的资金占用费用,所以企业实际负担的借款利息为:年利息×(1—

所得税税率)。

$$银行借款资本成本率=\frac{年利息\times(1-所得税税率)}{银行借款筹资总额\times(1-银行借款筹资费率)}\times 100\%$$

$$K_L=\frac{1\,000\times 11\%\times(1-25\%)}{1\,000\times(1-3\%)}\times 100\%=8.51\%$$

步骤二：

发行债券资本成本包括债券利息和债券发行费用。其中，债券利息的处理与银行借款利息的处理相同，应以税后利息作为债券成本中的资金占用费用。债券成本中的利息在所得税前支付，具有减税效应。债券的筹资费用一般较高，这类费用主要包括申请发行债券的手续费、债券注册费、印刷费、上市费、推销费用等。

其资本成本率按一般模式计算为：

$$发行债券资本成本率=\frac{年利息\times(1-所得税税率)}{债券筹资总额\times(1-债券筹资费率)}\times 100\%$$

$$K_b=\frac{1\,000\times 12\%\times(1-25\%)}{1\,000\times(1-5\%)}\times 100\%=9.47\%$$

【提示】债券可以平价发行、溢价发行，也可以折价发行。

若其他条件不变，债券按折价发行，发行价为960万元，则

$$K_b=\frac{1\,000\times 12\%\times(1-25\%)}{960\times(1-5\%)}\times 100\%=9.87\%$$

若其他条件不变，债券按溢价发行，发行价为1 040万元，则

$$K_b=\frac{1\,000\times 12\%\times(1-25\%)}{1\,040\times(1-5\%)}\times 100\%=9.11\%$$

由此可发现，计算发行债券的资本成本时，无论是平价、折价还是溢价发行，占用费均按照面值计算，筹资净额(即筹资总额减去筹资费用)按照实际发行价格计算。

步骤三：

普通股是构成股份有限公司原始资金和权益的主要部分。普通股的股利是不固定的，它将随着公司经营状况的变动而变动。普通股股东对公司剩余财产的求偿权排在优先股股东之后。普通股的成本比较难估计，其确定方法一般有三种：股利增长模型法、资本资产定价模型法及无风险利率加风险溢价模型法。

1. 股利增长模型法

普通股资本成本的计算公式为：

$$K_c=\left[\frac{D_0\times(1+g)}{P_0\times(1-f)}+g\right]=\left[\frac{D_1}{P_0\times(1-f)}+g\right]$$

式中：K_c表示普通股资本成本率；D_0表示刚刚一期(最近一期)已发过的股利；D_1表示预计第一期的股利，期望的股利；P_0表示普通股筹资额，按发行价格确定；f表示筹资发行费用率；g表示普通股股利预计每年增长率。

【提示】每个公司采用的股利发放政策不一样,如果公司采用固定股利政策,即每年分派的现金股利均相同时,g 则为 0。

2. 资本资产定价模型法

资本资产定价模型给出了普通股预期收益率 K 与其市场风险 β 之间的关系:

$$K_c = R_f + \beta(R_m - R_f)$$

式中:K_c 表示普通股资本成本率;R_f 表示无风险收益率;β 表示发行股票公司所在行业的风险系数;R_m 表示证券市场上组合证券的平均期望收益率。

这个计算公式表明,普通股资本成本等于无风险投资报酬率加上风险系数调整后风险溢酬。风险系数越大,资本成本就越高。公式中的系数 β 一般以公司历史的风险收益为基础或以预测的风险收益为基础加以确定。

3. 无风险利率加风险溢价模型法

普通股的索赔权不仅在债券之后,而且还次于优先股,因此持有普通股股票的风险要高于持有债券的风险,这样,股票持有人就必然要求获得一定的风险补偿。一般情况来看,通过一定时间的统计数据,可以测算出公司普通股股票的期望收益率超出无风险利率的大小,即风险溢价 R_p。无风险利率 R_c,一般用同期国库券收益率来表示,这是证券市场最基础的数据。因此,用无风险利率加风险溢价法计算普通股股票筹资的资金成本公式为:

$$K_c = R_c + R_p$$

根据乐天公司的资料:

$$K_c = \frac{D_0 \times (1+g)}{P_0 \times (1-f)} + g = \frac{D_1}{P_0 \times (1-f)} + g = \frac{1.5}{20 \times (1-6\%)} + 5\% = 12.98\%$$

步骤四:

企业发行优先股筹资需要支付发行费用,优先股资本成本也由资金占用费用和筹资费用两部分构成。

优先股股利在所得税后支付,不具有所得税的抵税作用。优先股股利通常是固定的。

优先股资本成本率的计算公式为:

$$K_P = \frac{D}{P_0 \times (1-f)}$$

式中:K_P 表示优先股资本成本率;D 表示优先股股利;P_0 表示优先股发行价格(筹资总额);f 表示筹资发行费用率。

根据乐天公司的资料:

$$K_P = \frac{D}{P_0 \times (1-f)} = \frac{1\,000 \times 12\%}{1\,200 \times (1-5\%)} \times 100\% = 10.53\%$$

知识补充:

◇ **留存收益的资本成本率**

公司一般不会把全部收益派发给股东,而是以留存收益的形式留给企业。留存收益是企业的可用资金,是由公司的税后利润形成的,它为普通股股东所有,实质上相当于股东对企业进行的追加投资,以期望今后获得更多的收益;否则,资金将被转移到其他能获得收益的项目上。因此,公司使用这部分资金的成本是机会成本,它应该等同于股东在其他相同风险的投资上所能获得的收益。

企业愿意采用内部留存收益筹集资金,因为这种筹资方式不会发生任何可能对股价产生不利影响的信号。留存收益资本成本的确定方法与普通股的基本相同,但是利用留存收益筹集资金不用支付筹资费用。

活动3 综合资本成本率的计算

活动目标:能够在个别资本成本率计算的基础上熟练计算综合资本成本率。

工作实例6-3:乐天公司通过前期对比,发现负债性筹资(银行借款或发行债券)的资本成本比权益性筹资的(发行普通股、发行优先股或留存收益)要低。于是公司开始第二轮筹资成本会议。

财务部C职员:负债性筹资资本成本低好多啊,全部用银行借款吧,既快又省钱。

财务部B经理:年轻人,不要心急,负债性筹资固然有负债性筹资的好,但风险也高啊,我们可以比较和权衡一下,考虑风险与成本,考虑各项筹资方式的特点,进行多样化混合式筹资,进行综合资本成本率的计算。

对于公司计划筹集资金1 000万元,可进行以下考虑:(所得税税率为25%)

(1) 向银行借款100万元,年利率为10%,手续费为2%。

(2) 按平价发行债券,债券面值300万元,票面利率为12%,每年支付利息,筹资费率为3%。

(3) 发行优先股300万股,每股1元,股息率为13%,筹资费率为5%。

(4) 发行普通股票30万股,每股发行价格为10元,筹资费率为6%。预计第一年每股股利为1.4元,以后每年按6%递增。

任务工具:

步骤一:

综合资本成本率是指企业所筹集资金的平均成本,它反映企业资金成本总体水平的高低。综合资本成本率又可分为已筹集资金的加权平均资本成本率和新增资金的边际资本成本率两种表现形式。

步骤二:

加权平均资本成本率是指分别以各种资本成本为基础,利用各种资金占全部资金的比重为权数计算出来的综合资本成本率,是综合反映资本成本总体水平的一项重要指标。一个企业的资金来源,几乎很少是采用单一的筹资方式取得的,而是各种筹资方式的组合。因此,企业总的资本成本率也就不是由单一资本成本决定的,而是需要计算综合资本成本率。计算综合资本成本率的方法是根据不同资金所占的比重加权平均。加权平均资本成本的计算公式为:

$$K_W = \sum_{j=1}^{n} k_j w_j$$

式中:k_j表示单项个别资本成本;w_j表示各种资金所占总资金的比重。

步骤三：

（1）先计算各种资金所占的比重：

$$W_L = \frac{100}{1\,000} \times 100\% = 10\%$$

$$W_b = \frac{300}{1\,000} \times 100\% = 30\%$$

$$W_p = \frac{300}{1\,000} \times 100\% = 30\%$$

$$W_c = \frac{300}{1\,000} \times 100\% = 30\%$$

（2）再计算个别资本成本率：

$$K_L = \frac{100 \times 10\% \times (1-25\%)}{100 \times (1-2\%)} \times 100\% = 7.65\%$$

$$K_b = \frac{300 \times 12\% \times (1-25\%)}{300 \times (1-3\%)} \times 100\% = 9.28\%$$

$$K_P = \frac{D}{P_0 \times (1-f)} = \frac{300 \times 13\%}{300 \times (1-5\%)} \times 100\% = 13.68\%$$

$$K_c = \frac{D_1}{P_0 \times (1-f)} + g = \frac{30 \times 1.4}{30 \times 10 \times (1-6\%)} + 6\% = 20.89\%$$

（3）最后，计算加权平均资本成本率：

加权平均资本成本率 $= 7.65\% \times 10\% + 9.28\% \times 30\% + 13.68\% \times 30\% + 20.89\% \times 30\%$
$= 13.92\%$

步骤四：

上述计算中的个别资本成本占全部资金的比重，通常是按照账面价值确定的。使用账面价值易于从资产负债表中获得有关资料，但当资金的账面价值与市场价值相差较大，如股票债券的市场价格发生较大变动时，计算结果会与资金市场实际筹资成本有较大差距。为克服这一缺陷，个别资本成本占全部资金比重的确定可以按照市场价值或目标价值确定。权数的确定方法，如表6-2所示。

表6-2　　　　　　　　　　权数的确定方法

权数的确定	账面价值权数	优点：资料容易取得，且计算结果比较稳定。 缺点：不能反映目前从资本市场上筹集资本的现时机会成本，不适合评价现时的资本结构
	市场价值权数	优点：能够反映现时的资本成本水平。 缺点：现行市价处于经常变动之中，不容易取得；而且现行市价反映的只是现时的资本结构，不适用未来的筹资决策
	目标价值权数	优点：能体现期望的资本结构，据此计算的加权平均资本成本更适用于企业筹措新资金。 缺点：很难客观合理地确定目标价值

知识补充1：

◇ 边际资本成本率的计算

边际资本成本率是指资金每增加一个单位而增加的成本。当企业需要追加筹措资金时应考虑边际资本成本的高低。企业追加筹资,可以只采用某一种筹资方式,但这对保持或优化资本结构不利。当筹资数额较大,资本结构又有既定目标时,应通过边际资本成本的计算,确定最优的筹资方式组合。

乐天公司现有资金1 000万元,其中长期借款100万元,长期债券200万元,普通股700万元。公司考虑扩大经营规模,拟筹集新的资金。经分析,认为目前的资本结构是最优的,希望筹集新资金后能保持目前的资本结构。经测算,随筹资额的增加,各种资本成本会有变动,如表6-3所示。

表6-3　　　　　　　　　　　乐天公司筹资资料

资金种类	目标资本结构	新筹资的数量范围(元)	资本成本率
长期借款	10%	0~50 000 大于50 000	6% 7%
长期债券	20%	0~140 000 大于140 000	8% 9%
普通股	70%	0~210 000 210 000~630 000 大于630 000	10% 11% 12%

1. 计算筹资总额的分界点(突破点)

根据目标资本结构和各种个别资本成本变化的分界点(突破点),计算筹资总额的分界点(突破点)。其计算公式为:

$$BP_j = \frac{TF_j}{W_j}$$

式中:BP_j 表示筹资总额的分界点;TF_j 表示第 j 种个别资本成本的分界点;W_j 表示目标资本结构中第 j 种资金的比重。

因此,乐天公司筹资总额分界点如表6-4所示。

表6-4　　　　　　　　　　　乐天公司筹资总额分界点

资金种类	资本结构	资本成本率	新筹资的数量范围(元)	新筹资总额分界点(元)
长期借款	10%	6% 7%	0~50 000 大于50 000	0~500 000 大于500 000
长期债券	20%	8% 9%	0~140 000 大于140 000	0~700 000 大于700 000
普通股	70%	10% 11% 12%	0~210 000 210 000~630 000 大于630 000	0~300 000 300 000~900 000 大于900 000

新筹资总额分界点是指引起某资金种类资本成本变化的分界点。例如长期借款,筹资总额不超过50万元,资本成本率为6%;超过50万元,资本成本率就要增加到7%。那么筹资总额在50万元左右时,尽量不要超过50万元。然而要维持原有资本结构,必然要多种资金按比例同时筹集,单考虑某项个别资本成本率是不成立的,必须考虑综合的边际资本成本率。

2. 计算各筹资总额范围的边际资本成本率

根据计算结果可知,有4个分界点,应有5个筹资范围。计算5个筹资范围的边际资本成本,如表6-5所示。

表6-5　　　　　　　　　　乐天公司边际资本成本率计算表

序号	筹资总额范围	资金种类	资本结构	资本成本率	边际资本成本率
1	0~300 000	长期借款 长期债券 普通股	10% 20% 70%	6% 8% 10%	0.6% 1.6% 7%
	第一个筹资范围的边际资本成本率＝9.2%				
2	300 000~500 000	长期借款 长期债券 普通股	10% 20% 70%	6% 8% 11%	0.6% 1.6% 7.7%
	第二个筹资范围的边际资本成本率＝9.9%				
3	500 000~700 000	长期借款 长期债券 普通股	10% 20% 70%	7% 8% 11%	0.7% 1.6% 7.7%
	第三个筹资范围的边际资本成本率＝10%				
4	700 000~900 000	长期借款 长期债券 普通股	10% 20% 70%	7% 9% 11%	0.7% 1.8% 7.7%
	第四个筹资范围的边际资本成本率＝10.2%				
5	900 000以上	长期借款 长期债券 普通股	10% 20% 70%	7% 9% 12%	0.7% 1.8% 8.4%
	第五个筹资范围的边际资本成本率＝10.9%				

乐天公司可以按照边际资本成本率计算表中的结果,规划追加筹资,尽量不要由一段范围突破到另一段范围,用以控制综合资本成本率。

知识补充2:

◇ **降低资本成本率的途径**

降低资本成本率,既取决于企业自身的筹资决策,又取决于市场环境。但是,总体来讲,可以考虑如下途径。

1. 合理安排筹资期限

筹资既要服从长期投资年限,又要按投资进度分阶段、分时期进行,合理安排筹资期限,这样既可以减少资本成本,又减少资金不必要的闲置。

2. 合理利率预期

尽量正确预测利率,选择在利率相对较低时筹集资金,利率较高时尽可能避免筹资或减少筹资。

3. 提高企业信誉，积极参与信用等级评估

大多数债权人，尤其是银行等金融机构在贷款时非常重视债务人的信用等级，以信用等级决定贷与不贷、贷多贷少或贷款条件的优劣。因此，我国企业应积极参与信用评估，让市场了解企业，也让企业走向市场。只有这样才能为企业以后在资本市场筹资提供便利，才能在投资者心中树立良好的财务形象，增强他们的投资信心，为筹资降低成本打下基础。

4. 积极利用负债经营

只要投资收益率大于债务成本率，企业便可适度举债，取得财务杠杆效益，降低资本成本，减少税收，提高投资收益。

5. 提高筹资效率

制定周密的筹资计划，掌握各种筹资方式的基本程序，理顺各方面关系，组织精干筹资人员。

6. 积极利用股票增值机制，降低股票筹资成本

股票投资收益有股息和资本利得两种。前者是企业真正的现金流出，构成资本成本，而资本利得则属于市场社会效益的再分配，与企业现金流出量无关。企业要降低股票筹资成本，就应尽量用多种方式转移投资者对股利的吸引力。转向市场实现其投资增值，要通过股票增值机制来降低企业实际的筹资成本，必须有两个前提：一是股市较为完善；二是企业经营利润大或潜在效益较大，有发展后劲，市场价值很高。因此，企业应努力提高经营实力和竞争能力，扩大市场份额，直接降低股票分红压力，从而降低成本。

任务2 杠杆原理及其计算与应用

活动4 经营杠杆的计算与分析

活动目标：能够理解经营杠杆的原理，灵活计算经营杠杆，并进行经营风险分析。

工作实例6-4：乐天企业生产部与财务部近期开展多次会议，发现在近三年生产经营中存在一种现象：在单价和成本水平不变的条件下，销售量的增长会引起息税前利润以更大的幅度增长。当销售量增加时，变动成本将同比增加，销售收入也同比增加，但固定成本总额不变，单位固定成本以反比例降低，这就导致单位产品成本降低，每单位产品利润增加，于是利润比销量增加得更快。乐天集团销量、利润资料如表6-6所示。

表6-6　　　　　　　　　　乐天集团销量、利润资料　　　　　　　　金额单位：元

项目	2017年	2018年	2019年
单价	150	150	150
单位变动成本	100	100	100
单位边际贡献	50	50	50
销售量(件)	10 000	20 000	30 000
边际贡献	500 000	1 000 000	1 500 000
固定成本	200 000	200 000	200 000
息税前利润	300 000	800 000	1 300 000

从表6-6可知,乐天集团2017年到2018年,销售量增加了100%,息税前利润增加了166.67%;从2018年到2019年,销售量增加了50%,息税前利润增加了62.5%。

想一想:这是什么原因呢?这种变动比率是否可以具体量化出来?

任务工具:

步骤一:

杠杆反映的是,由于某种因素的存在,一个变量的较小变化引起另一个经济变量较大的变化。在财务管理中,杠杆是指由于特定费用(如固定成本或固定费用)的存在,当某一变量以较小的幅度变动时,引起另一个相关财务变量以较大的幅度变动。

企业的成本总额按其与业务量之间的依存关系可以分为变动成本和固定成本。在其他条件不变的情况下,产销业务量的增加虽然不会改变固定成本总额但会降低单位固定成本,从而提高单位利润、使息税前利润的增长率大于产销业务量的增长率;反之亦然。

那么对于经营杠杆效应,正是由于固定成本的存在,企业在可能的情况下适当增加产销会取得更多的盈利,这就是经营杠杆利益。但必须认识到,当企业遇上不利情况而销售量下降时,息税前利润会以更大的幅度下降,即经营杠杆效应也会带来经营风险。

步骤二:

经营杠杆:其是指企业在经营活动中,由于固定成本的存在而导致的息税前利润变动率大于销售量变动率的杠杆效应。

经营杠杆系数:也称经营杠杆率(degree of operating leverage, DOL),是指息税前利润的变动率相对于销售量变动率的倍数。

经营风险:其是指企业因经营上的原因而导致利润变动的风险。引起企业经营风险的主要原因是市场需求、产品价格、产品成本等因素的不确定性,经营杠杆本身并不是利润不稳定的根源。经营杠杆扩大了市场和生产等不确定因素对利润变动的影响。经营杠杆系数越高,利润变动越激烈,企业的经营风险越强。

步骤三:

经营杠杆系数计算方式如下:

$$经营杠杆系数 = \frac{息税前利润变动率}{产销业务量变动率}$$

1. 定义公式

$$DOL = \frac{\Delta EBIT/EBIT}{\Delta Q/Q}$$

式中:DOL 表示经营杠杆系数;$\Delta EBIT$ 表示息税前利润变动额;$EBIT$ 表示息税前利润;ΔQ 表示销售变动量;Q 表示销售量。

2. 计算公式

为了便于计算,可将上式变换如下:

$\because EBIT = (P-V)Q - F$

$\Delta EBIT = (P-V)\Delta Q - F$

$\therefore DOL = \frac{(P-V)Q}{(P-V)Q - F} = \frac{M}{M-F}$

式中:P 表示销售单价;V 表示单位变动成本;Q 表示销售量;M 表示边际贡献;F 表示固

定成本总额。

步骤四：

根据乐天企业 2019 年的数据资料，其固定成本总额为 200 000 元，单位变动成本为 100 元，销售单价为 150 元，销售量为 30 000 件，那么经营杠杆系数为：

$$DOL = \frac{(150-100)30\,000}{(150-100)30\,000 - 200\,000} = 1.15$$

步骤五：

因此，乐天集团的经营杠杆系数为 1.15，其意义在于：当企业销售增长 1 倍时，息税前利润将增长 1.15 倍；反之，当企业销售量下降 1 倍时，息税前利润将下降 1.5 倍。前者表现为经营杠杆利益，后者表现为经营风险。

合理的杠杆原理，有助于企业规避风险，提高资金营运效率。只要企业存在固定性经营成本，就存在经营杠杆效应。经营杠杆放大了市场和生产等因素变化对利润波动的影响，经营杠杆系数越高，表明资产收益等利润波动程度越大，经营风险也就越大。

【提示】利润的多种形式及相互关系如下：

(1) 边际贡献 M(Contribution Margin)＝销售收入－变动成本
(2) 息税前利润 EBIT(Earnings Before Interest and Taxes)＝M－F＝销售收入－变动成本－固定性经营成本
(3) 税前利润 EBT(Earnings Before Taxes)＝EBIT－I
(4) 净利润(Net Income)＝(EBIT－I)×(1－T)
(5) 普通股每股收益(Earnings Per Share)EPS＝(净利润－优先股股利)÷普通股股数＝[(EBIT－I)×(1－T)－PD]÷N

活动 5 财务杠杆的计算与分析

活动目标： 能够熟练计算财务杠杆并进行财务风险分析。

工作实例 6-5： 乐天企业财务部近期在核算普通股每股收益时发现存在一种现象：在资金构成不变的情况下，息税前利润的增长会引起普通股每股收益以更大的幅度增长。

乐天企业年债务利息为 100 000 元，所得税税率为 25%，普通股为 100 000 股，2017—2019 年普通股每股收益资料如表 6-7 所示。

表 6-7　　　　乐天企业 2017—2019 年普通股每股收益资料　　　　金额单位：元

项目	2017 年	2018 年	2019 年
息税前利润	300 000	800 000	1 300 000
债务利息	100 000	100 000	100 000
税前利润	200 000	700 000	1 200 000
所得税	50 000	175 000	300 000
税后利润	15 000	525 000	900 000
普通股每股收益	1.5	5.25	9

由表 6-7 可知，从 2017 年到 2018 年，EBIT 增加了 166.67%，EPS 增加了 250%；从 2018 年到 2019 年，EBIT 增加了 62.5%，EPS 增加了 71.43%。

想一想： 这是什么原因呢？这种变动比率是否可以具体量化出来？

任务工具：
步骤一：
不论企业营业利润多少，当息税前利润增大时，每1元盈余所负担的固定财务费用就会相对减少，这能给普通股股东带来更多的盈余；反之，当息税前利润减少时，每1元盈余所负担的固定财务费用就会相对增加，这会大幅度减少普通股的盈余。这种由于负债的存在而导致普通股股东权益变动大于息税前利润变动的杠杆效应，被称为财务杠杆。在公司资本结构一定及负债利息不变的情况下，公司普通股每股收益的增长速度比息税前利润增长速度更快，从而给公司带来更大的财务杠杆利益。

利用财务杠杆效应，企业适度负债经营，在盈利条件下可能给普通股股东带来更多的利益，这就是财务杠杆利益。但当企业遇上不利而盈利下降时，普通股股东的利益会以更大幅度减少，即财务杠杆效应也会带来财务风险。

步骤二：
财务杠杆： 其是指企业在经营活动中，由于固定财务费用的存在而导致普通股每股收益变动率大于息税前利润变动率的杠杆效应。

财务杠杆系数： 也称财务杠杆率（degree of financial leverage DFL），是指普通股每股收益变动率相当于息税前利润变动率的倍数。

财务风险： 其是指企业为取得财务杠杆利益而利用负债资金时，增加了破产机会或普通股大幅度变动的机会所带来的风险。企业为取得财务杠杆利益，就要增加负债，一旦企业息税前利润下降，不足以补偿固定利息支出，企业的普通股每股收益就会下降得更快。

步骤三：
财务杠杆系数计算方式如下：

$$财务杠杆系数 = \frac{普通股每股收益变动率}{息税前利润变动率}$$

1. 定义公式

$$DFL = \frac{\Delta EPS/EPS}{\Delta EBIT/EBIT}$$

式中：DFL 表示财务杠杆系数；ΔEPS 表示普通股每股收益变动额；EPS 表示变动前的普通股每股收益；$\Delta EBIT$ 表示息税前利润变动额；$EBIT$ 表示变动前的息税前利润。

2. 计算公式

为了便于计算，可将上式变换如下：

$$\because EPS = [(EBIT - I) \times (1 - T) - PD] \div N$$

$$\Delta EPS = [(\Delta EBIT - I) \times (1 - T) - PD] \div N$$

$$\therefore DFL = \frac{EBIT}{EBIT - I}$$

式中：I 表示债务利息；T 表示所得税税率；N 表示流通在外普通股股数；PD 表示优先股股利。

步骤四：
根据乐天企业2019年的数据资料，其息税前利润为1 300 000元，债务利息为100 000

元,那么经营杠杆系数为:

$$DFL = \frac{1\,300\,000}{1\,300\,000 - 100\,000} = 1.08$$

步骤五:

因此,乐天集团的财务杠杆系数为1.08,其意义在于:当企业息税前利润增长1倍时,普通股每股收益将增长1.08倍;反之,当企业息税前利润下降1倍时,普通股每股收益将下降1.08倍。前者表现为财务杠杆利益,后者表现为财务风险。

财务风险是指企业由于举债采取负债经营而给企业财务成果带来的不确定性。企业为取得财务杠杆利益,就要增加负债,一旦企业息税前利润下降,不足以补偿固定利息支出,企业的普通股每股收益就会下降得更快。财务杠杆系数越大,对财务杠杆利益的影响就越强,财务风险也就越大。但负债比率是可以控制的,企业可以通过合理安排资本结构,适度负债,使财务杠杆利益抵消风险增大所带来的不利影响。

活动6 总杠杆的计算与分析

活动目标: 能够熟练计算总杠杆并理解其含义,能够识别其与经营杠杆和财务杠杆的关系。

工作实例6-6: 乐天公司常年生产A产品,A产品2019年的销售量为30 000件,产品销售单价为1 000元/件,单位变动成本为600元/件,变动成本率为60%,固定成本总额为4 000 000元。

公司长期资本为3 000万元,其中普通股占60%,发行在外的普通股股数为100万股;债务资本占40%,债务年利率为6%,所得税税率为25%,息税前利润为800万元。

乐天企业财务部A职员根据以上财务资料,进行总杠杆分析。

任务工具:

步骤一:

由于存在固定的生产经营成本,因此会产生经营杠杆效应,即销售量的增长会引起息税前利润以更大的幅度增长。由于存在固定的财务成本(债务利息和优先股股利),因此会产生财务杠杆效应,即息税前利润的增长会引起普通股每股利润以更大的幅度增长。一个企业会同时存在固定的生产经营成本和固定的财务成本,那么两种杠杆效应会共同发生,会有连锁作用,形成销售量的变动使普通股每股收益以更大幅度变动。

步骤二:

总杠杆:又称复合杠杆,是指由于固定生产经营成本和固定财务费用的共同存在而导致的普通股每股收益变动率大于销售量变动率的杠杆效应。

总杠杆系数(degree of total leverage,DTL):只要企业同时存在固定生产经营成本和固定财务费用,就会存在复合杠杆的作用。但不同企业,总杠杆作用的程度不完全一致。为了反映经营杠杆和财务杠杆的综合作用程度,需要测算总杠杆系数。总杠杆系数的每股收益变动率相当于销售额变动率的倍数。它是经营杠杆系数与财务杠杆系数的乘积。

步骤三:

总杠杆系数的计算公式如下:

$$DTL = DOL \times DFL$$

或：
$$DTL = \frac{\Delta EPS/EPS}{\Delta Q/Q}$$

式中：DTL 表示总杠杆系数；ΔEPS 表示普通股每股收益变动额；EPS 表示变动前的普通股每股收益；ΔQ 表示销售变动量；Q 表示销售量。

步骤四：

$$DOL = \frac{30\,000 \times (1\,000 - 600)}{30\,000 \times (1\,000 - 600) - 4\,000\,000} = 1.1$$

$$DFL = \frac{800}{800 - 3\,000 \times 40\% \times 6\%} = 1.25$$

$$DTL = DOL \times DFL = 1.1 \times 1.25 = 1.65$$

步骤五：

总杠杆系数为 1.65 的意义在于，当公司销售量或者销售额增长 1 倍时，普通股每股收益将增长 1.65 倍，反映为公司的总杠杆利益；反之，当公司的销售量或销售额下降 1 倍时，普通股每股收益将下降 1.65 倍，反映为公司总杠杆风险。总杠杆系数越大，总风险越大；反之亦然。

知识补充：

◈ 财务管理总风险管理策略

要保持一定的风险状况水平，需要维持一定的总杠杆系数，经营杠杆和财务杠杆可以有不同的组合，其应用如表 6-8 所示。

表 6-8　　　　　　　　　经营杠杆与财务杠杆的应用

状态	种类	经营特征	筹资特点
企业类型	固定资产比重较大的资本密集型企业	经营杠杆系数高，经营风险大	企业筹资主要依靠权益资本，以保持较小的财务杠杆系数和财务风险
	变动成本比重较大的劳动密集型企业	经营杠杆系数低，经营风险小	企业筹资主要依靠负债资本，保持较大的财务杠杆系数和财务风险
发展阶段	初创阶段	产品市场占有率低，产销业务量小，经营杠杆系数大	企业筹资主要依靠权益资本，在较低程度上使用财务杠杆
	扩张成熟期	产品市场占有率高，产销业务量大，经营杠杆系数小	企业资本结构中可扩大负债资本比重，在较高程度上使用财务杠杆
	收缩阶段	产品市场占有率下降，经营风险逐步加大	逐步降低负债资本比重

任务 3　资本结构优化分析

活动 7 | 最佳资本结构的确定

活动目标： 了解资本结构的含义，能够用适当的方法确定企业最佳资本结构。

工作实例6-7：乐天企业经过前期的生产线引进,扩大投资,效果非凡,企业目前另有筹资500万元的计划,财务部C职员提供了三个方案可供选择,如表6-9所示。

表6-9　　　　　　　　　　乐天企业资本结构和个别资本成本表

筹资方式	方案一		方案二		方案三	
	筹资额（万元）	个别资本成本率	筹资额（万元）	个别资本成本率	筹资额（万元）	个别资本成本率
长期借款	60	6%	40	7%	80	7%
长期债券	120	7%	160	8%	120	7.5%
优先股	40	12%	100	12%	50	12%
普通股	280	15%	200	15%	250	15%
合计	500	—	500	—	500	—

想一想：请你判断该选择哪个方案,选择理由是什么。
任务工具：
步骤一：
最佳资本结构：其是指一定时期内,使加权平均资本成本率最低,企业价值最大时的资本结构。

从资本成本和财务杠杆的分析中可以看出,负债资金相对于权益资金,资本成本较低,并且能够给企业带来财务杠杆利益,但负债比例过大,企业的财务风险就会加大。因此,确定最佳资本结构,既要充分体现负债性筹资的优点,同时又要避免风险。

比较资本成本法：其是通过计算不同资本结构的加权平均资本成本率,并以此为标准,选择其中加权平均资本成本率最低的资本结构作为最佳资本结构。

步骤二：
方案一：加权平均资本成本率＝60÷500×6%＋120÷500×7%＋40÷500×12%＋280÷500×15%＝11.76%

方案二：加权平均资本成本率＝40÷500×7%＋160÷500×8%＋100÷500×12%＋200÷500×15%＝11.52%

方案三：加权平均资本成本率＝80÷500×7%＋120÷500×7.5%＋50÷500×12%＋250÷500×15%＝11.62%

步骤三：
计算结果表明,方案二的加权平均资本成本率最低,因此,方案二的资本结构最佳。
但所拟定的方案仅有3个,数量有限,因此有把最优方案漏掉的可能性。

工作实例6-8：乐天公司目前资金1 500万元,因扩大生产规模需要再筹集资金500万元。新的筹集方式可采用发行股票,也可采用发行债券。追加资金后预计息税前利润为189万元。两种可供选择的追加筹资的方案,如表6-10所示。
(1) 按25元/股的价格增发普通股,发行20万股；
(2) 按8%的利率发行债券(原有债务利息不变)；
(3) 公司所得税税率为25%。

表 6-10　　　　　　　　　　　乐天公司资本结构变化情况表　　　　　　金额单位：万元

筹资方式	原资本结构	方案1（增发普通股）	方案2（增发债券）
公司债券(利率8%)	200	200	700
普通股(面值10元)	400	900	400
资本公积	500	500	500
留存收益	400	400	400
资金总额	1 500	2 000	2 000
其中：普通股股数(万股)	40	60	40

想一想：财务部该做怎样的决策。

任务工具：

步骤一：

每股收益无差别点法：其是指无论在权益性筹资还是负债性筹资方式下，普通股每股利润相等时的息税前利润点。利用每股收益无差别点，可以分析判断在什么情况下运用负债性筹资来安排和调整资本结构。凡能提高每股收益的资本结构是合理的；反之则不够合理。

步骤二：

每股收益无差别点法计算公式：

$$普通股每股收益(EPS) = \frac{(EBIT-I) \times (1-T) - PD}{N}$$

式中：EPS 表示普通股每股收益；$EBIT$ 表示息税前利润；I 表示债务利息；T 表示所得税税率；PD 表示优先股股利；N 表示流通在外的普通股股数。

在每股利润无差别点上，无论采用负债性筹资还是采用权益性筹资，每股利润都是相等的。若以 EPS_1 表示负债性筹资下的每股利润，EPS_2 表示权益性筹资下的每股利润，乐天公司无优先股股利，因此，PD 为 0，则有：

$$EPS_1 = EPS_2$$

$$\frac{(EBIT-I_1) \times (1-T)}{N_1} = \frac{(EBIT-I_2) \times (1-T)}{N_2}$$

步骤三：

$$\frac{(EBIT - 200 \times 8\%)(1-25\%)}{60} = \frac{(EBIT - 200 \times 8\% - 500 \times 8\%)(1-25\%)}{40}$$

$$EBIT = 136(万元)$$
$$EPS = 1.5(元)$$

步骤四：

当息税前利润为 136 万元时，在每股收益无差别点上，无论采用负债性筹资还是权益性筹资，每股收益都是相等的。当息税前利润预计大于 136 万元时，追加负债资金更有利；当息税前利润预计小于 136 万元时，追加权益资金更有利。具体如图 6-2 所示。

当 $EBIT>$ 每股收益无差别点处的息税前利润时，利用负债性筹资(发行债券)较为有利。

当 $EBIT<$ 每股收益无差别点处的息税前利润时,利用权益性筹资(发行普通股)较为有利。

预计下一年的 $EBIT$ 为 189 万元,因此应选择负债性筹资。

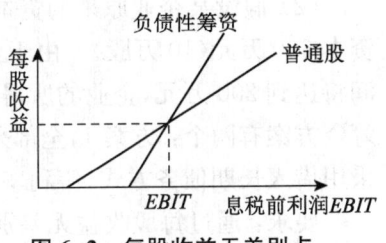

图 6-2 每股收益无差别点

知识补充:

◇ 影响资本结构的因素(表 6-11)

表 6-11　　　　　影响资本结构的因素

影响因素	说明
企业经营状况的稳定性和成长率	如果产销业务稳定,并能够以较高的水平增长,企业可以采用高负债的资本结构
企业的财务状况和信用等级	企业财务状况良好,信用等级高,债权人愿意向企业提供信用,企业容易获得负债资本
企业资产结构	拥有大量固定资产的企业主要通过发行股票筹集资金;拥有较多流动资产的企业更多地依赖流动负债筹集资金。 资产适用于抵押贷款的企业负债较多;以技术研发为主的企业则负债较少
企业投资人和管理当局的态度	如果股东重视控制权问题,企业一般尽量避免普通股筹资;稳健的管理当局偏好于选择低负债比例的资本结构
行业特征和企业发展周期	产品市场稳定的成熟产业经营风险低,因此可提高债务资本比重,发挥财务杠杆作用。 高新技术企业产品、技术、市场尚不成熟,经营风险高,因此可降低负债资本比重,控制财务风险 企业初创阶段,经营风险高,在资本结构安排上应控制负债比例;企业发展成熟阶段,产品产销业务量稳定和持续增长,经营风险低,可适度增加负债资本比重,发挥财务杠杆效应;企业收缩阶段,产品市场占有率下降,经营风险逐步加大,应逐步降低负债资本比重
经济环境的税务政策和货币政策	当所得税税率较高时,负债资本的抵税作用大,企业应充分利用这种作用以提高企业价值;当国家执行紧缩的货币政策时,市场利率较高,企业负债资本成本增大

资本成本与资本结构实训

(1) A、B、C 三家公司的资本结构和基本资料如表 6-12 所示。请计算三家公司的债务利息、税前盈余、所得税(税率 25%)、税后盈余、财务杠杆系数、普通股每股收益和净资产收益率。

表 6-12　　　　　三家公司的基本情况　　　　　金额单位:元

项目	A公司	B公司	C公司
普通股本	5 000 000	3 000 000	2 000 000
发行股数	100 000	60 000	40 000
债务总额	0	2 000 000	3 000 000
利率	8%	8%	8%
资本总额	5 000 000	5 000 000	5 000 000
息税前盈余	600 000	600 000	600 000

(2) 假设某企业原来的资本结构情况为:债务资本400万元,债务年利40万元,普通股资本600万元(10万股)。由于业务需要,企业需筹资600万元,筹资后,企业的年息税前利润将达到200万元,企业的所得税税率为25%,为了筹集所需的600万元,企业可以选用的筹资方案有两个:方案1,全部采用发行普通股方式,增发10万股,每股60元。方案2,全部采用借入长期债务方式,年利率10%,年利息60万元。

要求:通过每股收益无差别点分析,对筹资方案进行决策。

(3) 某公司无债务,年息税前利润为600万元,股票账面价值为2 000万元,企业所得税税率为25%。该公司计划改变现有的资本结构,准备用发行债券购回部分股票的方法进行调整。为此,公司向咨询机构咨询了债务规模对资本成本和权益资本成本的影响情况,在市场无风险报酬率R_f为10%,股票平均风险报酬率R_m为16%的情况下,影响情况如表6-13所示。

表 6-13　　　　　　　　不同债券规模下企业的债务资本成本率

债券的市场价值B(万元)	税前债务资本成本率K_b	普通股β值
0	0	1.1
200	10%	1.2
400	10%	1.25
600	12%	1.3
800	12%	1.35
1 000	14%	1.6
1 200	16%	2.2

要求:确定实现最优资本结构的筹资方案。

实训指导

1. 财务杠杆的计算

(1) 打开"实验6.2"工作簿,选择"财务杠杆"工作表,根据资料(1)输入已知数据,并建立计算表格,如图6-3所示。

	A	B	C	D
1	财务杠杆系数计算与分析			
2		A公司	B公司	C公司
3	普通股本	5000000	3000000	2000000
4	发行股数	100000	60000	40000
5	债务总额	0	2000000	3000000
6	利率	8%	8%	8%
7	资本总额	5000000	5000000	5000000
8	息税前盈余	600000	600000	600000
9	计算分析			
10	债务利息			
11	税前盈余			
12	所得税(税率25%)			
13	税后盈余			
14	财务杠杆系数			
15	普通股每股收益			
16	净资产收益率			

图6-3　原始数据

(2) 参考表 6-14,利用相应公式进行计算。

表 6-14　　　　　　　　　　利用公式进行计算

单元格	公式
B10:D10	{=B5:D5*B6:D6}
B10:D10	{=B8:D8−B10:D10}
B10:D10	{=B11:D11*25%}
B10:D10	{=B11:D11−B12:D12}
B10:D10	{=B8:D8/B11:D11}
B10:D10	{=B13:D13−B4:D4}
B10:D10	{=B13:D13/B3:D3}

(3) 计算结果如图 6-4 所示。

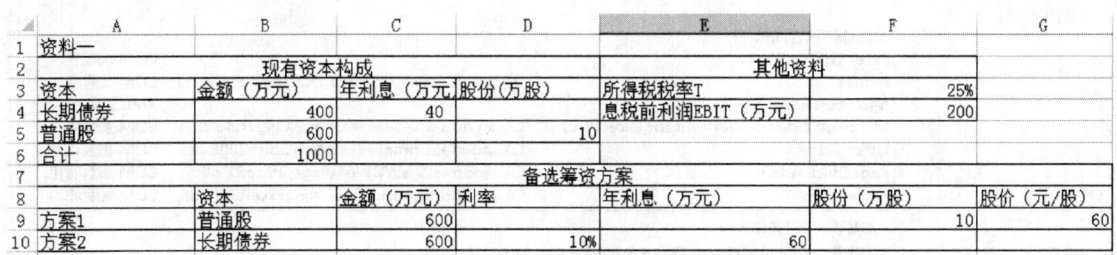

图 6-4　计算结果

2. 筹资方案的选择

(1) 打开"实验 6.3"工作簿,选择"筹资方案必选"工作表,根据资料(2)的已知条件计算每股收益无差别点的息税前利润额。已知条件如图 6-5 所示。

图 6-5　原始数据

(2) 通过公式求解法计算每股收益无差别点的息税前利润。根据公式 $(EBIT-I_1)(1-T) \div N_1 = (EBIT-I_2)(1-T) \div N_2$,推导出每股收益无差别点的息税前利润计算公式 $EBIT = (N_1 I_2 - N_2 I_1) \div (N_1 - N_2)$。选中 B26 单元格,输入"=(E10+C4(F9+D5)C4*D5)/F9",单击回车键,输出计算结果。再选中 C26 单元格,输入"=IF(F4>B26,"方案 2","方案 1")",完成对筹资方案的选择。

(3) 利用单变量求解法计算每股收益无差别点的 $EBIT$。选中 D27 单元格,输入"=

$(B27-C4)*(1-F3)/(D5+F9)-(B27-C4-E10)*(1-F3)/D5$"。在"数据"选项卡上选择"模拟分析—单变量求解",出现"单变量求解"对话框,如图 6-6 所示。在"目标单元格"框中输入"D27",在"目标值"框中输入"0",在"可变单元格"框中输入"＄B＄27",然后单击"确定",完成单变量求解的计算。

(4) 利用规划求解法计算每股收益无差别点的 $EBIT$。选择"文件—选项",弹出"Excel 选项"对话框,选择"加载项",如图 6-7 所示,选择"管理"中的"Excel 加载

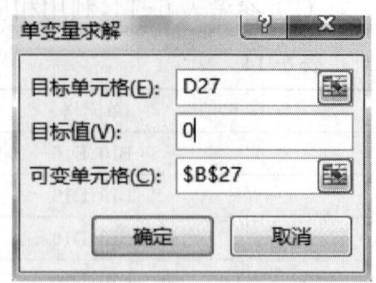

图 6-6 单变量求解对话框

项",点击"转到",在弹出的"加载宏"对话框中选择"规划求解加载项",如图 6-8 所示,点击"确定"。选中 D28 单元格,输入"=$(B28-C4)*(1-F3)/(D5+F9)-(B28-C4-E10)*(1-F3)/D5$"。在"数据"选项卡上选择"规划求解",出现"规划求解对话框",如图 6-9 所示。在"设置目标单元格"框中输入"＄D＄28",选中"目标值",然后在框中输入"0",在"可变单元格"框中输入"＄B＄28",然后单击"求解",完成规划求解的计算。计算结果如图 6-10 所示。

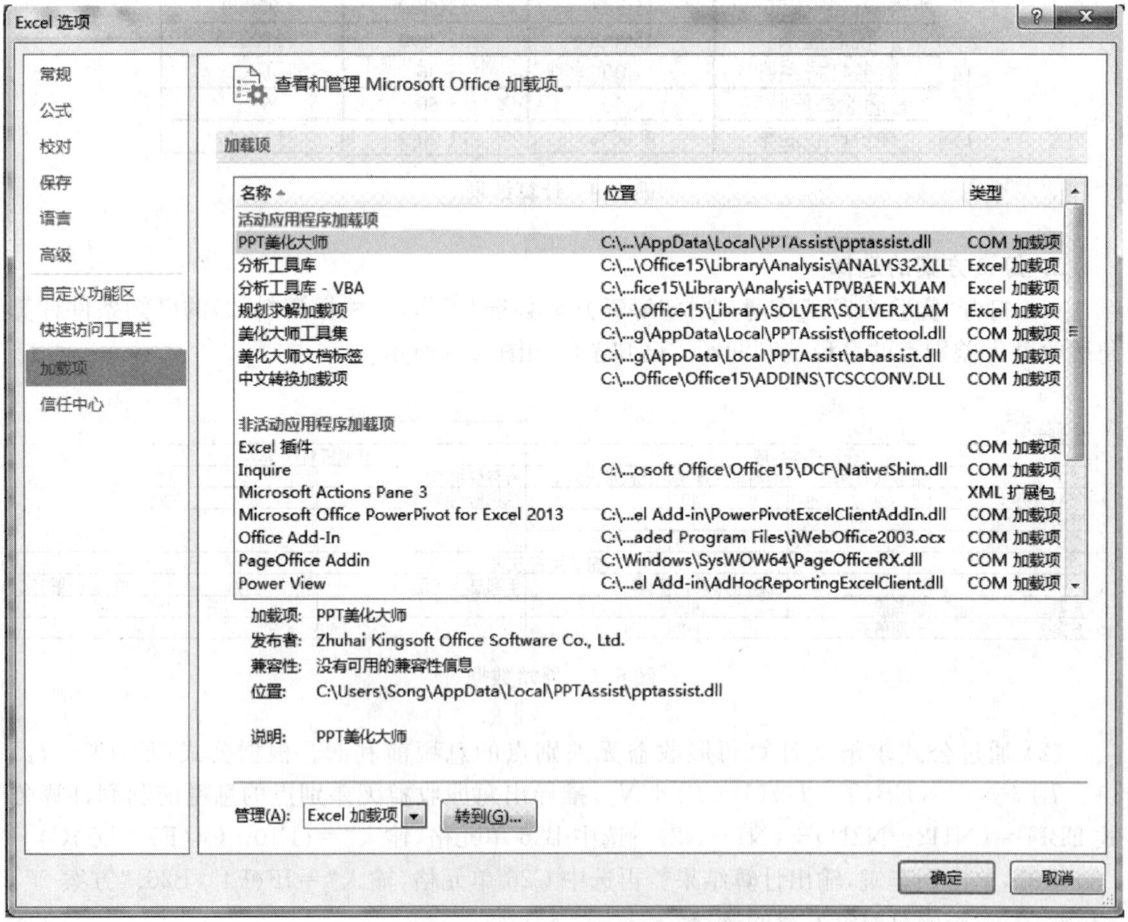

图 6-7 Excel 选项对话框

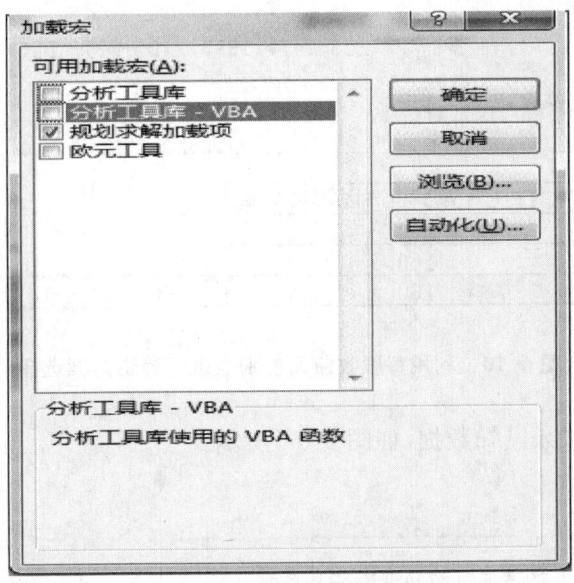

图 6-8 加载宏对话框

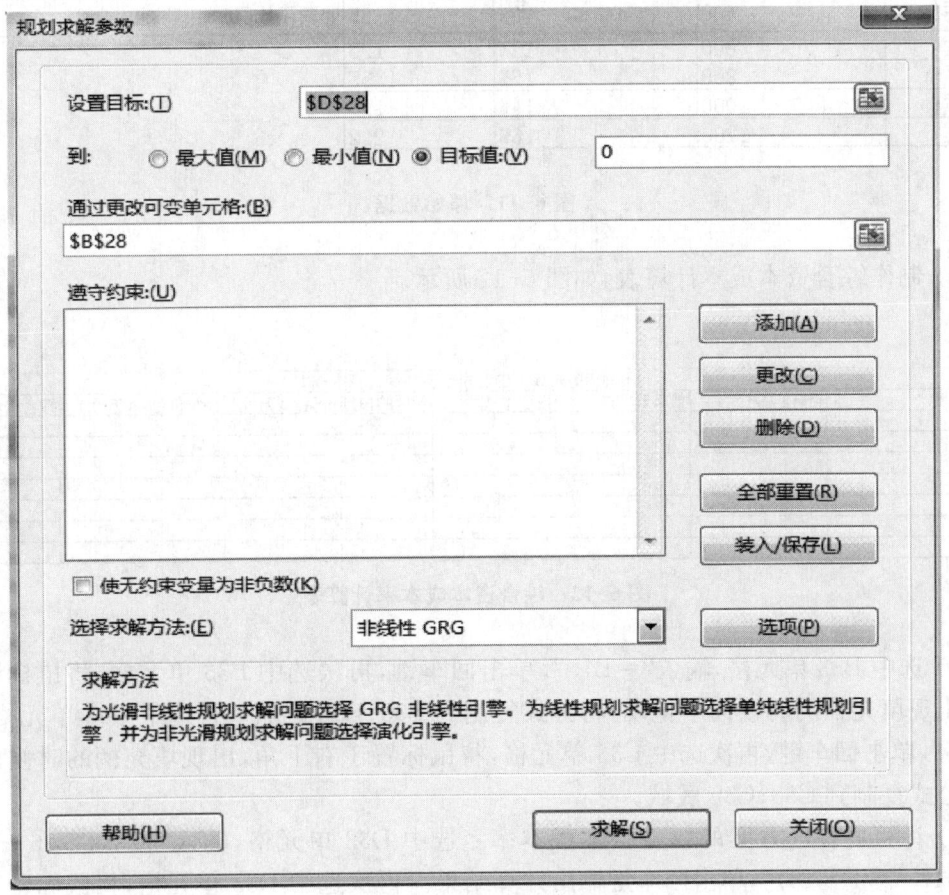

图 6-9 规划求解对话框

| D28 | : | × ✓ fx | =(B28-C4)*(1-F3)/(D5+F9)-(B28-C4-E10)*(1-F3)/D5 |

	A	B	C	D	E
24	资料一求解				
25	每股收益无差别点的EBIT（万元）		选择筹资方案		
26	公式求解	160	方案2		
27	单变量求解	160		0	
28	规划求解	160		-3.90799E-14	

图 6-10　利用每股收益无差别点进行筹资方案选择

（5）根据资料（3）录入已知数据，如图 6-11 所示。

	A	B	C	D	E	F
12	资料二					
13		不同债务规模下的债务利率及普通股β系数			其他资料	
14	备选方案	债务B（万元）	债务利率	普通股β值	息税前利润EBIT	600
15	方案1	0	0%	1.1	所得税税率T	25%
16	方案2	200	10%	1.2	无风险报酬率R_f	10%
17	方案3	400	10%	1.25	股票平均风险报酬率R_m	16%
18	方案4	600	12%	1.3		
19	方案5	800	12%	1.35		
20	方案6	1000	14%	1.6		
21	方案7	1200	16%	2.2		

图 6-11　原始数据

（6）制作综合资本成本计算表，如图 6-12 所示。

	A	B	C	D	E	F	G
31				不同债务规模下的公司价值和综合资本成本			
32	备选方案	债务B（万元）	债务利率Kb	股权资本成本Ks	股票的市场价值S（万元）	公司价值V（万元）	综合资本成本K_w
33	方案1						
34	方案2						
35	方案3						
36	方案4						
37	方案5						
38	方案6						
39	方案7						

图 6-12　综合资本成本率计算表

（7）选中 B33 单元格，输入"＝B15"，单击回车键，再次选中 B33 单元格，将鼠标置于右下角，出现填充柄的时候向下拖动，将公式复制到 B33:B39 区域。再选中 C33 单元格，输入"＝C15"，单击回车键，再次选中 C33 单元格，将鼠标置于右下角，出现填充柄的时候向下拖动，将公式复制到 C33:C39 区域。

（8）计算各备选方案的权益资本成本率。选中 D33 单元格，输入"＝＄f＄16＋D15＊（＄F＄17－＄F＄16）"，单击回车键输出计算结果。再次选中 D33 单元格，将鼠标置于右下角，出现填充柄的时候向下拖动，将公式复制到 D33:D39 区域。计算结果如图 6-13 所示。

| | D33 | | ▼ | : | × | ✓ | fx | =$F$16+D15*($F$17-$F$16) | |

	A	B	C	D
31				不同债务规模下的公司价
32	备选方案	债务B（万元）	债务利率Kb	股权资本成本Ks
33	方案1	0	0%	16.60%
34	方案2	200	10%	17.20%
35	方案3	400	10%	17.50%
36	方案4	600	12%	17.80%
37	方案5	800	12%	18.10%
38	方案6	1000	14%	19.60%
39	方案7	1200	16%	23.20%

图 6-13　权益资本成本率的计算

（9）计算各备选方案下股票的市场价值。选中 E33 单元格，输入"（$F$14－B33*C33)*(1－$F$15)/D33"，单击回车键输出计算结果。再次选中 E33 单元格，将鼠标置于右下角，出现填充柄的时候向下拖动，将公式复制到 E33:E39 区域。计算结果如图 6-14 所示。

| | E33 | | ▼ | : | × | ✓ | fx | =($F$14-B33*C33)*(1-$F$15)/D33 | |

	A	B	C	D	E
31					不同债务规模下的公司价值和综合资本成本
32	备选方案	债务B（万元）	债务利率Kb	股权资本成本Ks	股票的市场价值S（万元）
33	方案1	0	0%	16.60%	2711
34	方案2	200	10%	17.20%	2529
35	方案3	400	10%	17.50%	2400
36	方案4	600	12%	17.80%	2225
37	方案5	800	12%	18.10%	2088
38	方案6	1000	14%	19.60%	1760
39	方案7	1200	16%	23.20%	1319

图 6-14　股票市场价值计算

（10）计算各备选方案下公司的价值以及综合资本成本率。选中 F33 单元格，输入"＝B33＋E33"，单击回车键输出计算结果。再次选中 F33 单元格，将鼠标置于右下角，出现填充柄的时候向下拖动，将公式复制到 F33:F39 区域。选中 G33 单元格，输入"＝D3*E33/F33＋C33*B33*(1－$F$15)/F33"，单击回车键输出计算结果。再次选中 G33 单元格，将鼠标置于右下角，出现填充柄的时候向下拖动，将公式复制到 G33:G39 区域。计算结果如图6-15 所示。

（11）筹资方案的选择。选中 B41 单元格，输入"＝MAX(F33:F39)"，单击回车键输出计算结果；选中 C41 单元格，输入"＝MATCH(B41,F33:F39,0)"，单击回车键输出计算结果；选中 B42 单元格，输入"＝MIN(G33:G39)"，单击回车键输出计算结果；选中 C42 单元格，输入"＝MATCH(BA2,G33:G39,0)"，单击回车键输出计算结果。计算结果如图 6-16 所示。

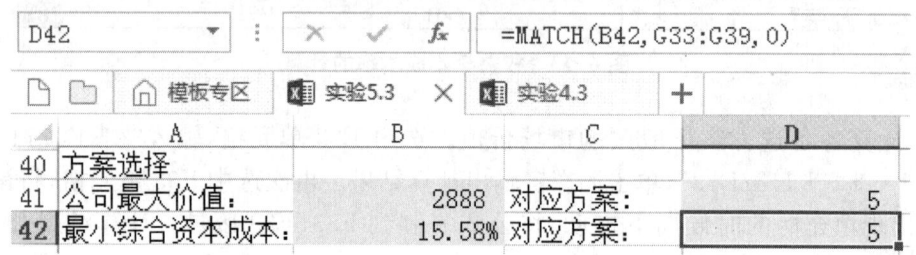

图 6-15 综合资本成本率计算

图 6-16 基于企业价值分析的筹资方案必选

实训结论

在资本总额、息税前利润相同的情况下,负债比率越高,企业的每股收益和净资产收益率也就越高,但是企业的财务杠杆系数也越高。这说明,通过举债产生了财务杠杆作用,在企业有正的税后利润的条件下,财务杠杆系数增大,企业的每股收益和净资产收益率就越大,这时财务杠杆对提高股东回报有正向的放大作用,但是与此同时,企业的财务风险也相应增大。企业应该通过合理安排资本结构,适度负债,控制风险,以获得最佳的财务杠杆利益。

习 题

一、单项选择题

1. 资本成本率的基础是(　　)。

A. 市场利率　　　　　　　　　　B. 银行利率
C. 名义利率　　　　　　　　　　D. 资金的时间价值

2. 在其他条件不变的情况下,借入资金比例越大,财务风险(　　)。

A. 越大　　　B. 不变　　　C. 越小　　　D. 逐年上升

3. 每股利润无差别点是指在两种筹资方式下,普通股每股利润相等时的(　　)。

A. 资本结构　　B. 成本总额　　C. 直接费用　　D. 息税前利润

4. 下列各项中,不影响经营杠杆系数的是(　　)。

A. 产品销售数量　　　　　　　　B. 产品销售价格
C. 固定成本　　　　　　　　　　D. 利息费用

5. 当财务杠杆系数为1时,下列表述正确的是( )。
A. 息税前利润增长率为零　　　　　　B. 息税前利润为零
C. 利息和优先股股息为零　　　　　　D. 固定成本为零

6. 下列筹资活动不会加大财务杠杆作用的是( )。
A. 增发普通股　　　　　　　　　　　B. 增发优先股
C. 增发公司债券　　　　　　　　　　D. 增加银行借款

7. 企业在追加筹资和追加投资时必须考虑的资本成本是( )。
A. 个别资本成本　　　　　　　　　　B. 加权资本成本
C. 综合资本成本　　　　　　　　　　D. 边际资本成本

8. 企业全部资金中,权益资本与债务资金各占50%,则企业( )。
A. 只存在经营风险　　　　　　　　　B. 只存在财务风险
C. 存在财务风险和经营风险　　　　　D. 财务风险和经营风险可相互抵消

9. 一般而言,企业资本成本最高的筹资方式是( )。
A. 发行债券　　　B. 长期借款　　　C. 发行普通股　　　D. 发行优先股

10. 财务杠杆影响企业的( )。
A. 税前利润　　　B. 税后利润　　　C. 息税前利润　　　D. 财务费用

11. 一般情况下,下列筹资方式中,资本成本率最低的是( )。
A. 发行股票　　　B. 发行债券　　　C. 长期借款　　　D. 留存收益

12. 在计算资本成本率时,与所得税有关的资金来源是( )。
A. 普通股　　　　B. 优先股　　　　C. 银行借款　　　D. 留存收益

13. 经营杠杆效应产生的原因是( )。
A. 不变的固定成本　　　　　　　　　B. 不变的产销量
C. 不变的债务利息　　　　　　　　　D. 不变的销售单价

14. 债券的资本成本率一般低于股票的资本成本率,其主要原因是( )。
A. 债券的筹资费用较少　　　　　　　B. 债券的发行量少
C. 债券的利息率固定　　　　　　　　D. 债券利息在税前支付

15. 若企业存在固定成本,息税前利润变动率一般比产销量变动率( )。
A. 小　　　　　　B. 大　　　　　　C. 相等　　　　　　D. 不一定

16. 当经营杠杆系数是5,财务杠杆系数是1.1时,总杠杆系数是( )。
A. 5.5　　　　　　B. 6.5　　　　　　C. 3.9　　　　　　D. 7.2

17. 每股利润变动率相对于息税前利润变动率的倍数,即为( )。
A. 经营杠杆系数　　　　　　　　　　B. 财务杠杆系数
C. 总杠杆系数　　　　　　　　　　　D. 边际资本成本

18. 息税前利润的变动率相对于销售量变动率的倍数,即为( )。
A. 经营杠杆系数　　　　　　　　　　B. 财务杠杆系数
C. 综合杠杆系数　　　　　　　　　　D. 边际资本成本

19. 每股利润变动率相对于销售额变动率的倍数,即为( )。
A. 经营杠杆系数　　　　　　　　　　B. 财务杠杆系数
C. 总杠杆系数　　　　　　　　　　　D. 边际资本成本

20. 某企业长期资本总额为1 000万元,借入资金占总资本的40%,借入资金的利息率为10%。当企业销售额为1 000万元,息税前利润为240万元时,财务杠杆系数为( )。
A. 1.2　　　　　　B. 1.25　　　　　　C. 1.04　　　　　　D. 1.4

二、多项选择题

1. 下列属于筹资费用的有(　　)。
A. 股票发行费用　　　　　　　　　　B. 向债权人支付的利息
C. 银行借款手续费　　　　　　　　　D. 向股东支付的股利

2. 资本成本的内容包括(　　)。
A. 利息　　　　　　　　　　　　　　B. 资本利得
C. 资金筹集费用　　　　　　　　　　D. 资金使用费用

3. 个别资本成本主要包括(　　)。
A. 债券成本　　　B. 综合成本　　　C. 留存收益成本　　　D. 普通股成本

4. 在企业全部资本中,其中资本成本较高的有(　　)。
A. 普通股　　　　B. 留存收益　　　C. 债券　　　　　　　D. 银行借款

5. 债务比例(　　),财务杠杆系数(　　),财务风险(　　)。
A. 越高、越大、越高　　　　　　　　B. 越低、越小、越低
C. 越高、越小、越高　　　　　　　　D. 越低、越大、越低

6. 在计算个别资本成本时,不需要考虑所得税影响的有(　　)。
A. 债券成本　　　　　　　　　　　　B. 银行借款成本
C. 普通股成本　　　　　　　　　　　D. 优先股成本

7. 企业降低经营风险的途径一般有(　　)。
A. 增加销售　　　　　　　　　　　　B. 增加自有资本
C. 降低变动成本　　　　　　　　　　D. 增加固定成本比例

8. 资本成本并不是企业筹资决策中所要考虑的唯一因素,企业筹资还需要考虑(　　)。
A. 财务风险　　　B. 资金期限　　　C. 偿还方式　　　　　D. 限制条件

9. 最佳资本结构是指(　　)的资本结构。
A. 企业价值最大　　　　　　　　　　B. 加权平均资本成本最低
C. 每股收益最大　　　　　　　　　　D. 净资产值最大

10. 影响资本结构的因素包括(　　)。
A. 企业财务状况　　　　　　　　　　B. 企业资产结构
C. 投资者和管理人员的态度　　　　　D. 贷款人和信用评级机构的影响

三、计算分析题

1. 某公司拟筹资8 000万元,其中,发行面值为2 000万元的债券,发行价款为2 010万元,票面利率为10%,筹资费用率为5%;发行优先股,票面总额700万元,股息率为12%,筹资费用率为3%,溢价发行,筹资总额为970万元;借款1 000万元,年利率为8%,期限为2年,每年计息一次,到期还本付息,银行借款手续费率为0.5%;发行普通股3 500万元,筹资费用率为5%,预计第一年股利率为13%,以后每年按3%递增;将留存收益700万元用于扩大再生产,所形成的新股权每年的股利率及增长率与普通股相同,所得税税率为25%。

要求:

(1) 计算该企业债券资本成本率；

(2) 计算该企业借款资本成本率；

(3) 计算该企业优先股资本成本率；

(4) 计算该企业普通股资本成本率；

(5) 计算该企业留存收益资本成本率；

(6) 计算该企业综合资本成本率。

2. 某公司全部资本为 1 000 万元，债务资金比例为 40%，债务利率为 10%，所得税税率为 25%，息税前利润为 100 万元。该公司生产甲产品，若固定成本总额为 160 万元，变动成本率为 70%，企业销售额为 2 000 万元。

要求：

(1) 计算企业的经营杠杆系数，并说明其表示意义；

(2) 计算企业的财务杠杆系数，并说明其表示意义；

(3) 计算企业的总杠杆系数，并说明其表示意义。

3. 某公司目前发行在外普通股 100 万股（每股面值 1 元），并发行利率为 10% 的债券 400 万元。该公司打算为一个新的投资项目融资 500 万元，新项目投产后每年的息税前利润将增加到 200 万元。现有两个方案可供选择：方案一，按 12% 的利率发行债券 500 万元；方案二，按每股 20 元的价格发行新股，公司适用的所得税税率为 25%。

要求：

(1) 计算两个方案的每股利润；

(2) 计算两个方案的每股利润无差别点的息税前利润；

(3) 计算两个方案的财务杠杆系数；

(4) 判断哪个方案最佳。

四、案例分析题

大宇资本结构的神话

韩国大宇集团创建于 1967 年，由于有政府政策、银行信贷支持等多方面的优势，其通过在国内外大力并购，逐步发展成为韩国第二大商业集团，仅次于现代集团。至 1998 年年底，其总资产已高达 640 亿美元，营业额占韩国 GDP 的 5%，业务涉及贸易、汽车、电子、通用设备、重型机械、化纤、造船等众多行业，国内所属企业多达 41 家，海外公司数量创下 600 家的纪录，海外雇员多达几十万人，大宇也成为国际知名品牌。大宇集团遵循的管理理念是"大马不死"，即企业规模越大，就越能立于不败之地。1997 年韩国陷入金融危机时，大宇集团不仅没有受到影响，在国内的集团排名反而从第 4 位上升到第 2 位，集团领袖人物金宇中本人也被美国《幸福》杂志评为亚洲风云人物。

1997 年韩国发生金融危机后，其他企业集团都开始收缩，但大宇集团仍然我行我素，结果债务越背越重。尤其是 1998 年年初，韩国政府提出企业集团进行自律结构调整的方针后，其他企业集团都把结构调整的重点放在改善财务结构方面，努力减轻债务负担。而大宇集团却认为，只要增加销售额和出口额就能躲过这场危机，因此，继续大量发行债券。1998 年大宇集团发行的公司债券达 7 万亿韩元（约 58.33 亿美元）。1998 年第四季度，其债务危机初露端倪，在各方援助下才避过债务灾难。此后，在严峻的债务压力下，大宇集团虽作出了种种努力，但为时已晚。

1999年7月中旬,大宇集团向韩国政府发出求救信号;7月27日,因"延迟重组",被韩国4家债务银行接管;8月11日,出售两家公司;8月16日,与债权人达成协议:在1999年年底之前,出售盈利状况最佳的大宇证券公司,以及大宇电器、大宇造船、大宇建筑公司等。其汽车项目资产免遭处理。在此后的几个月中,公司依然经营不善,资产负债率居高不下,最终导致董事长金宇中及14名下属公司的总经理主动辞职,以表示对大宇集团的债务危机负责。

　　要求:

　　试分析大宇集团经营中为什么发生债务危机?有什么办法可以摆脱这个危机吗?

项目七 营运资金管理

情景引例

2020年6月12日晚间，龙头地产公司泰禾集团披露了2019年财报，大华会计师事务所罕见给出了"非标准无保留意见"的审计报告，并表示，泰禾集团的持续经营能力存在重大不确定性。泰禾集团的资金链，到底断没断？所有股东都想从这份财报中寻找到答案。2016年、2017年，泰禾集团是中国土地拍卖市场最猛的"勇士"，频频刷新全国单价"地王"的纪录。期间，泰禾集团的新增土地储备分别达到204万平方米、792.8万平方米，呈几何式增长。泰禾集团从2019年开始卖地，并将卖房、回款视作头等大事。2019年一季度，泰禾集团发起"一号抢收"计划，将捂在手里的西府大院，以最低11万元/平方米的价格"清仓甩卖"。位于北京西三环的西府大院，是泰禾集团的顶级豪宅，此前泰禾集团曾计划以18万元/平方米的价格出售，却碰上了北京新房的价格调控政策，泰禾集团坚持不卖，一捂就是数年，然而，面对融资困难、资金链断裂的残酷现实，最终无奈割肉出售。2019年上半年，西府大院加上金府大院两个项目，让泰禾"回血"近100亿元。卖房回款，主要体现在财报中的预收账款。2019年泰禾集团的预收账款接近500亿元，同比增长超33%，创下历史新高。然而，卖房回款的速度，终究是赶不上巨额债务到期的速度。据泰禾集团披露，2020年到期的有息负债高达540.43亿元，其中银行贷款67.3亿元，信托贷款252.7亿元，资管贷款137.66亿元。然而，截至2020年一季度末，泰禾集团的账面现金仅剩下55.53亿元，与即将到期的债务相比，可谓是杯水车薪。

（参考资料来源：根据泰禾集团对外披露财报信息整理。）

想一想：泰禾集团在营运资金管理中出现了哪些问题？对企业的经营发展有哪些影响？

知识目标

营运资金管理的内容、目标及决策方法，包括企业持有现金的动机、成本及最佳现金持有量的确定；企业持有应收款的动机、成本及信用政策的制定；企业持有存货的动机、成本及经济订货批量的确定。

能力目标

- 能够确定企业现金的最佳持有量。
- 能够确定企业应收账款的管理原则及基本管理方法。
- 能够确定企业的经济订货批量，能够制定合理有效的信用政策。

背景知识

在企业中，营运资金管理在资产负债表中重点应关注的是流动资产和流动负债的数据。

营运资金可以用来衡量公司或企业的短期偿债能力，其金额越大，代表该公司或企业对于支付义务的准备越充足，短期偿债能力越好。当营运资金出现负数，也就是一家企业的流动资产小于流动负债时，这家企业的营运可能随时因周转不灵而中断。营运资金管理是对企业流动资产及流动负债的管理。一个企业要维持正常的运转就必须要拥有适量的营运资金，因此，营运资金管理是企业财务管理的重要组成部分。据调查，公司财务经理有60%的时间都用于营运资金管理。可见，营运资金管理的核心内容就是对短期资金运用和筹措的管理。

营运资金（working capital），也称营运资本。广义的营运资金（又称总营运资本），是指一个企业投放在流动资产上的资金，具体包括应收账款、存货、其他应收款、应付票据、预收票据、预提费用、其他应付款等占用的资金。狭义的营运资金（也称净营运资金），是指某时点企业的流动资产与流动负债的差额（不包含现金及现金等价物，以及短期借款）。

流动资产是指可以在一年内或超过一年的一个营业周期内变现或运用的资产，具有占用时间短、周转快、易变现等特点。企业拥有较多的流动资产，可在一定程度上降低财务风险。流动资产在资产负债表上主要包括以下项目：货币资金、短期投资、应收票据、应收账款、预付费用和存货。资产负债表中四个最重要的流动资产项目是：现金和现金等价物、有价证券、应收账款和存货。

流动负债（又称短期融资），是指需要在一年或者超过一年的一个营业周期内偿还的债务，具有成本低、偿还期短的特点。企业必须认真对流动负债进行管理，否则，企业将承受较大的风险。流动负债主要包括以下项目：短期借款、应付票据、应付账款、应付工资、应付税金、未交利润等。

营运资金是企业流动资产和流动负债的总称。流动资产减去流动负债的余额被称为净营运资金。营运资金管理包括流动资产管理和流动负债管理。在项目七中，我们重点对流动资产的三个重要影响因素——货币资金、应收账款和存货的合理持有量进行介绍。

任务1 营运资金的整体认知

活动1 现金周期与营运周期

活动目标： 能够计算企业的现金周期和营运周期。

工作实例7-1： 乐天企业采购专员在4月1日为公司采购了价值1 000元的存货F，并按照惯例告知财务专员，货款于30天后支付。30天后，销售专员把这批存货F以1 400元的价格售出，并告知财务专员，客户承诺45天后支付相应的货款。

假设你是财务专员，请理顺一下往来的现金关系。

(1) 该存货F的经营周期是多少天？

(2) 该存货F的存货周期是多少天？

(3) 该笔应收账款的周期是多少天？

(4) 该现金周期是多少天？

任务工具：
步骤一：
根据以上资料，编制"企业营运流程梳理表"，如表 7-1 所示。

表 7-1　　　　　　　　　　　　企业营运流程梳理表

天数	活动	对现金的影响
0	获取存货 F	无
30	支付采购货款	-1 000 元
60	赊销存货	无
105	收回销售货款	+1 400 元

通过这个例子可以得出，该批存货 F 是有自己的经营周期、存货周期、应收账款期间、现金周期的。

（1）经营周期：公司用现金购得产品或服务，然后出售给顾客获得现金，然后重复此过程的时间。存货下的经营周期为 105 天。

（2）存货周期：某一类产品、材料或某个单品进出仓库的循环时间。存货下的存货周期为 60 天。

（3）应收账款周期：存货卖出后至货款收到的时间。存货下的应收账款期间为 45 天。

（4）应付账款周期：存货采购后至该笔款项付出的时间。存货下的应付账款期间为 30 天。

（5）现金周期：企业在经营中从付出现金到收到现金所需的平均时间。存货下的现金周期为 75 天。

步骤二：
从图 7-1 可以看出：

现金周期＝经营周期－应付账款周期

经营周期＝存货周期＋应收账款周期

图 7-1　经营周期

工作实例 7-2：B 经理为 A 经理展示了甲企业目前的资产负债表的部分信息，如表 7-2 所示。

（1）甲公司需要多久时间才能收回它的应收账款？
（2）商品在销售出去之前存放了多久？甲公司付清订单要花多长时间？

表 7-2　　　　　　　　　　　甲企业营运数据简表　　　　　　　　　　单位：万元

项目	期初	期末	平均＝(期初＋期末)/2
存货	5 000	7 000	6 000
应收账款	1 600	2 400	2 000
应付账款	2 700	4 800	3 750
销售收入净额			50 000
销货成本			30 000

任务工具：

步骤一：

存货周转率＝销货成本÷平均存货＝30 000÷6 000＝5(次)

应收账款周转率＝赊销额÷平均应收账款＝50 000÷2 000＝25(次)

应付账款周转率＝销货成本÷平均应付账款＝30 000÷3 750＝8(次)

步骤二：

存货周期＝360÷存货周转率＝360÷5＝72(天)

应收账款周期＝360÷应收账款周转率＝360÷25＝14.4(天)

应付账款周期＝360÷应付账款周转率＝360÷8＝45(天)

现金周期＝存货周期＋应收账款周期－应付账款周期＝41.4(天)

步骤三：

现金周期的变化会直接影响所需营运资金的数额。一般来说，存货周期和应收账款周期越长，应付账款周期越短，营运资金数额就越大；相反，存货周期和应收账款周期越短，应付账款周期越长，营运资金数额就越小。此外，营运资金周转的数额还受到偿债风险、收益要求和成本约束等因素的制约。

流动资金既然供营运周转之用，就应该有一个循环周期。周期的长短，关系到资金成本及运用效率。

工作实例 7-3：乐天企业生产个人定制产品 K，销售部门预测下个月的市场需求为 100 部，并制定了相应的原料采购计划。财务经理预测到以下步骤决定其未来可产生的现金流量，并显示出其生产决策对公司流动资金地位的影响：

(1) 公司订购生产 100 部电脑所需的零组件，因电脑行业采购原料、零件的付款习惯而实行信用赊购方式。

(2) 组装零件成为电脑成品，需要雇佣若干劳动力，产品完成时，工资并未全部支付，因而一部分发生应付工资。

(3) 电脑成品以信用销售方式售出，因而发生应收账款，并无立即现金流入。

(4) 在生产过程中的某一阶段，在收回应收账款之前，公司必须支付应付账款及应付工资，因而发生净现金流出。此项现金流出须向银行借款融通。

(5) 当公司收回应收账款时，流动资金的现金流程循环已经完成。此时公司有能力偿还借款，此项借款的目的在于协助生产的进行及营运周转。

想一想：现金周期、经营周期、存货周期对企业经营分别有什么意义和价值。

任务工具：

步骤一：

现金周期： 乐天公司进行产销活动,把零组件及人工转换为现金的过程。

存货周期： 是指把原物料或零组件制造为产品,并将产品售出所需的时间。多以存货周转率计量,销售成本÷平均存货＝存货周转率,存货周转次数愈多,代表该企业推销商品的能力及经营绩效越佳,因此存货转换期间不宜过长。

应收账款周期： 是指应收账款收回现金所需的时间,又称为销货悬账天数。

赊销额÷平均应收账款＝应收账款周转率,值越高表示企业收账的速度及效率越佳。假定应收账款周转率为 54 天,是指销货发生的应收账款转换为现金,需要 54 天时间。

应付账款周期： 是指自购进原料或雇佣人工至支付价款及工资所递延的平均天数。公司支付购料价款及工资的递延期间,通常为 30 天。

步骤二：

现金周期包括上述三个期间,其长度等于自公司购买（生产所需资源）原材料及人工支付现金之日起,至销售产品收回价款之日止所经过的天数,可以衡量公司的现金冻结在流动资产上的时间长短。

现金周期可用下列公式计算得出：

$$存货周期＋应收账款周期－应付账款周期＝现金周期$$

从另一角度看则为：

$$现金回收递延天数－现金支出递延天数＝净递延天数$$

周转期的长短关系到资金冻结时间的长短,影响资金成本及运用效益。财务管理人员应研究缩短周期的可能途径,以提高资金运用效率及营运收益。

步骤三：

缩短存货周期和应收账款周期、延长应付账款付款期是缩短现金周期的基本途径。企业可以根据自身的实际情况,压缩收款流程、优化贷款支付过程,如利用现金浮余量,支付账户集中、展期付款、设立零余额账户、远距离付款等方法,在合理的范围内尽量延长贷款支付的时间,加速现金流的周转,相应地提高现金的利用效果,从而增加企业的收益。

活动 2 | 流动资产投资策略

活动目标： 能够选择合适的流动资产投资策略。

工作实例 7-4： A 总经理是佳丽企业的总经理,他的财务经理 B 今早来找他。

财务经理：今年的筹资方案有两个,您看看哪个更合适一些。

方案一：企业的流动资产（通常只包括生产经营过程中生产的存货、应收款项以及现金等生产型流动资产,而不包括股票、债券等有价证券等金融资产性流动资产）与销售收入维持较低的水平。

方案二：企业的流动资产（通常只包括生产经营过程中生产的存货、应收款项以及现金等生产型流动资产,而不包括股票、债券等有价证券等金融资产性流动资产）与销售收入维持较高的水平。

想一想：A 总经理应该从哪些角度进行思考和选择？

任务工具：

步骤一：

流动资产投资策略是指当企业的产销规模一定时，流动资产投资规模的选择。其决策目标是节省流动资金的使用和占用，最好地实现企业利润。企业流动资产投资策略包括配合型投资策略、稳健型投资策略和激进型投资策略。

1. 配合型投资策略

配合型投资策略是指在保证流动资产正常需要量的情况下，适当保留一定的保险储备量以防不测的投资组合策略。

2. 稳健型投资策略

稳健型投资策略从稳健经营的角度出发，在安排流动资产时，除保证正常需要量和必要的保险储备量外，还安排一部分额外的储备量，以最大限度地降低企业可能面临的流动性风险。

3. 激进型投资策略

激进型投资策略是指企业对流动资产的投资只保证流动资产的正常需要量，不保留或只保留较少的保险储备量，以便最大限度地减少流动资产占用水平，提高企业的运营效率。

步骤二：

根据流动资产与销售收入这一比率的高低，可将流动资产投资策略分为以下两类。

1. 宽松的流动资产投资策略

（1）维持高水平的流动资产与销售收入比率（低收益、低风险）。

（2）对流动资产的高投资可能导致较低的投资收益率，但由于较高的流动性，企业的运营风险较小。

2. 紧缩的流动资产投资策略

（1）维持较低的流动资产与销售收入比率（高收益、高风险）。

（2）可能伴随着更高的风险。例如，紧缩的信用政策可能减少企业销售收入，而紧缩的产品存货政策则不利于顾客进行商品选择，从而影响企业销售。

（3）只要不可预见事件没有损坏企业的流动性而导致严重的问题发生，紧缩的流动资产投资战略就会提高企业效益。

步骤三：

流动资产是企业生产经营活动的必要条件，其投资的核心不在于流动资产本身的多寡，而在于流动资产能否在生产经营中有效地发挥作用，即流动资金的周转与企业的经济效益能否一致。

流动资产投资策略的详细信息如表7-3所示。

表 7-3　　　　　　　　　　　　　流动资产投资策略

种类	特点			
	流动资产与销售收入比率	财务与经营风险	流动资产持有成本	企业的收益水平
紧缩的流动资产投资策略	维持低水平	较高	较低	较高
宽松的流动资产投资策略	维持高水平	较低	较高	较低

选择流动资产投资策略应考虑的因素如表7-4所示。

表7-4　　　　　　　　　选择流动资产投资策略应考虑的因素

因素	具体表现
(1) 权衡资产的收益性和风险性	增加流动资产投资,会增加流动资产的持有成本,降低资产的收益性,但会提高资产的流动性;反之会降低。因此,从理论上来说,最优的流动资产投资规模等于流动资产的持有成本与短缺成本之和最低时的流动资产占用水平
(2) 企业经营的内外部环境	① 银行和其他借款人对企业流动性水平非常重视。如果公司重视债权人的意见,会持有较多流动资产。 ② 融资困难的企业,通常采用紧缩政策
(3) 产业因素	销售边际毛利较高的产业,宽松信用政策可能提供更可观的收益
(4) 行业类型	流动资产占用具有明显的行业特征。比如,在商业零售行业,其流动资产占用要超过机械行业
(5) 影响企业政策的决策者	保守的决策者更倾向于宽松的流动资产投资策略,而风险承受能力较强的决策者则倾向于紧缩的流动资产投资策略。 ① 运营经理和销售经理分别喜欢高水平的原材料存货及产成品存货。 ② 财务管理人员喜欢使存货和应收账款最小化

任务2　信用政策管理

读一读

小故事：富翁与乞丐

某富翁一天走过地下通道,碰到一个乞丐,看到乞丐衣衫单薄的样子,富翁一下动了恻隐之心,掏钱时才发现身上只带了100元。"把钱给乞丐,自己午饭怎么解决?"富翁手里拿着100元犹豫了。乞丐见到这100元心里一阵狂喜,但突然富翁又把钱收起来了,乞丐吞了一下口水。富翁脱下自己的大衣对乞丐说:"衣服给你吧,价值1 000多元呢!"富翁以为乞丐会很感激,乞丐接过大衣,但很快又还给他,却盯着他的钱包说:"你还是给我现金吧,衣服不能拿去买饭吃!"

活动3 | 目标现金余额

活动目标：能够确定最佳现金余额。

工作实例7-5：乐天公司是一家老牌制造企业,上下游企业关系稳定,对每年的现金需要总量基本可实现较准确预测。根据估算,公司202×年全年需要现金80 000元。同时,其公司持有的有价证券因为选择恰当,一般都能变现,且每次转化成本固定为400元,有价证券的利息率为15％。新进的财务经理来到乐天公司后需要重点考虑一个问题是,公司账面上的目标现金余额的确定,留存太多的话会增加公司的现金机会成本(持有成本),可留存太少的话可能给公司带来交易成本(调整成本)。

想一想：该企业的目标现金余额到底多少合适，为何这样考虑？

任务工具：

步骤一：

企业持有现金会涉及三个成本：①机会成本。它是因持有一定现金余额而丧失的再投资收益，一般是随着现金持有量的增加而增加的。②管理成本。这部分多是固定的支出，管理的资金只要不超出一定范围，不会因为资金量的变化而为工资带来变化，这部分成本就是因持有一定数量的现金而发生的管理费用，一般企业里多认为是固定成本。③短缺成本。它是因为现金持有量的不足而又无法及时通过有价证券变现加以补充而给公司造成的损失，当然，这部分成本是随着现金持有量的增加而不断减少的。

步骤二：

BAT模型就是常说的存货模型，也是鲍曼模型。现金的转换成本是指企业每次以有价证券转换为现金所付出的代价。在一定时期现金使用量确定的前提下，现金转换次数越多或每次转换金额越小，交易成本越高。存货模型有四个假设前提：

(1) 企业所需现金可以通过证券变现取得，且证券变现不确定性很小。

(2) 企业预算期内的现金需要总量可以预测。

(3) 现金支出稳定，且能实时补足。

(4) 每次转换的交易成本已知。

通过现金相关成本的分析，在现金需求总量一定的前提下，现金持有量越多，持有成本就越大，但由于证券转换次数减少，转换成本就越小；反之，减少现金持有量，尽管可以降低现金的持有成本，但转换成本却会随着证券转换次数的增加而相应增加，转换成本和持有成本与现金持有量之间的反方向变动趋势要求企业必须对现金与有价证券的分割比例进行合理安排，从而使持有成本与转换成本保持最低的组合水平。因此，所谓最佳现金持有量就是使企业持有现金的总成本（即持有成本和转换成本之和）最低的现金持有量，如图7-2所示。

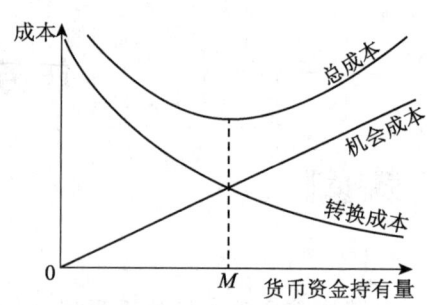

图7-2 现金的成本构成

设 T 为一个周期内现金总需求量；F 为每次转换有价证券的固定成本；Q 为最佳现金持有量（每次证券变现的数量）；K 为有价证券利息率（机会成本）；TC 为现金管理总成本。则：

现金管理总成本＝机会成本＋转换成本

即：

$$TC = \frac{Q}{2} \times K + \frac{T}{Q} \times F$$

现金管理的相关总成本与现金持有量呈凹形曲线关系。持有现金的机会成本与证券变现的交易成本相等时，现金管理的相关总成本最低，此时的现金持有量为最佳现金持有量，即：

$$Q = \sqrt{\frac{2TF}{K}}$$

最低现金管理总成本：$TC = \sqrt{2TFK}$

可以计算出证券转换次数：$C = \dfrac{T}{Q}$

步骤三：

1. 现金收支的日常管理

（1）力争现金流量同步。如果企业能尽量使它的现金流入与现金流出发生的时间趋于一致，就可以使其所持有的交易性现金余额降到最低水平。这就是所谓的现金流量同步。

（2）使用现金浮游量。从企业开出支票，收票人收到支票并存入银行，至银行将款项划出企业账户，中间需要一段时间。现金在这段时间的占用称为现金浮游量。在这段时间里，尽管企业已开出了支票，却仍可动用在活期存款账户上的这笔资金。不过，在使用资金浮游量时，一定要控制好使用时间，否则会发生银行存款的透支。

（3）加速收款。这主要指缩短应收账款的时间。发生应收账款会增加企业资金的占用；但它又是必要的，因为它可以扩大销售规模，增加销售收入。问题在于如何既利用应收账款吸引顾客，又缩短收款时间。这要在两者之间找到适当的平衡点，并需实施妥善的收账政策。

（4）推迟应付款的支付。企业可在不影响自己信誉的前提下，尽可能地推迟应付款的支付期，充分运用供货方所提供的信用优惠。如遇企业急需现金，甚至可以放弃供货方的折扣优惠，在信用期的最后一天支付款项。当然，这要权衡折扣优惠与急需现金之间的利弊得失而定。比如，有的企业在银行单独开设一个账户专供支付职工工资，为了最大限度地减少这一存款金额，企业可预先估计出开出支付工资支票到银行兑现的具体时间。例如，某企业在每月5日支付工资，根据经验，5日、6日、7日及7日以后的兑现率分别为20％、25％、30％和25％。这样，企业就不需在5日存足支付全部工资所需要的工资额，而可将节余下的部分现金用于其他投资。

2. 收款管理

一个高效率的收款系统能够使收款成本和收款浮动期达到最小，同时能够保证与客户汇款及其他现金流入来源相关的信息的质量，如表7-5所示。

表7-5 收款管理

因素	内容
收款成本	①浮动期成本（机会成本）；②管理收款系统相关费用；③第三方处理费用或清算相关费用
收款浮动期	收款浮动期是指从付款人支付开始到企业收到资金的时间间隔。收款浮动期主要是支付工具导致的，有下列三种类型： ①邮寄浮动期：从付款人寄出支票到收款人或收款人的处理系统收到支票的时间间隔。 ②处理浮动期：支票的接受方处理支票和将支票存入银行以收回现金所花的时间。 ③结算浮动期：通过银行系统进行支票结算所需的时间

3. 付款管理

控制现金支出的目标是在不损害企业信誉条件下，尽可能推迟现金的支出，如表7-6所示。

表 7-6　　　　　　　　　　　　　　　付款管理

延缓现金支出的策略	说明
使用现金浮游量	现金浮游量是指由于企业提高收款效率和延长付款时间所产生的企业账户上的现金余额和银行账户上的企业存款余额之间的差额
推迟应付款的支付	推迟应付款的支付是指企业在不影响自己信誉的前提下,充分运用供货方所提供的信用优惠,尽可能地推迟应付款的支付期
汇票代替支票	与支票不同的是,承兑汇票并不是见票即付,它推迟了企业调入资金支付汇票的实际所需时间
改进员工工资支付模式	企业可以为支付工资专门设立一个工资账户,通过银行向职工支付工资
透支	企业开出支票的金额大于活期存款余额
争取现金流出与现金流入同步	应尽量使现金流出与流入同步,这样,就可以降低交易性现金余额,同时可以减少有价证券转换为现金的次数,提高现金的利用效率,节约转换成本
使用零余额账户	企业与银行合作,保持一个主账户和一系列子账户。企业只在主账户保持一定的安全储备,而在一系列子账户不需要保持安全储备

知识补充：

◇ **米勒-奥尔模型(The Miller-Orr Model)的应用**

默顿·米勒和丹尼尔·奥尔(Daniel Orr)创建了一种能在现金流入量和现金流出量每日随机波动情况下确定目标现金余额的模型,又称最佳现金余额模型。米勒-奥尔模型,既引入了现金流入量也引入了现金流出量。模型假设日净现金流量(现金流入量减去现金流出量)服从正态分布。每日的净现金流量可以等于其期望值,也可以高于或低于其期望值。我们假设净现金流量的期望值为零,如图 7-3 所示。

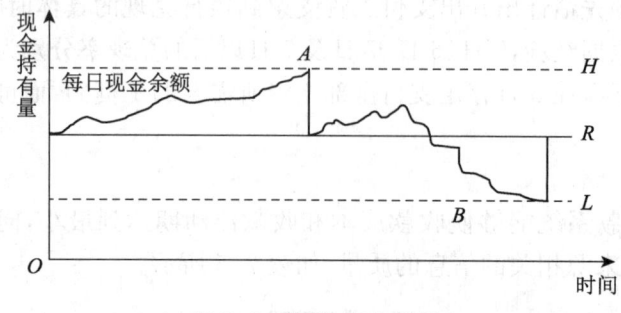

图 7-3　米勒-奥尔模型

1. 含义

随机模型是在现金需求量难以预知的情况下进行现金持有量控制的方法。

2. 应用原则

企业可根据历史经验和现实需要,测算出一个现金持有量的控制范围,即制定出现金持有量的上限和下限,将现金量控制在上下限之内。

要运用米勒-奥尔模型,管理者必须先完成以下四项工作：

(1) 设置现金余额的控制下限。该下限与管理者确定的最低安全边际有关。

(2) 估计日净现金流量的标准差。

(3) 确定利率。

(4) 估计转换有价证券的交易成本。

随机模式的处理方式如表 7-7 所示。

表 7-7　　　　　　　　　　　随机模式的处理方式

现金余额	处理方式
现金量达到上限时	用现金购入有价证券,使其存量回落至现金返回线的水平
现金量达到下限时	抛售有价证券换回现金,使其存量回升至现金返回线的水平
现金量在控制的上下限之内	不进行现金与有价证券的转化,保持他们各自的现有存量

3. 计算

$$R = \sqrt[3]{3b\delta^2/4i} + L$$
$$H = 3R - 2L$$

式中:R 表示目标现金余额;b 表示每次有价证券的固定转换成本(交易成本);i 表示有价证券的日利息率(机会成本);δ 表示预期每日现金余额变化的标准差(可根据历史资料测算)。

下限 L 的确定,要受到企业每日的最低现金需要、管理人员的风险承受倾向等因素的影响。

达到上限后需要用现金去投资有价证券的金额:$H - R$

达到下限后需要转让有价证券的金额:$R - L$

米勒-奥尔模型也依赖于交易成本和机会成本,且每次转换有价证券的交易成本被认为是固定的,而每期持有现金的百分比机会成本则是有价证券的日利率。米勒-奥尔模型每期的交易次数是一个随机变量,且根据每期现金流入与流出量的不同而发生变化。因此,每期的交易成本就决定于各期有价证券的期望交易次数。同理,持有现金的机会成本就是关于每期期望现金额的函数。

4. 补充说明

米勒和奥尔用一个大工业企业 9 个月的现金余额数据检验了他们的模型。由这一模型得出的日平均现金余额大大低于企业实际获得的平均数值。米勒-奥尔模型更加明确了现金管理的关键。首先,该模型说明最优返回点 R 与交易成本 b 正相关,而与机会成本 i 负相关。其次,米勒-奥尔模型说明最优返回点及平均现金余额都与现金流量这一变量正相关。这就意味着,现金流量更具不确定性的企业应保持更大数额的平均现金余额。

活动 4 | 商业信用

活动目标:能够设计应收账款管理方案。

工作实例 7-6:乐天公司的采供部门近期准备采购一批原材料,两种方案都不影响其原材料的到货时间。供货商基于长期的合作为其提供了两种付款政策,分别是 2/10,N/30。

想一想:这两种情况下,哪个时间点付款比较划算,出于何种考虑?

任务工具:

步骤一:

对于放弃现金折扣的信用成本,可以这样理解:如果企业放弃现金折扣,即选择到期满额付款,则企业把原本能够少支出的现金企业可以挪作他用,相当于借了一笔款项,放弃现金折扣的信用成本,即为"这笔借款"的"利息",机会成本越大,则说明"这笔借款"的"利息"

越高,当它大于短期借款利息率时,企业应选择折扣期付款。商业信用的具体形式有应付账款、应付票据、预收账款。2/10、N/30 分别表示如果于购买发票日算起 10 天内付款,这可以享受 2% 的购货折扣,如果是 10 至 30 天内付款则无这笔折扣,换而言之,必须支付全部货款,也就是赊销时长最长为 30 天。

步骤二:
放弃现金折扣成本的计算公式如下:

$$放弃现金折扣的机会成本=折扣百分比÷(1-折扣百分比)×360÷(信用期-折扣期)$$

首先,因为在第 1 至 9 天付款和第 11 至 29 天内付款所得到的待遇是一样的,所以,付款期肯定是第 10 天或是第 30 天。其次,如果 10 天内付款,将只需要支付 9.8 万元。放弃折扣的成本,财务上常称之为有代价信用,就是指买方公司放弃折扣付出代价而获得的信用。如果是在 30 天付款,那么也就是可以延期使用 9.8 万元 20 天。所以,放弃折扣的成本=10×2%=0.2(万元),而放弃折扣的成本=10×(1-2%)=9.8(万元),乘以放弃折扣的资本成本率,再细化到除以每一天就是除以 360,然后乘以持有的天数,即为:30-10=20(天)。

$$年化收益率=\frac{投资内收益÷本金}{投资天数÷360}×100\%$$

整理公式即得:

$$10×(1-2\%)×放弃折扣的资本成本率×\frac{30-10}{360}=10×2\%$$

$$放弃折扣的资本成本率=\frac{2\%}{1-2\%}×\frac{360}{30-10}=36.7\%$$

步骤三:
决策原则如下:
(1) 如果能以低于放弃折扣的隐含利息成本(即放弃现金折扣成本)的利率借入资金,便应在现金折扣期内用借入的资金支付货款,享受现金折扣。

【提示】放弃折扣,实质上就是向供应商借款,其利率等于放弃折扣成本。如果借入银行资金利率低,应向银行借款,即归还供应商资金(享受折扣)。

(2) 如果折扣期内将应付账款用于短期投资,所得的投资收益率高于放弃折扣的隐含利息成本,则应放弃折扣而去追求更高的收益。

【提示】投资收益高于向供应商借款的利率,应当投资,即不归还供应商借款(放弃折扣)。

(3) 如果企业因缺乏资金而欲延展付款期,则需在降低了的放弃折扣成本与延展付款带来的损失之间做出选择。

(4) 如果面对两家以上提供不同信用条件的卖方,应通过衡量放弃折扣成本的大小,选择信用成本最小(或所获利益最大)的一家。

如果决定享受现金折扣,应选择放弃现金折扣成本最大的方案,即享受时选高的。
如果决定放弃现金折扣,应选择放弃现金折扣成本最小的方案,即放弃时选低的。
所以,如果放弃折扣所能获得投资收益,即持有这 9.8 万元在这 20 天内可以得到比 36.7% 更高的年化收益率,应该 30 天再付款,否则应该提前在第 10 天付款享受折扣。

活动 5 | 应收账款管理

活动目标：能够设计应收账款管理方案。

工作实例 7-7：乐天公司的财务部经理最近接生产部门的通知，该企业因为新设备的引入，剩余生产能力还可以进一步提高。经了解，乐天公司该种产品每年可销售 80 000 件，每件出厂价位为 2 元，产品的变动成本为 1 元，固定成本为 20 000 元。该企业的产品很有市场，但是客户要求企业提供给其更优质的信用期限。为方便销售部门在谈判中赢得有利地位，经过与销售部门的讨论，企业财务部授信专员提出了两种信用方案进行选择。

方案一：信用期限为 30 天，预计可增长销售 40 000 件。
方案二：信用期限为 60 天，预计可增长销售 60 000 件。
相关具体数据信息如表 7-8 所示。

表 7-8　　　　　　　　　　企业销售情况表　　　　　　　　　　金额单位：元

项目	现金销售	30 天信用期销售	60 天信用期销售
销量（件）	80 000	120 000	140 000
销售收入	160 000	240 000	280 000
销售成本	100 000	140 000	160 000
变动成本	80 000	120 000	140 000
固定成本	20 000	20 000	20 000
销售毛利	60 000	100 000	120 000

据销售部门估算，如果按照现金销售，将没有坏账损失和收账成本的，预估 30 天销售的回款时间坏账损失率估计为 2%，并且可能因为催账等行为增加收账成本 5 000 元。预估 60 天销售的回款时间坏账损失率为 5%，并要发生收账成本 15 000 元，乐天公司目前的资本成本，也就是投资收益率为 20%。

想一想：财务经理应该如何设计授信方案？出于何种考虑？

任务工具：

步骤一：

应收账款管理的目标，简言之是求得利润。应收账款是企业的一项资金投放，是为了扩大销售和盈利而进行的投资。而投资肯定要发生成本，这就需要在应收账款信用政策所增加的盈利和这种政策的成本之间做出权衡。只有当应收账款所增加的盈利超过所增加的成本时，才应当实施应收账款赊销；如果应收账款赊销有良好的盈利前景，就应当放宽信用条件增加赊销量。

步骤二：

应收账款的功能如下：

（1）增加销售。在市场竞争比较激烈的情况下，赊销是促进销售的一种重要方式。进行赊销的企业，实际上是向顾客提供了两项交易：①向顾客销售产品；②在一个有限的时期内向顾客提供资金。虽然赊销仅仅是影响销售量的因素之一，但在银根紧缩、市场疲软、资金匮乏的情况下，赊销的促销作用是十分明显的，特别是在企业销售新产品、开拓新市场时，赊销更具有重要的意义。

（2）减少存货。企业持有产成品存货，要追加管理费、仓储费和保险费等支出；相反，企业持有应收账款,则无需上述支出。因此,无论是季节性生产企业还是非季节性生产企业,当产成品存货较多时,一般都可采用较为优惠的信用条件进行赊销,把存货转化为应收账款,减少产成品存货,节约各种支出。

简而言之,应收账款的管理出于两个目的:为销售部门增加销售,为生产部门降低存货。

步骤三:

应收账款的处理策略。

应收账款是反映上市公司经营管理能力和盈利真实状态的重要指标之一。投资者比较关注上市公司的账面盈利的增减,面对账面盈利的真实性和可靠性则关注不够。在当前我国公司治理方面还比较薄弱的情况下,不少公司的账面盈利与实际纳入囊中的盈利往往存在较大的差异,尤其是一旦应收账款中出现坏账、事先又计提不足,当年的实际盈利常会因此出现大幅波动。

应收账款的坏账计提比例通常随着年限的增加而提高。国外一般对3年期以上的应收账款计提100%的坏账准备,而目前我国这一比例普遍偏低。这就造成了部分上市公司通过不确定的计提比例,以应收账款的增减调节利润,多数表现为虚增利润。一旦提高计提比例或足额计提,或坏账实际发生,往往会导致上市公司突现亏损或盈利大幅下降。应收账款管理中存在隐忧的有三类上市公司:一类是应收账款数额较大且事先没有足额计提坏账准备的上市公司;二类是3年期其他应收款数额大且坏账准备计提不足的上市公司;三类是应收账款占主营业务收入比例过高的上市公司。上市公司应收账款引发的投资风险,往往让投资者措手不及。

根据应收账款的违约概率预测,财务人员应制定应收账款的处理方案。除积极催收应收账款外,财务人员可以考虑是否作应收账款保理,即企业将应收账款按一定折扣卖给银行,获得相应的融资款。根据应收账款的违约概率预测,银行应制定应收账款保理业务的折扣率。应收账款违约概率越大,应收账款保理折扣率越高,公司的应收账款回笼现金越少,损失越多。财务人员必须比较明确地预测应收账款的违约概率以便决定是否作应收账款的保理,以及对于公司回收应收账款现金最合适的应收账款保理折扣率。在分析最合适的应收账款折扣率时,财务人员还必须考虑按照既定应收账款折扣率回收现金额,为了弥补公司的营运资金缺口,以及公司筹集资金的成本,财务人员需要在应收账款折扣率和筹集资金成本之间进行权衡。

步骤四:

信用的定性分析。

企业在设定某一顾客的信用标准时,往往先要评估它赖账的可能性。这可以通过5C信用评价系统来进行,如表7-9所示。

表7-9　　　　　　　　　　　　5C信用评价系统

5C	含义	衡量
品质	指个人申请人或公司申请人管理者的诚实和正直表现;这是"5C"中最主要的因素	通常要根据过去记录结合现状调查来进行分析
能力	指经营能力	通常通过分析申请者的生产经营能力及获利情况,管理制度是否健全,管理手段是否先进,产品生产销售是否正常,在市场上有无竞争力,经营规模和经营实力是否逐年增长等来评估

（续表）

5C	含义	衡量
资本	指如果企业或个人当前的现金流不足以还债，他们在短期和长期内可供使用的财务资源	调查了解企业资本规模和负债比率，反映企业资产或资本对负债的保障程度
抵押	当公司或个人不能满足还款条款时，可以用作债务担保的资产或其他担保物	分析担保抵押手续是否齐备，抵押品的估值和出售有无问题，担保人的信誉是否可靠等
条件	指影响申请人还款能力和还款意愿的经济环境	对企业的经济环境，包括企业发展前景、行业发展趋势、市场需求变化等进行分析，预测其对企业经营效益的影响

步骤五：

信用的定量分析。

企业进行商业信用的定量分析可以从考察信用申请人的财务报表开始。通常使用比率分析法评价顾客的财务状况，具体如表7-10所示。

表7-10　　　　　　　　　　　　比率分析法

考核指标类别	具体指标
流动性和营运资本比率	流动比率、速动比率以及现金对负债总额比率
债务管理和支付比率	利息保障倍数、长期债务对资本比率、带息债务对资产总额比率，以及负债总额对资产总额比率
盈利能力	销售回报率、总资产回报率和净资产收益率

工作实例7-8：乐天公司目前采用30天按发票金额（即无现金折扣）付款的信用政策，销售部门建议拟将信用期间放宽至60天，仍按发票金额付款，假设无风险投资的最低报酬率为15%，其他有关数据如表7-11所示。

表7-11　　　　　　　　　　　　信用期决策数据

项目	信用期间（30天）	信用期间（60天）
全年销售量（件）	100 000	120 000
全年销售额（单价5元）	500 000	600 000
全年销售成本（元）：		
变动成本（每件4元）	400 000	480 000
固定成本	50 000	50 000
毛利（元）	50 000	70 000
可能发生的收账费用（元）	3 000	4 000
可能发生的坏账损失（元）	5 000	9 000

想一想：是否改变信用政策，出于何种考虑？如果把30天信用期变为60天，因销售量增加，乐天公司的年平均存货水平将会从9 000件上升到20 000件，每件存货按变动成本是4元，决策会有变动吗？为什么？

任务工具：

步骤一：

增加的收益＝增加的销售收入－增加的变动成本＝100 000－80 000＝20 000（元）

步骤二：

延长信用期间，会有机会成本、坏账损失、收账费用、折扣成本的增加。机会成本内含应收账款占用资金的机会成本，存货占有资金的应计利息增加所带来的机会成本，应付账款递减所带来的应计利息的机会成本损失。应收账款的改变所带来成本的增加或是降低，将是决定是否改变这个信用期的决定性因素。就本工作而言，应收账款的机会成本考虑两个因素：应收账款占用的资金和占用这部分资金的资本成本（只需要考虑应收账款中营运资金受影响的部分）。具体如图 7-4 所示。

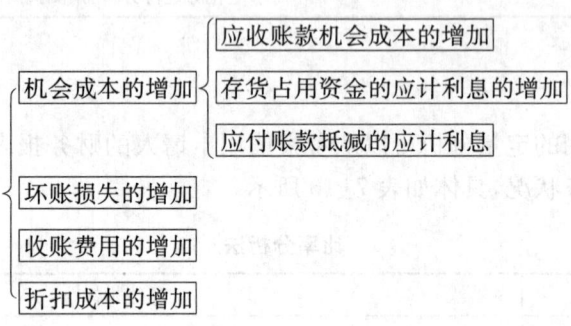

图 7-4　信用政策变化对成本的影响

步骤三：

（1）改变信用期间增加的机会成本。

改变信用期间增加的机会成本＝60 天信用期应计利息－30 天信用期应计利息
＝600 000÷360×60×(480 000÷600 000)×15％－500 000÷360×30×
　(400 000÷500 000)×15％
＝480 00÷360×60×15％－400 000÷360×30×15％
＝7 000(元)

（2）增加的收账费用和坏账损失。

增加的收账费用＝4 000－3 000＝1 000(元)

增加的坏账损失＝9 000－5 000＝4 000(元)

（3）改变信用期增加的税前损益。

改变信用期间增加的税前损益＝增加的收益－增加的成本费用＝20 000－7 000－1 000－4 000＝8 000(元)

由于增加的收益大于增加的成本，故应采用 60 天信用期。

步骤四：

存货占用资金应计利息＝存货平均余额×资本成本

应付账款增加导致的应计利息减少(成本的抵减项)＝应付账款平均余额增加×资本成本

存货增加占用资金的应计利息＝(20 000－9 000)×4×15％＝6 600(元)

所以，改变信用期间的税前损益等于收益增加扣除成本费用的增加，即：20 000－7 000－1 000－4 000－6 600＝1 400(元)。因为仍然可以获得税前收益，所以尽管会增加平均存货，还是应该采用 60 天的信用期。

应收账款的管理思路包括：日常的经营中注意树立坏账风险意识，建立完善的内控制度,强化应收账款的日常管理,财务、信用和销售部门进行应收账款跟踪管理服务。

任务 3　存货管理决策

活动 6　存货管理

活动目标:能够掌握存货持有量管理要素。

工作实例 7-9:乐天公司每期期初的存货是 100 件,每一期的存货都在用完后再订购。每件存货的持有成本为 3 元,经预测,公司每年需要该存货 600 件,每次的再订货成本是 20 元,销售部门计划年度销售 Q 产品 10 000 件,并于原产地香港采购,每套 Q 产品的进货价格为 395 元,运费由对方承担。上年订单是 22 份,总共为 Q 产品承担的处理分装所产生的成本是 13 400 元,期中固定成本是 10 760 元,预计该部分今年保持不变。Q 产品作为香港原产地商品进入内地已经免除关税,但每份订单都需要经过双方海关检查,检查一次的费用为 280 元。生产部报告为了符合 Q 产品的采购,质监部门专门委派了一名专职检查员,其每月的工资为 3 000 元,每个订单的检查工作需要 8 个小时,每小时还需支付检验员 2.5 元。生产部为了 Q 产品的采购专门租借的仓库,目前租金每年 2 500 元,每件产品需付给对方 4 元保险费。因为该产品在存储过程会蒸发而减少,所以预计每件破损成本为 28.5 元。同时考虑到如占用资金利息等存储成本的存在,每件 Q 产品预留了 20 元的成本。

想一想:这次从香港采购应该采取什么方式,出于何种考虑。

任务工具:

步骤一:

存货管理的目标就是在保证生产或销售经营需要的前提下,最大限度地降低存货成本。具体包括以下几个方面:① 保证生产正常进行;② 有利于销售;③ 便于维持均衡生产,降低产品成本;④ 降低存货取得成本;⑤ 防止意外事件的发生。

步骤二:

存货成本由三部分构成:取得成本,存储成本和缺货成本。取得成本又分为购置成本和订货成本,存储成本又分为固定订货成本和变动订货成本,还有缺货带来的损失。购置成本=395×10 000=3 950 000(元)。订货成本中的固定订货成本是 10 760 元,每次订货成本是 420 元,单位存储成本是 52.5 元,存货的变动储存成本包括存货占用资金的应计利息、存货的破损变质损失、存货的保险费用。

(1) 每次订货成本=(13 400−10 760)÷22+280+8×2.5=420(元)

(2) 单位存货储存成本=4+28.5+20=52.50(元)

步骤三:

1. 经济订货批量的概念

使存货总成本最低的进货批量,称为经济订货批量或经济批量。

2. 经济订货批量基本模型需满足的假设前提

(1) 存货总需求量是已知常数;

(2) 订货提前期是常数;

(3) 货物是一次性入库；

(4) 单位货物成本为常数，无批量折扣；

(5) 库存储存成本与库存水平呈线性关系；

(6) 货物是一种独立需求的物品，不受其他货物影响。

【提示】理解模型最关键的假设是(1)(3)(4)项以及没有缺货。存货成本与订货量的关系如图7-5所示。

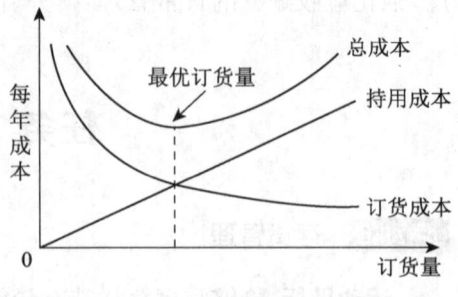

图7-5 存货成本与订货量的关系

3. 基本公式

(1) 经济订货批量：

$$ECQ = \sqrt{\frac{2KD}{K_c}} = \sqrt{\frac{2 \times 100\,000 \times 420}{52.2}} = 400(件)$$

(2) 存货相关总成本=变动订货成本+变动储存成本

$$TC = K \times \frac{D}{Q} + \frac{Q}{2} \times K_c$$

(3) 最小相关总成本 $TC = \sqrt{2KDK_c} = \sqrt{2 \times 10\,000 \times 420 \times 52.5} = 21\,000(元)$

(4) 最佳订货次数 $N = K \div Q = 10\,000 \div 400 = 25(次)$

式中：ECQ 为经济订货批量；D 为单次订货成本；K 为年总需求量；K_c 单位产品的存储成本，即每件存货的年平均库存保管费用(元/件·年)。

注意，如果存货成本增加，肯定会降低经济订货批量，采购单价只会影响售价和销售量，对采购量不会产生影响。

工作实例7-10：乐天公司生产部的F原料目前主要靠外购，计划一年外购360 000件，单位存储成本 K_c 为2元，每次订货成本为2 500元，交货时间为10天，每天存货每日到达量为1 600件，该原料的需要量为1 200件。

想一想：该原料的经济订货批量应该如何考虑。

任务工具：

步骤一：

经济订货批量假设公司存货会用完为止，然后再订货，现实中，公司希望在存货到达0之前就再订购。完全库存是指公司手头上的最低存货水平。只要存货水平降至安全存货水平，就要再订购。在提前订货的情况下，企业再次发出订单时，尚有存货的库存量，此为再订货点。它的数量等于交货时间和每日平均需用量的乘积。

再订货点=交货时间×每日平均需要量=10×1 200=12 000(件)

步骤二：

在建立基本模型时，是假设存货一次全部入库，存货的存储量瞬时达到最高，然后均衡耗用。事实上，各批存货可能陆续入库，使存货数量陆续增加。尤其是产成本入库和在产品转移，几乎总是陆续供应和陆续消耗的。在这种情况下，需要对基本模型作一些修改。

若每批订货量为 Q，每天货物达到量为 P，则一批货物全部到达需要天数为 $\frac{Q}{P}$ 天，此为送货期。如果存货每天耗用量为 d，则当货品全部到达时已被耗用量为 $\frac{Q}{P} \times d$，此时最高存储量为 $Q - \frac{Q}{P}d$，而平均存储量为 $\frac{1}{2}\left(Q - \frac{Q}{P}d\right)$。

所以，与批量有关的总成本为：

$$TC(Q) = \frac{某段时间存货需要量}{每次进货量} \times 每次订货的变动成本 + 平均存储量 \times 单位存储变动成本$$

步骤三：

按照确定的经济订货量基本模型的原理可以确定此处的经济订货量为：

$$ECQ = \sqrt{\frac{2 \times KD}{K_c} \times \frac{P}{P-d}} = \sqrt{\frac{2 \times 360\,000 \times 2\,500}{2} \times \frac{1\,600}{1\,600-1\,200}} = 60\,000(件)$$

工作实例 7-11： 乐天公司生产部的 F 原料目前主要靠外购，计划一年外购 3 600 瓶，今年每瓶的进货价格是 10 元。因为 F 原料对持续生产非常重要，生产部要求至少保证最低 30 瓶的存货量以供生产。F 原料的单位储存变动成本是 20 元，每次的采购成本为 25 元，单位缺货成本是 100 元/瓶。销售部测算下一年度交货期内存货需要量及概率分布情况表，如表 7-12 所示。

表 7-12　　　　　　　　　下一年度交货期内存货需要量及概率分布情况

存货需要量（瓶）	概率	存货需要量（瓶）	概率
50	0.10	80	0.20
60	0.20	90	0.10
70	0.40		

想一想： 该存货的经济订货批量及最低总成本是多少？保险储备量下的最低成本及再订货点的多少？

任务工具：

步骤一：

经济订货批量：$ECQ = \sqrt{\dfrac{2 \times 3\,600 \times 25}{20}} = 95(瓶)$

年最优订货次数 = 3 600 ÷ 95 = 38（次）

步骤二：

按照某一订货批量（如经济订货批量）和再订货点发出订单后，如果需求增大或送货延迟，就会发生缺货或者断货。为了防止由此造成的损失，就需要多储备一些存货以备应急之需，这些存货被称为保险储备（安全存量），在正常情况下不动用，只有当存货过量使用或送货延迟时才动用。为防止需求变化引起缺货损失，设立保险储备量时，再订货点 R 由此而相应提高为：

$$R = 交货时间 \times 平均日需求量 \times 保险储备量$$

一般情况下，保险储备的建立不会改变经济订货量。企业建立保险储备，固然可以避免缺货或供应中断而造成损失,但存货平均储备量加大却会使存储成本升高。研究保险储备的目的,就是要找出合理的保险储备量,使缺货或供应中断损失和存储成本之和最小。考虑的角度是可以先计算出各不同储备量的总成本,然后再将总成本进行比较,选定其中最小的。

交货期内平均需求 $=50\times0.1+60\times0.2+70\times0.4+80\times0.2+90\times0.1=70$(瓶)

步骤三:

(1) 假设保险储备为 0:

再订货点 $=$ 预计交货期内的需求 $+$ 保险储备 $=70+0=70$(瓶)

缺货量 $=(80-70)\times0.2+(90-70)\times0.1=4$(瓶)

缺货损失与保险储备储存成本之和 $=4\times100\times38+0\times20=15\,200$(元)

(2) 假设保险储备为 10 瓶:

再订货点 $=70+10=80$(瓶)

缺货量 $=(90-80)\times0.1=1$(瓶)

缺货损失与保险储备储存成本之和 $=1\times100\times38+10\times20=4\,000$(元)

(3) 假设保险储备为 20 瓶:

再订货点 $=70+20=90$(瓶)

缺货量 $=0$

缺货损失与保险储备储存成本之和 $=0\times100\times38+20\times20=400$(元)

因此合理保险储备为 20 瓶,相关成本最小。

步骤四:

合理保险储备标准,企业的再订货点 $=70+20=90$(瓶)。

知识补充:

◇ **存货 ABC 分类管理法**

所谓 ABC 分类管理法就是把企业的全部存货按照占用资金的大小和品种数量的多少划分为 A、B、C 三类,然后采用不同的方法进行管理的一种存货管理方法。

1. 存货 ABC 分类的标准

分类标准有两个:一是金额标准,二是品种数量标准,其中最主要的是金额标准。A 类存货的特点是品种数量较少但占用资金数额较大。对于此类存货,应进行重点控制,可以按照每一个品种进行管理。B 类存货的特点是品种数量及占用资金数额相对居中。对于此类存货,企业通常没有能力对每一具体品种进行控制,因此可以通过划分类别的方式进行管理。C 类存货尽管品种数量繁多,但其所占金额却很小,对此,企业只要把握一个总金额。一般而言,三类存货的金额比重大致为 A:B:C=0.7:0.2:0.1,而品种数量比例大致为 A:B:C=0.1:0.2:0.7。具体分类特征如表 7-13 所示。

表 7-13　　　　　　　　存货 ABC 分类特征

项目	特征	管理方法
A 类	价值高,品种数量较少	实行重点控制、严格管理
B 类	价值一般,品种数量相对较多	对 B 类和 C 类库存的重视程度则可依次降低,采取一般管理
C 类	品种数量繁多,价值却很小	

2. A、B、C 三类存货的具体划分

存货 ABC 划分的具体过程可以分为三个步骤：

（1）列示企业全部存货的明细表，并计算出每种存货的价值总额及占全部存货金额的百分比。

（2）按照金额标志由大到小进行排序并累加金额百分比。

（3）当金额百分比累加到 70% 左右时，以上存货视为 A 类存货；百分比介于 70%～90% 的存货视作 B 类存货，其余则视为 C 类存货。

乐天公司共有 18 种材料，共占有资金 2 000 000 元，根据存货 ABC 分类标准将 18 种材料划分为三类进行管理，具体分类如表 7-14 所示。

表 7-14 乐天公司存货 ABC 分类

材料品种（编号）	占用资金数额（元）	类别	存货数量（种）	存货数量比重	存货数量数额（元）	存货金额比重
1	1 000 000	A	2	11.11%	1 500 000	75%
2	500 000					
3	200 000	B	5	27.8%	400 000	20%
4	100 000					
5	50 000					
6	30 000					
7	20 000					
8	17 000	C	11	61.1%	100 000	5%
9	15 000					
10	13 000					
11	12 000					
12	11 000					
13	10 000					
14	8 000					
15	5 000					
16	4 000					
17	3 000					
18	2 000					
合计	2 000 000		18	100%	2 000 000	100%

通过对存货进行 ABC 分类，可以使企业分清主次，采用相应的对策管理、控制。这种方法一般对于企业存货数量多而且企业管理能力有限的情况较适用。

营运资金管理实训

实训 1 | 信用政策管理

乐天公司是一家经销高品质木材复合板的批发公司，它的主要任务是把木材复合板分销到各地经销商。由于该公司的大多数客户的规模不大，面临着资金紧张、资产变现能力较弱的问题，故常在规定的信用期后进行付款，所以该公司一直有一个相对较长的平均收款期。同时，在新冠疫情暴发后，乐天公司的客户面临较为严重的财务困境，使乐天公司的坏

账损失节节升高,乐天公司自身的营运资金管理也面临了一些困难。为了避免这些问题的继续出现,公司正在考虑制定一个更为严格的信用标准,以保持平均收账期并把坏账保持在可容忍的范围内。该公司的总经理召集财务经理、销售部经理等相关部门领导,研究修改现行的信用政策和收款政策。经测算,财务部门设计了甲、乙两种信用政策的备选方案,并提供了有关数据,如表7-15所示。

表7-15　　　　　　　　乐天公司现行及新信用政策相关数据

项目	现行信用政策	甲方案	乙方案
销售收入(万元)	4 500	5 200	5 600
信用政策	N/60	N/90	2/60,N/180
销售利润率	20%	20%	20%
平均坏账损失率	2.5%	3.5%	2.0%
应收账款管理成本(万元)	90	60	40
预计享受现金折扣销售额占总销售额比例	0	0	50%
平均收账期(天)	80	120	140
企业投资报酬率	15%	15%	15%

想一想:

(1) 结合公司的实际情况,改变现行的信用政策是否有利?

(2) 如果要改变,应该选择哪种方案?选择该方案是出于什么考虑?

实训指导

(1) 新建一个Excel工作簿,在sheet1工作表中,输入如图7-6所示的数据。

	A	B	C	D
1		应收账款信用政策决策原始数据		
2		现行的信用政策	新信用政策	
3	项目		甲方案	乙方案
4	销售额(万元)	4500	5200	5600
5	销售利润率	20%	20%	20%
6	投资报酬率	15%	15%	15%
7	平均收账期(天)	80	120	140
8	应收账款坏账损失率	2.50%	3.50%	2.00%
9	应收账款管理成本(元)	90	60	40
10	享受现金折扣的顾客比例	0	0	50%
11	现金折扣率	0	0	2%

图7-6　应收账款信用政策决策原始数据

(2) 采用差额分析法,首先计算新信用政策对收益的影响。选中C15单元格,输入"=C4*C5−$B$4*$B$5",单击回车键输出计算结果。再次选中C15单元格,将鼠标置于右下角,出现填充柄的时候向右拖动,将公式复制到D15单元格,完成方案乙对收益的影响的计算。

(3) 计算新信用政策对机会成本的影响。选中C16单元格,输入"=(C4/360*C7−$B$4/360*$B$7)*C6",单击回车键输出计算结果。再次选中C16单元格,将鼠标置于右下角,出现填充柄的时候向右拖动,将公式复制到D16单元格,完成两方案对机会成本的影响的计算。

(4) 计算新信用政策对管理成本的影响。选中 C17 单元格，输入"=C9－$B$9"，单击回车键输出计算结果。再次选中 C17 单元格，将鼠标置于右下角，出现填充柄的时候向右拖动，将公式复制到 D17 单元格，完成两方案对管理成本的影响的计算。

(5) 计算新信用政策对坏账成本的影响。选中 C18 单元格，输入"=C4*C8－$B$4*$B$8"，单击回车键输出计算结果。再次选中 C18 单元格，将鼠标置于右下角，出现填充柄的时候向右拖动，将公式复制到 D18 单元格，完成两方案对坏账成本的影响的计算。

(6) 计算新信用政策对现金折扣成本的影响。甲方案不涉及现金折扣，故 C19 单元格填 0。选中 D19 单元格，输入"=D4*D10*D11"，单击回车键输出计算结果。

(7) 计算信用政策变动带来的净收益。选中 C20 单元格，输入"=C15－C16－C17－C18－C19"，单击回车键输出计算结果。再次选中 C20 单元格，将鼠标置于右下角，出现填充柄的时候向右拖动，将公式复制到 D20 单元格，完成信用政策变动带来的净收益的计算。

(8) 完成应收账款信用政策的选择。选中 C21 单元格，输入"=IF(AND(C19>0、D19>0)、IF(C19>D19,"采用甲方案","采用乙方案"),IF(C19>0,"采用甲方案",IF(D19>0,"采用乙方案","采用现行的信用政策")))"，单击回车键输出计算结果。最终输出结果如图 7-7 所示。

	B	C	D
13	应收账款信用政策决策模型		
14	项目	方案A	方案B
15	对收益的影响（元）	140	220
16	对机会成本的影响（元）	110	176.67
17	对管理成本的影响（元）	-30	-50
18	对坏账成本的影响（元）	69.5	-0.5
19	对现金折扣成本的影响（元）	0	56
20	信用政策变动带来的净收益（元）	-9.5	37.83
21	结论	采用乙方案	

图 7-7 应收账款信用政策决策计算模型

实训结论

通过本实验计算得出，应采用方案乙的信用政策。由于应收账款信用政策的综合决策分析模型中各单元格之间建立了有效的动态链接，对于不同的方案，只要改变其基本数据，就可以立即自动得到不同的分析表，可据此进行决策。

实训2 | 存货管理

乐天企业每年耗用某种材料 3 600 千克，该材料单位进价为 10 元，单位存储成本为 2 元，单位缺货成本为 3 元，一次订货成本 25 元，交货时间 5 天。目前企业每次的订货量为 360 千克，每日该材料需求量为 100 千克。假设材料能集中到货，交货期内的存货需要量及其概率分布如表 7-16 所示。

表 7-16　　　　　　　　交货期内存货需求量及概率分布情况

需要量(千克)	200	300	400	500	600	700	800
概率	0.01	0.03	0.3	0.5	0.1	0.04	0.02

要求：

（1）计算存货的经济订货批量及最低总成本。

（2）假设保险储备 0～300 千克，计算不同保险储备情况下的总成本，并确定最佳的再订货点。

实训指导

（1）新建一个 Excel 工作簿，在 sheet1 工作表中输入如图 7-8 所示的原始数据。

（2）采用公式求解法计算经济订货量及最低总成本。根据公式 $Q^* = \sqrt{2KD/K_c}$ 计算经济订货量，选中 B11 单元格，输入"=SQRT(2*B5*B2/B3)"，单击回车键输出计算结果。根据公式 $N^* = D/Q^*$ 计算订货次数，选中 B12 单元格，输入"=B2/B11"，单击回车键输出计算结果。根据公式 R＝L×d 计算再订货点，选中 B13 单元格，输入"=B7*B6"，单击回车键输出计算结果。选中 B14 单元格，输入"=12/B12"，输出最佳订货周期的计算结果。根据公式 $TC(Q^*) = \sqrt{2KDK_c}$ 计算与订货批量有关的存货总成本，选中 B15 单元格，输入"=SQRT(2*B5*B2*B3)"，单击回车键输出计算结果。最终计算结果如图 7-9 所示。

	A	B
1	原始数据	
2	材料的年需要量D（千克）	3600
3	单位存储成本Kc（元）	2
4	单位缺货成本Ku（元）	3
5	一次订货成本K（元）	25
6	交货时间L（天）	5
7	存货日需要量d（千克）	100
8	每次订货量Q（千克）	360

图 7-8 原始数据

	A	B
10	经济订货批量计算表（公式求解法）	
11	经济订货量Q*（千克）	300
12	订货次数N*（次）	12
13	再订货点R（千克）	500
14	最佳订货周期t*（月）	1
15	存货总成本TC(Q*)（元）	600

图 7-9 公式求解经济订货量

（3）采用规划求解法计算经济订货量及最低总成本。计算目前订货量下的订货成本、存储成本以及存货总成本。其中：订货成本 $= \dfrac{D}{Q} * K$，存储成本 $= \dfrac{Q}{2} * K_c$，与订货批量有关的存货总成本＝订货成本＋存储成本。选中 E2 单元格，输入"=B2/B8*B5"，单击回车键输出计算结果；选中 E3 单元格，输入"=B8/2*B3"，单击回车键输出计算结果；选中 E4 单元格，输入"=E2+E3"，单击回车键输出计算结果。最终计算结果如图 7-10 所示。

	A	B	C	D	E
1	原始数据			规划求解法	
2	材料的年需要量D（千克）	3600		订货成本（元）	250
3	单位存储成本Kc（元）	2		存储成本（元）	360
4	单位缺货成本Ku（元）	3		存货总成本（元）	610
5	一次订货成本K（元）	25			
6	交货时间L（天）	5			
7	存货日需要量d（千克）	100			
8	每次订货量Q（千克）	360			

图 7-10 规划求解法初始结果

（4）加载规划求解工具。单击"文件→选项→加载项→转到"，打开"加载宏"对话框，如图7-11所示，勾选"规划求解加载项"，单击"确定"。

（5）设置规划求解参数。选中E4单元格，单击"数据"菜单，执行"规划求解"命令，打开如图7-12所示的"规划求解参数"对话框，在"到："后选中"最小值"单选按钮，单击"通过更改可变单元格"后的折叠按钮，选择＄B＄8单元格区域，单击"求解"按钮，在弹出的"规划求解结果"对话框中，单击"确定"按钮，得出计算结果，如图7-13所示。

（6）在考虑保险储备情况下，确定存货成本。首先编制存货成本计算表，如图7-14所示。

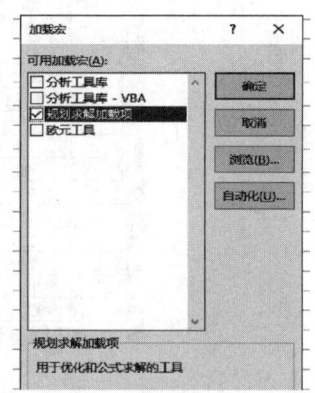

图7-11 "加载宏"对话框

图7-12 "规划求解参数"对话框

	A	B	C	D	E
1	原始数据				规划求解法
2	材料的年需要量D（千克）	3600		订货成本	299.9999999
3	单位存储成本Kc（元）	2		存储成本	300.0000001
4	单位缺货成本Ku（元）	3		存货总成本	600
5	一次订货成本K（元）	25			
6	交货时间L（天）	5			
7	存货日需要量d（千克）	100			
8	每次订货量Q（千克）	300.0000001			

图7-13 规划求解计算结果

	A	B	C	D	E
16					
17			考虑保险储备的存货成本计算表		
18	交货期的材料需求量及概率		与保险储备有关的总成本计算表		
19	需求量（千克）	概率	保险储备B（千克）	缺货的期望值S（千克）	总成本（元）
20	70	0.01			
21	80	0.03			
22	90	0.3			
23	100	0.5			
24	110	0.1			
25	120	0.04			
26	130	0.02			
28	最小成本（元）				
29	再订货点（千克）				

图 7-14 考虑保险储备的存货成本计算表

（7）计算不设保险储备情况下的缺货的期望值以及相关总成本。令 B=0，且以经济订货量模型下计算的 500 千克为再订货点。此种情况下，当需求量不超过 500 千克时，不会发生缺货；当需求量超过 500 千克时，发生缺货。在 C20 单元格输入"0"，再选中 D20 单元格，输入"=SUMPRODUCT(A24:A26－500,B24:B26)"，单击回车键输出缺货期望值的计算结果。然后选中 E20 单元格，输入"=B4*D20*B12+C20*B3"，单击回车键输出在不设保险储备情况下相关总成本的计算结果。

（8）计算保险储备为 100 千克、200 千克和 300 千克情况下的缺货的期望值以及相关总成本。分别在 C21:E21、C22:E22 和 C23:E23 单元格区域输入如图 7-15 所示的计算公式，最终计算结果见图 7-15 中的 C20:E23。

	A	B	C	D	E
16					
17			考虑保险储备的存货成本计算表		
18	交货期的材料需求量及概率		与保险储备有关的总成本计算表		
19	需求量（千克）	概率	保险储备B（千克）	缺货的期望值S（千克）	总成本（元）
20	200	0.01	0	=SUMPRODUCT(A24:A26-500,B24:B26)	=B4*D20*B12+C20*B3
21	300	0.03	100	=SUMPRODUCT(A25:A26-600,B25:B26)	=B4*D21*B12+C21*B3
22	400	0.3	200	=SUMPRODUCT(A26-700,B26)	=B4*D22*B12+C22*B3
23	500	0.5	300	0	=B4*D23*B12+C23*B3
24	600	0.1			
25	700	0.04			
26	800	0.02			

图 7-15 考虑保险储备的存货成本计算公式

（9）计算考虑保险储备量情况下的最低成本及再订货点。选中 B28 单元格，输入"=MIN(E20:E23)"，单击回车键输出计算结果；选中 B29 单元格，输入"=INDEX(C20:C23,MATCH(B28,E20:E23,0))+B13"，单击回车输出计算结果，最终计算结果见图 7-16 中的 B28:B29。

实训结论

通过本实验掌握计算经济订货量基本模型的两种基本方法——公式求解法、规划求解法。为了使模型更接近于实际情况，在经济订货量的基本模型上进行了扩展，设立了保险储备量，通过不同存货成本计算表，可以计算出不同保险存储量情况下的最低存货成本和再订货点。

	A	B	C	D	E
16					
17	考虑保险储备的存货成本计算表				
18	交货期的材料需求量及概率		与保险储备有关的总成本计算表		
19	需求量（千克）	概率	保险储备B（千克）	缺货的期望值S（千克）	总成本（元）
20	200	0.01	0	24	864
21	300	0.03	100	8	488
22	400	0.3	200	2	472
23	500	0.5	300	0	600
24	600	0.1			
25	700	0.04			
26	800	0.02			
27					
28	最小成本（元）	472			
29	再订货点（千克）	700			

图 7-16　考虑保险储备的最小成本及再订货点的计算结果

习　题

一、单项选择题

1. 某企业每月现金需要量为 250 000 元，现金与有价证券的每次转换金额和转换成本分别为 50 000 元和 40 元，其每月现金的转换成本为（　　）元。

A. 200　　　　　B. 1 250　　　　　C. 40　　　　　D. 5 000

2. 企业在进行应收账款管理时，除了要合理确定信用标准和信用条件，还要合理确定（　　）。

A. 现金折扣期间　　　　　B. 现金折扣比率

C. 信用期间　　　　　　　D. 收账政策

3. 控制现金支出的有效措施是（　　）。

A. 运用坐支　　B. 运用透支　　C. 提前支付账　　D. 运用浮游量

4. 某企业全年需用 A 材料 2 400 吨，每次订货成本为 400 元，每吨材料年储备成本 12 元，则每年最佳订货次数为（　　）次。

A. 12　　　　　B. 6　　　　　C. 3　　　　　D. 4

5. 现金作为一种资产，它的（　　）。

A. 流动性强，盈利性差　　　　　B. 流动性强，盈利性也强

C. 流动性差，盈利性强　　　　　D. 流动性差，盈利性也差

6. 若企业预测的年度赊销收入净额为 600 万元，应收账款平均收账天数为 30 天，则该企业的应收账款平均余额为（　　）万元。

A. 20　　　　　B. 30　　　　　C. 40　　　　　D. 50

7. 下列各项中不属于现金的是（　　）。

A. 库存现金　　B. 银行汇票　　C. 商业汇票　　D. 银行本票

8. 企业持有现金的原因主要是为了满足（　　）。

A. 交易性、预防性和收益性需要　　B. 交易性、预防性和投机性需要
C. 投机性、预防性和收益性需要　　D. 交易性、投机性和收益性需要

9. 应收账款收现保证率与（　　）无关。
A. 当期坏账损失率　　B. 当期必要现金支付总额
C. 当期其他稳定可靠的现金流入总额　　D. 当期应收账款总计金额

10. 存货 ABC 分类的标准中，（　　）是最基本的。
A. 金额标准　　B. 数量标准
C. 金额标准和数量标准　　D. 体积标准

11. A 类存货是指（　　）。
A. 金额占企业全部存货金额的 90% 以上而数量占 10% 以下的存货
B. 金额占企业全部存货金额的 70% 以上而数量占 20% 以上的存货
C. 金额占企业全部存货金额的 70% 以上而数量占 20% 以下的存货
D. 金额占企业全部存货金额的 90% 以上而数量占 10% 以上的存货

12. 在确定现金持有量的存货模式中现金最佳持有量是指（　　）的存量。
A. 持有机会成本和固定转换成本之和最小时
B. 持有成本大于转换成本
C. 持有成本小于转换成本
D. 短缺成本和转换成本之和最小时

13. 信用期限、现金折扣和折扣期限三者构成（　　）。
A. 信用标准　　B. 信用政策　　C. 收账政策　　D. 信用条件

14. 利用邮政信箱法和银行业务集中法进行现金回收管理的共同优点是（　　）。
A. 可以缩短支票邮寄时间　　B. 可以降低现金管理成本
C. 可以减少收账人员　　D. 可以缩短发票邮寄时间

15. 下列各项中，不属于应收账款成本构成要素的是（　　）。
A. 机会成本　　B. 管理成本　　C. 坏账成本　　D. 短缺成本

16. 企业在进行现金管理时，可利用的现金浮游量是指（　　）。
A. 企业账户所记存款余额
B. 银行账户所记企业存款余额
C. 企业账户与银行账户所记存款余额之差
D. 企业实际现金余额超过最佳现金持有量之差

17. 在对存货实行 ABC 分类管理的情况下，ABC 三类存货的品种数量比重大致为（　　）。
A. 0.7∶0.2∶0.1　　B. 0.1∶0.2∶0.7　　C. 0.5∶0.3∶0.2　　D. 0.2∶0.3∶0.5

18. 下列各项中，属于应收账款机会成本的是（　　）。
A. 应收账款占用资金的应计利息　　B. 客户资信调查费用
C. 坏账损失　　D. 收账费用

19. 采用 ABC 法对存货进行控制时，应当重点控制的是（　　）的存货。
A. 数量较多　　B. 占用资金较多
C. 品种较多　　D. 库存时间较长

20. 持有过量现金可能导致的不良后果是（　　）。
A. 财务风险加大　　　　　　　　　　　B. 收益水平下降
C. 偿债能力下降　　　　　　　　　　　D. 资产流动性下降

二、多项选择题

1. 企业持有现金的动机有（　　）。
A. 交易动机　　　　　　　　　　　　　B. 预防动机
C. 投机动机　　　　　　　　　　　　　D. 维持补偿性余额

2. 信用条件的组成要素有（　　）。
A. 信用期限　　B. 现金折扣期　　C. 现金折扣率　　D. 商业折扣

3. 为了提高现金使用效率，企业应当（　　）。
A. 加速收款并尽可能推迟付款　　　　　B. 尽可能使用汇票付款
C. 使用现金浮游量　　　　　　　　　　D. 用现金支付工人工资

4. 在存货管理的 ABC 法中，对存货进行分类的标准包括（　　）。
A. 数量标准　　B. 质量标准　　　C. 重量标准　　　D. 金额标准

5. 现金的成本通常包括（　　）。
A. 持有成本　　B. 机会成本　　　C. 转换成本　　　D. 短缺成本

6. 应收账款的成本包括（　　）。
A. 机会成本　　B. 短缺成本　　　C. 管理成本　　　D. 坏账成本

7. 客户资信程度的高低通常取决于（　　）。
A. 信用品质　　B. 偿付能力　　　C. 资本　　　　　D. 抵押品

8. 信用政策包括（　　）。
A. 信用标准　　　　　　　　　　　　　B. 信用期限
C. 信用条件　　　　　　　　　　　　　D. 现金折扣和折扣期限

9. 存货在企业的生产经营过程中的功能主要有（　　）。
A. 防止停工待料　　B. 适应市场变化　　C. 降低进货成本　　D. 维持均衡生产

10. 下列说法正确的有（　　）。
A. A 类存货应按品种管理　　　　　　　B. B 类存货应按类别管理
C. C 类存货应按品种管理　　　　　　　D. C 类存货应按总额灵活管理

三、计算分析题

1. A 公司现金收支平稳，预计全年（按 360 天计算）现金需要量为 250 000 元，现金与有价证券的转换成本为每次 500 元，有价证券年利率为 10%。试计算：
（1）最佳现金持有量。
（2）最低现金管理总成本、转换成本、持有机会成本。
（3）有价证券交易次数、有价证券交易间隔期。

2. 某公司年度赊销收入预测值为 450 万元，信用条件为"5/20，$n/60$"，估计约有 50% 的客户（按赊销额计算）会利用 5% 的折扣，变动成本率为 70%，资金成本率为 12%。试计算应收账款的机会成本。

3. 某公司预计年耗用乙材料 6 000 千克，单位采购成本为 15 元，单位储存成本 9 元，平均每次进货费用为 30 元，假设该材料不存在短缺情况，试计算：

(1) 乙材料的经济进货批量。
(2) 经济进货批量下的总成本。
(3) 经济进货批量的平均占用资金。
(4) 年度最佳进货批次。

四、案例分析题

海尔的"三个零"

创立于1984年的海尔集团，长期以来持续稳定发展，已成为在海内外享有较高美誉的大型国际化企业集团。海尔集团坚持全面实施国际化战略，已建立起具有国际竞争力的全球设计网络、制造网络、营销与服务网络。

为应对网络经济和加入WTO的挑战，海尔从1998年开始实施以市场为纽带的业务流程再造，以订单信息流为中心带动物流、资金流的运动，加快了与用户零距离、产品零库存和零营运资本"三个零"目标的实现。

零库存，就是三个JIT(适时生产)，即JIT采购、JIT送料、JIT配送。这使得海尔能实现零库存。这里，海尔的仓库已经不叫仓库了，它只是一个配送中心。它是为了下道工序配送而暂存的一个地方。零库存不仅意味着没有大量的物资积压，不会因为这些物资积压形成呆滞物资，最重要的在于可以为零缺陷铺平道路。也就是说，物资采购都是采购最好的，采购最新鲜的。

所谓零距离，就是拿到客户的订单后，以最快的速度满足客户的需求。即使是生产过程，也是柔性的生产线，都是根据订单来进行的生产的。海尔在全国有42个配送中心，这些配送中心可以及时地将产品送到用户手中去。通过这种做法，可以实现零距离。零距离对企业来讲，不仅仅意味着产品不需要积压，赶快送到用户手中，它还有更深的一层意思，就是说，企业可以不断地获取新的市场，创造新的市场。就像美国的管理大师德鲁克所说的："好的公司是满足需求，伟大的公司是创造市场。"

零营运资本，就是零流动资金占用。海尔因为有了前面的两个零，即零库存和零距离，因此也可以做到零营运资本。也就是说，在给分供方的付款期到来之前，可以先把用户欠的货款收回来。为什么呢？因为海尔可以做到现款现货。因为它是根据客户的订单来生产的，所以产品一到用户手里，用户就可以把款付给企业，这就使得海尔顺利进入良性运作的过程。

物流带给海尔的就是这三个零。但最重要的是它可以使海尔寻求和获得核心竞争力。海尔的CEO张瑞敏认为，一只手抓住了用户的需求，另一只手抓住了可以满足用户需求的全球的供应链，把这两种能力结合在一起，这就是企业的核心竞争力。到目前为止，海尔通过业务流程的再造，建立现代物流，最后获得的就是在全世界都有能力进行竞争的核心竞争力，最终成为世界名牌，成为一个真正的世界500强的国际化企业。

要求：

试述你从本案例中能得到什么启发？

项目八 收益分配管理

情景引例

珠海格力电器股份有限公司(简称格力电器)于1991年成立,1996年11月18日批准于深圳证券交易所上市,公司股票简称为"格力电器"。格力电器是一家以空调生产为主要业务的企业,同时生产经营空气能热水器、手机、生活电器、冰箱等产品,公司的空调研发、生产、销售和服务方面都处于世界领先地位,产品遍布全球160多个国家和地区。

格力电器自上市以来,公司的盈利能力强劲,财务状况比较良好。在坚持公司盈利、现金流充裕和满足公司未来发展的前提下,积极对投资者进行股利分配。其在股利分配上有以下四个特点:①以现金分配为主,股利支付方式较为单一。在格力电器起步的阶段,格力电器支付股利主要的三种形式分别是不分配、派现或派现加送股;后来随着公司的发展需要,逐渐采用派现、派现加送股的股利支付方式。②股利支付水平逐年提高。③初创阶段股利政策选择存在不合理性。以现金股利为基础,其初期的资产负债率一直都很高,但仍进行高额分配,显而易见,其在初期的股利政策存在着不合理问题,没有平衡企业盈余和股利发放之间的关系,这就会使企业面临潜在的财务风险。④支付稳定性不断提高。格力电器高分配的股利政策离不开企业经营业绩强有力的支撑,自从1996年格力电器上市以来,累计派现金额为309.64亿元,明显高于市场水平。格力电器在1996—2006年刚刚起步,处于初创期,不应进行现金分红,却实施了现金分红,但是数额不高且不稳定;2007—2013年,此阶段格力电器处在成长期,尤其到了成长期后期,格力电器的现金分红数额较高,且股利政策稳定性很高,其受市场满意的程度也从股价方面反映了出来;2014年以后,格力电器到了成熟期,其股利政策稳定性非常高,而且现金分红的水平也很高。

如果股东购买公司新发行的股票或公司以股东名义将利润再投资于公司,股东就对公司进行了投资。股东通常并不要求其投资能够马上收回现金。有些经营多年的公司从未发放过现金股利,但是多数公司迟早都会向股东发放现金股利。这些公司要么发放股利,要么以现金回购以前发行的股票。

公司在某个年度应该向股东发放多少股利?公司应该以股利还是股票回购的方式发放现金呢?这两个问题的答案就在于公司的分配政策。

(参考资料来源:根据格力集团对外披露财务报告整理。)

想一想:格力电器制定现行股利政策的原因及对给我们带来了哪些启示。

知识目标

收益分配的原则、内容和程序;股利分配的形式、政策类型及优缺点;不同股利分配形式对股东权益的影响。

能力目标

- 能够根据公司实际情况选择相应股利分配政策。
- 能够正确计算与分析不同股利政策对公司所产生的影响。

背景知识

息税前利润是企业收益分配的主要对象。息税前利润应由企业资本提供者参与进行分配,包括主权资本、人力资本、债务资本和环境资本。息税前利润的分配包括税前、税中和税后利润分配三大基本内容和三个基本层次。

税前利润分配,是指对税息前的利润分配,包括债务资本利息的支付和利润总额的计算两个主要内容。

税中利润分配,是指对利润总额的分配,企业所得税计交与税后利润的计算是其基本构成内容。

税后利润分配,是指对税后净利润的分配,它包括弥补以前年度亏损、盈余公积的提留、股利的分配等内容。

按照《企业财务通则》第五十条的规定,企业的净利润应按照下列顺序进行分配:

(1) 弥补以前年度亏损。企业实现的净利润首先要弥补5年前发生的亏损,企业5年前的亏损未弥补之前,企业不得提取法定公积金。

(2) 提取10%法定公积金。企业本年实现的净利润弥补年初累计亏损后的余额,计提10%的法定公积金。累计提取的公积金总额达到注册资本50%以后,可以不再提取。按照《中华人民共和国中外合资经营企业法》规定,外商投资企业提取的储备基金、职工福利基金及奖励基金、企业发展基金的提取比例由董事会确定。其中,外商投资企业提取的储备基金相当于企业的法定公积金,应按照法定公积金管理,其用途包括弥补亏损、增加资本、投入再生产,为保持企业长期稳定发展,提取比例不低于10%。同样,企业亏损未弥补之前,企业不得提取法定公积金,也不得向投资者分红。

(3) 提取任意公积金。企业提取法定公积金后,企业章程对提取任意公积金有规定的,按企业章程的规定提取任意公积金;企业章程没有规定的,可以根据股东(大)会决议的比例提取任意公积金。国有企业根据政府或主管财政机关及其他有关部门、机构核定的比例,计算上缴国家利润,其扣除法定公积金和上缴利润后的差额,全部作为任意公积金管理。国有企业也可以将任意公积金和法定公积金合并提取。

(4) 向投资者分配利润。企业应当按照"同股同权、同股同利"的原则,向投资者分配利润。企业没有税后净利润的,在用盈余公积金弥补亏损后,股份有限公司当年经股东大会特别决议,可以按照不超过股票面值6%的比例,用盈余公积分配股利。

任务1 认知收益分配管理流程

活动1 收益分配管理规范

活动目标:能够掌握收益分配的基本流程和步骤。

工作实例 8-1： 乐天公司开始经营的前八年的税前利润（发生亏损以"—"表示），如表 8-1 所示。

表 8-1　　　　　　　　　　　　　　乐天公司税前利润　　　　　　　　　　　　　单位：万元

年份	第1年	第2年	第3年	第4年	第5年	第6年	第7年	第8年
利润	−100	−40	30	10	10	10	60	40

假设除弥补亏损以外无其他纳税调整事项，该公司的所得税税率一直为 25%，乐天公司按规定享受连续 5 年税前利润弥补亏损的政策，税后利润（弥补亏损后）按 10% 计提法定盈余公积金，公司不提取任意盈余公积金。假设你是财务经理，请思考一下以下问题的解决：

（1）该公司哪一年需要缴纳企业所得税？哪一年可以开始提取法定盈余公积金？

（2）该公司第 8 年是否有利润用于提取法定盈余公积金？是否有利润可分配给股东？

（3）税前利润弥补亏损和税后利润弥补亏损有什么不同？

任务工具：

步骤一：

1. 利润概述

利润是企业在一定时期内生产经营成果的最终体现，在数额上表现为各项收入与支出相抵后的余额，是衡量企业经营管理水平的最重要的指标。

利润根据其构成的不同，可以表述为以下几个不同层次的含义：

（1）毛利润。毛利润是企业销售收入与销售成本的差额，是一切利润的基础和源泉。毛利润的多少，决定了企业的财务基础和竞争地位。

（2）息税前利润。息税前利润是毛利润与经营费用之差，反映了公司的经营效果和盈利水平，也称为经营利润。它反映了不同企业间的不同资本结构、不同税率及其他有关因素的影响，能较准确地对企业的经营管理水平进行定位。

（3）税前利润。税前利润是企业利润总额扣除应扣款项后的余额，是企业所得税的计税依据。

（4）税后利润。税后利润是企业税前利润扣除所得税后的余额，也称净利润，是公司股东权益的净增加额。

（5）普通股股东收益。普通股股东收益是公司税后利润减去优先股股息后的余额，它是决定公司股票价格最重要的因素，也是公司利润管理的重要内容。

2. 利润总额

利润总额是企业在一定时期内实现盈亏的总额，是企业最终的财务成果，正数表示盈利，负数表示亏损。利润总额集中反映企业生产经营活动的成果，是衡量企业生产经营管理的重要综合指标。企业利润总额包括销售利润、投资收益（减投资损失）以及营业外收支净额。其计算公式如下：

利润总额＝销售利润＋投资净收益＋营业外收入－营业外支出

3. 销售利润

销售利润是利润的主要组成部分，是企业提供商品和劳务等营业活动所取得的净收益。

企业在生产经营期间发生的管理费用和财务费用,属于期间费用,应当在当期得到抵补。因此,一定期间实现的产品销售利润和其他销售利润,应共同负担期间费用。产品销售利润和其他销售利润扣减管理费用和财务费用后的余额,就是销售利润。其计算公式如下:

$$销售利润＝产品销售利润＋其他销售利润－管理费用－财务费用$$

4. 产品销售利润和其他销售利润

企业销售产品取得的收入,被称为产品销售收入。产品销售成本、产品销售费用、产品销售税金及附加与产品销售直接相关,应从产品销售收入中直接扣除。因此,计算产品销售利润可用下列公式:

$$产品销售利润＝产品销售净收入－产品销售成本－产品销售费用－产品销售税金及附加$$

式中:

$$产品销售净收入＝销售收入－销售退回－销售折让－销售折扣$$

产品销售税金及附加,是指已销售产品负担的除增值税以外的各项价内税,包括营业税、消费税、城市维护建设税以及资源税等在销售环节缴纳的税金及教育费附加。企业收到出口产品退税以及减免税退回的税金,作为减少产品销售税金处理。

同理,其他销售利润的计算公式如下:

$$其他销售利润＝其他销售收入－其他销售成本－其他销售税金及附加$$

5. 投资净收益

投资净收益是指企业对外投资收益扣除对外投资损失的净额,其也是利润总额的构成部分。

投资收益包括:①企业以现金、实物、无形资产等形式进行对外投资分得的利润,以及联营、合作分得的利润;②企业以购买股票形式投资分得的股息和红利收入;③企业以购买债券形式投资获得的利息收入;④投资到期收回或者中途转让取得款项高于投资账面价值的差额;⑤企业按照权益法核算的股权投资在被投资单位增加的净资产中所拥有的数额等。

投资损失包括对外投资到期收回或者中途转让取得款项低于投资账面价值的差额,以及按照权益法核算的股权投资在被投资单位减少的净资产中所分担的数额等。

6. 营业外收入

企业的营业外收入,是指与企业主要生产经营活动无直接关系的各项收入,主要有如下内容:

(1) 固定资产的盘盈和出售净收益。盘盈固定资产作为营业外收入,是指固定资产重置完全价值减折旧后的净收益。出售固定资产净收益,是指转让或者变卖固定资产所取得的价款减清理费用后的数额与固定资产账面净值的差额。由于固定资产是企业的劳动手段,是为用而买,不是为卖而买,因此不作为销售收入,而应作为营业外收入。

(2) 罚款收入。罚款收入是指企业取得的对方因违反国家有关行政管理法规按照规定支付的罚款。其包括因供货单位不履行合同而向其收取的赔款,因购买单位不履行合同、协议而向其收取的赔偿金、违约金等各种形式的罚款收入。

(3) 因债权人原因确实无法支付的应付款项。这主要是指因债权人单位变更登记或撤销等而无法支付的应付款项。

（4）教育费附加返还款。这是指企业自办职工子弟学校，在缴纳教育费附加后部门返还给企业的所办学校经费补贴款项。

7. 营业外支出

企业的营业外支出，是指与企业生产经营无直接关系的各项支出。其主要包括以下内容：

（1）固定资产盘亏、报废、毁损和出售的净损失。固定资产盘亏、毁损的净损失，是指按照原价扣除累计折旧、过失人及保险公司赔款后的差额。固定资产报废的净损失，是指清理报废固定资产的变价收入减去清理费用后与账面净值的差额。

（2）非正常停工损失。这是指非季节性和大修理期间所发生的停工损失。

（3）职工子弟学校经费和技工学校经费。职工子弟学校经费，是指企业按照国家规定自办的职工子弟学校支出大于收入的差额。技工学校经费，是指根据国家规定发生的自办技工学校的经费支出。按规定，新建校舍的资金支出属于资本性支出，不得列入营业外支出。

（4）非常损失。这是指因自然灾害造成的各项资产损失和扣除保险赔款及残值后的净损失，由此造成的停工损失和善后清理费用也包括在内。

（5）公益救济性捐款。这是指国内重大救灾或慈善事业的救济性捐赠支出。

（6）赔偿金、违约金。这是指企业因未履行经济合同、协议而向其他单位支付的赔偿金、违约金、罚息等罚款性支出。

步骤二：

根据我国公司法规定，公司进行利润分配涉及的项目包括盈余公积和股利两部分。公司税后利润分配的顺序是：

（1）弥补亏损。公司法定公积金不足以弥补公司前期亏损的应先用当期利润弥补亏损。弥补亏损后即可得出本年累计盈利或亏损。如为累计亏损，则不能进行后续的分配。

（2）提取法定盈余公积金。经计算有本年盈利的，按抵减年初累计亏损后的本年净利润计提法定盈余公积金。提取盈余公积金的基数，不是累计盈利，也不一定是本年的税后利润。只有在不存在年初亏损的情况下，才能按本年税后利润计算提取。这样规定的目的是，企业不能用资本发放股利和提取盈余公积金。法定盈余公积金按照10%提取，法定盈余公积金达到注册资本的50%时，可不再提取。法定盈余公积金可用于弥补亏损、扩大公司生产经营或转增资本，但企业用盈余公积金转增资本后，法定盈余公积金的余额不得低于公司注册资本的25%。

（3）提取任意盈余公积金。任意盈余公积金按照公司章程或股东会议决议提取和使用，其目的是控制向投资者分配利润的水平以及调整各年利润的波动，通过这种方法对投资者分利加以限制和调节。

（4）向投资者分配利润或股利。净利润扣除上述项目后，再加上以前年度的未分配利润，即为可供普通股分配的利润。公司应按照同股同权、同股同利的原则，向普通股股东支付股利。根据公司法的规定，股东会、股东大会或者董事会违反相关规定，在公司弥补亏损和提取法定公积金之前向股东分配利润的，股东必须将违反规定分配的利润退还给公司。另外，公司持有的本公司股份不得分配利润。

步骤三：

公司亏损的弥补是利润的逆向分配，也属于利润分配的内容。经营性亏损的弥补方式一般有两种：税前利润弥补和税后利润弥补。税前利润弥补是指企业发生的亏损用以后年度实现的利润在其缴纳所得税前加以弥补。税后利润弥补是指企业发生的亏损用以后年度实现的利润在其缴纳所得税后再加以弥补。税后利润弥补亏损又有两种不同的形式，一种是用以前年度的盈余公积弥补，另一种是用企业累计实现的未分配利润弥补。按照有关法律规定，企业发生的经营性亏损，可以用下一年度的税前利润弥补（后续连续5年为限），连续5年外未弥补的亏损，用缴纳所得税后的利润弥补。

以税前利润弥补亏损，企业实现的利润首先要弥补以前年度的亏损，弥补亏损后有剩余利润的，才需要缴纳企业所得税。因此，从企业的利益出发，税前弥补亏损对企业有利，而用税后利润弥补亏损，企业实现的利润首先应当缴纳所得税，然后再弥补亏损，它并不能减少企业的所得税。

步骤四：

公司第1年的亏损100万元可以由第3～6年的利润弥补，但尚有40万元不足弥补，需用以后年度的税后利润加以弥补。公司第7年的利润60万元应弥补第2年发生的亏损40万元，弥补亏损后的利润20万元应缴纳所得税5万元，税后利润15万元还要弥补第1年尚未弥补的亏损。所以，第7年应该缴纳所得税，但不应提取法定盈余公积金。

公司第8年的利润40万元应首先缴纳所得税10万元，税后利润30万元弥补第1年亏损25万元（40－15）后还剩余5万元。所以，第8年应提取法定盈余公积金，剩下的利润可用于分配股利。

任务2　确定股利政策

活动2 | 剩余股利分配政策决策

活动目标： 掌握剩余股利分配政策的决策方法。

工作实例8-2： 乐天股份有限公司发行在外普通股6 000万股，去年实现净利润4 500万元，分配现金股利每股0.45元，而今年公司的净利润只有3 750万元。该公司对未来发展仍有信心，决定投资3 600万元引进新生产线，所需资金的60%来自负债，另外40%来自权益资本。

想一想： 假设你是财务专员，公司采用剩余股利分配政策，考虑该公司今年可供分配的每股现金股利。

任务工具：

步骤一：

剩余股利政策是将股利的分配与公司的资本结构有机地联系起来，即根据公司的最佳资本结构测算出公司投资所需要的权益性资本数额，先从盈余中扣除，然后将剩余的盈余作为股利给所有者进行分配。采用剩余股利分配政策支付股利的程序如下：

（1）确定公司的最佳资本结构，即确定权益性资本和债务性资本的结构，在这种结构下，要求公司的资本成本达到最低水平。

(2) 确定在最佳资本结构下所需要的权益性资本数额。

(3) 最大限度地使用公司留存收益来满足投资方案对权益性资本的需要数额。

(4) 投资方案所需要的权益性资本得到满足后,如果公司的未分配利润尚有剩余,将其作为股利发放给股东。

采用剩余股利分配政策的理论基础是股利与企业价值无关,保持公司最佳资本结构,使公司资本成本达到最低,从而使企业的价值达到最大,即使企业的投资报酬率高于股票市场的必要报酬率。

步骤二:

按照目标资本结构的要求,公司投资方案需要的权益性资本数额为:$3\,600\times40\%=1\,440$(万元)。

公司当年全部可用于分配的盈利为 4 500 万元,除了可以满足上述投资方案所需的权益性资本外,还有剩余可以用于分配股利。可用于分配的股利额为:$4\,500-1\,440=3\,060$(万元)。

公司当年的每股股利为:$3\,060\div6\,000=0.51$(元/股)。

活动 3 | 固定或稳定增长股利分配政策决策

活动目标: 掌握固定或稳定增长股利分配政策的决策方法。

工作实例 8-3: 乐天股份有限公司考虑执行两种股利政策,固定或稳定增长股利分配政策。2×21 年的税后利润为 4 000 万元,现金股利分配额为 2 000 万元,固定股利增长率为 10%。

想一想: 假设你是财务专员,公司采用稳定增长股利分配政策,考虑公司今年可供分配的股利额。

任务工具:

步骤一:

固定或稳定增长的股利分配政策是指公司将每年派发的股利额固定在某一特定水平或是在此基础上维持某一固定比率逐年稳定增长,只有确信公司未来的盈利增长不会发生逆转时,才会宣布实施固定或稳定增长的股利分配政策。在固定或稳定增长的股利分配政策下,首先应确定的是股利分配额,而且该分配额一般不随资金需求的波动而波动。近年来,为了避免通货膨胀对股东权益的影响,最终达到吸引投资者的目的,很多公司开始实行稳定增长的股利政策。

固定或稳定增长股利分配政策的优点是:①能将公司未来的获利能力、财务状况以及管理层对公司经营的信心等信息传递出去。它传递给股票市场和投资者一个公司经营状况稳定、管理层对未来充满信心的信号,这有利于公司在资本市场上树立良好的形象、增强投资者的信心进而有利于稳定公司股价。②有利于吸引那些打算作长期投资的股东,这部分股东希望其投资的获利能够成为其稳定的收入来源,以便安排各种经常性的消费和其他支出。

其缺点是:①这种政策下的股利分配只升不降,股利支付与公司盈利相脱离,即不论公司盈利多少,均应按固定的乃至固定增长的比率派发股利。②在公司的发展过程中,难免会出现经营状况不好或短暂的困难时期,如果这时仍执行固定或稳定增长的股利分配政策,那么派发的股利金额大于公司实现的盈余,必将侵蚀公司的留存收益,影响公司现有的资本,给公司的财务运作带来很大的压力,最终影响公司正常的生产经营活动。

步骤二:

根据固定股利分配政策可知,乐天股份有限公司本年度公司分配的股利额应为2 000万元;根据稳定增长股利分配政策可知,乐天股份有限公司下一年度公司分配的股利额应为:$2\,000 \times (1+10\%) = 2\,200$(万元)。

活动4 │ 固定股利支付率股利分配政策决策

活动目标: 掌握固定股利支付率股利分配政策的决策方法。

工作实例8-4: 同工作实例8-2。

想一想: 假设你是财务专员,公司采用固定股利支付分配政策,考虑公司今年可供分配的股利额。

任务工具:

步骤一:

固定股利支付率股利分配政策是指公司将每年净收益的某一固定百分比作为股利分派给股东。这一百分比通常被称为股利支付率。股利支付率一经确定,一般不得随意变更。固定股利支付率越高,公司留存收益越少。在这一股利分配政策下,只要公司的税后利润一经计算确定,所派发的股利也就相应确定了。

固定股利支付率分配政策的优点是:①股利与公司盈余紧密结合,体现了多盈多分、少盈少分、无盈不分的股利分配原则。②由于公司的获利能力在年度间是经常变动的,因此每年的股利也应当随着公司收益的变动而变动,并保持分配与留存收益间的一定比例关系。采用固定股利支付率政策,公司每年按固定的比例从税后利润中支付现金股利,从企业支付能力的角度看,这是一种稳定的股利政策。

其缺点是:①传递的信息容易成为公司的不利因素。由于波动的股利向市场传递的信息就是公司未来收益前景不明确、不可靠等,很容易给投资者带来公司经营状况不稳定、投资风险较大的不良印象。②容易使公司面临较大的财务压力。如果公司现金流量状况不太好,却还要按固定比率支付股利的话,就很容易给公司造成较大的财务压力。③缺乏财务弹性。④合适的固定股利支付率的确定难度大。

步骤二:

乐天股份有限公司执行固定股利支付率分配政策,公司去年支付的股利为:$6\,000 \times 0.45 = 2\,700$(万元)。公司的固定股利支付率为:$4\,500 \div 2\,700 = 60\%$。公司今年分配股利额为:$3\,750 \times 60\% = 2\,250$(万元)。

活动5 │ 低正常股利加额外股利分配政策决策

活动目标: 掌握低正常股利加额外股利分配政策的决策方法。

工作实例8-5: 乐天股份有限公司考虑长期以来采用低正常股利加额外股利分配政策,公司确定的低正常股利为每股0.3元,由于2×21年盈利状况较为理想,考虑再额外增加每股0.1元的现金股利,该公司发行在外的流通股共计5 000万股。

想一想: 假设你是财务专员,公司采用低正常股利加额外股利分配政策,考虑公司下一年可供分配的现金股利额。

任务工具：

步骤一：

低正常股利加额外股利分配政策是指企业事先设定好一个较低的正常股利额,每年除了按正常的股利额向股东发放现金股利,还在企业盈利情况较好、资金较为充裕的年度向股东发放高于每年度正常股利的额外股利。

低正常股利加额外股利分配政策的优点是：①赋予公司一定的灵活性,使公司在股利发放上留有余地和具有较大的财务弹性,同时,每年可以根据公司的具体情况,选择不同的股利发放水平,以完善公司的资本结构,进而实现公司的财务目标。②有助于稳定股价,增加投资者信心。

其缺点是：①由于年份之间公司的盈利波动使得额外股利不断变化,时有时无,造成分派的股利不同,容易给投资者以公司收益不稳定的感觉。②当公司在较长时期持续发放额外股利后,可能会被股东误认为是"正常股利",而一旦取消了这部分额外股利,传递出去的信号可能会使股东认为这是公司财务状况恶化的表现,进而可能会引起公司股价下跌的不良后果。相对来说,对那些盈利水平随着经济周期波动较大的公司或行业,这种股利政策也许是一种不错的选择。

步骤二：

乐天股份有限公司执行低正常股利加额外股利分配政策,公司下一年分派的股利额为：$5\,000 \times (0.3 + 0.1) = 2\,000$(万元)。

任务3 股利分配方案的确定及股利的发放

活动6 | 股票股利政策

活动目标： 掌握股票股利对公司股东权益的影响。

工作实例8-6： 乐天股份有限公司2×21年年末的股东权益构成情况如下(单位：万元)：

普通股(每股面值1元,流通在外10 000万股)	10 000
资本公积	1 640
盈余公积	850
未分配利润	7 110
股东权益合计	19 600

假定该公司在下一年度3月的年度股东大会上通过了如下的利润分配方案：以2×21年年末的总股本为基数,向全体股东分配20%的股票股利。加入利润分配前的股票每股市价为15元。

想一想： 股票股利分配后公司股东权益总额、结构对单一股东权益及对股票价格的影响。

任务工具：
步骤一：

股利是股份制企业从公司利润中以现金、股票的形式或以其他形式支付给公司投资者的报酬，是利润分配的一种形式。股利按其支付方式的不同可分为现金股利、股票股利、实物股利、负债股利等。

1. 现金股利

现金股利是指用货币资金的形式支付股利。这种支付方式是公司在分配股利时常用的方式，也是投资者最容易接受的方式。这种方式能满足大多数投资者希望得到一定数量的现金作为投资收益的愿望，但这种分配方式无疑会大量增加公司的现金流出量，给公司形成支付压力。如果公司现金比较充足，可以考虑采用这种方式；如果公司能够筹集到大量短期资金，也可以采用暂时筹集短期资金解决股利支付的现金问题。但当公司现金不足，而外部筹集又受到限制时，就只能采用其他方式支付股利。

由于支付现金股利会减少公司现金，影响资产流动性，因此公司在发放现金股利的同时，应采取措施吸引投资者，将其获得的股利再投资到企业中去。通常的做法有：说服股东将分得的现金股利购买公司新股，用于公司再投资等。

现金股利按发放的稳定性和规律性，可分为正常股利、额外股利和清算股利。

1）正常股利

正常股利是指公司根据自身经营状况和盈利能力，有把握在未来一定时期按时、按量支付的股利。这部分股利也称股息，因为其稳定性与债券的利息相似。

2）额外股利

由于某种原因公司不愿意对某些股利定期支付作出保证，或者没有能力作出保证，因而称这些股利为额外股利，又称分红，以示与股息的区别。额外股利的发放与否、发放多少完全与公司当期的收益状况和投资决策密切相关。正常股利与额外股利都是对股东权益和税后利润的分配。

3）清算股利

清算股利是指公司清算资产时，将偿付债权人之后的剩余部分在股东之间进行分配的股利。清算股利不是来源于公司的现金和留存收益，而是来源于公司减少的资产。

2. 股票股利

股票股利是指公司利用增发新股票的形式支付给股东的股利，即公司通常是按现有股东持有股份的比例来分配每个股东应得到新股的数量，其实质是增发股票。其有两种情况：一是公司以新发行的股票分配给股东；二是当企业注册资本尚未足额时，以其未被认购的股票作为股利分配给股东。在具体操作上，可以在增发新股时，预先扣除当年应分配的股利，再配售给老股东；也可以在发行新股时增资配股，即股东在不用支付现金及资产的情况下就能得到公司新发行的股票。这种支付方式的优点有：

（1）可以降低股利支付率，在不影响股东心理状态的情况下，可将大量股利作为公司留存收益用于企业发展及扩大再生产对资产的需要。

（2）有利于股东和公司决策层之间的思想沟通。发放股票股利的目的在于公司的发展和进一步扩大再生产，不是公司无力发放，由此使股东理解而不感到失望，能够维持股票市场价格的稳定。

(3) 如果企业能够做到在保持每股现金股利不变的情况下,同时分配股票股利,还可以达到增加现金股利的目的。

(4) 如果公司股票的市场信誉较高,股东往往也乐意以股票股利的形式分配股利,这样可以使股票市场维持在合乎交易需要的范围内,尤其当公司不希望由于股票价格过高而失去一些投资者购买热情时,利用股票股利通常能达到目的。

3. 实物股利

实物股利是指公司以发给股东除现金以外的资产(如公司实物资产、实物产品、其他公司有价证券等)支付股利。这种情况一般适用于支付额外股利。由于这种形式不会增加公司的现金流出,因此当公司资产变现能力较弱时,这是可采取的一种股利支付方式。但是这种支付方式有很明显的缺点:一是不为广大股东所乐意接受,因为股东持有股票的目的是获取现金收入,而不是为了分得实物;二是以实物支付股利会严重影响公司形象,会普遍认为公司财务状况不好、变现能力下降、资金流转不畅,对公司发展失去信心,从而导致股票市场市价大跌。因此,这种支付方式非到不得已的情况不宜采用。

4. 负债股利

负债股利是指以负债形式发放股利。这种发放形式通常是公司以应付票据或公司债券抵付股利。由于票据和债券都是带息的,因此会使公司支付利息的压力增大,但可以缓解企业资金不足的矛盾。这种股利发放方式只是公司的一种权宜之计,股东往往也不欢迎这种股利支付方式。

另外,当企业受到各方面的限制而不能发放更多的现金股利时,公司可以用现金收回已发行的股票,这就是股票的购回。这种方式有时也被认为是间接支付股利的一种形式。公司将流转在外的股票重新购回,会减少在外的股票数,从而引起每股收益的增加,导致股票市价上涨,从而使股东由股价上涨而得到的资本收入替代了股利收入。当企业经营状况良好,而且有很多空闲资金时,可以采取这种形式。

步骤二:

考虑到乐天股份有限公司计划在下一年度采取向股东分配20%的股票股利分配方案,所以现在股东每持有10股即可获赠送2股普通股。该公司发放的股票股利为400万股,随着股票股利的发放,未分配利润中有4 000万元的资金要转移到普通股的股本账户中去,因而普通股股本由原来的10 000万元增加到12 000万元,而未分配利润的余额由7 110万元减少至5 110万元,但该公司的股东权益总额仍未发生改变,仍是19 600万元。股票股利分配之后的资产负债表上股东权益部分如下(单位:万元):

普通股(每股面值1元,流通在外10 000万股)	12 000
资本公积	1 640
盈余公积	850
未分配利润	5 110
股东权益合计	19 600

假设A股东派发股利之前持有公司普通股3 000股,那么,他拥有的股权比例为:

$$3\,000 \div 100\,000\,000 \times 100\% = 0.003\%$$

派发股利之后,他拥有的股票数量和股份比例为:

$$3\,000\times(1+20\%)=3\,600(股)$$
$$3\,600\div120\,000\,000\times100\%=0.003\%$$

可以看出,由于公司的净资产不变,而股票股利派发前后每一位股东的持股比例也不发生变化,那么他们各自持股所代表的净资产也不会发生变化。

表面上来看,除了所持股票同比例增加外,股票股利变化好像并没有给股东带来直接受益,事实上并非如此。理论上,派发股票股利之后的每股价格会成比例降低,保持股东的持有价值不变,但实务中这并非必然的结果。因为市场和投资者普遍认为,公司发放股票股利往往预示着公司会有较大的发展和成长,这样的信息传递不仅会稳定股票价格,甚至可能使股票价格不降反升。另外,如果股东把股票股利出售,变成现金收入,还会给股东带来资本利得的纳税上的好处,所以,股票股利对股东来说并非像表面上看到的那样无意义。

活动7 | 股利发放的日程安排

活动目标:掌握股利发放的日程安排。

工作实例8-7:乐天股份有限公司于2×20年2月28日公布了上一年度的年报,并提出了2×19年度利润分配预案,以2×19年年末的总股本为基数,向全体股东每10股派发现金股利5元;同时提出了按照10∶3的比例以资本公积金转增股本的方案。2×20年3月26日,公司召开了2×19年度股东大会,审议通过了公司2×19年度利润分配及资本公积金转增股本方案。公司董事会于2×20年4月13日发布分红派息公告称:"以2×19年年末总股份205 085 492股为整数,每10股转增3股派5元(含税)。股权登记日为2×20年4月18日,除息日为2×20年4月19日,新增可流通股份上市日为2×20年4月20日,现金股利发放日为2×20年4月26日。"

想一想:乐天股份有限公司的股利发放方法的具体日程安排流程合理吗?如果有股东在4月20日购入公司的1000股流通股,那么该股东是否可以享受此次股利分配?

任务工具:

步骤一:

公司每年向股东支付一次股利,由于股票可以自由买卖,公司的股东及股东持有股份数都处于经常性的变动之中,因此,公司究竟应向哪些股东支付本年股利,必须确定一些必要的时间界限,主要包括股利宣告日、股权登记日、除息日和股利支付日。企业必须正确理解和运用这一程序,避免产生不必要的混乱和误解。

1. 股利宣告日

股利宣告日即公司董事会将股利支付情况予以公告的日期。公告中将宣布每股支付的股利、股权登记期限、除去股息的日期和股利支付日期。例如,乐天股份有限公司在2×20年4月13日宣告发放股利的声明:乐天股份有限公司于2020年3月26日开会,每10股转增3股派5元(含税)。

2. 股权登记日

股权登记日即有权领取股利的股东有资格登记的截止日期,也称除权日。只有在股权登记日前在公司股东名册上有名字的股东,才有权分享股利。例如,2×20年4月18日,乐天股份有限公司结束当天的营业后,它会终止股票所有权的转移业务,并印出当天的股东名册。如果公司的S股东将股票转让给L股东,而且在4月18日下班前办妥了股票所有权的转移手续,则股东 L 可以收到股利;如果是在 4 月 18 日或以后才办妥手续,则由股东 S 得到股利,而股东 L 不能得到股利。

3. 除息日

除息日是指领取股利的权利与股票相分离的日期。在除息日前,股利权从属于股票,股票持有人有权领取股利;从除息日开始,股利权与股票分离,新购入股票的股东不享有领取股利的权利。因为在股票交易中,其交接、过户需要一定的时间,如果股票交易日离股权登记日太近,公司将无法在股权登记日得知更换股东的信息,只能以原股东为股利支付对象。从此日起,该公司的股票交易为无息交易,其股票为无息股。此例中,除息日为 2×20 年 4 月 19 日。在不考虑股市波动的情况下,在除息日,每股股价的跌幅一般相当于每股股利,如乐天股份有限公司 2×20 年 4 月 18 日收盘价为 30 元,但 2×20 年 4 月 19 日的开盘价是每股 29.5 元,考虑到转增股价格可能会有所波动。

4. 股利支付日

股利支付日即向股东发放股利的日期。乐天股份有限公司 2×20 年 4 月 26 日才会将股息支付给应该领取股利的股东。

步骤二:

乐天股份有限公司 2×19 年度的股利支付程序,如图 8-1 所示。

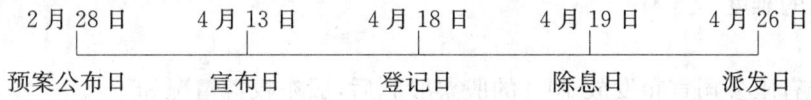

图 8-1 股利支付程序

根据股权登记日的说明,凡是在该日期收盘之前取得的公司股票,成为公司在册股东的投资者都可以享受公司分派的股利,在此日期之后取得股票的股东则无权享受已宣布的股利,所以如果是 4 月 20 日购买股票,该股东将不可以享受此次股利分配。

活动 8 | 股票分割决策

活动目标: 掌握股票分割对公司股东权益的影响。

工作实例 8-8: 乐天股份有限公司 2×19 年年末所有者权益的构成情况如下(单位:万元):

普通股(普通股 100 万股,每股面值 2 元)	200
资本公积	100
未分配利润	500
股东权益合计	800

现有两种股利分配政策:一是公司宣布 10% 的股票股利;二是公司实施股票分割计划,将原来面值为 2 元的 1 股分割成面值为 1 元的两股。

想一想: 这两种方案实施后公司股东权益将发生怎样的变化。

任务工具:

步骤一:

股票分割又称股票细拆,即将一股股票拆分成多股股票的行为。在实务中,如果认为自己公司的股票市场价格太高,不利于其保持好的流动性,有必要将其价格降低,就可能进行股票分割。如将其一分为二,即在外流通股数翻番,每股收益和每股净资产减半,以推动股价下调。股票分割对公司的资本结构不会产生任何影响,一般只使发行在外的股票总数增加,资产负债表中股东权益各账户的余额都保持不变,股东权益的总额也保持不变。因此,股票分割与股票股利非常相似,都是在不增加股东权益的情况下增加了股份的数量,所不同的是,股票股利不会引起股东权益总额的改变,但股东权益构成项目之间的比例会发生变化,而股票分割只会使股票面值及发行在外的股票总数发生变化。

股票分割的作用如下:

(1)股票分割会使每股市价降低,买卖该股票所必需的资金量减少,易于该股票在投资者之间的换手,并且可以使更多的资金实力有限的潜在股东变成持股的股东,因此,股票分割可以促进股票的流通和交易。

(2)股票分割可以向投资者传递公司发展前景良好的信息,有助于提高投资者对公司的信心。

(3)股票分割由于其可以降低每股市价,因此有利于促进新股的发行。

(4)股票分割有助于公司并购政策的实施,增加对被并购方的吸引力。

(5)股票分割带来的股票流通性的提高和股东数量的增加,会在一定程度上加大对公司股票恶意收购的难度。

步骤二:

乐天股份有限公司宣布发放10%的股票股利后,股东权益情况如下:

普通股(普通股110万股,每股面值2元)	220
资本公积	100
未分配利润	480
股东权益合计	800

股票股利发放前,如果他有0.5万股,那么他拥有的股权比例为:$0.5 \div 100 \times 100\% = 0.5\%$。

股票股利发放后,如果他有0.5万股,那么他拥有的股权比例为:$0.5 \times (1+10\%) \div 110 \times 100\% = 0.5\%$。

步骤三:

乐天股份有限公司的股票分割后股东权益情况如下:

普通股(普通股200万股,每股面值1元)	200
资本公积	100
未分配利润	500
股东权益合计	800

拆分之前,如果他有0.5万股,那么他拥有的股权比例为:$0.5 \div 100 \times 100\% = 0.5\%$。

拆分之后,如果他有0.5万股,那么他拥有的股权比例为:$0.5 \times 2 \div 200 \times 100\% = 0.5\%$。

股票股利和股票分割对公司实际的影响是一样的:它们增加了在外流通的股数并降低了每股的价值。

收益分配管理实训

实训1 构建股利分配模型

乐天公司目前发行在外的普通股共1 000万股,净资产为2 300万元,其股本为1 000万元,资本公积为500万元,存留收益为800万元。今年每股支付1元现金股利,预计下一年的税后利润和需要追加的资本性支出分别为1 200万元、3 000万元。假设乐天公司目前没有负债且并希望逐步增加负债的比重,但是资产负债率不能超过40%。筹资时优先采用内部筹资,其次是长期借款,必要时增发普通股。假设下一年税后利润可以涵盖增加借款的利息,且不考虑所得税的影响。如果要增发普通股,股份每股面值为1元,预计发行价格为每股2元,且增发股份的当年不需要支付股利,下一年开始发放股利。

要求:

(1) 计算乐天公司选择不同的股利政策(剩余股利政策、固定股利政策和固定股利支付率政策)时需要发放的股利。

(2) 计算乐天公司选择不同的股利政策时需要增加多少借款和股权资金。

实训指导

(1) 新建一个Excel工作簿,在sheet1工作表中输入如图8-2所示的原始数据。

	A	B
1	原始数据	
2	目前资产总额(万元)	2300
3	目前负责总额(万元)	0
4	目前股本(万元)	1000
5	目前股利(元)	1
6	目前普通股股数(万股)	1000
7	目前资本公积(万元)	500
8	目前留存收益(万元)	800
9		
10	预计下一年的税后利润(万元)	1200
11	预计下一年的资本支出(万元)	3000
12	资产负责率限定值	40%
13	每股面值(元)	1
14	增发预计发行价格(元)	2
15	股利支付率	0.4

图8-2 原始数据

(2) 建立"股利政策"的组合框控件。首先在D1:D7单元格区域中输入组合框控件需要的内容,如图8-3所示。接下来在"文件→选项→自定义功能区→开发工具"前打勾,显示"开发工具"工具栏。在"开发工具→插入→表单控件"中选中"组合框"控件,当光标变成"+"字状,从B18单元格的左上角拖到右下角。右击B18单元格的组合框,在弹出的快捷菜单上选择"设置控件格式"命令,打开"设置控件格式"对话框,如图8-4所

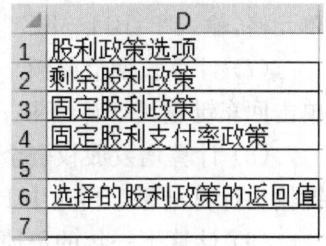

图8-3 组合框内容

示。在"控制"选项卡的"数据源区域"编辑框中输入"＄D＄2:＄D＄4",在"单元格链接"的编辑框中输入"＄D＄7"。D7 单元格里的数字表示组合框控件当前被选中项目的编号,"1"表示"剩余股利政策","2"表示"固定股利政策","3"表示"固定股利支付率政策"。通过选择 B18 单元格的组合框控件中的不同股利政策,就可以计算分析出企业在不同股利政策下发放的股利以及内部筹资金额和外部筹资金额。为防止误操作造成选择数据的改动,可以将 D 列隐藏起来。

图 8-4　设置控件格式对话框

（3）计算不同股利政策下的股利。选中 B19 单元格,输入"＝IF(D7＝1,IF(B10＞B11,B10－B11,0),IF(D7＝2,B6*B5,B10*B15))",单击回车键输出计算结果。

（4）计算下一年的资产总额。下一年资产总额＝目前资产总额＋下一年的资本支出,所以选中 B20 单元格,输入"＝B2＋B11",单击回车键输出计算结果。

（5）计算留存收益补充资金额。选中 B27 单元格,输入"＝IF((B10－B19)＞＝B11,B11,B10－B19)",单击回车键输出计算结果。

（6）计算外部筹资总额。外部筹资总额＝需要的资本支出－内部筹资额,所以选中 B28 单元格,输入"＝B11－B27",单击回车键输出计算结果。

（7）计算长期借款额。选中 B29 单元格,输入"＝IF(B28/B20＞B12,B20*B12,B28)",单击回车键输出计算结果。

（8）计算增发股权资金额及增发股数。选中 B30 单元格,输入"＝B28－B29",单击回车键输出计算结果。再选中 B31 单元格,输入"＝B30/B14",单击回车键输出计算结果。

（9）计算下一年的负债总额。下一年的负债总额＝目前负债总额＋下一年的长期借款,所以选中 B21 单元格,输入"＝B3＋B29",单击回车键输出计算结果。

（10）计算普通股股数及股本。普通股股数＝目前普通股股数＋增发股数，所以选中 B24 单元格，输入"＝B6＋B31"，单击回车键输出计算结果。选中 B23 单元格，输入"＝B24＊B13"，单击回车键输出计算结果。

（11）计算资本公积总额。资本公积总额＝目前资本公积总额＋超出股票面值发行股票而形成的股本溢价，所以选中 B25 单元格，输入"＝B7＋B31＊(B14－B13)"，单击回车键输出计算结果。

（12）计算留存收益额。留存收益额＝目前留存收益额＋留存收益补充资金额，所以选中 B26 单元格，输入"＝B8＋B27"，单击回车键输出计算结果。

（13）计算所有者权益总额。所有者权益总额＝股本＋资本公积总额＋留存收益额，所以选中 B22 单元格，输入"＝B23＋B25＋B26"，单击回车键输出计算结果。

（14）采用不同的股利政策最终计算结果分别如图 8-5 至图 8-7 所示。模型中各单元格之间建立了有效的动态链接，对于不同的方案，只要改变其基本数据，就可以立即自动得到不同的分析表，可据此进行决策。

	A	B
17	股利政策选择模型	
18	选择的股利政策	剩余股利政策
19	预计下一年发放的股利（万元）	0
20	预计下一年资产总额（万元）	5300
21	预计下一年负债（万元）	1800
22	预计下一年所有者权益（万元）	3500
23	股本（万元）	1000
24	普通股股数（万股）	1000
25	资本公积（万元）	500
26	留存收益（万元）	2000
27	预计内部筹资：留存收益补充资金（万元）	1200
28	预计外部筹资：总额（万元）	1800
29	长期借款（万元）	1800
30	增发股权资金（万元）	0
31	增发股数（万股）	0

图 8-5　剩余股利政策模型计算结果

	A	B
17	股利政策选择模型	
18	选择的股利政策	固定股利政策
19	预计下一年发放的股利（万元）	1000
20	预计下一年资产总额（万元）	5300
21	预计下一年负债（万元）	2120
22	预计下一年所有者权益（万元）	3180
23	股本（万元）	1340
24	普通股股数（万股）	1340
25	资本公积（万元）	840
26	留存收益（万元）	1000
27	预计内部筹资：留存收益补充资金（万元）	200
28	预计外部筹资：总额（万元）	2800
29	长期借款（万元）	2120
30	增发股权资金（万元）	680
31	增发股数（万股）	340

图 8-6　固定股利政策模型计算结果

	A	B
17	股利政策选择模型	
18	选择的股利政策	固定股利支付率政策
19	预计下一年发放的股利（万元）	480
20	预计下一年资产总额（万元）	5300
21	预计下一年负债（万元）	2120
22	预计下一年所有者权益（万元）	3180
23	股本（万元）	1080
24	普通股股数（万股）	1080
25	资本公积（万元）	580
26	留存收益（万元）	1520
27	预计内部筹资：留存收益补充资金（万元）	720
28	预计外部筹资：总额（万元）	2280
29	长期借款（万元）	2120
30	增发股权资金（万元）	160
31	增发股数（万股）	80

图 8-7　固定股利支付率政策模型计算结果

实训结论

通过灵活运用开发工具里的组合框控件及 IF 函数，可以建立股利政策选择模型，快速便捷地计算出不同股利政策下的筹资方案；还可以利用其他控件增强模型功能，比如开发工具里的数值调节按钮，通过该控件可以方便地控制重要变量的数值。

实训 2　构建收益分配模型

甲公司今年年底的所有者权益总额为 8 000 万元，普通股 5 000 万股。目前的资本结构为：长期负债占 60%，所有者权益占 40%，没有需要付息的流动负债。甲公司适用的所得税税率为 25%，预计继续增加长期债务不会改变目前 10% 的平均利率水平。董事会在讨论明年资金安排时提出：

（1）计划年度分配现金股利 0.04 元/股；

（2）为新的投资项目筹资 4 000 万元的资金；

（3）计划年度维持目前的资本结构，并且不增发新股，不举短期借款。

实训指导

（1）新建一个 Excel 工作簿，在 sheet1 工作表中，输入如图 8-8 所示的原始数据。

（2）计算支付的股利。支付股利＝普通股股数×每股股利，所以在 B16 单元格中输入公式"＝B14*B15"，单击回车键即可得出计算结果。

（3）计算权益资本融资需求额。权益资本融资需求额＝总融资需求额×（1－总

	A	B
1	利润规划计算表	
2	项目	数额
3	目标息税前利润（万元）	
4	目标税前利润（万元）	
5	目标税后利润（万元）	
6	目标资本结构（总资产负债率）	60%
7	总融资需求额（万元）	4000
8	权益资本融资需求额（万元）	
9	债务融资需求额（万元）	
10	原有资本（万元）	8000
11	原有贷款（万元）	
12	贷款利率	10%
13	利息总额（万元）	
14	普通股数量（股）	5000
15	每股股利（元/股）	0.04
16	支付股利（万元）	
17	留存利润（万元）	
18	所得税税率	25%

图 8-8　原始数据

资产负债率),所以在 B8 单元格中输入公式"＝B7＊(1－B6)",单击回车键即可得出计算结果。

(4) 计算留存利润。留存利润要满足投资的需要,即留存利润＝权益资本融资需求额,所以在 B17 单元格中输入公式"＝B8",单击回车键即可得出计算结果。

(5) 计算目标税后利润。目标税后利润＝支付股利＋留存利润,所以在 B5 单元格中输入公式"＝B16＋B17",单击回车键即可得出计算结果。

(6) 计算目标税前利润。目标税前利润＝目标税后利润÷(1－所得税税率),这里所得税税率为 25%,所以在 B4 单元格中输入公式"＝B5/(1－B18)",单击回车键即可得出计算结果。

(7) 计算债务融资需求额。债务融资需求额＝总融资需求额×总资产负债率,所以在 B9 单元格中输入公式"＝B7＊B6",单击回车键即可得出计算结果。

(8) 计算原有贷款额。原有贷款额＝原有资本总额×总资产负债率＝原有资本÷(1－总资产负债率)×总资产负债率,所以在 B11 单元格中输入公式"＝B10/(1－B6)＊B6",单击回车键即可得出计算结果。

(9) 计算利息总额。利息总额＝原有贷款利息＋新增贷款利息,所以在 B13 单元格中输入公式"＝B11＊B12＋B9＊B12",单击回车键即可得出计算结果。

(10) 计算目标息税前利润。目标息税前利润＝目标税前利润＋利息总额,所以在 B3 单元格中输入公式"＝B4＋B13",单击回车键即可得出计算结果。

这样就计算出了为达到董事会明年目标,企业所需要实现的目标息税前利润金额为 3 840 万元。最后得到的结果如图 8-9 所示。

	A	B
1	利润规划计算表	
2	项目	数额
3	目标息税前利润（万元）	3840
4	目标税前利润（万元）	2400
5	目标税后利润（万元）	1800
6	目标资本结构（总资产负债率）	60%
7	总融资需求额（万元）	4000
8	权益资本融资需求额（万元）	1600
9	债务融资需求额（万元）	2400
10	原有资本（万元）	8000
11	原有贷款（万元）	12000
12	贷款利率	10%
13	利息总额（万元）	1440
14	普通股数量（股）	5000
15	每股股利（元/股）	0.04
16	支付股利（万元）	200
17	留存利润（万元）	1600
18	所得税税率	25%

图 8-9 计算结果

实训结论

股利分配是公司向股东分派股利,是企业利润分配的一部分,而且股利属于公司税后净利润分配。企业要实现一定的股利分配计划和投资计划的目标,必须有足够的净利润,相应需要足够的税前利润和息税前利润。要测算出所需的这些利润指标,需要熟练掌握这些指标间的关系。理清了这些关系,即可据其建立模型,作出相应测算。

习 题

一、单项选择题

1. 固定股利支付率政策是指（　　）。

A. 先将投资所需的权益资本从盈余中留出,然后将剩余的盈余作为股利予以分配

B. 将每年发放的股利固定在一定水平上并在较长时期内不变,只有盈余显著增长时才提高股利发放额

C. 公司确定一个股利占盈余的比例,长期按此比例发放股利的政策

D. 公司多数情况下支付固定数额的偏低股利,盈余较高年份发放额外股利

2. 容易造成股利支付与本期利润相脱节的股利分配政策是（　　）。

A. 剩余股利政策　　　　　　　　　　B. 固定股利政策

C. 固定股利支付率政策　　　　　　　D. 低正常股利加额外股利政策

3. 以下股利分配政策中,最有利于股价稳定的是（　　）。

A. 剩余股利政策　　　　　　　　　　B. 固定股利政策

C. 固定股利支付率政策　　　　　　　D. 低正常股利加额外股利政策

4. 企业采用剩余股利分配政策的根本理由是（　　）。

A. 最大限度地用收益满足筹资需要　　B. 向市场传递企业不断发展的信息

C. 使企业保持理想的资本结构　　　　D. 使企业在资金使用上有较大的灵活性

二、多项选择题

1. 公司实施剩余股利政策,意味着（　　）。

A. 公司接受了股利无关理论

B. 公司可以保持理想的资本结构

C. 公司统筹考虑了资本预算、资本结构和股利政策等财务基本问题

D. 兼顾了各类股东、债权人的利益

2. 下列情形中会使企业减少股利分配的有（　　）。

A. 市场竞争加剧,企业收益的稳定性减弱

B. 市场销售不畅,企业库存量持续增加

C. 经济增长速度减慢,企业缺乏良好的投资机会

D. 为保证企业的发展,需要扩大筹资规模

项目九 财务分析

情景引例

疫情冲击之下，各行各业都面临着不小的挑战与冲击，各大品牌也都经历了一段时间的"冷冻期"。在严峻的市场行情下，如何生存和扩张成为众品牌上半年共同面对的难题。不过，危局之中也在孕育新的机遇。疫情之下，各行各业开启加速状态，进入行业合作创新、企业自我迭代升级的好时期，很多企业就是借着上半年绝佳的"空窗期"，提升了品牌，积蓄了势能。近期正值财报季，众品牌纷纷发布上半年财报。而通过梳理各家企业披露的2020年上半年财报发现，疫情黑天鹅的影响依旧存在，为各大企业的营收带来的诸多不确定因素，也导致了部分企业的利润下滑，但也有不少企业实现逆势增长，交出了不错的答卷。伊利半年报：营收475.28亿元，同比增长5.45%。蒙牛半年报：营收375.34亿元，同比下滑5.8%。华为上半年收入突破4 500亿元，同比增长13.1%。小米上半年营收1 032亿元，同比增长7.9%。美的半年报：营收1 390.67亿元，同比下降9.56%。海尔半年报：营收957.3亿元，同比下降4.3%。格力半年报：营收695.02亿元，同比下降28.57%。苏宁易购实现商品销售规模1 940.98亿元，其中线上销售规模同比增长20.19%，线上销售规模占比提升至69.45%……

（参考资料来源：根据各大企业对外披露财报整理。）

想一想：财务报表对了解一家企业的经营状况有何意义，如何通过财务报表的相关数据准确了解一家企业的相关信息。

知识目标

财务分析的作用、目的、内容、方法、程序和基础。企业偿债能力、营运能力、盈利能力及发展能力指标的内涵与意义。

能力目标

- 能够正确计算各种基本财务指标。
- 能够正确运用比率分析方法对企业偿债能力、运营能力、盈利能力和发展能力进行分析。
- 能够运用杜邦分析法进行企业财务综合分析。

背景知识

财务分析是以企业的会计核算资料为基础，通过对会计所提供的核算资料进行加工整理，得出一系列科学的、系统的财务指标，以便进行比较、分析和评价。这些会计核算资料包括日常核算资料和财务报告,但财务分析主要以财务报告为基础,日常核算资料只作为财务分析的一种补充资料。财务报告是企业向政府部门、投资者、债权人等与本企业有利害关系的组织或个人提供的,反映企业在一定时期内的财务状况、经营成果、现金流量以及影响企业未来经营发展的重要经济事项的书面文件。提供财务报告的目的在于为报告使用者提供财务信息,为他们进行财务分析、经济决策提供充足的依据。企业的财务报告主要包括资产负债表、利润表、现金流量表、所有者权益(或股东权益)变动表、财务报表附注以及其他反映企业重要事项的文字说明。这些财务报表及附注集中、概括地反映了企业的财务状况、经营成果、现金流量状况等财务信息,对其进行财务分析,可以更加系统地揭示企业的偿债能力、营运能力、盈利能力、发展能力等财务状况。

根据我国《企业会计准则》,财务报表的格式按照一般企业、商业银行、保险公司、证券公司等企业类型有不同的规定。下面主要介绍一般企业的三张基本财务报表——资产负债表、利润表和现金流量表,以及财务分析的含义和意义。

1. 资产负债表

资产负债表是反映企业在某一特定日期的财务状况的财务报表。它以"资产＝负债＋股东权益"这一会计等式为依据,按照一定的分类标准和次序,反映企业在某特定日期资产、负债及股东权益的基本状况。从资产负债表的结构来看,它主要包括资产、负债和股东权益三大类项目。资产负债表的左方反映企业的资产状况,资产按流动性从大到小分项列示,上半部分列示了各项流动资产的金额,下半部分列示了各项非流动资产的金额;资产负债表的右方反映企业的负债和股东权益状况,它说明了企业资金的来源情况,即有多少来源于债权人,有多少来源于企业所有者的投资。

资产负债表是进行财务分析的一张重要的财务报表,它提供了企业的资产结构、资产流动性、资金来源状况、负债水平即负债结构等财务信息。分析者通过对资产负债表的分析,可以了解企业的偿债能力、运营能力等财务能力,为债权人、投资者以及企业管理者提供决策依据。

2. 利润表

利润表也称损益表,是反映企业在一定期间生产经营成果的财务报表。利润表以"利润＝收入－费用"这一会计等式为依据编制而成。通过利润表可以考核企业利润计划的完成情况,分析企业的盈利能力以及利润增减变化的原因,预测企业利润的发展趋势,为投资者及企业管理者等提供对决策有用的财务信息。在利润表中,通常按照利润的构成项目来分别列示。企业的收入主要包括营业收入(销售收入)、公允价值变动损益、投资收益、资产处置收益、其他收益以及营业外收入。费用支出主要包括营业成本(销售成本)、销售费用、管理费用、财务费用、税金及附加、资产减值损失、营业外支出等。总收入减去总费用就是利润总额。企业的利润因收入与费用的不同配比,可以分为三个层次:营业利润、利润总额(税前利润)和净利润。营业利润是营业收入减去营业成本,在扣除税金及附加、销售费用、管理费用、财务费用、资产减值损失,加上公允价值变动收益、投资净收益、资产处置收益、其他收益等得到的利润,营业利润主要反映的经营所得。营业利润加上营业外收支净额后就是利润总额,是计算所得税的基础。利润总额扣除所得税费用后的余额就是企业的净利润,这是企业所有者可以得到的收益。

3. 现金流量表

现金流量表是以现金及现金等价物为基础编制的财务状况变动表,是企业对外报送的一张重要财务报表。它为财务报表使用者提供企业一定会计期间现金和现金等价物流入和流出的信息,以便报表使用者了解和评价企业获取现金和现金等价物的能力,并据以预测企业未来现金流量。

现金流量表反映了企业在一定会计期间的现金流量状况,它将企业的现金流量划分为经营活动产生的现金流量、投资活动产生的现金流量和筹资活动产生的现金流量三类,按照收付实现制原则编制而成,将权责发生制下的盈利信息调整为收付实现制下的现金流量信息。为了正确地分析现金流量表,必须明确现金流量表中的几个重要概念:现金、现金等价物、现金流量。

(1) 现金。现金流量表中的现金是指企业的库存现金以及可以随时用于支付的存款,包括库存现金、银行存款和其他货币资金。但是,银行存款和其他货币资金中不能随时用于支付的存款不属于现金,如不能随时支取的定期存款等。

(2) 现金等价物。现金等价物是指企业持有的期限短、流动性强、易于转换为已知金额现金、价值变动风险很小的投资。现金等价物虽然不是现金,但其支付能力与现金的差别不大,可以视为现金。一项投资被确认为现金等价物必须同时具备四个条件:期限短、流动性强、易于转换为已知金额、现金价值变动风险小。其中,期限短一般是指从购买日起3个月内到期。现金等价物通常包括3个月内到期的债券投资等,股权投资变现的金额通常不确定,因而不属于现金等价物。

(3) 现金流量。现金流量是企业一定时期内现金和现金等价物的流入和流出的数量,主要包括经营活动产生的现金流量、投资活动产生的现金流量和筹资活动产生的现金流量三类。经营活动是指企业投资活动和筹资活动以外的所有交易和事项,如销售商品、提供劳务、购买商品、接受劳务、支付税款等。投资活动是指企业长期资产的购建和不包括现金等价物范围内的投资及其处置活动,如购建或处置固定资产、对外长期投资或收回投资等。筹资活动是指导致企业资本及债务规模和结构发生变化的活动,如向银行借款或还款、发行债券、发行股票、支付利息或股利等。

4. 财务分析的含义

财务分析是以企业的财务报告及其他相关资料等为主要依据,采用专门方法,对企业的财务状况和经营成果进行的剖析和评价,是企业财务管理的重要一环。财务分析既能反映企业在经营过程中的利弊得失,总结过去一定会计期间的财务活动情况;又能预测企业未来发展趋势,为进行下一步的财务预测和财务决策提供依据。因此,财务分析在企业的财务管理工作中具有重要的作用。

进行财务分析主要出于以下目的:①评价企业的偿债能力;②评价企业的资产管理水平;③评价企业的获利水平;④评价企业的发展趋势。

5. 财务分析的意义

财务分析既是已完成的财务活动的总结,又是财务预测的前提,在财务管理的循环中起着承上启下的作用。做好财务分析工作具有以下重要意义:

(1) 财务分析是评价企业财务状况、衡量经营业绩的重要依据。通过对企业财务报表等核算资料进行分析,可以了解企业偿债能力、营运能力、获利能力和发展能力,便于企业管理者及其他报表使用者了解企业财务状况和经营成果,并通过分析将影响财务状况和经营成果的主观因素与客观因素区分开来,以划清经济责任,合理评价经营者的工作业绩,并据此奖优罚劣，以促使经营者不断改进工作。

（2）财务分析是挖掘潜力、改进工作、实现财务管理目标的重要手段。企业财务管理的根本目标是努力实现企业价值最大化。通过财务指标的设置与分析，能了解企业的获利能力和资金周转状况，不断挖掘企业改善财务状况、扩大财务成果的内部潜力，充分认识未被利用的人力资源和物质资源，寻找利用不当的部分及原因，发现进一步提高利用效率的可能性，以便从各方面揭露矛盾、找出差距、寻求措施、促进企业经营理财活动，按照企业价值最大化的目标实现良性运行。

（3）财务分析是合理实施投资决策的重要步骤。投资者及潜在投资者是企业重要的财务报表使用人，通过对企业财务报表的分析，可以了解企业获利能力的高低、偿债能力的强弱、营运能力的大小以及发展能力的增减，可以了解投资后的收益水平和风险程度，从而为投资决策提供必要的信息。

任务1 财务能力分析

活动1 偿债能力分析

活动目标：掌握偿债能力指标的计算及分析方法。

工作实例9-1：乐天公司2×21年度的简化资产负债表，如表9-1所示。

表9-1　　　　　　　　　　　乐天公司资产负债表
2×21年12月31日　　　　　　　　　　　　　　　　单位：万元

资产	年初余额	年末余额	负债和股东权益	年初余额	年末余额
流动资产			流动负债		
货币资金	340	490	短期借款	400	420
以公允价值计量且其变动计入当期损益的金融资产	30	80	以公允价值计量且其变动计入当期损益的金融负债		
衍生金融资产			衍生金融负债		
应收票据	20	15	应付票据	50	70
应收账款	643.5	683.1	应付账款	264	355
预付账款	14	14	预收款项	20	10
应收利息	3		应付职工薪酬	0.8	0.6
应收股利	5		应交税费	40	50
其他应收款	13.5	4.9	应付利息	12	
存货	580	690	应付股利	8	
持有待售资产			其他应付款	20.2	24.4
一年内到期的非流动资产	30		持有待售负债		
其他流动资产	31	3	一年内到期的非流动负债	80	62
			其他流动负债	5	8

(续表)

资产	年初余额	年末余额	负债和股东权益	年初余额	年末余额
流动资产合计	1 710	1 980	流动负债合计	900	1 000
非流动资产			非流动负债		
可供出售金融资产	20	20	长期借款	500	400
持有到期投资	30	30	应付债券	320	420
长期应收款	10	10	长期应付款	90	150
长期股权投资	30	90	专项应付款	14	50
投资性房地产	20	30	预计负债		50
固定资产	1 800	2 150	递延收益		
在建工程	100	80	递延所得税负债		
工程物资	30	50	其他非流动负债		
固定资产清理	11		非流动负债合计	924	1 070
生产性生物资产	9	20	负债合计	1 824	2 070
油气资产			股东权益		
无形资产	20	32	股本	1 500	1 500
开发支出			其他权益工具		
商誉			资本公积	121	220
长期待摊费用	10	8	其他综合收益	10	20
递延所得税资产			盈余公积	220	459
其他非流动资产			未分配利润	125	231
非流动资产合计	2 090	2 520	股东权益合计	1 976	2 430
资产总计	3 800	4 500	负债及股东权益合计	3 800	4 500

乐天公司2×21年度的简化利润表(损益表),如表9-2所示。

表9-2　　　　　　　　　　乐天公司利润表

2×21年度　　　　　　　　　　　　单位:万元

项目	本期金额	上期金额
一、营业收入	9 371.40	8 257
减:营业成本	4 190.40	3 710
税金及附加	676	562
销售费用	1 370	1 255
管理费用	1 050	812
财务费用	325	308
资产减值损失		
加:公允价值变动收益(损失以"—"号填列)		
投资收益(损失以"—"号填列)		

(续表)

项目	本期金额	上期金额
资产处置收益（损失以"—"号填列）	63	68
其他收益		
二、营业利润（损失以"—"号填列）	1 823	1 678
加：营业外收入	8.5	9.80
减：营业外支出	15.5	5.40
三、利润总额（损失以"—"号填列）	1 816	1 682.4
减：所得税费用	556	508.4
四、净利润（净亏损以"—"号填列）	1 260	1 174
五、其他综合收益的税后净额	20	10
六、综合收益总额	1 280	1 184
七、每股收益		
（一）基本每股收益(元)	0.84	0.78
（二）稀释每股收益(元)	0.84	0.78

乐天公司 2×21 年度的简化现金流量表，如表 9-3 所示。

表 9-3　　　　　　　　　乐天公司现金流量表
2×21 年度　　　　　　　　　　　单位：万元

项目	本期金额	上期金额
一、经营活动产生的现金流量		
销售商品、提供劳务收到的现金	10 470	
收到的税费返还	450	
收到与其他经营活动有关的现金	300	
经营活动现金流入小计	11 220	
购买商品、接受劳务支付的现金	6 630	
支付给职工以及为职工支付的现金	258	
支付的各项税费	2 542	
支付其他与经营活动有关的现金	470	
经营活动现金流出小计	9 900	
经营活动产生的现金流量净额	1 320	
二、投资活动产生的现金流量		
收回投资受到的现金	105	
取得投资收益收到的现金	65	
处置固定资产、无形资产和其他长期资产回收的现金净额	5	
处置子公司及其他营业单位收到的现金净额	4	
收到其他与投资活动有关的现金	6	

(续表)

项目	本期金额	上期金额
投资活动现金流入小计	185	
构建固定资产、无形资产和其他长期资产支付的现金	855	
投资支付的现金	76	
取得子公司及其他营业单位支付的现金净额	10	
支付其他与投资活动有关的现金	4	
投资活动现金流出小计	945	
投资活动产生的现金流量净额	−760	
三、筹资活动产生的现金流量		
吸收投资受到的现金		
取得借款收到的现金	350	
受到其他与筹资活动有关的现金		
筹资活动现金流入小计	350	
偿还债务支付的现金	330	
分配股利、利润或偿付利息支付的现金	353	
支付其他与筹资活动有关的现金	27	
筹资活动现金流出小计	710	
筹资活动产生的现金流量净额	−360	
四、汇率变动对现金及现金等价物的影响		
五、现金及现金等价物净增加额	200	
加：期初现金及现金等价物	370	
六、期末现金及现金等价物余额	570	

想一想：

偿债能力是指企业偿还到期债务（包括本息）的能力。偿债能力分析包括短期偿债能力分析与长期偿债能力分析。试运用财务能力分析相关工具，判断乐天企业的偿债能力如何？

任务工具：

步骤一：

偿债能力是指企业偿还到期债务（包括本息）的能力。偿债能力分析包括短期偿债能力分析与长期偿债能力分析。

短期偿债能力是指企业流动资产对流动负债及时足额偿还的保证程度，是衡量企业当前财务能力，特别是流动资产变现能力的重要指标。

企业短期偿债能力的评价指标主要有流动比率、速动比率和现金流动负债率三项。

1. 流动比率

流动比率是流动资产与流动负债的比率，它表明企业每一元流动负债有多少流动资产作为偿还保证，反映企业可用在短期内转变为现金的流动资产偿还到期流动负债的能力。其计算公式为：

$$流动比率 = \frac{流动资产}{流动负债}$$

乐天公司 2×21 年年末的流动资产和流动负债的年末数的比率,即为该公司的流动比率。其计算公式为:

$$流动比率 = \frac{1\,980}{1\,000} = 1.98$$

乐天公司每有 1 元的流动负债,就有 1.98 元的流动资产作为安全保障。流动比率是衡量企业短期偿债能力的一个重要财务指标,这个比例越高,说明企业偿还流动负债的能力越强,流动负债得到偿还的保障越大。但是,过高的流动比率也不是好现象,因为流动比率过高,可能是企业滞留在流动资产上的资金过多,未能有效地加以利用,可能会影响企业的盈利能力。

根据西方的经验,一般认为流动比率在 2 左右比较合适,乐天公司的流动比率为 1.98,应该属于正常范围。实际上,对流动比率的分析应该结合不同的行业特点、流动资产结构以及各项流动资产的实际变现能力等因素。

但是,单凭这种经验判断也并不可靠,有时流动比率较高,但其短期偿债能力未必很强,因为可能是存货积压或滞销的结果,而且企业也很容易伪造这个比率,以掩饰其偿债能力的不足。如果年终时故意将借款还清,下年年初再借入,就可以人为地提高期末流动比率。假设一个公司拥有流动资产 20 万元,流动负债 10 万元,则流动比率为 2;如果该公司在年终编制财务报表时,故意还清 5 万元短期借款,待下年年初再借入,则该公司的流动资产就变成 15 万元,流动负债就变成 5 万元,流动比率就是 3。这样就提高了期末流动比率,粉饰了短期偿债能力。因此,利用流动比率来评价企业短期偿债能力存在一定的局限性。

2. 速动比率

流动比率在评价企业短期偿债能力时,存在一定的局限性。如果流动比率较高,但流动资产的流动性较差,则企业的短期偿债能力仍然不强。在流动资产中,以公允价值计量且其变动计入当期损益的金融资产、衍生金融资产、应收票据、应收账款的表现能力均比存货强,存货需经过销售才能转变为现金,如果存货滞销,则其变现就成问题,所以存货就是流动资产中流动性较差的资产。一般来说,流动资产扣除存货、待摊费用后的资产被称为速动资产,主要包括货币资金、以公允价值计量且其变动计入当期损益的金融资产、衍生金融资产、应收票据、应收账款等。其计算公式为:

$$速动资产 = 流动资产 - 存货 - 待摊费用$$

速动比率是企业速动资产与流动负债的比率。其计算公式为:

$$速动比率 = \frac{速动资产}{流动负债}$$

用速动比率来判断企业短期偿债能力比用流动比率更近了一步,因为它撇开了变现能力较差的存货。速动比率较高,说明企业的短期偿债能力越强。根据乐天企业资产负债表有关数据,2×21 年年末的速度比率为:

$$速动比率 = \frac{1\,980 - 690}{1\,000} = 1.29$$

根据西方经验,一般认为速动比率为1时比较合适,乐天公司的速动比率为1.29,应属于正常范围之内。但在实际分析时,应该根据企业性质和其他因素来综合判断,不可一概而论。通常影响速动比率可信度的重要因素是应收账款的变现能力,如果企业的应收账款中有较大部分不易收回,可能会成为坏账,那么速动比率就不能真实反映企业的偿债能力。因此,在使用速动比率分析企业短期偿债能力时,应结合应收账款账龄结构进行分析。

3. 现金比率

现金比率是企业的现金类资产和流动负债的比值。现金类资产包括库存现金,随时可用于支付的存款和现金等价物,即现金流量表中所反映的现金及现金等价物。其计算公式为:

$$现金比率 = \frac{现金 + 现金等价物}{流动负债}$$

根据乐天公司资产负债表有关数据(假定该公司以公允价值计量且其变动计入当期损益的金融资产均为现金等价物),该公司2×21年年末的现金比率为:

$$现金比率 = \frac{490 + 80}{1\ 000} = 0.57$$

现金比率可以反映企业的直接偿付能力,因为现金是企业偿还债务的最终手段,如果企业现金缺乏,就可能发生支付困难,面临财务危机。因而,现金比率高,说明企业有较好的支付能力,对偿付债务是有保障的。但是如果这个比率过高,可能意味着企业拥有过多的盈利能力较低的现金类资产,企业的资产未能得到有效运用。

4. 现金流量比率

现金流量比率是企业经营活动产生的现金流量净额与流动负债的比值。其计算公式为:

$$现金流量比率 = \frac{经营活动产生的现金流量净额}{流动负债}$$

流动比率、速动比率和现金比率都是反映企业短期偿债能力的静态指标,揭示了企业的现存资源对偿还到期债务的保障程度。现金流量比率则是从动态角度反映本期经营活动产生的现金流量净额偿付流动负债的能力。根据乐天公司资产负债表和利润表的有关数据,其2×21年的现金流量比率为:

$$现金流量比率 = \frac{1320}{1\ 000} = 1.32$$

经营活动产生的现金流量是过去一个会计年度的经营结果,而流动负债则是未来一个会计年度需要偿还的债务,两者的会计期间不同。因此,这个指标是建立在以过去一年的现金流量来估计未来一年的现金流量的假设基础之上的。使用这一财务比率时,需要考虑未来一个会计年度影响经营活动的现金流量变动的因素。

步骤二:

长期偿债能力是指企业偿还长期负债的能力,其评价指标主要有资产负债率、股东权益比率、产权比率和利息保障倍数。

1. 资产负债率

资产负债率又称负债比率,是企业一定时期负债总额与资产总额的比率,它表明企业资产总额中债权人提供资金所占比重以及企业资产对债权人权益的保障程度。该指标是评价企业负债水平的综合指标。其计算公式为：

$$资产负债率 = \frac{负债总额}{资产总额}$$

资产负债率反映了企业偿还债务的综合能力，该比率越高，企业偿还债务的能力越差，财务风险越大；反之，偿还债务的能力越强。根据乐天公司资产负债表有关数据，其2×21年年末的资产负债率为：

$$资产负债率 = \frac{2\,070}{4\,500} = 0.46$$

计算结果表明，2×21年乐天公司的资产有46%来源于举债；或者说，乐天公司每46元的债务，就有100元的资产作为偿还债务的保障。

对于资产负债率，企业的债权人、股东和管理者往往从不同的角度来评价。

从债权人角度来看，他们最关心的是借贷给企业资金的安全性。如果这个比率过高，说明在企业的全部资产中，股东提供的资本所占比重太低，企业的财务风险主要由债权人负担，其贷款的安全性缺乏可靠的保障，所以，债权人总是希望企业的负债比率低一些。

从企业股东的角度来看，他们关心的主要是投资报酬的高低。企业借入的资金与股东投入的资金在生产经营中可以发挥同样的作用，如果企业负债所支付的利率低于资产报酬率，股东就可以利用举债经营取得更多的投资报酬。因此，股东所关心的往往是全部资产报酬率是否超过了借款的利率。企业股东可以通过举债经营的方式，以有限的资本、付出有限的代价取得对企业的控制权，并且得到举债经营的杠杆利益。因此在财务分析中，资产负债率也被人们称为财务杠杆比率。

站在企业管理者的立场，他们既要考虑企业的盈利，也要顾及企业所承担的财务风险。资产负债率作为财务杠杆比率，不仅反映了企业的长期财务状况，也反映了企业管理层的进取精神。如果企业不利用举债经营或者负债比率很小，则说明企业管理者比较保守，对前途信心不足，利用债权人资本进行经营活动的能力较差。但是，负债也必须有一定限度，负债比率过高，企业的财务风险将增大，一旦资产负债率超过100%，则说明企业资不抵债，有濒临倒闭的风险。

至于资产负债率为多少才是合理的，并没有一个确定的标准。不同行业、不同类型的企业资产负债率会存在较大差异。一般而言，处于高速成长期的企业，其资产负债率可能会高一些，这样，所有者会得到更多的杠杆利益。但是，作为财务管理者，在确定企业的资产负债率时一定要审时度势，充分考虑企业内部各种因素和企业外部的市场环境，在风险与报酬之间权衡利弊与得失，然后做出正确的财务决策。

2. 股东权益比率与权益乘数

股东权益比率是股东权益总额与资产总额的比率，该比率反映资产总额中有多大比例是所有者投入的。其计算公式为：

$$股东权益比率 = \frac{股东权益总额}{资产总额}$$

股东权益比率与资产负债比率之和等于1。因此，这两个比率是从不同的侧面反映企业的长期财务状况,股东权益比率越大,资产负债率就越小,企业的财务风险就越小,偿还长期债务的能力就越强。乐天公司2×21年年末的股东权益比率为:

$$股东权益比率 = \frac{2\,430}{4\,500} = 0.54$$

股东权益比率的倒数被称为权益乘数,即资产总额是股东权益总额的多少倍。权益乘数反映了企业财务杠杆的大小。权益乘数越大,说明股东投入的资本在资产中所占比重越小,财务杠杆越大。其计算公式为:

$$权益乘数 = \frac{资产总额}{股东权益总额}$$

乐天公司2×21年年末的权益乘数为:

$$权益乘数 = \frac{4\,500}{2\,430} = 1.85$$

也可以用资产平均总额除以股东权益平均总额计算平均权益乘数,2×21年年末乐天公司的平均权益乘数为:

$$平均权益乘数 = \frac{(3\,800+4\,500) \div 2}{(1\,976+2\,430) \div 2} = 1.883\,8$$

3. 产权比率与有形净值债务率

产权比率也称资本负债率,指企业负债总额与所有者权益总额的比率,是企业财务结构稳健与否的重要标志。它反映企业所有者权益对债权人权益的保障程度。其计算公式为:

$$产权比率 = \frac{负债总额}{所有者权益总额}$$

产权比率实际上是负债比率的另一种表现形式,它反映了债权人所提供的资金与股东所提供的资金的对比关系,因此可以揭示企业的财务风险以及股东权益对债务的保障程度。该比率越低,说明企业长期财务状况越好,债权人贷款的安全性越有保障,企业财务风险越小。根据乐天公司资产负债表,其2×21年年末的产权比率为:

$$产权比率 = \frac{2\,070}{2\,430} = 0.85$$

为了进一步分析股东权益对负债的保障程度,我们可以保守地认为无形资产不宜用来偿还债务,故将其从上式的分母中扣除,这样计算出来的财务比率被称为有形净值债务率。其计算公式为:

$$有形净值债务率 = \frac{负债总额}{股东权益总额 - 无形资产净值}$$

有形净值债务率实际上是产权比率的延伸,它更为保守地反映了在企业清算时债权人投入的资本收到股东权益的保障程度。该比率越低,说明企业的财务风险越小。根据乐天公司资产负债表有关数据,其2×21年年末的有形净值债务率为:

$$有形净值债务率 = \frac{2\,070}{2\,430 - 32} = 0.86$$

4. 利息保障倍数与现金利息保障倍数

利息保障倍数是企业一定时期息税前利润与利息费用的比值,反映获利能力对债务偿付的保障程度。其计算公式为:

$$利息保障倍数 = \frac{税前利润 + 利息费用}{利息费用}$$

根据乐天公司利润表有关数据(假定乐天公司的财务费用都是利息费用,并且固定资产成本中不含资本化利息),乐天公司 2×21 年的利息保障倍数为:

$$利息保障倍数 = \frac{1\,816 + 325}{325} = 6.59$$

公式中的税前利润指缴纳所得税之前的利润总额;利息费用不仅包括财务费用中的利息费用,还包括计入固定资产成本的资本化利息。利息保障倍数反映了企业的经营所得支付债务利息的能力,如果该值太低,说明企业难以保证有经营所得来按时按量支付债务利息,这会引起债权人的担心。一般来说,企业的利息保障倍数至少要大于 1,否则难以偿付债务及利息,长此以往甚至会导致企业破产。利息保障倍数反映了当期企业经营收益是所需支付的债务利息的多少倍,从偿债资金来源角度考察企业债务利息的偿还能力。利息保障倍数适当,表明企业偿付债务利息的风险小。因企业所处的行业不同,利息保障倍数有不同的标准。一般情况下,该指标若大于 1,则表明企业负债经营能够赚取比资本成本更高的利润,但这仅表明企业能维持经营,还远远不够;若小于 1,则表明企业无力赚取大于资本成本的利润,企业债务风险很大。该指标越高,表明企业的债务偿还越有保证;反之,则表明企业没有足够资金来源偿还债务利息,企业偿债能力低下。

步骤三:

财务比率是分析企业偿债能力的主要指标,分析者可以比较最近几年的有关财务比率来判断企业偿债能力的变化趋势,也可以比较某一企业与同行业其他企业的财务比率,来判断该企业偿债能力的强弱。但是,在分析企业偿债能力时,除了使用上述指标以外,还应考虑以下因素对企业偿债能力的影响,这些因素既可影响企业的短期偿债能力,也可影响企业的长期偿债能力。

1. 或有负债

或有负债是企业过去的交易或者事项形成的潜在义务,其存在须通过未来不确定事项的发生与否予以证实。或有负债可能会转化为企业的债务,也可能不会转化为企业的债务,因此,其结果具有不确定性。例如,已贴现未到期的商业承兑汇票、销售的产品可能会发生的质量事故赔偿、诉讼案件和经济纠纷可能败诉导致的赔偿等。这些或有负债在资产负债表编制日还不能确定未来的结果如何,不能作为负债在资产负债表的负债类项目中进行反映。但是,或有负债在将来一旦转化为企业现实的负债,就会对企业的财务状况产生影响,尤其是金额巨大的或有负债项目会增加企业的财务风险,影响企业的偿债能力。因此,在进行偿债能力分析时不能不考虑这一影响因素。

2. 担保责任

在经济活动中,企业可能会发生以本企业的资产为其他企业的债务提供法律担保的情况,如为其他企业的银行借款提供担保、为其他企业履行有关经济合同提供法律担保等。如果被担保人不履行合同,这种担保责任就有可能会成为企业的负债,增加企业的财务风险。但是,这种担保责任在财务报表中并未得到反映,因此,在进行财务分析时,必须考虑企业是否有巨额的法律担保责任。

3. 租赁活动

企业在生产经营活动中,可以通过租赁的方式解决急需的设备。财产租赁通常有两种形式:融资租赁和经营租赁。采用融资租赁方式租入的固定资产作为企业的固定资产入账,租赁费用作为企业的长期负债入账。但是,当企业采用经营租赁时,其租赁费用并未包含在负债之中。如果经营租赁的业务量较大、期限较长或者具有经常性,则其租金虽然不包含在负债中,但对企业的偿债能力也会产生较大的影响。在进行财务分析时,也应考虑这一因素。

4. 可用的银行授信额度

可用的银行授信额度是指银行授予企业的贷款指标,该项信用额度已经得到银行批准,但企业尚未办理贷款手续。对于这种授信额度企业可以随时使用,从而能够方便、快捷地取得银行借款,提高企业的偿付能力,缓解财务困难。

活动 2 │ 营运能力分析

活动目标:掌握营运能力指标计算及分析方法。

工作实例 9-2:营运能力反映了企业的资金周转状况,对此进行分析,可以了解企业的营业状况及经营管理水平。资金周转状况好,说明企业的经营管理水平高,资金利用效率高,企业的资金周转状况与供产销各个经营环节密切相关,任何一个环节出现问题,都会影响企业资金的正常周转。资金只有顺利通过各个经营环节,才能完成一次循环。在供产销各环节中,销售有着特殊的意义。因为产品只有销售出去,才能实现其价值,收回最初投入的资金,顺利完成一次资金周转。因此,可以通过产品销售情况与企业资金占用量来分析企业的资金周转状况,评价企业的营运能力。评价企业营运能力常用的财务比率有应收账款周转率、存货周转率、流动资产周转率、固定资产周转率、总资产周转率等。

想一想:根据乐天公司 2×21 年资产负债表、利润表及现金流量表的相关数据,试对乐天公司的营运能力进行分析。

任务工具:

步骤一:

应收账款周转率是指企业一定时期赊销收入净额与应收账款平均余额的比率。应收账款周转率是评价应收账款流动性大小的一个重要的财务比率,它反映了应收账款在一个会计年度内的周转次数,可以用来分析应收账款的变现速度和管理效率。该比率越高,说明应收账款的周转速度越快、流动性越强。

$$应收账款平均余额 = \frac{期初应收账款 + 期末应收账款}{2}$$

$$应收账款周转率 = \frac{赊销收入净额}{应收账款平均余额}$$

赊销收入净额是指销售收入净额扣除现销收入之后的余额。销售收入净额是指销售收入扣除了销售退回、销售折扣及折让后的余额。在利润表中,营业收入就是销售收入。在这里,我们假设乐天公司的营业收入全部都是销售收入净额。根据资产负债表和利润表的相

关数据,乐天公司 2×21 年应收账款周转率的计算如下:

$$应收账款平均余额 = \frac{643.5 + 683.1}{2} = 663.3(万元)$$

$$应收账款周转率 = \frac{9\,371.4}{663.3} = 14.13(次)$$

应收账款周转率反映了企业应收账款的流动速度,即企业本年度内应收账款转为现金的平均次数。应收账款在流动资产中占较大份额,及时收回应收账款,能够减少营运资金在应收账款上的呆滞占用,从而提高企业的资金利用效率。由于季节性经营、大量采用分期收款或现金方式结算等都可能使本指标结果失实,因此,应结合企业前后期间、行业平均水平进行综合评价。

用应收账款周转率来反映应收账款的周转情况是比较常见的,如乐天公司的应收账款周转率为 14.13 次,表明该公司一年内应收账款周转次数为 14.13 次。

应收账款的周转情况也可以用应收账款平均收账期来反映。

$$应收账款平均收账期 = \frac{360}{应收账款周转率} = \frac{应收账款平均余额 \times 360}{赊销收入净额}$$

应收账款平均收账期表示应收账款周转一次所需的天数。应收账款平均收账期越短,说明企业的应收账款周转速度越快。根据乐天公司的应收账款周转率,得出的应收账款平均收账期如下:

$$应收账款平均收账期 = \frac{360}{14.13} = 25.48(天)$$

乐天公司的应收账款平均收账期为 25.48 天,说明乐天公司从赊销产品到收回应收账款的平均天数为 25.48 天。应收账款平均收账期与应收账款周转率是反比例关系,对该项指标的分析是企业制定信用政策的一个重要依据。

步骤二:

存货周转率也称存货利用率,是指企业一定时期销售成本与存货平均余额的比值。

$$存货平均余额 = \frac{期初存货余额 + 期末存货余额}{2}$$

$$存货周转率 = \frac{销售成本}{存货平均余额}$$

其中销售成本可以从利润表中得知,假设营业成本全部为销售成本,存货平均余额是期初存货余额与期末存货余额的平均数,根据资产负债表有关数据可以计算得出。如果企业生产经营活动具有很强的季节性,则年度内各季度的销售成本与存货会有较大幅度的波动。因此,存货平均余额应该按月份或季度余额来计算,先考虑各月或各季度的存货平均余额,然后再计算全年的存货平均余额。根据乐天公司资产负债表有关数据,乐天公司 2×21 年存货周转率的计算如下:

$$存货平均余额 = \frac{580 + 690}{2} = 635(万元)$$

$$存货周转率 = \frac{4\,190.4}{635} = 6.6(次)$$

存货周转率说明了一定时期内企业存货周转的次数,可以反映企业存货的变现速度,衡量企业的销售能力及存货是否过量。存货周转率反映了企业的销售效率和存货使用效率。在正常经营情况下,存货周转率越高,说明存货周转速度越快,企业的销售能力越强,营运资本占用在存货上的金额越少,表明企业的资产流动性较好,资金利用效率较高;反之,存货周转率过低,常常是库存管理不力,存货积压,说明企业在产品销售方面存在一定的问题,应当采取积极的销售策略,加快存货的周转速度。但是,有时企业出于特殊的原因会加大存货储备量,如在通货膨胀比较严重的情况下,企业为了降低存货采购成本,可能会提高存货储备量,这种情况导致的存货周转率降低是一种正常现象。一般来说,存货周转率越高越好,但存货周转率过高,也可能说明企业存货管理方面存在一些问题,如存货水平太低,甚至经常缺货,或者采购次数过于频繁,批量太小等。因此,对存货周转率应当结合企业的实际情况,具体问题具体分析。

存货周转状况也可以用存货周转天数来反映。

$$存货周转天数 = \frac{360}{存货周转率} = \frac{存货平均余额 \times 360}{销售成本}$$

存货周转天数表示存货周转一次所需要的时间,天数越少说明存货周转得越快。乐天公司的存货周转率为 6.6 次,表明一年存货周转 6.6 次,因此,存货周转天数为:

$$存货周转天数 = \frac{360}{6.6} = 54.55(天)$$

步骤三:

流动资产周转率是指企业一定时期销售(营业)收入同流动资产平均余额的比值。流动资产周转率是综合评价企业流动资产周转速度的重要指标。

$$流动资产平均余额 = \frac{期初流动资产余额 + 期末流动资产余额}{2}$$

$$流动资产周转率 = \frac{销售收入}{流动资产平均余额}$$

流动资产周转率表明在一个会计年度内企业流动资产周转的次数,它反映了流动资产周转的速度。该指标越高,说明企业流动资产的利用效率越高,根据乐天公司资产负债表和利润表,其 2×20 年流动资产周转率的计算如下:

$$流动资产平均余额 = \frac{1\,710 + 1\,980}{2} = 1\,845(万元)$$

$$流动资产周转率 = \frac{9\,371.4}{1\,845} = 5.08(次)$$

流动资产周转率是分析流动资产周转情况的一个综合指标,流动资产周转得快,可以节约流动资金,提高资金的利用效率。但是,究竟流动资产周转率为多少才算好,并没有一个确定的标准。通常应比较企业历年的数据并结合行业特点来分析流动资产周转率。

步骤四:

固定资产周转率也称固定资产利用率,是指企业销售收入与固定资产平均净值的比率。

$$固定资产平均净值 = \frac{期初固定资产净值 + 期末固定资产净值}{2}$$

$$固定资产周转率 = \frac{销售收入}{固定资产平均净值}$$

固定资产周转率主要用于分析企业对厂房、设备等固定资产的利用效率。该比率越高，说明固定资产的利用率越高，管理水平越好。如果固定资产周转率与同行业平均水平相比偏低，说明企业的生产效率较低，可能会影响企业的盈利能力。根据乐天公司财务报告有关数据，其2×21年固定资产周转率的计算如下：

$$固定资产平均净值 = \frac{1\,800 + 2\,150}{2} = 1\,975(万元)$$

$$固定资产周转率 = \frac{9\,371.4}{1\,975} = 4.75(次)$$

步骤五：

总资产周转率也称总资产利用率，是指企业销售收入与资产平均总额的比率。

$$资产平均总额 = \frac{期初资产总额 + 期末资产总额}{2}$$

$$总资产周转率 = \frac{销售收入}{资产平均总额}$$

销售收入一般用销售收入净额来表示，即营业收入扣除销售退回、销售折扣和折让后的净额。总资产周转率可用来分析企业全部资产的使用效率。如果这个比率较低，说明企业利用其资产进行经营的效率较差，会影响企业的盈利能力，企业应该采取措施增加销售收入或处置资产，以提高总资产利用率。根据乐天公司财务报告有关数据，其2×21年总资产周转率的计算如下：

$$资产平均总额 = \frac{3\,800 + 4\,500}{2} = 4\,150(万元)$$

$$总资产周转率 = \frac{9\,371.4}{4\,150} = 2.26(次)$$

活动3 | 盈利能力分析

活动目标： 掌握盈利能力指标计算及分析方法。

工作实例9-3： 盈利能力是指企业获取利润的能力。盈利是企业的重要经营目标，是企业生存和发展的物质基础，它不仅关系企业所有者的投资报酬，也是企业偿还债务的一个重要保障。因此，企业的债权人所有者以及管理者都十分关心企业的盈利能力。盈利能力分析是企业财务分析的重要组成部分，也是评价企业经营管理水平的重要依据。企业的各项经营活动都会影响盈利，如营业活动、对外投资活动、营业外收支活动等都会引起企业利润的变化。但是，在对企业盈利能力进行分析时，一般只分析企业正常经营活动的盈利能力，不涉及非正常的经营活动。这是因为一些非正常的、特殊的经营活动虽然也会给企业带来收益，但它不是经常的和持续的，因此，不能将其作为企业一种持续性的盈利能力加以评价。评价企业盈利能力的财务比率主要有资产报酬率、股东权益报酬率、销售毛利率、销售净利率、成本费用净利率等，对于股份有限公司，还应分析每股利润、每股现金流量、每股股利、股利支付率、每股净资产、市盈率、市净率等。

想一想：根据乐天公司 2×21 年资产负债表、利润表及现金流量表的相关数据，试对乐天公司的盈利能力进行分析。

任务工具：

步骤一：

资产报酬率也称资产收益率，是企业在一定时期内的利润额与资产平均总额的比率。资产报酬率主要用来衡量企业利用资产获取利润的能力。在实践中，根据财务分析的目的不同，利润额可以分为息税前利润、利润总额和净利润。按照所采用的利润额的不同，资产报酬率可以分为资产息税前利润率、资产利润率和资产净利率。

（1）资产息税前利润率是指企业一定时期的息税前利润与资产平均总额的比率。

$$资产息税前利润率 = \frac{息税前利润}{资产平均总额} \times 100\%$$

息税前利润是企业支付债务利息和所得税之前的利润总额。企业所实现的息税前利润首先要用于支付债务利息，然后才能缴纳所得税和向股东分配利润。因此，息税前利润可以看作企业为债权人、政府和股东所创造的报酬。资产息税前利润率不受企业资本结构变化的影响，通常用来评价企业全部经济资源获取报酬的能力，反映了企业利用全部资产进行经营活动的效率。债权人分析企业资产报酬率时可以采用资产息税前利润率。一般来说，只要企业的资产息税前利润率大于负债利息率，企业就有足够的收益用于支付债务利息。因此，该项比率不仅可以评价企业的盈利能力，而且可以评价企业的偿债能力。

（2）资产利润率是指企业一定时期的税前利润总额与资产平均总额的比率。

$$资产利润率 = \frac{利润总额}{资产平均总额} \times 100\%$$

利润总额可以直接从利润表中得到，它反映了企业在扣除所得税费用之前的全部收益。影响企业利润总额的因素主要有营业利润、投资收益或损失、营业外收支等，所得税政策的变化不会对利润总额产生影响。因此，利润表不仅能够综合评价企业的资产盈利能力，而且可以反映企业管理者的资产配置能力。

（3）资产净利率是指企业一定时期的净利润与资产平均总额的比率。

$$资产净利率 = \frac{净利润}{资产平均总额} \times 100\%$$

净利润可以直接从利润表中得到，它是企业所有者获得的剩余收益，企业的经营活动、投资活动、筹资活动以及国家税收政策的变化都会影响净利润。因此，净利率通常用资产净利率表示。根据乐天公司财务报告有关数据，其 2×21 年的资产净利率为：

$$资产净利率 = \frac{1\,260}{(3\,800 + 4\,500) \div 2} \times 100\% = 30.36\%$$

乐天公司的资产净利率为 30.36%，说明乐天公司每 100 元的资产可以为股东赚取 30.36 元的净利润。该比例越高，说明企业的盈利能力越强。

资产报酬率的高低并没有一个绝对的评价标准。在分析企业的资产报酬率时，通常采用比较分析法，与该企业以前会计年度的资产报酬率作比较，可以判断企业资产盈利能力的变动趋势；或者与同行业平均资产报酬率作比较，可以判断企业在同行中所处的位置。如果企业的资产报酬率偏低,说明该企业经营效率较低,经营管理存在问题,应该调整经营方针,加强经营管理,提高资产的利用效率。

步骤二：

股东权益报酬率也称资产收益率或所有者权益报酬率,是企业一定时期的净利润和股东权益平均总额的比率。

$$股东权益平均总额 = \frac{期初股东权益总额 + 期末股东权益总额}{2}$$

$$股东权益报酬率 = \frac{净利润}{股东权益平均总额} \times 100\%$$

股东权益报酬率是评价企业盈利能力的一个重要的财务比率,它反映了企业股东获取投资报酬的高低。该比例越高,说明企业的盈利能力越强。根据乐天公司财务报告有关数据,其 2×21 年股东权益报酬率的计算如下：

$$股东权益平均总额 = \frac{1\,976 + 2\,430}{2} = 2\,203(万元)$$

$$股东权益报酬率 = \frac{1\,260}{2\,203} \times 100\% = 57.19\%$$

乐天公司的股东权益报酬率为 57.19%,表明股东每投入 100 元资本,可以获得 57.19 元净利润。需要明确的是,上式中的股东权益平均总额是用账面价值而不是市场价值计算的。在正常情况下,股份公司的股东权益市场价值都会高于其账面价值,因此,以股东权益的市场价值计算的股东权益报酬率可能会远低于净资产收益率。

$$股东权益报酬率 = 资产净利率 \times 权益乘数$$

从上式可以看出,股东权益报酬率取决于企业的资产净利率和权益乘数两个因素。因此,提高股东权益报酬率可以有两种途径：第一种是在财务杠杆不变的情况下,通过增收节支,提高资产利用效率来提高资产净利率,从而提高股东权益报酬率；第二种是在资产利润率大于负债利息率的情况下,可以通过增大权益乘数,即提高财务杠杆,来提高股东权益报酬率。但是,第一种途径不会增加企业的财务风险,第二种途径则会导致企业的财务风险增大。

步骤三：

1. 销售毛利率

销售毛利率也称毛利率,是企业的销售毛利与营业收入净额的比率。其计算公式为：

$$销售毛利率 = \frac{销售毛利}{营业收入净额} \times 100\% = \frac{营业收入净额 - 营业成本}{营业收入净额} \times 100\%$$

上式中的销售毛利是企业营业收入净额与营业成本的差额,可以根据利润表计算得出。营业收入净额是指营业收入扣除销售退回、销售折扣与折让后的净额。销售毛利率反映了企业的营业成本与营业收入的比例关系,销售毛利率越大,说明在营业收入净额中营业成本所占比重越小,企业通过销售获取利润的能力越强。根据乐天公司报表有关数据,其 2×21 年的销售毛利率为：

$$销售毛利率 = \frac{9\,371.4 - 4\,190.4}{9\,371.4} \times 100\% = 55.29\%$$

乐天公司 2×21 年的销售毛利率为 55.29%，说明每 100 元的营业收入可以为公司创造 55.19 的毛利。

2. 销售净利率

销售净利率是企业净利润与营业收入净额的比率。其计算公式为：

$$销售净利率 = \frac{净利润}{营业收入净额} \times 100\%$$

销售净利率说明了企业净利润占营业收入的比例，可以评价企业通过销售赚取利润的能力。销售净利率表明企业每 100 元营业收入可实现的净利润是多少。该比率越高，说明企业通过扩大销售获取报酬的能力越强。根据乐天公司财务报表有关数据，其 2×20 年的销售净利率为：

$$销售净利率 = \frac{1\,260}{9\,371.4} \times 100\% = 13.45\%$$

乐天公司的销售净利率为 13.45%，说明每 100 元的营业收入可为公司创造 13.45 元的净利润。评价企业的销售净利率时，应比较企业历年的指标，从而判断企业销售净利率的变化趋势。但是，销售净利率受行业特点影响较大，因此，还应该结合不同行业的具体情况进行分析。

$$资产净利率 = 总资产周转率 \times 销售净利率$$

从上式可以看出，资产净利率主要取决于总资产周转率与销售净利率两个因素。企业的销售净利率越高，资产周转速度越快，资产净利率越高。因此，提高资产净利率可以从两个方面入手：一方面加强资产管理，提高资产利用率；另一方面加强营销管理，增加销售收入，节约成本费用，提高利润水平。

步骤四：

1. 每股股利

每股股利等于普通股分配的现金股利总额（不含优先股股利）除以普通股总股份数，它反映了普通股每股分得的现金股利的多少。其计算公式为：

$$每股股利 = \frac{现金股利总额 - 优先股股利}{普通股总股份数}$$

每股股利的高低不仅取决于公司盈利能力的强弱，还取决于公司的股利政策和现金是否充裕。倾向于分配现金股利的投资者应当比较分析公司历年的每股股利，从而了解公司的股利政策。

2. 股利支付率

股利支付率也称股利发放率，是指普通股每股股利与每股利润的比率，它表明股份公司的净收益中有多少用于现金股利的分派。其计算公式为：

$$股利支付率 = \frac{每股股利}{每股利润} \times 100\%$$

股利支付率相关的反应利润留存比例的指标是留存比率，或称收益留存率。其计算公式为：

$$留存比率 = \frac{每股利润 - 每股股利}{每股股利} \times 100\%$$

$$留存比率 = \frac{净利润 - 现金股利额}{净利润} \times 100\% = \frac{留存利润}{净利润} \times 100\%$$

留存比率反映了企业净利润留存的百分比,因此,它与股利支付率之和等于1,即:

$$股利支付率 + 留存比率 = 1$$

假设乐天公司2×20年分配的普通股每股股利为0.61元,则该公司的股利支付率和留存比率分别为:

$$股利支付率 = \frac{0.61}{0.84} \times 100\% = 72.62\%$$

$$留存比率 = 1 - 72.62\% = 27.38\%$$

乐天公司的股利支付率为72.62%,说明乐天公司将利润的72.62%用于支付普通股股利。股利支付率主要取决于公司的股利政策,没有一个具体的标准来判断股利支付率究竟是大好还是小好。一般而言,如果一个公司的现金量比较充裕,并且目前没有更好的投资项目,则可能会倾向于发放现金股利;如果公司有较好的投资项目,则可能会少发股利,而将资金用于投资。

步骤五:

市盈率与市净率是以企业盈利能力为基础的市场估值指标。这两个指标并不是直接用于分析企业盈利能力的。而是投资者以盈利能力分析为基础,对公司股价进行价值评估的工具。通过对市盈率和市净率的分析,可以判断股票的市场定价是否符合公司的基本面,为投资者的投资活动提供决策依据。

(1) **市盈率**也称价格盈余比率或价格与收益比率,是指普通股每股股价与每股利润的比率。其计算公式为:

$$市盈率 = \frac{每股股价}{每股利润}$$

市盈率是反映公司市场价值与盈利能力之间关系的一个重要财务比率,投资者对这个比率十分重视,将它作为做出投资决策的重要参考因素之一。资本市场上并不存在一个标准的市盈率,对市盈率的分析要结合行业特点和企业的盈利前景。一般来说,市盈率高,说明投资者对该公司的发展前景看好,愿意出较高的价格购买公司股票,所以,成长性好的公司的市盈率通常要高一些,而盈利能力差,缺乏成长性的公司的市盈率要低一些。但是也应注意,如果某股票的市盈率过高,则也意味着这只股票具有较高的投资风险。

假定2×20年年末乐天公司的股票价格为每股16元,则其股票市盈率为:

$$市盈率 = \frac{16}{0.84} = 19.05$$

(2) **市净率**,是指普通股每股股价与每股净资产的比率。其计算公式为:

$$市净率 = \frac{每股股价}{每股净资产}$$

市净率反映了公司股票的市场价值与账面价值之间的关系,该比率越高,说明股票的市场价值越高。一般来说,资产质量好、盈利能力强的公司,其市净率会比较高;而风险较大、发展前景较差的公司,其市净率会比较低。在一个有效的资本市场中,如果公司股票的市净率小于1,即股价低于每股净资产,则说明投资者对公司未来发展前景持悲观的看法。

假定2×20年年末乐天公司的股票价格为每股16元,该公司的股票市净率为:

$$市净率 = \frac{16}{1.62} = 9.88$$

活动4 | 发展能力分析

活动目标:掌握发展能力指标计算及分析方法。

工作实例9-4:发展能力也称成长能力,是指企业在从事经营活动过程中所表现出的增长能力,如规模的扩大、盈利的持续增长、市场竞争力的增强等。反映企业发展能力的主要财务比率有销售增长率、资产增长率、股权增长率和利润增长率。

想一想:根据乐天公司2×20年资产负债表、利润表及现金流量表的相关数据,试对乐天公司的发展能力进行分析。

任务工具:

步骤一:

销售增长率是指企业本年营业收入增长额与上年营业收入总额的比率。其计算公式为:

$$销售增长率 = \frac{本年营业收入增长额}{上年营业收入总额} \times 100\%$$

上式中,本年营业收入增长额是指本年营业收入总额与上年营业收入总额的差额。销售增长率反映了企业营业收入的变化情况,是评价企业成长性和市场竞争力的重要指标。该比率大于零,表示企业本年营业收入增加;反之,表示营业收入减少。该比率越高,说明企业营业收入的成长性越好,企业的发展能力越强。根据乐天公司相关财务报表,其2×20年的销售增长率为:

$$销售增长率 = \frac{9\,371.4 - 8\,257}{8\,257} \times 100\% = 13.5\%$$

步骤二:

资产增长率是指企业本年总资产增长额与年初资产总额的比率。该比率反映了企业本年度资产规模的增长情况。其计算公式为:

$$资产增长率 = \frac{本年总资产增长额}{年初资产总额} \times 100\%$$

上式中,本年总资产增长额是指本年资产年末余额与年初余额的差额。资产增长率是从企业资产规模扩张方面来衡量企业发展能力的。企业资产总量对企业的发展具有重要影响,一般来说,资产增长率越高,说明企业资产规模增长的速度越快,企业的竞争力会增强。但是,在分析企业资产数量增长的同时,也要注意分析企业资产的质量变化。根据乐天公司有关财务数据,其2×20年的资产增长率为:

$$资产增长率 = \frac{4\,500 - 3\,800}{3\,800} \times 100\% = 18.42\%$$

步骤三：

股权资本增长率，也称净资产增长率或资本积累率，是指企业本年股东权益增长额与年初股东权益总额的比率。其计算公式为：

$$股权资本增长率 = \frac{本年股东权益增长额}{年初股东权益总额} \times 100\%$$

在企业不依靠外部筹资，仅通过自身的盈利积累实现增长的情况下，股东权益增长额仅来源于企业的留存利润，这种情况下的股权资本增长率被称为可持续增长率。可持续增长率可以看作企业的内生性成长能力，它主要取决于两个因素：股东权益报酬率和留存比率。其计算公式为：

$$\begin{aligned}可持续增长率 &= \frac{净利润 \times 留存比率}{年初股东权益总额} \times 100\% \\ &= 股东权益报酬率 \times 留存比率 \\ &= 股东权益报酬率 \times (1 - 股利支付率)\end{aligned}$$

需要说明的是，上式中的股东权益报酬率不是用全年平均股东权益总额，而是用期初股东权益总额计算。根据乐天公司有关财务数据，其2×20年的可持续增长率为：

$$可持续增长率 = \frac{1\,260 \times (1 - 72.62\%)}{1\,976} \times 100\% = 17.46\%$$

步骤四：

利润增长率是指企业本年利润总额增长额与上年利润总额的比率。其计算公式为：

$$利润增长率 = \frac{本年利润总额增长额}{上年利润总额} \times 100\%$$

上式中的本年利润总额增长额是指本年利润总额与上年利润总额的差额，利润增长率反映了企业盈利能力的变化，该比率越高，说明企业的成长性越好，发展能力越强。根据乐天公司有关财务数据，其2×20年的利润增长率为：

$$利润增长率 = \frac{1\,816 - 1\,682.4}{1\,682.4} \times 100\% = 7.9\%$$

上述四项财务比率分别从不同的角度反映了企业的发展能力。需要说明的是，在分析企业的发展能力时，仅用1年的财务比率是不能正确评价企业的发展能力的，只有计算连续若干年的财务比率，才能正确评价企业发展能力的持续性。

任务2　财务趋势分析

财务趋势分析是指通过比较企业连续几期的财务报表或财务比率，分析企业财务状况变化的趋势，并以此预测企业未来的财务状况和发展前景。财务趋势分析主要包括比较财务报表、比较百分比财务报表、比较财务比率等。

活动5　财务趋势分析

活动目标：掌握比较财务报表的分析方法。

工作实例 9-5：比较财务报表是比较企业连续几期财务报表的数据，分析财务报表中各个项目增减变化的幅度及其变化原因，以判断企业财务状况的发展趋势。由于比较财务报表分析法是将连续若干期的财务报表并列放在一起进行比较，因此，这种分析方法也称水平分析法。采用比较财务报表分析法时选择的财务报表期数越多，分析结果的可靠性越高。但是，在比较财务报表时，必须考虑各期数据的可比性。某些特殊原因（如会计政策的变化）会导致某一时期的某项财务数据变化较大，从而使各期数据缺乏可比性，因此，在分析过程中应排除非可比因素，使各期财务数据具有可比性。

乐天公司 2×19—2×21 年度比较资产负债表和比较利润表，如表 9-4 和表 9-5 所示。

表 9-4　　　　2×19—2×21 年度乐天公司比较资产负债表　　　　单位：万元

项目	2×19 年末数	2×20 年末数	2×21 年末数
资产			
流动资产			
货币资金	350	340	490
以公允价值计量且其变动计入当期损益的金融资产	40	30	80
衍生金融资产			
应收票据	10	20	15
应收账款	584.1	643.5	683.1
预付款项	12	14	14
应收利息		3	
应收股利		5	
其他应收款	8.9	13.5	4.9
存货	550	580	690
持有待售资产			
一年内到期的非流动资产	10	30	
其他流动资产	15	31	3
流动资产合计	1 580	1 710	1 980
非流动资产合计			
可供出售金融资产		20	20
持有至到期投资		30	30
长期应收款		10	10
长期股权投资	120	30	90
投资性房地产		20	30
固定资产	1 650	1 800	2 150
在建工程	58	100	80
工程物资		30	50
固定资产清理	20	11	
生产性生物资产		9	20
油气资产			

(续表)

项目	2×19年末数	2×20年末数	2×21年末数
无形资产	15	20	32
开发支出			
商誉			
长期待摊费用	12	10	8
递延所得税资产			
其他非流动资产	2		
非流动资产合计	1 877	2 090	2 520
资产合计	3 457	3 800	4 500
负债及股东权益			
流动负债			
短期借款	440	400	420
以公允价值计量且其变动计入当期损益的金融负债			
衍生金融负债			
应付票据	30	50	70
应付账款	225	264	355
预收款项	15	20	10
应付职工薪酬		0.8	0.6
应交税费	55	40	50
应付利息		12	
应付股利		8	
其他应付款	8	20.2	24.4
持有待售负债			
一年内到期的非流动负债	50	80	62
其他流动负债	4	5	8
流动负债合计	827	900	1 000
非流动负债			
长期借款	520	500	400
应付债券	340	320	420
长期应付款	66	90	150
专项应付款		14	50
预计负债			50
递延收益			
递延所得税负债			
其他非流动负债			
非流动负债合计	926	924	1 070
负债合计	1 753	1 824	2 070

(续表)

项目	2×19 年末数	2×20 年末数	2×21 年末数
股东权益			
股本	1 200	1 500	1 500
其他权益工具			
资本公积	102	121	220
其他综合收益		10	20
盈余公积	282	220	459
未分配利润	120	125	231
股东权益合计	1 704	1 976	2 430
负债及股东权益合计	3 457	3 800	4 500

表 9-5　　　　　2×19—2×21 年度乐天公司比较利润表　　　　　单位：万元

项目	2×19 年末数	2×20 年末数	2×21 年末数
一、营业收入	6 542	8 257	9 371.4
减：营业成本	3 028	3 710	4 190.4
税金及附加	365	562	676
销售费用	886	1 255	1 370
管理费用	622	812	1 050
财务费用	278	308	325
资产减值损失			
加：公允价值变动收益（损失以"—"号填列）			
投资收益（损失以"—"号填列）	58	68	63
资产处置收益（损失以"—"号填列）			
其他收益			
二、营业利润（亏损以"—"号填列）	1 421	1 678	1 823
加：营业外收入	11	9.8	8.5
减：营业外支出	9	5.4	15.5
三、利润总额（亏损总额以"—"好填列）	1 423	1 682.4	1 816
减：所得税费用	256	508.4	556
四、净利润（净亏损以"—"号填列）	1 167	1 174	1 260
五、其他综合收益的税后净额		10	20
六、综合收益总额		1 184	1 280
七、每股收益			
（一）基本每股收益（元）		0.78	0.84
（二）稀释每股收益（元）		0.78	0.84

想一想：根据乐天公司比较资产负债表和比较利润表的相关数据，试对乐天公司的相关

财务状况进行分析。

任务工具：

步骤一：

对乐天公司2×19—2×21年度的比较资产负债表可进行以下分析：

（1）总资产变化分析。2×20年的资产总额3 800万元，比2×19年增加了343万元，增长9.92%；2×21年的资产总额4 500万元，比2×20年增加了700万元，增长18.42%。

（2）流动资产变化分析。2×20年流动资产为1 710万元，比2×19年增加了130万元，增长8.23%；2×21年流动资产为1 980万元，比2×20年增加了270万元，增长15.79%。

（3）固定资产变化分析。2×20年固定资产为1 800万元，比2×19年增加了150万元，增长9.09%；2019年固定资产为2 150万元，比2×20年增加了350万元，增长19.44%。

以上分析说明，乐天公司2×21年资产增长的速度较快，其中固定资产增长速度比流动资产要快，这反映了乐天公司资产规模的扩张速度加快。

（4）负债总额变化分析。2×20年的负债总额为1 824万元，比2×19年增加了71万元，增长4.05%，主要是因为流动负债增加了73万元，非流动负债不但没有增加，反而减少了2万元；2×21年负债总额为2 070万元，比2×20年增加了246万元，增长13.50%，其中，流动负债增加了100万元，增长11.11%，非流动负债增加了146万元，增长15.80%。可见，2×21年的负债增长较快，尤其是非流动负债增加较多，但其增长速度低于总资产增长速度，可以认为不会因负债总额的增加而对企业的财务风险带来重要影响。

（5）股东权益变化分析。2×20年股东权益为1 976万元，比2×19年增加了272万元，增长15.96%；2×21年股东权益为2 430万元，比2×20年增加了454万元，增长22.98%。由此可见，乐天公司的股东权益呈高速增长态势，2×20年和2×21年连续两年的增长速度均超过相应年份资产的增长速度，说明乐天公司2×19—2×21年的财务状况比较稳定。

步骤二：

对乐天公司2×19—2×21年度的比较利润表可进行以下分析：

（1）营业收入变化分析。营业收入2×20年为8 257万元，比2×19年增加了1 715万元，增长26.22%；2×21年为9 371.4万元，比2×20年增加了1 114.4万元，增长13.50%。

（2）成本费用变化分析。营业成本2×20年为3 710万元，比2×19年增加了682万元，增长22.52%；2×21年为4 190.4万元，比2×20年增加了480.4万元，增长12.95%。税金及附加2×20年为562万元，比2×19年增加了197万元，增长53.97%；2×21年为676万元，比2×19年增加了114万元，增长20.28%。2×20年销售费用、管理费用和财务费用三项费用之和为2 375万元，比2×19年三项费用之和增加了589万元，增长32.98%；2×21年三项费用之和为2 745万元，比2×20年增加了370万元，增长15.58%。

（3）利润变化分析。营业利润2×20年为1 678万元，比2×19年增加了257万元，增长18.09%；2×21年为1 823万元，比2×20年增加了145万元，增长8.64%。利润总额2×20年为1 682.4万元，比2×19年增加了259.4万元，增长18.23%；2×21年为1 816万元，比2×20年增加了133.60万元，增长7.94%。2×20年乐天公司的净利润为1 174万元，仅比2×19年增加了7万元，增长率只有0.6%；2×21年的净利润为1 260万元，比2×20年增加了86万元，增长7.33%。

从以上分析可知，虽然2×20年的营业收入增长较快，比2×19年增长了26.22%，但

2×20年的净利润增加得很少,这是由2×20年的企业所得税税率增长所致,2×19年乐天公司享受优惠的所得税税率,而从2×20年开始将不再享受所得税优惠。同时,2×20年成本费用增加得较快,尤其是三项费用之和增长速度过快,达到32.98%,这是造成2×20年净利润增长缓慢的主要原因。2×21年的净利润增长速度也低于营业收入增长速度,主要是由成本费用增长较快所致。

总的来看,乐天公司的财务状况比较稳定,财务风险没有增加的趋势,但公司的净利润增长速度并不是很快。所以,乐天公司应当加强公司管理,努力做好增收节支的工作,尤其要加强主营业务,控制各种期间费用,这样才有可能使公司的净利润有较大幅度的增长。

活动6 比较百分比财务报表

活动目标:掌握比较百分比财务报表的分析方法。

工作实例9-6:比较百分比财务报表是在比较财务报表的基础上发展而来的。百分比财务报表是将财务报表中的各项数据用百分比来表示。比较财务报表是比较各期报表中的数据,比较百分比财务报表则是比较各项目百分比的变化,以此来判断企业财务状况的发展趋势。这种方法比前者更加直观地反映了企业的发展趋势。比较百分比财务报表既可用于同一企业不同时期财务状况的纵向比较,也可用于不同企业之间或与同行业平均数之间的横向比较,如表9-6和表9-7所示。

表9-6　　　　2×19—2×21年度乐天公司简化比较百分比资产负债表

项目	2×19年末数	2×20年末数	2×21年末数
流动资产	45.7%	45%	44%
非流动资产	54.3%	55%	56%
资产总额	100%	100%	100%
流动负债	23.92%	23.68%	22.22%
长期负债	26.79%	24.32%	23.78%
负债总额	50.71%	48%	46%
股东权益	49.29%	52%	54%
负债及股东权益总额	100%	100%	100%

表9-7　　　　2×19—2×21年度乐天公司简化比较百分比利润表

项目	2×19年末数	2×20年末数	2×21年末数
一、营业收入	100%	100%	100%
减:营业成本	46.29%	44.93%	44.71%
税金及附加	5.58%	6.81%	7.21%
销售费用	13.54%	15.2%	14.62%
管理费用	9.51%	9.83%	11.2%
财务费用	4.25%	3.73%	3.47%
资产减值损失			
加:公允价值变动收益(损失以"—"号填列)			

（续表）

项目	2×19年末数	2×20年末数	2×21年末数
投资收益（损失以"-"号填列）	0.89%	0.82%	0.67%
资产处置收益（损失以"-"号填列）			
其他收益			
二、营业利润（损失以"-"号填列）	21.72%	20.32%	19.45%
加：营业外收入	0.17%	0.12%	0.09%
减：营业外支出	0.14%	0.07%	0.17%
三、利润总额（损失以"-"号填列）	21.75%	20.38%	19.38%
减：所得税费用	3.91%	6.16%	5.93%
四、净利润（净亏损以"-"号填列）	17.84%	14.22%	13.45%
五、其他综合收益的税后净额		0.0012%	0.0021%
六、综合收益总额		0.1434%	0.1366%
七、每股收益			

从乐天公司的简化比较百分比资产负债表可以看出，乐天公司的流动资产在资产中的比重有下降的趋势，而非流动资产的比重则有上升的趋势；负债在资金来源中的比重也呈下降趋势，从2×19年的50.71%下降到2×21年的46%；股东权益在资金来源中的比重则有上升的趋势，从2×19年的49.29%上升到2×21年的54%。这种趋势揭示了乐天公司资本结构的变化，因为股东权益的比重上升，所以公司的财务风险有所减小。

从乐天公司的简化比较百分比利润表可以看出，尽管公司营业成本在营业收入中的比重有所下降，但因为税金及附加、销售费用和管理费用有所增长，所以营业利润并没有增长的趋势，从而使乐天公司的营业利润、利润总额和净利润在营业收入中的比重都呈下降趋势。

活动7 | 比较财务比率

活动目标： 掌握比较财务比率的分析方法。

工作实例9-7： 比较财务比率就是将企业连续几期的财务比率进行对比，分析企业财务状况的发展趋势。这种方法实际上是比率分析法与比较分析法的结合。与前面两种方法相比，这种方法更加直观地反映了企业各方面财务状况的变动趋势，如表9-8所示。

表9-8　　2×19—2×21年乐天公司财务比率简表

项目	2×19年	2×20年	2×21年
流动比率	1.91	1.90	1.98
速动比率	1.25	1.26	1.29
资产负债率	0.51	0.48	0.46
应收账款周转率	11.45	13.45	14.13
存货周转率	5.61	6.57	6.60
总资产周转率	2.25	2.28	2.26
资产报酬率	33.89%	32.35%	30.36%
股东权益报酬率	64.85%	63.80%	57.19%
销售净利率	17.84%	14.22%	13.45%

任务工具：

乐天公司 2×19—2×21 年这 3 年中流动比率和速动比率略有所增加,资产负债率则呈下降趋势,说明乐天公司的偿债能力有所增强。应收账款周转率和存货周转率都有增长趋势,说明该公司的运营情况呈现转好的趋势,应收账款周转速度也在加快,但公司的总资产周转率并没有多大变化。值得注意的是,该公司的三项盈利能力指标都呈下降趋势。根据上述分析,乐天公司虽然偿债能力增强,但资产周转速度并没有加快,而且公司的盈利能力在下降。因此,乐天公司应当加强销售工作,严格控制成本费用,以扭转公司盈利能力下降的趋势。

任务3 财务综合分析

单独分析任何一类财务指标,都不足以全面评价企业的财务状况和经营成果,只有对各种财务指标进行系统、综合的分析,才能对企业的财务状况作出全面合理的评价。下面介绍两种常用的综合分析法：财务比率综合评分法和杜邦分析法。

活动8 财务比率综合评分法

活动目标： 掌握财务比率综合评分法。

工作实例 9-8： 财务比率综合评分法也称沃尔评分法,是指通过对选定的几项财务比率进行评分,然后计算出综合得分,并据此评价企业的综合财务状况的方法。因为最早采用这种方法的是亚历山大·沃尔,故亦称沃尔评分法。1928 年亚历山大·沃尔在《信用晴雨表研究》和《财务报表比率分析》两本著作中采用评分方法对企业的信用状况进行综合评价,并提出了信用能力指数的概念。他选择了七个财务比率,包括流动比率、产权比率、固定资产比率、存货周转率、应收账款周转率、固定资产周转率和股权资本周转率,并且对各项财务比率分别赋以不同的权重,然后以行业平均数为基础确定各项财务比率的标准值,将各项财务比率的实际值与标准进行比较,得出一个关系比率,将此关系比率与各项财务比率的权重相乘得出总评分,以此来评价企业的信用状况。在沃尔之后,这种方法不断发展,成为对企业进行财务综合分析的一种重要方法,如表 9-9 所示。

表 9-9　　　　　　　　　2×21 年乐天公司财务比率综合评分表

财务比率	标准评分值 ①	上/下限 ②	标准值 ③	实际值 ④	关系比率 ⑤=④÷③	实际得分 ⑥=①×⑤
流动比率	10	20/5	2	1.98	0.99	9.90
速动比率	10	20/5	1.2	1.29	1.08	10.80
资产/负债	12	20/5	2.10	2.17	1.03	12.36
存货周转率	10	20/5	6.5	6.60	1.02	10.20
应收账款周转率	8	20/4	13	14.13	1.09	8.72
总资产报酬率	10	20/5	2.10	2.26	1.08	10.8
资产报酬率	15	30/7	31.50%	30.36%	0.96	14.40

(续表)

财务比率	标准评分值 ①	上/下限 ②	标准值 ③	实际值 ④	关系比率 ⑤＝④÷③	实际得分 ⑥＝①×⑤
股权报酬率	15	30/7	58.33%	57.19%	0.98	14.79
销售净利率	10	20/5	15%	13.45%	0.9	9.00
合计	100					100.97

想一想： 运用财务比率综合评分表，对乐天公司 2×21 年的财务状况进行综合评价。

任务工具：

步骤一：

采用财务比率综合评分法对企业财务状况进行综合分析，一般要遵循如下程序：

(1) 选定评价财务状况的财务比率。在选择财务比率时，需要注意以下三个方面：①财务比率应当具有全面性。一般来说，反映企业的偿债能力、营运能力和盈利能力的三类财务比率都应当包括在内。②财务比率应当具有代表性。所选择的财务比率数量不一定很多，但应当具有代表性，要选择能够说明问题的重要的财务比率。③各项财务比率要具有变化方向的一致性。当财务比率增大时，表示财务状况的改善；反之，当财务比率减小时，表示财务状况的恶化。

(2) 确定财务比率标准评分值。根据各项财务比率的重要程度，确定其标准评分值，即重要性系数。各项财务比率的标准评分值之和应等于 100 分。各项财务比率评分值的确定是财务比率综合评分法的一个重要问题，它直接影响对企业财务状况的评分多少。对各项财务比率的重要程度，不同的分析者会有截然不同的态度，但一般来说，应根据企业经营活动的性质、企业的生产经营规模、市场形象、分析者的分析目的等因素来确定。

(3) 确定财务比率评分值的上下限。规定各项财务比率评分值的上限和下限，即最高评分值和最低评分值。这主要是为了避免个别财务比率的异常给总分造成不合理的影响。

(4) 确定财务比率的标准值。财务比率的标准值是指各项财务比率在本企业现时条件下最理想的数值，亦即最优值。财务比率的标准值通常可以参照同行业的平均水平，并经过调整后确定。

(5) 计算关系比率。计算企业在一定时期各项财务比率的实际值，然后，计算出各项财务比率实际值与标准值的比值，即关系比率。关系比率反映了企业某一财务比率的实际值偏离标准值的程度。

(6) 计算各项财务比率的实际得分。各项财务比率的实际得分是关系比率和标准评分值的乘积，每项财务比率的得分都不得超过上限或下限，各项财务比率实际得分的合计数就是企业财务状况的综合得分。企业财务状况的综合得分反映了企业综合财务状况是否良好。如果综合得分等于或接近 100 分，说明企业的财务状况良好，达到了预先确定的标准；如果综合得分远远低于 100 分，则说明企业的财务状况较差，应当采取适当的措施加以改善；如果综合得分远远超过 100 分，则说明企业的财务状况很理想。

步骤二：

乐天公司的财务比率包括偿债能力比率、营运能力比率和盈利能力比率三类财务比率。发展能力比率需要观察多个会计年度的数据才有效，因此在评价一年的财务状况时没有选用这一比率。如上述财务数据可见，乐天公司财务状况的综合得分为 100.88 元，略高于 100

分,这说明公司的财务状况良好,与选定的标准基本一致的。

活动 9 | 杜邦分析法

活动目标: 掌握杜邦分析法。

工作实例 9-9: 乐天公司的投资者和管理者现在需要对企业综合经营理财及经济效益进行系统分析评价,揭示企业获利能力及其变动原因,表 9-6 和表 9-7 提供了乐天公司的相关财务数据。

想一想: 利用趋势分析法和财务比率综合评分法,可以了解企业各方面的财务状况,那么,应如何对乐天公司各方面的财务状况之间的关系进行合适的分析。

任务工具:

步骤一:

通过财务比率综合评分法,可以比较全面地分析企业的综合财务状况,但无法揭示企业各种财务比率之间的相互关系。实际上,企业的财务状况是一个完整的系统,内部各种因素都是相互依存、相互作用的,任何一个因素的变动都会引起企业整体财务状况的改变。因此,财务分析者在进行财务状况综合分析时,必须深入了解企业财务状况内部的各项因素及其相互之间的关系,这样才能比较全面地揭示企业财务状况的全貌。杜邦分析法正是这样一种分析方法,它利用几种主要的财务比率之间的关系来综合分析企业的财务状况。因这种分析方法是由美国杜邦公司首先创造的,故称杜邦分析法。这种分析法一般用杜邦分析系统图来表示,如图 9-1 所示。

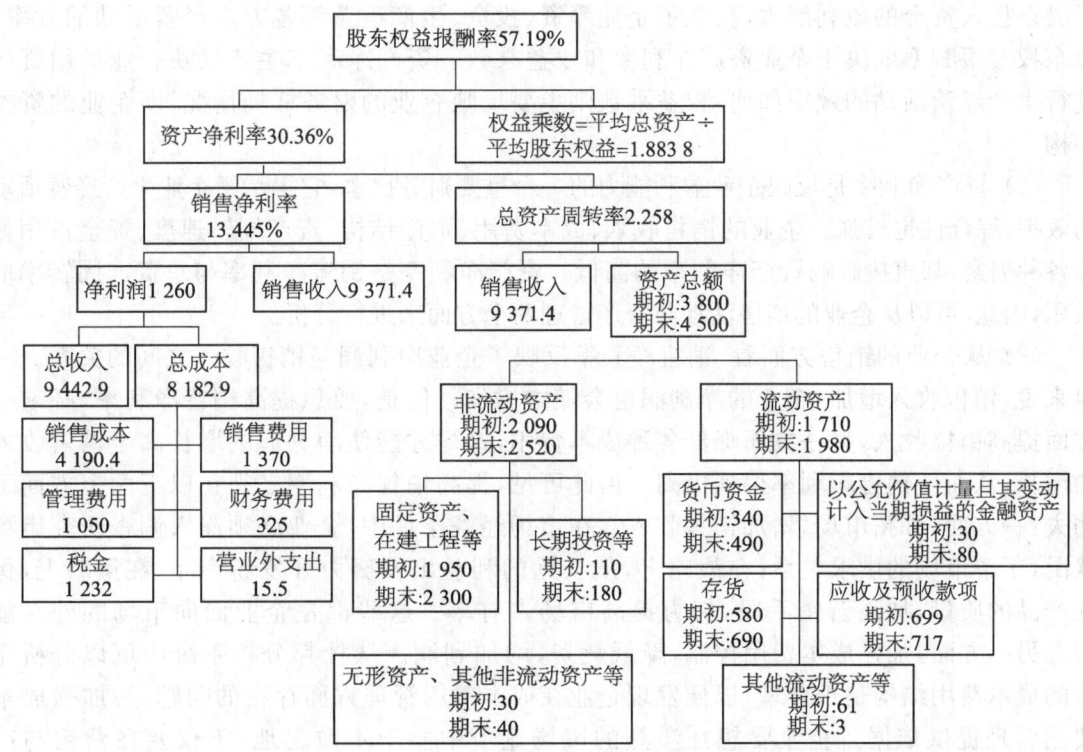

图 9-1　2×21 年乐天公司杜邦分析系统图

说明:图中的总收入包括营业收入、投资收益和营业外收入;税金包括税金及附加、所得税费用。

步骤二：

杜邦分析系统主要反映了以下几种主要的财务比率关系。

(1) 股东权益报酬率与资产净利率及权益乘数之间的关系。

$$股东权益报酬率＝资产净利率\times 权益乘数$$

(2) 资产净利率与销售净利率及总资产周转率之间的关系。

$$资产净利率＝销售净利率\times 总资产周转率$$

(3) 销售净利率与净利润及销售收入之间的关系。

$$销售净利率＝净利润\div 销售收入$$

(4) 总资产周转率与销售收入及资产总额之间的关系。

$$总资产周转率＝销售收入\div 资产总额$$

其中，"资产净利率＝销售净利率×总资产周转率"被称为杜邦等式。杜邦分析系统在揭示上述几种关系之后，再将净利润、总资产进行层层分解，这样就可以全面、系统地揭示企业的财务状况以及系统内部各个因素之间的相互关系。

杜邦分析是对企业财务状况进行的综合分析，它通过几种主要财务指标之间关系，直观、明了地反映企业的财务状况。从杜邦分析系统可以了解以下财务信息。

(1) 股东权益报酬率是一个综合性极强、最有代表性的财务比率，它是杜邦分析系统的核心。企业财务管理的重要目标就是实现股东财富的最大化，股东权益报酬率恰恰反映了股东投入资金的盈利能力，反映了企业筹资、投资、生产运营等各方面经营活动的效率。股东权益报酬率取决于企业资产净利率和权益乘数。资产净利率主要反映企业运用资产进行生产经营活动的效率如何，权益乘数则主要反映企业的财务杠杆情况，即企业的资本结构。

(2) 资产净利率是反映企业盈利能力的一个重要财务比率，它揭示了企业生产经营活动的效率，综合性也极强。企业的销售收入、成本费用、资产结构、资产周转速度、资金占用量等各种因素，都直接影响资产净利率的高低。资产净利率是销售净利率与总资产周转率的乘积，因此，可以从企业的销售活动与资产管理两个方面来进行分析。

(3) 从企业的销售方面看，销售净利率反映了企业净利润与销售收入之间的关系。一般来说，销售收入增加，企业的净利润也会随之增加。但是，要想提高销售净利率，必须一方面提高销售收入，另一方面降低各种成本费用，这样才能使净利润的增长高于销售收入的增长，从而使销售净利率得到提高。由此可见，提高销售净利率必须在以下两个方面下功夫：一方面，开拓市场，增加销售收入。在市场经济条件中，企业必须深入调查研究市场状况，了解市场的供求关系；在战略上，从长远的利益出发努力开发新产品；在策略上，保证产品的质量，加强营销手段，努力提高市场占有率。这些都是企业面向市场的外在能力。另一方面，加强成本费用控制，降低耗费，增加利润。从杜邦分析系统中可以分析企业的成本费用结构是否合理，以便发现企业在成本费用管理方面存在的问题，为加强成本费用管理提供依据。企业要想在激烈的市场竞争中立于不败之地，不仅要在营销与产品质量上下功夫，还要尽可能降低产品的成本，这样才能增强产品在市场上的竞争力；同时，要严格控制企业的管理费用、财务费用等各种期间费用，降低耗费，增加利润。这里尤其要分析企业的利息费用与利润总额之间的关系，如果企业所承担的利息费用太多，就应当进一步分析企业的资本结构是否合理，负债比率是否过高，因为不合理的资本结构一定会影响企业所有者的报酬。

（4）在企业资产方面，主要应该从以下两个方面进行分析：一方面，分析企业的资产结构是否合理，即流动资产与非流动资产的比例是否合理。资产结构实际上反映了企业资产的流动性，它不仅关系企业的偿债能力，也会影响企业的盈利能力。一般来说，如果企业流动资产中货币资金占比过大，就应当分析企业现金持有量是否合理，有无现金闲置现象，因为过量的现金会影响企业的盈利能力；如果流动资产中存货与应收账款过多，就会占用大量的现金，影响企业的资金周转。另一方面，结合销售收入，分析企业的资产周转情况。资产周转速度直接影响企业的盈利能力，如果企业资产周转较慢，就会占用大量资金，增加资本成本，减少企业的利润。在对资产周转情况进行分析时，不仅要分析企业总资产周转率，更要分析企业的存货周转率与应收账款周转率，并将其周转情况与资金占用情况结合起来分析。从上述两方面的分析可以发现，乐天企业资产管理方面存在的问题，所以需要加强管理，提高资产的利用效率。

总之，从杜邦分析系统可以看出，企业的盈利能力涉及生产经营活动的方方面面。股东权益报酬率与企业的资本结构、销售规模、成本水平、资产管理等因素密切相关，这些因素构成一个完整的系统，系统内部各因素之间相互作用，只有协调好系统内部各个因素之间的关系，才能使股东权益报酬率得到提高，从而实现企业股东财富最大化的目标。

财务分析实训

珠海格力电器股份有限公司（简称格力电器），成立于1991年，是一家集研发、生产、销售、服务于一体的国际化家电企业。1996年11月，格力电器股票在深圳证券交易所成功上市，格力电器迎来了一个大发展时期。1998年，格力集团在重庆万县建立重庆格力新元电子有限公司。2001年，格力电器（重庆）有限公司成立，一期工程于2002年5月竣工投产，二期工程于2004年4月份建成，形成了年产空调300万台（套）的生产能力。2001年6月，格力电器投资2 000万美元在巴西建设的空调器生产基地正式投产。2002年5月，格力电器漆包线马鞍山生产基地建成投产。2002年10月，格力电器入股香港环球动力控股有限公司。一系列重大投资项目的顺利推进，为格力电器持续注入新的活力。

想一想：

如何从新浪网"新浪财经"频道的相关网页导入格力电器2018、2019年两年的资产负债表和利润表，并利用这些数据进行杜邦分析。

实训指导

（1）新建一个Excel工作簿，将"sheet1"命名为"资产负债表"。在资产负债表中，选择"数据→获取外部数据→自网站"，如图9-2所示。弹出"新建web查询"窗口，然后重新打开一个浏览器，搜索到新浪网"新浪财经"频道，再通过股票代码"000651"搜到格力电器2019年资产负债表，将该网页地址复制到如图9-3所示的地址栏中，点击"转到"按钮。单击欲导入表格左上角的黄底红色箭头使其变为"√"符号，然后单击右下角"导入"按钮，选择存储数据工作表的位置即可完成导入,如图 9-3 所示。

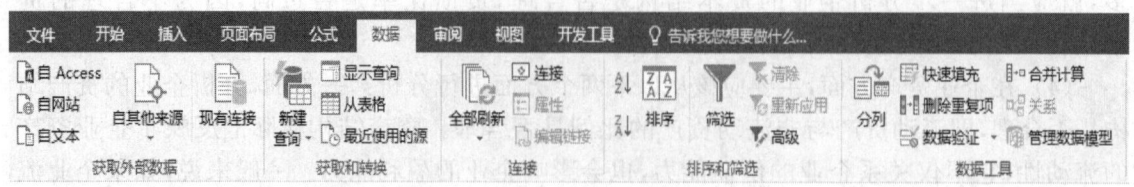

图 9-2　获取外部数据工具栏

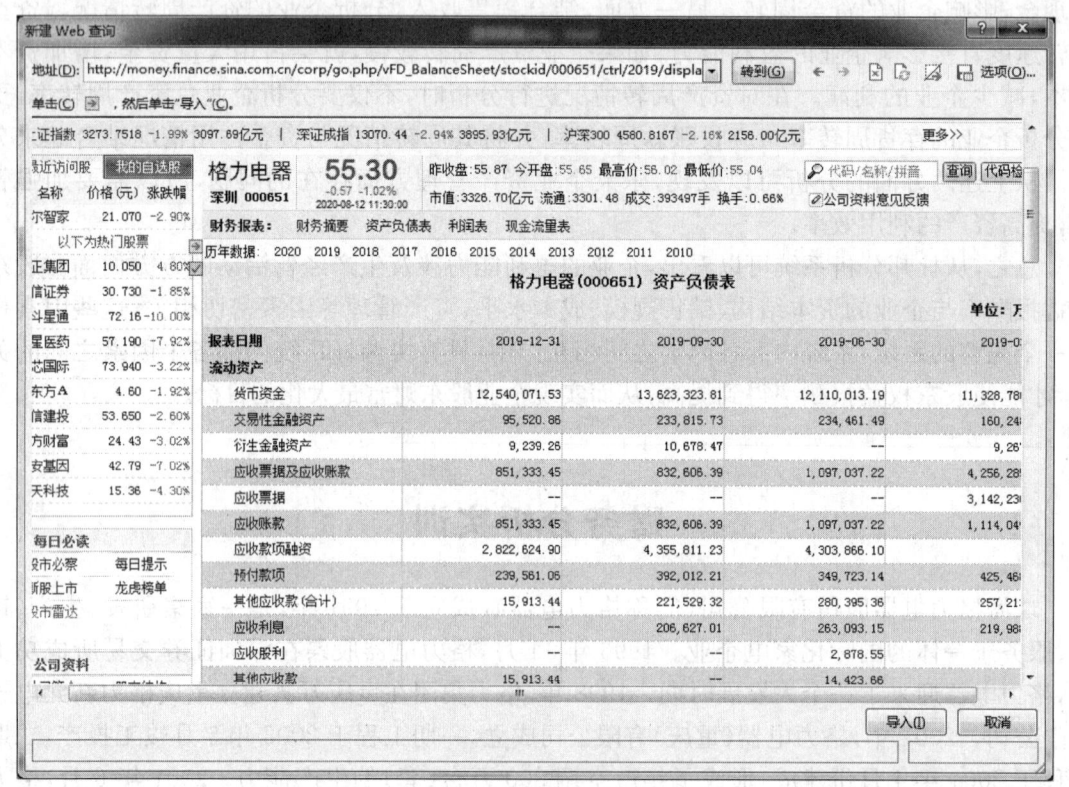

图 9-3　"新建 web 查询"窗口

(2) 用同样的方法导入 2018 年资产负债表以及 2018 年、2019 年的利润表。导入成功后,将导入的数据整理为规范格式的报表。整理好的资产负债表如图 9-4 所示,利润表如图 9-5 所示。

(3) 杜邦分析。在该工作簿中建立"杜邦分析"工作表,如图 9-6 所示。

(4) 根据"利润表"中的数据计算年度税金、管理费用、销售成本、营业外支出、财务费用和销售费用。在相应单元格中按表 9-10 所示的内容输入公式或函数,计算结果如图9-7所示。

(5) 计算年度销售净利率。从"利润表"中得到年度总收入和总成本,计算出 2018 年、2019 年年度净利润。再根据"利润表"中得到的销售收入计算出 2018 年、2019 年年度销售净利率。在相应单元格中按表 9-11 所示的内容输入公式或函数,计算结果如图 9-8 所示。

格力电器(000651)资产负债表

单位：万元
填报单位：珠海格力电器股份有限公司

资产	2019/12/31	2018/12/31	2017/12/31	负债	2019/12/31	2018/12/31	2017/12/31
流动资产：				流动负债：			
货币资金	12,540,071.53	11,307,903.04	9,961,043.17	短期借款	1,594,417.65	2,206,775.00	1,864,609.50
交易性金融资产	95,520.86	101,247.04	60,204.56	交易性金融负债			
衍生金融资产	9,239.26	17,021.61	48,105.56	应付票据及应付账款	6,694,202.36	4,982,279.98	4,431,981.59
应收票据及应收账款	851,333.45	4,361,122.69	3,807,090.52	应付票据	2,528,520.78	1,083,542.83	976,692.95
应收票据	0	3,591,156.79	3,225,641.35	应付账款	4,165,681.58	3,898,737.15	3,455,288.63
应收账款	851,333.45	769,965.90	581,449.16	预收款项	822,570.77	979,204.14	1,414,303.82
应收款项融资	2,822,624.90			应付手续费及佣金			
预付款项	239,561.06	216,187.60	371,787.46	应付职工薪酬	343,096.90	247,320.45	187,672.89
其他应收款(合计)	15,913.44	255,368.95	214,207.37	应交税费	370,377.97	484,834.77	390,887.40
应收利息	0	225,709.89	188,924.80	其他应付款(合计)	271,269.30	474,713.93	280,129.42
应收股息	0			应付利息	0	13,374.69	19,610.39
其他应收款	15,913.44	29,659.06	25,282.57	应付股利	70.79	70.79	70.79
买入返售金融资产				其他应付款	271,198.51	461,268.45	260,448.23
存货	2,408,485.41	2,001,151.82	1,656,834.72	预提费用			
划分为持有待售的资产	0	0	0	一年内的递延收益	0	0	0
一年内到期的非流动资产	44,539.77			应付短期债券			
待摊费用		0	0	一年内到期的非流动负债			
待处理流动资产损失				其他流动负债	6,518,149.19	6,336,159.88	6,091,222.02
其他流动资产	2,309,114.42	1,711,092.12	1,034,191.26	流动负债合计	16,956,830.02	15,768,612.60	14,749,078.89
流动资产合计	21,336,404.10	19,971,094.88	17,153,464.62	非流动负债：			
非流动资产：				长期借款	4,688.59	0	0
发放贷款及垫款	1,442,378.64	907,133.28	667,342.94	应付债券			
可供出售金融资产	694,492.13	221,619.50	217,494.15	租赁负债			
持有至到期投资	0			长期应付职工薪酬	14,102.12	13,084.02	11,270.90
长期应收款	0			长期应付款(合计)			
长期股权投资	706,418.62	225,073.25	11,039.14	长期应付款			
投资性房地产	49,864.87	53,758.93	51,663.01	专项应付款			
在建工程(合计)	243,105.14	166,393.90	102,070.93	预计非流动负债			
在建工程	243,105.14	166,393.90	102,070.93	递延所得税负债	92,778.93	53,618.58	40,348.77
工程物资				递延收益	24,050.43	16,629.36	12,621.60
固定资产清理(合计)	1,912,193.08	1,838,576.15	1,748,211.43	其他非流动负债			
固定资产净额	1,911,102.48	1,837,417.72	1,746,737.15	非流动负债合计	135,620.07	83,331.96	64,241.27
固定资产清理	1,090.60	1,158.43	1,474.28	负债合计	17,092,450.09	15,851,944.55	14,813,320.16
生产性生物资产				所有者权益：			
公益性生物资产				实收资本(或股本)	601,573.09	601,573.09	601,573.09
油气资产	0	0	0	资本公积	9,337.95	9,337.95	10,388.06
使用权资产				减：库存股			
无形资产	530,554.11	520,450.02	360,446.73	其他综合收益	626,029.20	-55,080.61	-9,170.07
开发支出				专项储备			
商誉	32,591.94	5,180.44	0	盈余公积	349,967.16	349,967.16	349,967.16
长期待摊费用	271.81	423.76	220.86	一般风险准备	48,985.58	32,941.76	32,734.75
递延所得税资产	1,254,108.51	1,134,957.37	1,083,833.31	未分配利润	9,379,464.35	8,193,970.16	5,574,007.61
其他非流动资产	94,832.80	78,754.26	101,012.81	归属于母公司股东权益合计	11,015,357.33	9,132,709.51	6,559,500.61
非流动资产合计	6,960,811.65	5,152,320.85	4,343,335.32	少数股东权益	189,408.32	138,761.67	123,979.17
				所有者权益(或股东权益)合计	11,204,765.65	9,271,471.17	6,683,479.78
资产总计	28,297,215.74	25,123,415.73	21,496,799.93	负债和所有者权益(或股东权益)总计	28,297,215.74	25,123,415.73	21,496,799.93

图9-4 格力电器2018年和2019年年度资产负债表

格力电器(000651)利润表

单位：万元
填报单位：珠海格力电器股份有限公司

项目	2019/12/31	2018/12/31	2017/12/31
一、营业总收入	20,050,833.36	20,002,399.77	15,001,955.16
营业收入	19,815,302.75	19,812,317.71	14,828,645.00
二、营业总成本	17,072,357.38	16,958,932.92	12,469,881.27
营业成本	14,349,937.26	13,823,416.77	9,956,291.28
营业税金及附加	154,298.37	174,189.27	151,303.54
销售费用	1,830,981.22	1,889,957.80	1,666,026.85
管理费用	379,564.56	436,585.01	607,114.37
财务费用	-242,664.34	-94,820.14	43,128.47
研发费用	589,121.97	698,836.83	
资产减值损失	0	26,167.42	26,378.70
公允价值变动收益	22,826.41	4,625.74	921.25
投资收益	-22,663.48	10,676.89	39,664.81
其中:对联营企业和合营企业的投资收益	-2,098.32	56.05	648.75
汇兑收益	0	0	0
三、营业利润	2,960,510.71	3,099,688.47	2,612,666.60
加:营业外收入	34,570.67	31,785.77	51,105.91
减:营业外支出	59,810.66	4,123.47	2,054.02
其中:非流动资产处置损失	0	0	0
四、利润总额	2,935,270.72	3,127,350.77	2,661,718.50
减:所得税费用	452,546.36	489,447.79	410,858.59
五、净利润	2,482,724.36	2,637,902.98	2,250,859.90
归属于母公司所有者的净利润	2,469,664.14	2,620,278.77	2,240,157.62
少数股东损益	13,060.22	17,624.21	10,702.28
六、每股收益			
基本每股收益(元/股)	4.11	4.36	3.72
稀释每股收益(元/股)	4.11	4.36	3.72
七、其他综合收益	688,014.31	-45,727.43	12,572.03
八、综合收益总额	3,170,738.67	2,592,175.55	2,263,431.94
归属于母公司所有者的综合收益总额	3,157,717.99	2,574,368.23	2,253,065.39
归属于少数股东的综合收益总额	13,020.68	17,807.32	10,366.55

图9-5 格力电器2018年和2019年年度利润表

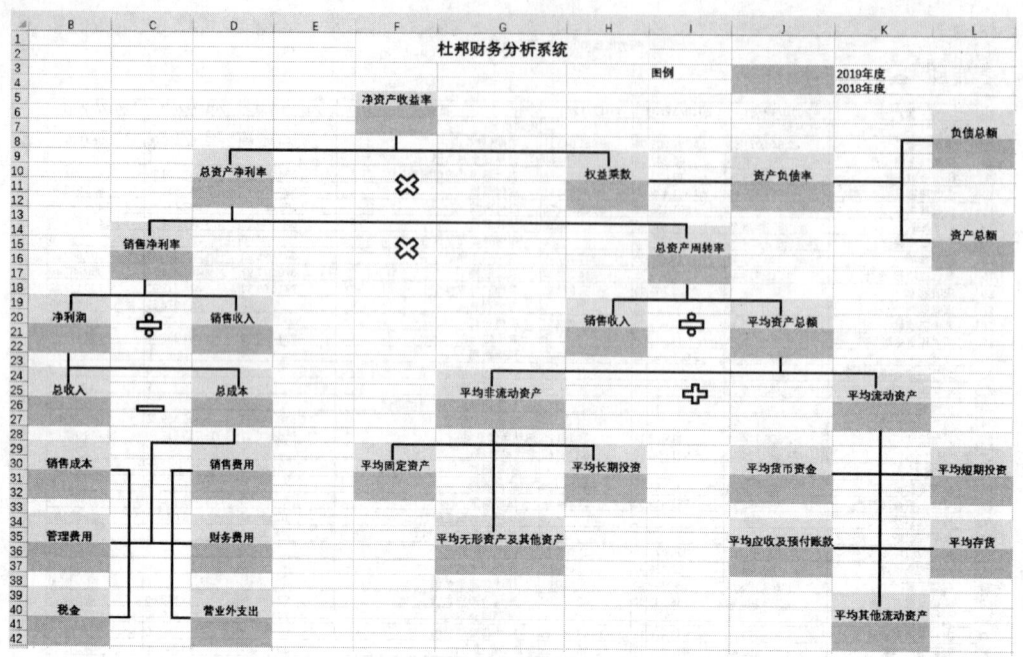

图 9-6 "杜邦分析"工作表

表 9-10　　　　　　　　　成本费用项目计算

单元格	公式或函数
B41	=('利润表'! C9+'利润表'! D9)/2+('利润表'! C24+'利润表'! D24)/2
B42	=('利润表'! D9+'利润表'! E9)/2+('利润表'! D24+'利润表'! E24)/2
B36	=('利润表'! C11+'利润表'! D11)/2
B37	=('利润表'! D11+'利润表'! E11)/2
D41	=('利润表'! C21+'利润表'! D21)/2
D42	=('利润表'! D21+'利润表'! E21)/2
D36	=('利润表'! C12+'利润表'! D12)/2
D37	=('利润表'! D12+'利润表'! E12)/2
B31	=('利润表'! C8+'利润表'! D8)/2
B32	=('利润表'! D8+'利润表'! E8)/2
D31	=('利润表'! C10+'利润表'! D10)/2
D32	=('利润表'! D10+'利润表'! E10)/2

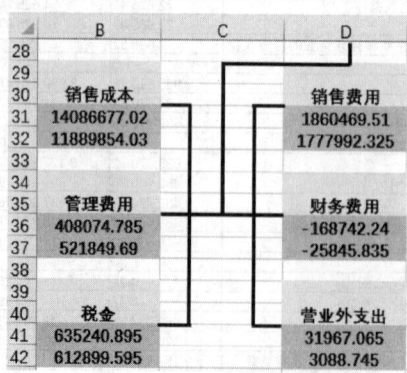

图 9-7　成本费用项目的计算

表 9-11　　　　　　　　　　　　销售净利率的计算

单元格	公式或函数
B26	=('利润表'! C5+'利润表'! D5)/2+('利润表'! C20+'利润表'! D20)/2
B27	=('利润表'! D5+'利润表'! E5)/2+('利润表'! D20+'利润表'! E20)/2
D26	=B31+D31+B36+D36+B41+D41
D27	=B32+D32+B37+D37+B42+D42
B21	=B26−D26
B22	=B27−D27
D21	=('利润表'! C6+'利润表'! D6)/2
D22	=('利润表'! D6+'利润表'! E6)/2
C16	=B21/D21
C17	=B22/D22

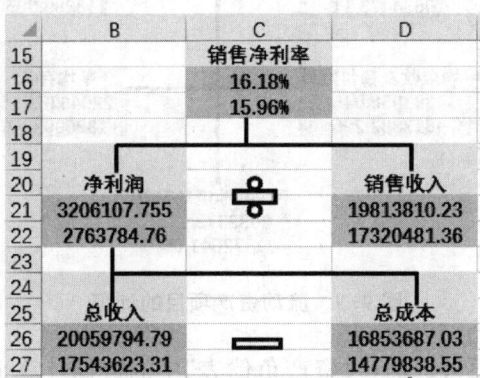

图 9-8　销售净利率的计算

(6) 计算流动资产项目。通过"资产负债表"中的数据计算平均流动资产、平均货币资金、平均短期投资、平均应收及预付账款、平均存货和平均其他流动资产。在相应单元格中按表 9-12 所示的内容输入公式或函数,计算结果如图 9-9 所示。

表 9-12　　　　　　　　　　　　流动资产项目的计算

单元格	公式或函数
K41	=(资产负债表! C22+资产负债表! D22)/2+(资产负债表! C25+资产负债表! D25)/2
K42	=(资产负债表! D22+资产负债表! E22)/2+(资产负债表! D25+资产负债表! E25)/2
L36	=(资产负债表! C20+资产负债表! D20)/2
L37	=(资产负债表! D20+资产负债表! E20)/2
J36	=(资产负债表! C10+资产负债表! D10)/2+(资产负债表! C13+资产负债表! D13)/2+(资产负债表! C14+资产负债表! D14)/2+(资产负债表! C15+资产负债表! D15)/2
J37	=(资产负债表! D10+资产负债表! E10)/2+(资产负债表! D13+资产负债表! E13)/2+(资产负债表! D14+资产负债表! E14)/2+(资产负债表! D15+资产负债表! E15)/2
L31	=(资产负债表! C8+资产负债表! D8)/2+(资产负债表! C9+资产负债表! D9)/2

单元格	公式或函数
L32	=(资产负债表！D8+资产负债表！E8)/2+(资产负债表！D9+资产负债表！E9)/2
J31	=(资产负债表！C7+资产负债表！D7)/2
J32	=(资产负债表！D7+资产负债表！E7)/2
K26	=(资产负债表！C26+资产负债表！D26)/2
K27	=(资产负债表！D26+资产负债表！E26)/2

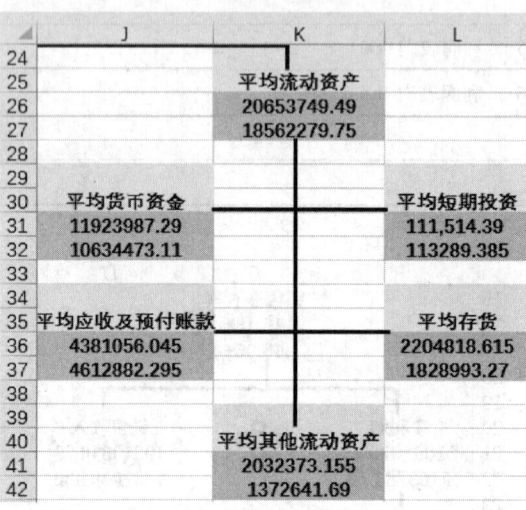

图 9-9　流动资产项目的计算

（7）计算非流动资产项目。通过"资产负债表"中的数据计算平均固定资产、平均无形资产及其他资产、平均长期投资和平均非流动资产。在相应单元格中按表 9-13 所示的内容输入公式或函数，计算结果如表 9-13 所示。

表 9-13　非流动资产项目的计算

单元格	公式或函数
G36	=(资产负债表！C44+资产负债表！D44)/2+(资产负债表！C46+资产负债表！D46)/2+(资产负债表！C47+资产负债表！D47)/2+(资产负债表！C48+资产负债表！D48)/2+(资产负债表！C49+资产负债表！D49)/2
G37	=(资产负债表！D44+资产负债表！E44)/2+(资产负债表！D46+资产负债表！E46)/2+(资产负债表！D47+资产负债表！E47)/2+(资产负债表！D48+资产负债表！E48)/2+(资产负债表！D49+资产负债表！E49)/2
F31	=(资产负债表！C34+资产负债表！D34)/2+(资产负债表！C37+资产负债表！D37)/2
F32	=(资产负债表！D34+资产负债表！E34)/2+(资产负债表！D37+资产负债表！E37)/2
H31	=(资产负债表！C28+资产负债表！D28)/2+(资产负债表！C29+资产负债表！D29)/2+(资产负债表！C32+资产负债表！D32)/2+(资产负债表！C33+资产负债表！D33)/2
H32	=(资产负债表！D28+资产负债表！E28)/2+(资产负债表！D29+资产负债表！E29)/2+(资产负债表！D32+资产负债表！E32)/2+(资产负债表！D33+资产负债表！E33)/2
G26	=(资产负债表！C50+资产负债表！D50)/2
G27	=(资产负债表！D50+资产负债表！E50)/2

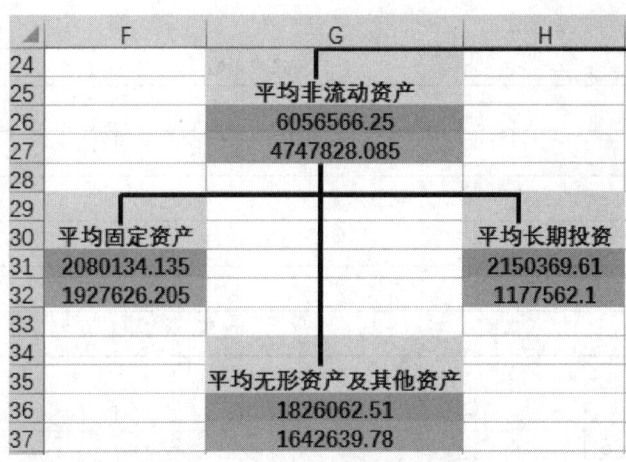

图 9-10　非流动资产项目的计算

（8）计算销售收入、平均资产总额和总资产周转率。在相应单元格中按表 9-14 所示的内容输入公式或函数，计算结果如图 9-14 所示。

表 9-14　　　　　　　销售收入、平均资产总额和总资产周转率的计算

单元格	公式或函数
H21	=D21
H22	=D22
J21	=G26+K26
J22	=G27+K27
I16	=H21/J21
I17	=H22/J22

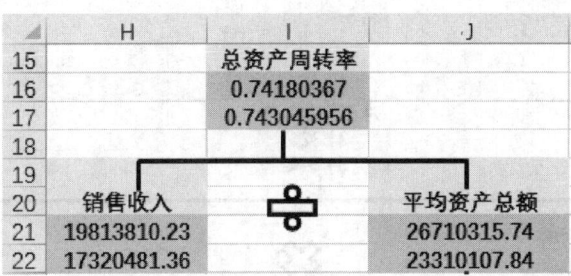

图 9-11　销售收入、平均资产总额和总资产周转率的计算

（9）计算资产负债率、平均负债总额和平均资产总额。在相应单元格中按表 9-15 所示的内容输入公式或函数，计算结果如图 9-15 所示。

表 9-15　　　　　资产负债率、平均负债总额和平均资产总额的计算

单元格	公式或函数
L8	=(资产负债表!G39+资产负债表!H39)/2
L9	=(资产负债表!H39+资产负债表!I39)/2

(续表)

单元格	公式或函数
L15	=J21
L16	=J22
J11	=L8/L15
J12	=L9/L16
H11	=1/(1−J11)
H12	=1/(1−J12)

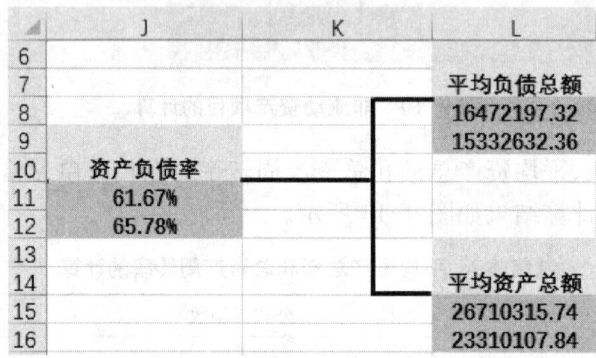

图 9-12　资产负债率、平均负债总额和平均资产总额的计算

（10）计算净资产收益率。首先在 D11 单元格中，输入"=C16*I16"，单击回车键输出计算结果；在 D12 单元格中，输入"=C17*I17"，单击回车键输出计算结果，完成总资产净利率的计算。然后在 F6 单元格中，输入"=D11*H11"，单击回车键输出计算结果；在 F7 单元格中，输入"=D12*H12"，单击回车键输出计算结果，完成净资产收益率的计算。最终结果如图 9-13 所示。

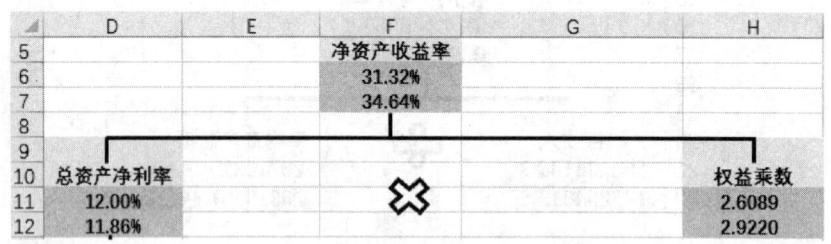

图 9-13　净资产收益率的计算

（11）分析指标变动情况。为了比较 2018 年度、2019 年度财务指标的变化情况，可以计算 2019 年度较 2018 年度各指标的变化百分率，读者可以自行尝试。

实训结论

利用 Excel 的"数据→获取外部数据→自网站"操作可以直接从互联网上获得上市公司的财务报表数据，通过整理后即可进行杜邦分析。在 Excel 工作表中可以方便地设置杜邦分析的框架图，从而直观展现杜邦分析的结果。只需要用新的年度的财务数据替换资产负债表和利润表的数据,该模型就可以立即给出新的年度的杜邦分析结果,大大简化了企业采用杜邦分析法进行财务分析的操作。

习 题

一、单项选择题

1. 一般情况下,已获利息保障倍数应( )。
A. 大于 1 B. 小于 1 C. 等于 1 D. 都可以

2. 存货周转期的公式为( )。
A. 销售成本÷平均存货 B. (平均存货×360)÷销售成本
C. (销售成本×360)÷平均存货 D. 平均存货÷销售成本

3. 销售(营业)利润的主要组成部分是企业的( )。
A. 主营业务利润 B. 其他业务利润
C. 长期投资收益 D. 营业外收支

4. 评价企业资本经营效益的核心指标是( )。
A. 成本费用利润率 B. 销售利润率
C. 净资产收益率 D. 总资产报酬率

5. 股利支付率主要取决于公司的( )。
A. 每股盈余 B. 每股股利 C. 净利润 D. 股利政策

6. 企业应收账款周转次数为 4.5 次,假设一年按 360 天计算,则应收账款周转天数为( )天。
A. 90 B. 81.1 C. 80 D. 180

7. 市盈率的计算公式为( )。
A. 股利总额÷期末普通股股数 B. 每股市价÷每股盈余
C. 净利润-优先股股利÷流通股数 D. 每股股利÷每股盈余

8. 反映股份公司普通股获利水平的指标是( )。
A. 每股股利 B. 市盈率 C. 每股市价 D. 每股盈余

二、多项选择题

1. 财务分析的目的有( )。
A. 评价企业的偿债能力 B. 评价企业的资产管理水平
C. 评价企业的获利水平 D. 评价企业的发展水平

2. 会计报表由( )组成。
A. 资产负债表 B. 利润表 C. 现金流量表 D. 相关附表

3. 财务分析的方法有( )。
A. 比较分析法 B. 比率分析法
C. 趋势分析法 D. 因素分析法

4. 比较分析法的比较形式可以是( )。
A. 本期实际指标与计划指标对比
B. 本期实际指标与历史同期指标对比

C. 本期实际指标与历史最高水平指标对比

D. 本期实际指标与同类型、同行业指标对比

5. 比率分析法包括（   ）。

A. 结构比率　　　　B. 效率比率　　　　C. 效益比率　　　　D. 相关比率

6. 速动资产是流动资产中扣除（   ）后的数额。

A. 短期投资　　　　　　　　　　　　　B. 存货

C. 预付账款　　　　　　　　　　　　　D. 应收账款

7. 反映企业获利能力大小的指标有（   ）。

A. 净资产报酬率　　　　　　　　　　　B. 总资产报酬率

C. 净资产收益率　　　　　　　　　　　D. 总资产收益率

8. 通过财务分析，可以了解企业的（   ）。

A. 获利能力　　　　　　　　　　　　　B. 偿债能力

C. 发展能力　　　　　　　　　　　　　D. 资产营运能力

9. 评价企业短期偿债能力的指标有（   ）。

A. 流动比率　　　　　　　　　　　　　B. 速动比率

C. 资产负债率　　　　　　　　　　　　D. 已获利息保障倍数

10. 总资产周转率指标受（   ）的影响。

A. 总资产报酬率　　　　　　　　　　　B. 流动资产报酬率

C. 应收账款周转率　　　　　　　　　　D. 存货周转率

三、计算分析题

1. 某公司年末会计报表上的部分数据为：流动负债为60万元，流动比率为2，速动比率为1.2，销售成本为100万元，年初存货为52万元。

要求：计算本年度存货周转次数。

2. 某企业2×21年度销售收入净额为2 000万元，销售成本为1 600万元；年初、年末应收账款余额分别为200万元和400万元；年初、年末存货分别为200万元和600万元；年末速动比率为1.2，年末流动比率为1.8。假定该企业的流动资产由速动资产和存货组成，一年按360天计算。

要求：（1）计算2×21年应收账款周转次数和周转天数。

（2）计算2×21年存货周转次数和周转天数。

（3）计算2×21年年末流动资产金额和流动负债金额。

3. 甲公司是一上市公司，本年利润分配及年末股东权益的有关资料如表9-16所示。

表9-16　　　　　　甲公司本年利润分配及年末股东权益　　　　　　单位：万元

项目	金额	项目	金额
净利润	2 100	股本（每股面值1元，市价10.5元，流通在外股数为3 000万股）	3 000
加：年初未分配利润	400		
可供分配利润	2 500		
减：提取法定盈余公积金	500		
可供股东分配的利润	2 000	资本公积	2 200
减：提取任意盈余公积金	200	盈余公积	1 200
已分配普通股股利	1 200	未分配利润	600
未分配利润	600	所有者权益合计	7 000

要求：(1) 计算甲公司普通股每股盈余。
(2) 计算甲公司股票的市盈率。
(3) 计算甲公司股票的每股股利。
(4) 计算甲公司股票的股利支付率。

项目十 兼并、收购与公司控制权

情景引例

根据清科研究中心的统计数据,2015年中国并购市场再创新高,活跃度与规模量双双突破历史纪录。2015年中国并购市场共计完成并购案例2 692起,同比大涨39.6%;披露金额的并购案例总计2 318起,共涉及交易金额1.04万亿元,同比提高44.0%。其中,国内并购案例共完成2 409起,较2014年上涨38.7%,披露金额的2 090起交易共涉及并购金额8 145.72亿元,同比上涨63.7%;海外并购产生222起案例,同比涨幅达46.1%,披露金额的184起案例共涉及金额1 936.99亿元,较2014年微降2.8%;外资并购完成61起,同比达到52.5%的涨幅,其中披露金额的4起案例涉及金额354.54亿元,同比增长22.0%。

(参考资料来源:王化成、刘亭立等:《高级财务管理学》,中国人民大学出版社2017年版。)

想一想:企业出于什么动机进行兼并、收购。

知识目标

并购的形式和类型;并购的动因和效应;目标公司价值评估方法;贴现现金流量法;各种并购支付方式的特点及适用条件;并购所需资金量的预测方法及筹资方式;杠杆并购的概念及特点;管理层收购的概念;并购防御战略;并购整合的类型与内容。

能力目标

- 掌握并购的形式与类型。
- 理解并购的动因和效应。
- 掌握每种目标公司价值评估方法的原理。
- 掌握贴现现金流量法的估值过程。
- 掌握各种并购支付方式的特点及适用条件。
- 掌握并购所需资金量的预测方法及筹资方式。
- 理解杠杆并购的概念及特点。
- 理解管理层收购的概念。
- 熟悉几种并购防御战略。
- 掌握并购整合的类型与内容。

背景知识

企业并购活动始于19世纪末。20世纪80年代,西方国家兴起了新一轮企业并购浪潮,特别是进入90年代以后,企业并购更是愈演愈烈,规模时间之长、影响之广泛是前所未有的,

2000年的全球并购交易额占当年世界经济总量的1/10。目前全球跨国直接投资中,并购占到了八成以上。事实上,企业并购作为市场经济发展的产物,是西方发达国家一个十分重要的经济现象。在当今市场经济发达的国家,企业越来越重视利用并购这一手段拓展经营,以实现生产和资本的集中,达到企业外部增长的目的。

并购源于英文 merger & acquisition（M & A）,merger 是指物体之间或权利之间的融合或相互吸收,通常被融合或被吸收的一方在价值或重要性上要弱于另一方。融合或相互吸收之后,较不重要的一方不再独立存在。acquisition 是指获得或取得的行为。M & A 的主要特征是获得目标公司的控制权。本部分所涉及的并购主要是指在市场机制作用下,企业为了获得其他企业的控制权而进行的产权重组活动。

并购包括控股合并、吸收合并、新设合并三种形式。

（1）控股合并。收购企业在并购中取得对被收购企业的控制权,被收购企业在并购后仍保持其独立的法人资格并继续经营,收购企业确认并购形成的对被收购企业的投资。

（2）吸收合并。收购企业通过并购取得被收购企业的全部净资产,并购后注销被收购企业的法人资格,被收购企业原持有的资产、负债在并购后成为收购企业的资产、负债。

（3）新设合并。参与并购的各方在并购后法人资格均被注销,重新注册成立一家新的企业。

通常,我们把主兼并或主收购的企业称为兼并企业、收购企业、主并企业、进攻企业、出价企业、标购企业、接管企业等；把被兼并或被收购的企业称为被兼并企业、被收购企业、目标企业、标的企业、被标购企业、被出价企业、被接管企业等。

并购按不同的标准可以分为不同的类型。

1. 按双方所处的行业分类

按照并购双方所处行业性质来划分,企业并购方式有纵向并购、横向并购、混合并购等三种。

纵向并购是指从事同类产品的不同产销阶段生产经营的企业所进行的并购,如对原材料生产厂家的并购、对产品用户的并购等。纵向并购可以加强公司对销售和采购的控制,带来生产经营过程的节约。

横向并购是指从事同一行业的企业所进行的并购。例如,两家航空公司的并购,或两家石油公司的结合等。美国波音公司和麦道公司的合并便属于横向并购。横向并购可以清除重复设施,提供系列产品,实现节约。

混合并购是指与企业原材料供应、产品生产、产品销售均没有直接关系的企业之间的并购。例如,北京东安集团兼并北京手表元件二厂,并利用其厂房改造成双安商场便属于混合兼并。混合兼并通常是为了扩大经营范围或经营规模。

2. 按并购程序分类

按照并购程序来划分,企业并购方式有善意并购和非善意并购。

善意并购通常是指并购公司与被并购公司双方通过友好协商确定并购诸项事宜的并购。这种并购方式一般先由并购方公司确定被并购公司即目标公司,然后设法与被并购公司的管理当局接洽,商讨并购事宜。通过讨价还价,在双方可接受的条件下签订并购协议。最后经双方董事会批准,股东大会2/3以上赞成票通过。

非善意并购是指当友好协商遭拒绝时,并购方不顾被并购方的意愿而采取非协商性购买的手段,强行并购对方公司。被并购方在得知并购公司的并购企图之后,出于不愿接受较为苛刻的并购条件等原因,通常会作出拒不接受并购的反应,并可能采取一切反并购(或抵制并购)的措施,如发行新股以分散股权,收购已发行的股票等。

3. 按并购的支付方式分类

按照并购的支付方式和购买对象,并购可以分为现金购买资产或股权、股票换取资产或股权以及通过承担债务换取资产或股权。

任务1 企业并购动因及效应

活动1 并购动因及效应

活动目标:掌握企业并购的动因和效应。

工作实例10-1:

中集集团的并购扩张之路

1. 案例背景

中国国际海运集装箱(集团)股份有限公司(简称中集集团)初创于1980年1月,最初由香港招商局和丹麦宝隆洋行共同出资300万美元合资组建,是中国最早的集装箱专业生产厂和最早的中外合资企业之一。

1982年9月22日中集集团正式投产,1987年交通部中国远洋运输总公司(简称中远公司)对中集进行投资,招商局和中远公司各持有中集45%的股份,宝隆洋行则占有10%的股份。1993年,中集改组为公众股份公司,定向募集职工股576万股,1994年在深圳证券交易所上市,发行A股1 200万股,B股1 300万股,募集资金19 830万元。1995年起以集团架构开始运作。集团致力于为现代化交通运输提供装备和服务,主要经营集装箱、道路运输车辆、机场设备制造和销售服务。截至2005年年底,中集集团总资产为171.73亿元、净资产为94.56亿元,在国内和海外拥有40余家全资及控股子公司,员工有34 000人。招商局国际共持股22.75%,中国远洋运输(集团)总公司控股的中远太平洋有限公司的附属全资子公司中远集装箱工业有限公司持股16.23%。

20世纪80年代以后,我国的对外贸易迅猛发展,极大地带动了集装箱行业的发展。国内经济的持续稳步增长促进了进出口贸易的繁荣,特别是出口业务表现出强劲的发展势头,价低量大仍然是我国出口产品的主要特点,这一特点决定了出口产品主要依赖海运的方式,导致国内市场产生对集装箱的大量需求。加之我国制造业与运输业成本相对较低,进一步增强了集装箱业的竞争力,为其提供了更大的发展空间。90年代初期的市场增长使得早期进入该行业的公司获得了较高的回报,行业利润率一度高达30%,吸引了大批厂家进入集装箱行业。国内先后有20多家企业上马集装箱项目,同时,东南亚国家的一些企业也开始大力发展集装箱业,生产能力的激增导致低水平的重复建设和低水平的激烈竞争,市场供需出现大逆转,矛盾最严重的时候,全球的需求量为100万箱,生产能力却高达250万箱。针对行业内重复建设带来的资金资源的严重浪费,国家明确规定控制新的项目上马。与此同时,行业内恶性竞争的恶果开始显现,一些技术与管理水平相对较低的企业陷入困境,难以自拔。

正是在这样一个特殊的市场环境中,作为国内集装箱龙头企业的中集集团敏锐地看到低成本扩张的机会:实施并购。中集集团认为,由于实施了对新建项目的控制,市场供需矛盾不会进一步激化,而那些拿不到订单的企业希望找到一条退出之路,中集集团作为一个股份公司,在管理水平、市场拓展、融资条件等方面具有不可比拟的优势,通过并购实现规模扩张恰逢其时。

2. 并购战略的实施

中集集团的并购是从集装箱行业的横向并购开始的,在核心竞争力增强之后,中集集团通过一系列新领域的并购形成了多元化经营模式。

1) 并购优势分析

首先,从市场占有情况来看,中集集团具有其他竞争对手不可比拟的优势。这在很大程度上得益于中远公司的加盟。中远公司的前身是1961年成立的中国远洋运输集团,航运业是它的核心业务,该公司拥有600余艘船舶,1 700万载重吨,在航运企业的世界排名中位居第三。成为中集集团的大股东之后,对集装箱的需求自然更加倚重中集集团的产品,这进一步巩固了中集集团的市场优势。

其次,从公司融资来看,中集集团作为上市公司具有得天独厚的资金募集优势。中集集团1994年以8.5元的价格发行A股1 200万股,B股1 300万股,1996年和1997年又先后增发B股3 000万股和4 800万股,资金实力较为雄厚。上市公司具有比较好的公众形象,容易促成并购的实现,而且国家对上市公司通过并购实现规模扩张持鼓励态度,中集集团所在地深圳市政府也为推进上市公司并购出台了多项优惠政策。

最后,从管理实力来看,中集集团有扎实的积累,培养出了一批专业的营销队伍,建立起了一支卓有成效的管理团队,产品的市场覆盖面不断扩大,客户结构得以优化。时任董事长麦伯良曾说,"因为收购企业后要对其进行改造和管理,没有足够的实力是很难产生效益的"。借助公司完善的管理制度、有效的成本控制和质量管理体系,中集集团在行业内部形成了良好的品牌效益,为收购的实现奠定了坚实的基础。

2) 并购的实施

在集装箱领域,按照利用核心优势,通过并购实现低成本扩张的战略规划,结合所处产业的特征,对并购目标的选择主要考虑了区域因素。从区域环境来看,在国家沿海开放政策的带动下,整个沿海地区的投资环境、法制环境和思想观念都比较灵活和开放,集装箱一生产出来,最好能就近装货出口,成本才会最低。所以,中集集团首先将并购对象框定在沿海地区。从当时国内集装箱生产的情况来看,华北、华南、华东三大区域结构初步形成,为了实现最有效的地域布局,获得战略优势,中集集团制定了在每个区域建立生产基地的并购战略。

在集装箱业务占据全球一半以上的份额之后,中集集团经过将近3年的项目发展战略研究和技术研发,形成了现代道路运输车辆业务的发展框架,从2002年开始,以雄厚的资本优势并购了国内多家特种车辆制造企业。2006年,中集集团道路运输车辆的销售收入达71亿元,相当于其2001年进入车辆业务前整个集装箱业务的销售收入,车辆业务的生产和销售再次成为世界第一。

在车辆业务之后,中集集团开始通过并购进军能源化工和海洋工程领域,逐渐完成了对天然气上游开采设备、中游运输设备和下游分销设备三大领域的布局。与此同时,中集集团实现了从劳动密集型工业向资本和技术密集型工业的转变。

从1993年实施兼并计划,经过7年的发展,集团规模迅速扩大,集团资产总额从1993年的5.76亿元增长到1999年的近67亿元。2000年,中集集团已成为世界最大的国际标准干货集装箱制造商和中国最大的冷藏集装箱制造商。通过不断收购新的产能、技术和渠道,中集已经在干货集装箱、冷藏集装箱、特种集装箱、罐式集装箱、登机桥和专用车制造六大领域雄居世界第一。特别是其集装箱生产与销售占据全球50%以上的市场份额。

从被收购企业的类型来看,中集集团具有明确的并购战略和目标。

道路运输车辆领域的收购步骤可以分解为三步:第一步,通过收购国内知名的制造企业切入市场,形成产能;第二步,通过收购技术进行产业整合,优化结构;第三步,通过收购外国企业获取海外渠道,并将生产逐步转移至国内,实现全球资源的合理配置。具体来看,扬州通华具备单班年产3500辆各类专用车和半挂车的生产能力,能够生产八大系列80余种型号、200多种规格的专用车和半挂车;济南考格尔主要生产冷藏保温汽车、罐式车、厢式车、快换集装箱运输车和压缩式垃圾箱等;通过收购美国第六大半挂车企业HPA Monon公司,中集集团将美国企业的技术、管理经验与自身低成本战略优势和核心能力有效结合,实现国内零部件生产与美国工厂的配套运作;华骏车辆的收购使其进一步完善道路运输车辆业务的生产布局,形成规模优势,提高市场占有率;张家港圣达因的低温液体贮槽及罐车制造技术在国内居于领先地位。通过收购兼并,中集集团掌握了各企业先进的技术和管理经验。

中集集团通过收购英国UBHI的罐式集装箱技术,形成了罐式箱的全球龙头地位;通过并购张家港圣达因,在低温液体贮槽、低温压力罐车等产品方面获得核心优势;通过将集装箱业务与车辆业务巧妙结合,中集集团形成了在天然气运输设备制造领域的先发优势,为其在能源化工和海洋工程领域的扩展奠定了良好基础。2007年并购安瑞科,一个原因就在于看好能源装备行业,选择并购在天然气行业方面具有领先优势的安瑞科可以一举实现占领整个行业制高点的目标,另外,中集集团的业务本身和安瑞科具有一定的协同性。中集集团并购安瑞科后,不仅迅速获取了燃气物流设备制造技术,还能够向客户提供燃气加气站的集成解决方案。在拥有了民用和汽车燃气客户后,中集集团又开始向工业客户转移。TGE GAS公司在LNG和LPG等石油化工气体的储存、处理领域拥有较为先进的核心技术,并购后,与中集集团现有的LNG下游应用业务可以形成业务一条龙,在天然气开发和应用领域为客户提供一站式解决方案。而签订未来两年的业绩目标,在不熟悉被并购方业务的情况下,有助于控制管理风险,真正实现协同效应。通过签订追加付款的条款来控制收购风险,是国际收购比较好的方法。接着,中集集团又开始向海上运输设备制造转移。在收购烟台莱佛士后,中集集团一方面直接切入海洋油气开发装备即特殊船舶和海洋工程的建造业务领域,获得了在海洋工程领域的产品设计、技术秘诀、专业技能以及生产基地、专用生产设备等;另一方面利用现有的供应链、生产组织管理、生产基地、财务等优势资源,加强了烟台莱佛士的竞争力。

3) 并购后的整合与效果

并购完成后,中集集团立即派驻新的管理层对企业进行重组改造,尊重被并购企业的员工的个人意愿,愿意留下来的都可以留下来,但对原管理层全部替换,最多一次曾派驻29名管理干部。因为中集集团并购主要是通过股权控制实现的,通过更换管理层可以有效地贯彻和落实集团的发展战略与管理思想。正是通过管理层的移植,中集集团将集团公司的目标管理体制带到了被并购公司,使企业、经营者和员工成为真正的利益共同体,完整的考核、激励与约束体系将集团的整体目标层层分解,落实到具体责任人,不仅实现了管理的统一性,而且通过完善的制度保证了经济效益的实现。与此同时,中集集团还会对被收购企业进行投资扩建,这样就打消了被收购企业的顾虑,使被收购企业有更大的发展空间,对双方都有利。

此外,中集集团对被并购企业进行文化上的渗透与移植。企业文化能否得到认同往往是并购后整合的关键一步。中集集团企业文化的核心就是员工的发展与企业的发展紧密结合,企业力图为每一位员工创造最好的发展空间,而员工的发展则建立在企业发展的基础上。企业提倡全体员工"尽心尽力,尽善尽美",得到认同的企业文化转变为员工创新工作的动力。

中集集团并购的效果主要体现在以下几个方面:一是扩大了产业布局。以集装箱领域为例,通过并购,中集集团迅速形成在沿海各港口的合理布局。目前中集集团在全国11个港口拥有15个干货箱生产基地、2个冷藏箱基地、4个特种箱基地和覆盖国内主要干线港口的9大堆场网络,形成了从制造、维修、零部件供应、租赁到堆存的一站式全链服务体系。二是通过生产成本的控制和降低实现了集团规模优势。以集装箱领域为例,钢材、油漆、木地板是集装箱生产的主要原材料,大约占生产成本的70%,中集集团充分利用大规模集团大量采购、需求稳定的特点,通过三级谈判、三级压价,从源头降低了原材料成本。同时,统一计划、统一采购、统一分配、统一核算的集中式管理最大限度地降低了集团内部的成本损耗。并购扩张后,中集集团在主要的三大区域都拥有了生产基地,集团公司统一接单并安排生产,使得各下属公司只是成本中心,通过集团公司的统一调配生产和销售,大大降低了空箱的运输成本。三是形成了多元化经营模式,有效地降低了经营风险。正是通过多次并购,中集集团形成了多元化业务经营模式,这一模式的优势在2008年得以充分体现。当年,受席卷全球的金融危机影响,全球贸易及航运业务量普遍下滑,集装箱贸易量也遭受严重打击。2008年四季度,集装箱订单几乎突然消失,大量空箱回流中国。中集集团旗下的集装箱制造企业基本处于停产状态。幸运的是,其集装箱业务所占比重已从2002年的100%下降至2008年的61%,其他板块的业务增长弥补了集装箱业务的损失。2008年,中集集团的销售收入为473亿元,下降了3%;净利润为14亿元,下降了55%(按照谨慎的会计原则,中集集团计提了7亿元的存货跌价准备)。

(参考资料来源:林波主编:《中国企业大并购》,社会科学文献出版社2002年版。
《中集集团,大手笔提升并购成长性》,http://finance.sina.com.cn/stock/s/20070806/01483852994.shtml
《中集集团积极寻求全球并购机会》,http://www.caijing.cn/2009-04-20/110150227.html
《中集并购入佳境,隐忧仍不容忽视》,http://auto.ifeng.com/news/parts/20101011/437185.shtml
《从中集集团的扩张看危机中的并购策略》,http://blog.sina.com.cn/s/blog_50be84f80100gaks.html)

任务工具:
步骤一:
1. 并购的动因

按照古典经济学理论,横向并购的动因主要在于降低成本和扩大市场份额,现代企业理论则从降低交易费用和代理成本的角度解释了纵向并购的动因。具体来说,并购的动因主要可以概括为以下几种。

1) 获得规模经济优势

规模经济是指随着生产经营规模的扩大,生产成本随着产出增加而下降,收益不断递增的现象。通过横向并购,企业可以快速将各种生产资源和要素集中起来,从而提高单位投资的经济收益或降低单位交易费用和成本,获得可观的规模经济。为此,企业有动力扩大生产规模,而并购,特别是横向并购是企业扩大生产规模最便捷有效的途径之一。

2) 降低交易费用

按照科斯的理论,企业是市场机制的替代物,市场和企业是资源配置的两种可互相替代的手段。通过并购,主要是纵向并购,企业可以将原来的市场交易关系转变为企业内部的行政调拨关系,从而大大降低交易费用。

3) 多元化经营

多元化经营不仅可以降低风险、增加收益,而且可以使企业发掘出新的增长点,所以多元化经营往往成为企业发展到一定阶段的重要战略之一。并购是企业迅速进入其他生产经营领域,实现多元化战略的重要方式。通过并购,企业避免了培育一个新产业可能会带来的风险与不确定性,有利于根据市场现状选择最佳进入时机。虽然多元化经营未必一定通过并购来实现,也可以通过企业内部的成长来达成,但时间往往是重要因素,通过并购其他企业可迅速达到多元化扩张的目的。

2. 并购效应

在各种并购动因的驱使下,并购活动是否增加了股东财富?这是西方经济学中的并购理论所探讨的一个重要问题。西方学者的研究认为,企业并购并非总能产生正效应。有的并购确实能产生正效应,有的并购却是零效应,有的并购甚至产生负效应。这里评价并购效应的标准是股东财富。股东财富增加为正效应,反之则为负效应。大量的实证研究表明,并购总是能为目标企业股东带来正效应,而并购企业股东却不总能从并购中获得好处,双方股东财富效应的组合产生了上述三种结果,这三种结果的产生被认为与并购的动因有关。

步骤二:

中集集团成为通过并购实现规模化长远发展的典范。从中集集团通过并购实现快速增长的过程中,我们可以得到以下几个方面的启示。

1. 通过并购获得规模经济优势

规模经济理论认为,生产规模和经济效益之间有着重要的函数关系,随着产量的增加,生产成本是降低的,而设备的效能会随之增加,同时,管理潜力得以开发和利用。横向并购是获得这种规模优势的重要途径之一。中集集团的许多并购属于横向并购,许多企业因为竞争不力而处于退出的边缘,更是降低了并购的直接成本和难度,使得管理和技术等具有行业专属性的生产要素有效地转移和重组。与此同时,中集集团通过产能的扩张提高了与上游供应商,尤其是钢铁企业的议价能力,压低了原材料采购成本。

在一系列收购兼并后,在资源整合的基础上,中集集团逐步实现了渠道整合和优化以及技术引进。目前,中集集团已形成四大业务板块:集装箱、道路运输车辆、能源化工装备、海洋工程。规模经济优势逐渐显现,中集集团2011年建成全球最先进的集装箱生产线,2012年成为首批主板上市公司内控规范实施试点之一。近年来,集团总资产逐年增加,净利润基本保持稳定,截至2014年,集团资产达到约877亿元。中集集团正快速成长为在全球多个行业占据领先地位的企业。

2. 并购为企业战略服务

中集集团的并购行为始于战略并服务于战略,是以企业本身、所处市场、全球市场的发展现状为基点所作的长远发展战略。正是由于具有较完备的战略准备,并购战略才会实现预期的效果。物流装备制造始终是中集集团的战略核心,无论是集装箱制造、机场地面设备、道路运输车辆,还是能源化工设备和海洋工程设备领域的并购都是为这一核心服务的,这使中集集团在产业的不断升级中能保持运营的协同。

中集集团成功的案例说明只有并购公司积累了一定的核心优势,并购才能真正服务于总体战略。

3. 并购后的整合不容忽视

并购本身并不能创造价值,并购的真正效益来源于并购后对生产要素的有效整合。并购过程中,无论是主并公司还是目标公司都有一些可以转移或共享的生产要素,只有对这些生产要素进行重新定位、组合和配置,发挥出各种要素的潜能并相互融合,才能实现管理协同效应和财务协同效应。中集集团在并购后的整合过程中,利用严格的管理制度和管理人员的移植,使目标公司很快成为集团公司价值链上的重要一环,实现为整体战略目标服务。

任务 2 企业并购估价

情景引例

华泽集团(VATS GROUP)创建于 2006 年 3 月,是在整合金六福酒业各相关企业的基础上成立的,汉龙集团持有 45% 的股份,金六福创始人吴向东拥有 35% 的股份。2007 年年底,华泽集团在香港证券市场以 1.71 亿港元的价格收购了新华联集团拥有的新华联国际 56.56% 的股份并将其更名为香港金六福投资有限公司(简称香港金六福投资)。2009 年 10 月 22 日,华泽集团董事长吴向东以 1.25 亿元的价格从其他股东手中获得华泽集团 25% 的权益,吴向东持股比例由 35% 增至 60%,成为华泽集团绝对控制人。

华泽集团从金六福开始一直坚持进行区域品牌高端化、高端品牌全国化。为了实现快速扩张,华泽集团选择对地方白酒知名企业的并购和战略投资,在全国各地收购和参股二线区域名酒,投资额超过 10 亿元,并购 10 多家地方知名企业。

经过一系列的并购,华泽集团构建了"酒业全产业链",成功跃升中国白酒三甲,在短短十几年的时间内发展成为仅次于茅台、五粮液的酒业巨头。

与新建酒厂相比,通过并购,企业不但可以节约基本建设时间,还可以利用现有酒厂的品牌及销售渠道,迅速扩大市场规模。另外,由于在并购过程中通常可以选择分期支付的方式,企业还可以节约现金流支出。

在选择并购对象时,华泽集团有着严格的标准。从已收购企业情况来看,华泽集团的收购对象具有规模适中、生产基础良好、产权清晰等特点。受自身财务实力的限制,华泽集团目前所收购的企业资产通常不超过 1 亿元,销售规模不超过 10 亿元。另外,所收购的这些企业基本都是有多年生产经验、工艺相对完善的老企业,这些企业的经营困难主要出现在市场开拓等方面。由于华泽集团的优势在于渠道销售,因此在整合这些企业之后,可以迅速帮助它们走出困境,实现双赢。

(资料来源:《华泽集团资本运作之详解》,http://bestar.com.cn/NewHOME。)

华泽集团的并购扩张之路虽有其特定的行业背景,但不乏借鉴意义。企业在并购过程中应如何选择并购对象?如何合理地对目标企业进行估价?这正是本部分的主要内容。

活动2 | 目标公司价值评估

活动目标: 能够评估被并购目标公司价值。

工作实例10-2: 乐天公司2×20年每股营业收入为12.4元,每股净收益为3.1元,每股资本性支出为1元,每股折旧为0.6元。预期该公司在今后5年内将高速增长,每股收益的增长率为30%,资本性支出、折旧和营运资本以同比例增长,收益留存比率为100%,β值为1.3,国库券利率为5%。2×20年营运资本为收入的20%,负债比率保持为60%。5年后公司进入稳定增长期,预期增长率为6%,即每股收益和营运资本按6%的速度增长,资本性支出可以由折旧来补偿,β值为1。该公司发行在外的普通股共3 000万股。市场平均风险报酬率为5%。请估计该公司的股权价值。

任务工具:

步骤一:

企业并购估价的基本方法,更加确切地说是使用估值模型,与其他估价没有太大的不同。从理论上来说,大致可以把常用的估值方法归为贴现现金流量法(DCF)、成本法、换股估价法等。持续经营是贴现现金流量法的基本假设前提。在持续经营的前提下,企业有获利能力并不断扩大经营。贴现现金流量法认为企业的价值与其未来能产生的现金流量密切相关。应用贴现现金流量法,能通过各种假设反映企业管理层的管理水平和经验。

贴现现金流量法的原理是假设任何资产的价值等于其预期未来现金流量的现值之和。其基本公式为:

$$V = \sum_{t=1}^{n} \frac{CF_t}{(1+r)^t}$$

式中:V表示资产的价值;n表示资产的寿命;r表示与预期现金流量相对应的折现率(所谓"对应"是指折现率应反映预期现金流量的风险);CF_t表示资产在t时刻产生的现金流量。

使用以上模型估值需要满足三个条件:第一,确定各期的现金流量;第二,确定反映预期现金流量风险的贴现率;第三,确定资产的寿命。

贴现现金流量法又可以分为两种类型:股权资本估价和公司整体估价。

公司股权价值可以通过股权资本成本对预期股权现金流量进行折现获得。股权资本成本是股权投资者要求的收益率;预期股权现金流量是扣除公司各项费用、支付利息和本金以及纳税后的剩余现金流量。股利折现模型是用折现现金流量估价法评估股权价值的一个特例。这种方法认为,股权的价值是预期未来全部股利的现值总和。

以贴现现金流量法评估企业价值需要计算预期的现金流量和贴现率。与股权资本估价和公司整体估价分别对应,需要计算股权自由现金流量和公司自由现金流量,合理确定自由现金流量可以保证现金流量与用来评估公司价值的贴现率相一致。

股权自由现金流量是企业向债权人支付利息、偿还本金、向国家纳税、向优先股股东支付股利，以及满足自身发展需要后的剩余现金流量，体现了股权投资者对企业现金流量的剩余要求权。

对企业进行价值评估的第一步就是计算自由现金流量，包括计算历史时期的自由现金流量以及预测未来时期的自由现金流量。自由现金流量的预测值是最终价值评估值的基础，因此它的准确与否就显得格外重要。

$$\text{股权自由现金流量} = \text{净收益} + \text{折旧} - \text{债务本金偿还} - \text{营运资本追加额} - \text{资本性支出} + \text{新发行债务} - \text{优先股股利}$$

股权自由现金流量的计算与公司所处的发展阶段密切相关。上述计算公式中，资本性支出是指厂房的新建、扩建、改建、设备的更新、购置以及新产品的试制等方面的支出。

估算股权资本成本的方法很多，最常用的有股利增长模型、资本资产定价模型和套利定价模型。股利增长模型和资本资产定价模型在前文已介绍过，本部分主要介绍套利定价模型。

套利定价模型的逻辑基础与资本资产定价模型有很多相似的地方，即投资者只有在承担不可分散风险时才能获得补偿；与资本资产定价模型不同的是，套利定价模型认为风险可由多个因素产生，而不像资本资产定价模型只有一个风险因素，这些因素的个数及其确认是由历史收益决定的。其基本表达式如下：

$$R = R_f + \sum_{i=1}^{k} \beta_i [E(R_i) - R_f]$$

式中：R 表示股权成本；R_f 表示无风险利率；$E(R_i) - R_f$ 表示 i 风险因素的风险补偿率；β_i 表示 i 风险因素的 β 系数；k 表示风险因素的数量。

步骤二：

1. 自由现金流量估值的稳定增长模型

稳定增长模型假设企业的增长率以一个固定的比率表现出来，也就是说，在长期内，公司以某一稳定的增长率保持增长。在这种情况下，我们只需要预测出一期的自由现金流量以及公司的增长率便可以了，此时价值的表达式如下：

$$V = FCF_0 \times \frac{1+g}{r-g} = \frac{FCF_1}{r-g}$$

式中：V 表示股权价值（公司总价值）；g 表示增长率；FCF_0 表示当前的自由现金流量；FCF_1 表示预期下一期的自由现金流量；r 表示与自由现金流量对应的折现率。

在稳定增长模型中，公司股权的价值取决于预期下一期的 FCF、稳定增长率和对应的资本成本这三个变量。这种模型只适用于自由现金流量处于稳定增长阶段的公司。

2. 自由现金流量估值的二阶段模型

二阶段模型适用于增长率呈现两个阶段的公司，即初始阶段增长率很高，后续阶段增长率相对稳定，且维持时间长久。通常的做法是首先预测超常增长率（设每年的增长率为 g）的时间段为 n 年，之后公司以一个相对稳定的增长率（设每年的增长率为 g_n）发展，价值就等于超常增长阶段的现值加上终点现金流量的现值，其计算公式为：

$$V = \sum_{t=1}^{n} \frac{FCF_t}{(1+r)^t} + \frac{FCF_{n+1}}{(r-g_n)\times(1+r)^n}$$

式中：FCF_t 表示第 t 年的自由现金流量；FCF_{n+1} 表示第"$n+1$"年的自由现金流量。该公式由两部分构成，第一部分是超常增长期内逐年对现金流量贴现求和，第二部分是稳定增长后的贴现值，是在稳定增长模型公式的基础上求复利现值得到的。

步骤三：

（1）估计公司高速成长期的每股股权现金流量。

FCF=净收益-（资本性支出-折旧）×（1-负债比率）-营运资本增量×（1-负债比率）

$FCF_{2\times21}=3.10\times(1+30\%)-(1-0.6)\times(1+30\%)\times(1-60\%)-[12.4\times20\%\times(1+30\%)-12.4\times20\%]\times(1-60\%)=4.03-0.21-0.30=3.52$（元）

$FCF_{2\times22}=4.03\times(1+30\%)-0.21\times(1+30\%)-0.30\times(1+30\%)=5.24-0.27-0.39=4.58$（元）

$FCF_{2\times23}=6.81-0.35-0.50=5.96$（元）

$FCF_{2\times24}=8.85-0.46-0.65=7.74$（元）

$FCF_{2\times25}=11.51-0.60-0.85=10.06$（元）

（2）估计公司高速成长期的股权资本成本。

$r=5\%+1.3\times5\%=11.5\%$

（3）计算公司高速成长期每股股权自由现金流的现值。

高速成长期每股 FCF 的现值$=3.09+3.52+4.02+4.58+5.22=20.43$（元）

（4）估计第6年的每股股权现金流量。

$FCF_{2026}=12.20-0.90=11.30$（元）

（5）计算公司稳定增长期的股权资本成本。

$r_n=5\%+1\times5\%=10\%$

（6）计算公司稳定增长期每股股权现金流量的现值。

稳定增长期每股 FCF 的现值 $=\dfrac{11.30}{(10\%-6\%)(1+11.5\%)^5}=163.92$（元）

（7）计算公司股权自由现金流量的现值。

$V=(20.43+163.92)\times30\,000\,000=553\,050$（万元）

工作实例 10-3：乐天公司 2×20 年的息税前净收益为 5.32 亿元，资本性支出为 3.10 亿元，折旧为 2.07 亿元，销售收入为 72.30 亿元，营运资本占销售收入的比重为 20%，所得税税率为 40%，债券利率为 7.5%。预期今后 5 年内公司将以 8% 的速度高速增长，β 值为 1.25，税前债务成本为 9.5%，负债比率为 50%。5 年后公司进入稳定增长期，增长率为 5%，β 值为 1，税前债务成本为 8.5%，负债比率为 25%，资本性支出和折旧互相抵销。市场平均风险报酬率为 5%。求公司的价值。

任务工具：

步骤一：

公司自由现金流量（FCF）的计算方法有两种：

（1）将公司所有权要求者的现金流量加总，计算公式如下：

$$\begin{matrix}公司自由\\现金流量\end{matrix} = \begin{matrix}股权自由\\现金流量\end{matrix} + \begin{matrix}利息\\费用\end{matrix} \times (1-税率) + \begin{matrix}偿还债\\务本金\end{matrix} - \begin{matrix}发行的\\新债\end{matrix} + \begin{matrix}优先股\\股利\end{matrix}$$

(2) 以息税前净收益（EBIT）为出发点进行计算，公式如下：

$$公司自由现金流量 = 息税前净收益 \times (1-税率) + 折旧 - 资本性支出 - 营运资本净增加额$$

上式中的前两项，即"息税前净收益×(1-税率)+折旧"，就是企业经营性现金净流量。因此上述公式可以变化为：

$$公司自由现金流量 = 经营性现金净流量 - 资本性支出 - 营运资本净增加额$$

步骤二：

(1) 计算公司高速成长期的现金流。

$FCF = EBIT(1-税率) + 折旧 - 资本性支出 - 追加营运资本$

$FCF_{2\times21} = 5.32 \times (1+8\%) \times (1-40\%) + 2.07 \times (1+8\%) - 3.10 \times (1+8\%) - 72.30 \times 8\% \times 20\%$
$= 1.18（亿元）$

$FCF_{2\times22} = 3.72 + 2.41 - 3.62 - 1.25 = 1.26（亿元）$

$FCF_{2\times23} = 4.02 + 2.60 - 3.91 - 1.35 = 1.36（亿元）$

$FCF_{2\times24} = 4.34 + 2.81 - 4.22 - 1.46 = 1.47（亿元）$

$FCF_{2\times25} = 4.69 + 3.03 - 4.56 - 1.58 = 1.58（亿元）$

(2) 估计公司高速成长期的资本加权平均成本（WACC）。

高速成长期的股权资本成本 $= 7.50\% + 1.25 \times 5\% = 13.75\%$

高速成长期的 $WACC = 13.75\% \times 50\% + 9.5\% \times (1-40\%) \times 50\% = 9.725\%$

(3) 计算高速成长期公司自由现金流量的现值。

高速成长期 FCF 的现值

$= \dfrac{1.18}{1+9.725\%} + \dfrac{1.26}{(1+9.725\%)^2} + \dfrac{1.36}{(1+9.725\%)^3} + \dfrac{1.47}{(1+9.725\%)^4} + \dfrac{1.58}{(1+9.725\%)^5}$

$= 5.15（亿元）$

(4) 估计第6年的公司自由现金流量。

$FCF_{2\times26} = 4.69 \times (1+5\%) - 72.30 \times (1+8\%)^5 \times 5\% \times 20\% = 3.86（亿元）$

(5) 计算公司稳定增长期的 $WACC$。

稳定增长期的股权资本成本 $= 7.5\% + 1 \times 5\% = 12.5\%$

稳定增长期的 $WACC = 12.5\% \times 75\% + 8.5\% \times (1-40\%) \times 25\% = 10.65\%$

(6) 计算稳定增长期公司自由现金流量的现值。

稳定增长期 FCF 的现值 $= \dfrac{3.86}{(10.65\% - 5\%) \times (1+9.725\%)^5} = 42.96（亿元）$

(7) 计算公司的价值。

$V = 5.15 + 42.96 = 48.11（亿元）$

任务3　企业并购运作

活动3　企业并购筹资

活动目标： 了解和掌握企业并购支付方式及筹资方式。

工作实例10-4： 1994年4月，上海建筑材料集团公司将其所持有的上海棱光实业股份有限公司的1 200万股股份转让给珠海经济特区恒通置业股份有限公司，这是我国上市公司国家股以协议方式进行转让的第一笔交易。

任务工具：

步骤一：

要约收购是指收购人按照同等价格和同一比例的相同要约条件，向上市公司股东公开发出收购其持有的公司股份的邀请的行为。与协议收购相比，要约收购是对非特定对象进行公开收购的一种方式。

协议收购是指投资者在证券交易所集中交易系统之外与被收购公司的股东（控股股东或持股比例较高的股东）就股票的交易价格、数量等方面进行私下协商，购买被收购公司的股票，以期获得或巩固对被收购公司的控制权。

间接收购是指收购人虽不是上市公司的股东，但通过投资关系、协议或其他安排取得上市公司的控制。

步骤二：

股权分置改革前，我国上市公司的收购主要是通过协议转让国有股和法人股来实现的，主要原因在于特殊的非流通股股权高度集中的结构导致的流通性和价格差异。资料显示，2003—2005年，95%的上市公司收购是通过协议收购方式完成的，只有5%是通过要约收购进行的。

与要约收购相比，协议收购的特点主要有：①有明确的交易对象。一般选择股权集中的公司作为收购目标。双方在证券交易所竞价系统之外进行沟通和协商。对于并购方来说，沟通时间相对较短，不会对公司股票价格造成直接影响。②交易程序相对简单，交易成本较低。相比要约收购必须采取公开方式，协议收购在双方达成一致的情况下，可以迅速实现公司控制权转移。③多数是善意收购。通常是并购方与目标公司的控股股东在协商一致的条件下达成股份收购协议，公司董事会主要成员和主要管理层知情，收购协议通常会对公司的业务、资产、人员做出妥善安排，不会受到管理层的抵制。

工作实例10-5： 清华同方是以清华大学企业集团为主要发起人，以社会募集方式设立的股份制公司，于1997年6月27日在上海证券交易所挂牌交易。它的主营业务集中在三个领域，即信息产业领域、人工环境领域和民用核技术、生物制药领域。鲁颖电子是一家在山东省企业产权交易所上市的股份有限公司，属于电子元件行业。1998年11月30日，清华同方和鲁颖电子的临时股东大会审议并通过了《关于公司吸收合并鲁颖电子股份有限公司的预案》，同年12月1日，双方正式签订协议。1999年6月8日，中国证监会批复双方的协议，合并协议正式生效。根据双方协议，清华同方向鲁颖电子定向发行人民币普通股，按照1∶1.8的换股比例（即1股清华同方换取1.8股鲁颖电子）换取鲁颖电子股东所持有的全部股份,鲁颖电子的法人地位消失。合并后,清华同方将以鲁颖电子经评估后的净资产出资,在山东省沂南县设立新的有限责任公司,新公司成为清华同方的控股子公司。

(参考资料来源:王化成、刘亭立等:《高级财务管理学》,中国人民大学出版社2017年版。)

任务工具:

步骤一:

任何实施并购的企业必须充分考虑采取何种方式完成并购,充分认识不同支付方式的差异,依据具体情况作出决策。实践中,企业并购的支付方式主要有三种,即现金支付、股票支付和混合证券支付。

现金支付是指由主并企业向目标企业支付一定数量的现金,从而取得目标企业的所有权,一旦目标企业的股东收到对其拥有股权的现金支付,就失去任何选举权或所有权的一种支付方式。现金支付是企业并购中最先采用的支付方式,也是在企业并购中使用频率最高的支付方式。

股票支付是指主并企业通过增加发行本企业的股票,以新发行的股票替换目标企业的股票,从而达到并购目的的一种支付方式。不同于现金支付方式,采用股票支付方式,主并企业不需要支付大量现金,因而不会影响主并企业的现金状况。同时,并购完成后,目标企业的股东并不失去他们的所有权,而是成为并购完成后企业的新股东,但一般来说,主并企业的股东在经营控制权上占主导地位。

混合证券支付是指主并企业的支付方式为现金、股票、认股权证、可转换债券等多种形式的组合。单一的支付工具总是有着不可避免的局限性,通过把各种支付工具组合在一起,能集中各种支付工具的长处而避免它们的短处。由于这种优势,近年来混合证券支付在各种出资方式中的比例呈现逐年上升的趋势。

步骤二:

1999年清华同方并购鲁颖电子是最早的一个换股并购成功案例。在决定是否采用股票支付方式时,一般要考虑以下因素:

(1)主并企业的股权结构。由于股票支付方式的一个突出特点是它对主并企业的原有股权结构会有重大影响,因而主并企业必须事先确定主要大股东在多大程度上接受股权的稀释。

(2)每股收益率的变化。增发新股会对每股收益产生不利的影响,如果目标企业的盈利状况较差,或者是支付的价格较高,则会导致每股收益减少。虽然在许多情况下,每股收益的减少只是短期的,长期来看还是有利的,但每股收益的减少仍可能给股价带来不利的影响,导致股价下跌。所以,主并企业在采用股票支付方式前,要确定是否会产生这种不利情况,如果发生这种情况在多大程度上是可以接受的。

(3)每股净资产的变动。每股净资产是衡量股东权益的一项重要标准。在某种情况下,新股的发行可能会减少每股净资产,这会对股价造成不利影响。如果采用股票支付方式会导致每股净资产下降,主并企业需要确定这种下降是否被企业原有的股东所接受。

(4)财务杠杆比率。发行新股可能会影响企业的财务杠杆比率。主并企业应考虑是否会出现财务杠杆比率升高的情况,以及资产负债的合理水平。

(5)当前股价水平。当前股价水平是主并企业决定采用现金支付还是股票支付的一个主要影响因素。一般来说,在股票市场处于上升过程时,股票的相对价格较高,这时以股票作为支付方式可能更有利于主并企业,增发的新股对目标企业也会有较强的吸引力。不然的话,目标企业可能不愿持有而即刻抛空套现,这会导致股价进一步下跌。因此,主并企业应考虑本企业股价所处的水平,同时还应预测增发新股会对股价带来多大影响。

(6) 当前股息收益率。新股发行往往与主并企业原有的股息政策有一定的联系。一般而言,股东都希望得到较高的股息收益率。在股息收益率较高的情况下,发行固定利率较低的债券可能更为有利;反之,如果股息收益率较低,增发新股就比各种形式的借贷更为有利。因此,主并企业在决定采用股票支付还是通过借贷筹集现金来支付时,先要比较股息收益率和借贷利率的高低。

工作实例10-6:中国海洋石油有限公司(简称中海油)是中国最大的海上油气生产商。为了解决广东省能源供应不足的问题,2003年,中国政府和相关企业启动了广东LNG项目,确定由澳大利亚提供液化天然气,并由中海油与澳大利亚西北大陆架天然气项目即NWS项目合资成立CLNG JV公司。其中,中海油拥有CLNG JV公司25%的股权,为最大股东,NWS原六大股东各持股12.5%,为此,中海油需支付3.48亿美元。2003年5月15日,中海油宣布与NWS项目签订收购协议,同日,发行5亿美元全球债券为收购提供融资支持。

任务工具:

步骤一:

在并购过程中,并购筹资方式的选择往往取决于并购支付方式。按照上述三种支付方式,下面分别介绍与之相对应的筹资方式。

1. 现金支付的筹资方式

现金收购往往会给主并企业造成沉重的现金负担。常见的筹资方式有增资扩股、向金融机构贷款、发行企业债券、发行认股权证或上述几项的综合运用。

(1) 增资扩股。主并企业在选择通过增资扩股来取得现金时,最为重要的是考虑增资扩股对主并企业股权结构的影响。大多数情况下,股东更愿意增加借款而不愿扩股筹资。

(2) 向金融机构贷款。向金融机构贷款无论在国外还是国内,都是普遍采用的筹资方式。

(3) 发行企业债券。筹集现金的另一种方式是向其他机构或第三方发行债券。

(4) 发行认股权证。认股权证通常和企业的长期债券一起发行,以吸引投资者来购买利率低于正常水平的长期债券。由于认股权证代表了长期选择权,因此,附有认股权证的债券或股票往往对投资者有较大的吸引力。

2. 股票和混合证券支付的筹资方式

在并购中,主并企业用股票或混合证券支付时,发行的证券要求是已经或者将要上市的。因为只有这样,证券才有流动性,并有一定的市场价格作为换股参考。常见的筹资方式有:

(1) 发行普通股。主并企业可以通过将以前的库存股重新发售或者增发新股给目标企业的股东,换取目标企业的股权。新发行给目标企业股东的股票应该与主并企业原来的股票同股、同权、同利。

(2) 发行优先股。有时向目标企业发行优先股可能是主并企业更好的选择。

(3) 发行债券。有时主并企业会向目标企业股东发行债券,以保证企业清算解体时,债权人可先于股东得到偿还。债券的利息一般会高于普通股票的股息,这样对目标企业的股东就有吸引力。而对主并企业而言,收购了一部分资产,股本额仍保持原来的水平,增加的只是负债,从长期来看,股东权益未被稀释。因此,发行债券对并购双方都是有利的。

步骤二:

中海油之所以在美国发行债券,主要原因在于:①2003年美国利率处于历史低位,降低了融资成本,在2003年亚洲公司发行的10年期债券中,中海油10年期债券利率是最低的。②作为一家在美上市公司,中海油以美元为货币单位编制财务报表,能被海外投资者认同。中海油具有较低的债务比率和较高的现金比率,发债前的债务股本比例为24%,2002年年末净现金额达到7.34亿美元,保证了较好的偿债能力。③在当时的国际市场上,与中国公司有关的投资产品相对缺乏,但却存在大量的投资需求。

活动4 | 企业杠杆并购

活动目标: 了解和掌握企业杠杆并购的概念、特点及条件。

工作实例10-7: 美国KKR公司是世界有名的专门做杠杆收购的公司。该公司向外大量举债,专找营运业绩欠佳但却很有发展潜力的公司。对于拥有众多资产而又经营不善的公司,KKR公司一旦介入,通常将其部分资产出售,整顿后再以高价卖出。

1988年,KKR公司以250亿美元成功收购RJR公司。当时,RJR公司股价一直偏低,主要是因为该公司的主力产业烟草业过去有多家公司被吸烟人要求进行损害赔偿,导致投资人对该产业没有信心。该公司首席执行官(CEO)打算以管理层收购加上杠杆收购的方式,通过协议银行以每股75美元要约(当时市价为55美元)进行收购,其资金以银行贷款及发行垃圾债券偿付。CEO打算购后出售一些资产来偿债,且已接洽过潜在买主。此消息传出后,KKR公司立即出价90美元参与收购竞争,于是RJR股东及董事会宣布重新择期竞标。之后KKR公司将要约升至94美元,RJR公司CEO接着提出100美元竞价,KKR公司又将出价升至106美元,并且承诺原公司大部分事业部不出售,并为员工提供更多福利与保障。最后KKR公司以109美元中标,成交金额为251亿美元。此收购案例中,KKR公司自己仅出资15亿美元,其他50%~70%的收购资金由两家投资银行及银行集团贷款,其余通过发行垃圾债券筹集。

1997年,KKR策划收购了世界著名的接插件制造商美国安费诺公司(Amphenol)。此次收购总额作价约13.31亿美元,其中KKR投入3.41亿美元,剩余资金通过发行2.4亿美元优先次级债以及获得7.5亿美元银行贷款方式筹集。2001年,重组后的安费诺公司在雷曼兄弟公司的安排下通过IPO(首次公开募股)上市。至2004年,KKR成功全身而退,获利是当初投入资金的约3倍。

(参考资料来源:王化成、刘亭立等:《高级财务管理学》,中国人民大学出版社2017年版。)

任务工具:

步骤一:

杠杆并购是指并购方以目标公司的资产作为抵押,向银行或投资者融资借款来对目标公司进行收购,收购成功后再以目标公司的收益或是出售其资产来偿本付息。杠杆并购是并购企业通过负债筹集现金以完成并购交易的一种特殊情况,杠杆并购的实质是以现金支付并购对价的一种特殊的融资方式。

杠杆并购的特点主要有:①杠杆并购的负债规模(相对于总的并购资金)较一般负债筹资额要大,其用于并购的自有资金远远少于完成并购所需要的全部资金,前者的金额一般为后者的 10%～20%。②杠杆并购不是以并购方的资产作为负债融资的担保,而是以目标公司的资产或未来或有收益为融资基础,并购企业用来偿还贷款的款项来自目标企业的资产或现金流量,也就是说,目标企业将支付它自己的售价。③杠杆并购的过程中通常存在一个由交易双方之外第三方担任的经纪人,这个经纪人在并购交易的双方之间起促进和推动作用。

步骤二:

选择何种企业作为并购的目标是保证杠杆并购成功的重要条件。一般来说,具有以下特点的企业宜作为杠杆并购的目标企业:

(1) 具有稳定连续的现金流量。由于杠杆并购中巨额利息及本金的支付和偿还需要目标企业的收益和现金流来支持,因此,目标企业收益及现金流的稳定性和可预测性是非常重要的。

(2) 拥有稳定性高、责任感强的管理者。考虑到贷款的安全性,债权人往往对目标企业的管理人员要求很高。只有管理人员勤勉尽职,才能保证贷款本息如期偿还。

(3) 被并购前的资产负债率较低。由于杠杆并购是以增加大量负债为根本特征的,并购完成后,企业的资产负债率必将大大提高。如果并购完成前目标企业的资产负债率较低,一方面,增加负债的空间相对较大;另一方面,在增加相同数量负债的情况下,与并购前资产负债率就已经比较高的企业相比,有较多的资产可用于抵押,能够增强债权人的安全感。

(4) 拥有易于出售的非核心资产。杠杆并购中巨额负债的偿还途径:一是目标企业的收益以及由此形成的现金流,二是变卖目标企业的部分资产。如果企业拥有易于出售的非核心资产,就可以在必要的时候出售这些资产来偿还债务,从而增加对债权人的吸引力。

活动 5 | 管理层收购

活动目标:了解和掌握管理层收购的概念、成因、方式及程序。

工作实例 10-8:四通集团以 2 万元借款起家,发展成为拥有 10 亿元资产、25 家联营企业的大型跨国企业。随着公司逐步扩大,由产权不清带来的问题日益尖锐,严重影响了企业的成长,成为企业向现代化、国际化企业跃升的严重阻碍。产权改革成为四通集团最为紧迫的任务。经过内部研讨和外部专家咨询,四通集团最后决定采用 MBO 进行此次产权改革,经理层通过贷款买下公司股权,达到对公司的绝对控制,并且四通集团的所有职工共同参与了此次管理层收购。

1999 年,四通首先成立了职工持股会,接着,集团公司经理、员工共同出资组建"四通投资有限公司",即新四通。新四通由四通集团投资 49%、四集团职工持股会投资 51% 共同组成。职工持股会由四通集团 616 名职工注资 5 100 万元形成,在认购总额中,总裁段永基和董事长沈国钧各占 7%,14 个核心成员共占 50% 左右。这样,管理层通过控股职工持股会对新四通实现绝对控股。新四通将分期分批私募扩股,逐步购买四通集团原有资产,从而完成产权重组、产业重组和机制重组的目标。

(参考资料来源:王化成、刘亭立等:《高级财务管理学》,中国人民大学出版社 2017 年版。)

任务工具:

步骤一:

管理层收购(management buy-out,MBO)是指目标公司的管理层利用外部融资购买本公司的股份，从而改变本公司所有者结构、控制权结构和资产结构，进而达到重组本公司的目的并获得预期收益的一种收购行为。管理层收购是杠杆并购的一种特殊形式，当杠杆并购中的主并方是目标企业内部管理人员时，杠杆并购也就是管理层收购。

从理论上说，管理层收购有助于降低代理成本，有效激励和约束管理层，提高资源配置效率。

步骤二：

国外管理层收购的方式主要有三种：收购上市公司、收购集团的子公司或分支机构、公营部门的私有化。

1. 收购上市公司

在完成管理层收购后，原来的上市公司转变为非上市公司。这种类型的收购动机主要有四种：基层管理人员的创业尝试；防御敌意收购；机构投资者或大股东转让大额股份；摆脱上市公司制度的约束。

2. 收购集团的子公司或分支机构

大型企业在发展过程中为了重点发展核心业务或者转换经营重心进入新领域，通常需要出售一部分资产和业务，或者是在被收购的子公司的经营价值得以提升以后将其再次出售，这些情况下，往往会以管理层收购的方式进行资产的剥离和重组。管理层收购的优点在于管理人员往往具有信息优势，作为内部人员容易满足保密要求，被收购单位与原来集团的业务联系会继续保持，从而有利于平稳持续的经营。

3. 公营部门的私有化

管理层收购是实现公营部门私有化的主要方式之一，其优势主要体现为：可以引入资本市场的监督机制；可以激励管理层提升企业经营效益。

活动6 | 并购防御战略

活动目标： 了解和掌握并购防御战略的类别。

工作实例10-9： 2005年2月18日，盛大互动娱乐有限公司（后简称盛大纳斯达克代码：SNDA）及其某些关联方向美国证监会提交了13-D表备案，披露其拥有新浪已发行普通股19.5%的股权。由此，互联网业惊天收购大案正式拉开序幕。

任务工具：

步骤一：

并购防御又称反并购，是针对并购而言的，是指目标公司的管理层为了维护自身或公司的利益，保全对公司的控制权，采取一定的措施防止并购的发生或挫败已经发生的并购行为。通常只有在敌意并购中，才会出现对并购的防御或抵制。并购防御的战略主要可分为两大类：一类是经济手段；另一类是法律措施。本部分主要介绍并购防御的经济手段。

1. 提高并购成本

（1）资产重估。通过资产重估，使资产的账面价值与实际价值更加接近，提高净资产的账面价值，从而抬高收购价格，抑制收购。

（2）股份回购。公司一方面可以用现金回购股票，另一方面可以发行公司债券以回收股票，达到减少流通在外股份数的目的，从而抬高公司股价，迫使收购方提高每股收购价。

（3）寻找"白衣骑士"。目标企业为免遭敌意收购而自己寻找的善意收购者通常被称为"白衣骑士"。当公司面临收购威胁时，为不使本企业落入恶意收购者手中，可选择与其关系密切的有实力的公司，以更优惠的条件达成善意收购。

（4）"降落伞"反收购计划。"降落伞"反收购计划主要是通过事先约定并购发生后导致管理层更换和员工裁减时对管理层或员工的补偿标准，从而达到提高并购成本的目的。

2. 降低并购收益

（1）出售"皇冠上的珍珠"。从资产价值、盈利能力、发展前景等方面来看，公司内经营最好的企业或子公司被称为"皇冠上的珍珠"，往往成为其他公司并购的目标。为保全其他公司，目标公司可将"皇冠上的珍珠"这类经营好的子公司卖掉，降低主并公司的预期收益，从而达到反收购的目的。作为替代方法，也可把"皇冠上的珍珠"抵押出去。

（2）"毒丸计划"。"毒丸计划"主要有"负债毒丸计划"和"人员毒丸计划"两种。前者是指目标公司在收购威胁下大量增加自身负债，以降低企业被收购的吸引力。后者则是指公司的绝大部分高级管理人员共同签署协议，在公司以不公平价格被收购，并且这些人中有一人在收购后被降职或革职时，全部管理人员将集体辞职。这一策略会使收购方慎重考虑收购后更换管理层给公司带来的巨大影响。当企业拥有精锐的管理层时，该策略的效果将会十分明显。

（3）"焦土战术"。当公司遇到敌意收购而无力反击时，迫不得已可能会采取两败俱伤的做法。

3. 收购并购者

收购并购者又称帕克曼防御策略，即目标公司通过反向收购，以达到保护自己的目的。其主要方法是：当获悉收购方有意并购时，目标公司反守为攻，抢先向收购公司股东发出公开收购要约，使收购公司被迫转入防御。实施帕克曼防御策略使目标公司处于可进可退的主动位置，进可使收购方反过来被防御方进攻，退可使本公司拥有收购公司部分股权，即使后者收购成功，防御方也可分享部分利益。但是，帕克曼防御策略要求目标公司本身具有较强的资金实力和外部融资能力。同时，收购公司应具备被收购的条件，一般为上市公司，否则目标公司股东不会同意发出公开收购要约。

4. 建立合理的持股结构

（1）交叉持股计划。关联公司或关系友好的公司相互持有对方股权，在其中一方受到收购威胁时，另一方伸出援手。

（2）员工持股计划。国外许多公司还通过员工持股增加敌意并购时股份收购的难度，其原理与交叉持股相同。在我国，由于员工持股比例非常低，还不足以形成有效的反并购计划。

5. 修改公司章程

（1）董事会轮选制。公司章程可以对董事的更换比例做出规定，如规定董事每年只能改选 1/4 或 1/3 等。这样，收购者即使收购了"足量"的股权，也难以通过董事会达到控制公司的目的。公司未更换的董事可以采取增资扩股或其他办法来稀释收购者的股票份额，也可以采取其他办法来达到反并购的目的，如吞下"毒丸"或售卖"皇冠上的珍珠"，使收购者的初衷不能实现或使公司股票贬值，造成收购者的损失。

（2）绝对多数条款。当前的公司法对公司特殊事项做出了绝对多数表决权的规定，绝对多数的比例高于 2/3 是合法的。在并购防御中，目标公司可以在章程中对公司合并时需要获得的出席股东大会绝对多数投赞成票的比例做出规定,如80%;同时,还可以规定对这一反收购条款的修改需要绝对多数股东同意才能生效。这样大大增加了敌意收购者的收购成本和难度。

步骤二:

在盛大恶意收购新浪的过程中,新浪方启动了"毒丸"——购股权计划,以保障股东的利益。按照这一计划,股权确认日(预计为2005年3月7日)当日记录在册的每位股东,将按其所持的每股普通股获得一份购股权。

在购股权计划实施的初期,购股权由普通股股票代表,不能于普通股之外单独交易,股东也不能行使该权利。只有在某个人或团体获得10%或以上的新浪普通股或是达成对新浪的收购协议时,该购股权才可以行使,即股东可以按其拥有的每份购股权购买等量的额外普通股。一旦新浪10%或以上的普通股被收购(就盛大及其某些关联方而言,再收购新浪0.5%或以上的股权),购股权的持有人(收购人除外)将有权以半价购买新浪公司的普通股。盛大已经持有19.5%的新浪股份,如果再购买0.5%的新浪股份,"毒丸计划"将使新浪股东有权以半价购买股票,收购方的股权和股票含金量都会被稀释,收购方持股比例会下降。对盛大来说意味着收购成本将是原来的3倍,分析师表明,盛大收购新浪的股份可能要付出每股93美元的代价。"毒丸计划"启动后,2月22日,新浪股价立刻大涨至28.42美元,"毒丸计划"起到了明显的反收购效果。

活动7 | 并购整合

活动目标:了解和掌握并购整合的类型和内容。

工作实例10-10:李善民、刘永新两位学者按照"整合过程→整合业绩→财务业绩"的因果链对并购整合进行了实证研究,证明并购后公司资源的整合对并购绩效有非常重要的影响。

其中,整合过程主要考察了整合程度和整合速度。整合程度是指并购整合后两家公司在市场运作中系统、结构、活动程序的相似程度。影响并购整合程度的因素主要有任务特征、公司的组织文化特征和行政因素。整合速度是指达到预期整合目标所需的时间。整合速度是由整合策略及整合的复杂性决定的。

整合业绩可以从两个方面来测量,即并购后成本的减少量和市场绩效的变化情况。成本减少量是指并购整合所实现的成本降低情况,整合后的公司成本越低于整合前两家公司的总成本,则整合业绩越好。除成本降低外,整合业绩还与并购后市场绩效的变化相关。并购后的市场绩效定义为合并后公司营销及运作活动的结果,如销售量增加、市场份额扩大、客户资源共享等。通常,市场绩效的改善主要来自并购后营业收入的增加,而营业收入的增加主要来自并购后公司议价和客户管理能力的提高。市场绩效的改善包括客户资源共享对销售的促进、产品和服务的选择增多、提高与客户谈判的地位等。

财务业绩是并购成败的一个重要衡量指标,也是并购后价值创造和价值毁损最直接的测量指标。财务业绩可以通过并购前后盈利能力的比较进行评价。

[参考资料来源:李善民、刘永新:《并购整合对并购公司绩效的影响——基于中国液化气行业的研究》,载《南开管理评论》2010年第13(04)期,第154-160页。]

任务工具：

步骤一：

并购整合是将两个或多个公司合为一体，由共同所有者拥有的具有理论和实践意义的一门艺术。具体来讲，并购整合是指在完成产权结构调整以后，企业通过各种内部资源和外部关系的整合，维护和保持企业的核心能力，进一步增强整体竞争优势，最终实现企业价值最大化的目标。

1. 并购整合的类型

根据并购企业与目标企业战略依赖性关系和组织独立性特征，并购整合可以分为完全整合、共存型整合、保护型整合和控制型整合四种类型。

（1）完全整合。适用于并购双方在战略上互相依赖，但目标企业的组织独立性需求较低。该类型的特点是共享经营资源，消除重复活动，重整业务活动和管理技巧。

（2）共存型整合。适用于并购双方的战略依赖性较强，组织独立性需求也较强。该类型的特点是战略上互相依赖，不分享经营资源，存在管理技巧的转移。

（3）保护型整合。适用于并购双方的战略依赖性不强，目标企业的组织独立性需求较高。该类型的特点是并购企业只能有限干预目标企业，允许目标企业全面开发和利用自己潜在的资源和优势。

（4）控制型整合。适用于并购双方的战略依赖性不强，目标企业的组织独立性需求较低。该类型的特点是并购企业注重对目标企业资产和营业部门的管理，实现最大限度的利用。

2. 并购整合的内容

（1）战略整合。恰当选择并购目标企业只是一个良好的开端，并购协同效应的最终实现，在很大程度上取决于并购完成后对企业整体经营战略的调整和组合。并购的完成只是实现了资产规模的扩张，而单纯资产规模的扩张并不能改善业务单元之间的内在联系和必要的相互支撑。所以在并购完成后，并购企业应该在把握产业结构变动趋势的基础之上，以长期的战略发展视角对被并购企业的经营战略进行调整，使其纳入并购后企业整体的发展战略框架。

（2）产业整合。产业整合有助于进一步培育和强化企业的核心能力，并将其转化为市场竞争优势。从国内外并购成功案例的经验来看，相关、创新、特色、优势是产业整合应该坚持的原则。实践中，产业整合要充分考虑并购企业和目标企业所具有的产业优势和在同业中的竞争能力。

（3）存量资产整合。并购后对存量资产进行整合的主要目的就是通过处置不必要、低效率或者获利能力差的资产，降低运营成本，提高资产的总体效率。同时，存量资产的整合也有利于缓解并购带来的财务压力。具体做法可以是精简机构和人员，将一部分有形资产出售或改作他用。

（4）内部管理整合。并购完成后，由并购企业对目标企业及时输入先进的管理模式、管理思想，有助于在较短的时间内实现两者的有机融合，也有利于战略整合、产业整合、存量资产整合的贯彻实施。所以并购后要注重从管理组织机构一体化角度对双方原有的管理体制进行调整，使其能够正常、有效地引导企业的生产经营活动。内部管理整合包括管理制度、经营方式、企业文化的融合和协调。

步骤二:

按照以上研究思路,编者通过问卷调查的方法,对 2000—2006 年我国液化气行业的并购事件进行了研究,共获得 43 份有效问卷。通过因子分析和回归方程对并购后整合对并购绩效的影响进行了实证研究。研究证实:并购整合中必须重视市场整合和生产运作整合,市场整合和生产运作整合的程度越高、速度越快,越有利于并购目标的实现;同时,并购整合的程度越高,越能体现出成本的协同效应所带来的成本降低。此外,并购后市场业绩实现带来的规模经济有利于企业节约运营成本。最后,并购后如果能够实现企业市场业绩的提高,则有利于公司财务绩效的改善。

习 题

案例分析题

阿里巴巴并购雅虎中国

1. 公司背景

2005 年 8 月 11 日,阿里巴巴和雅虎同时在北京宣布,阿里巴巴收购雅虎中国全部资产,同时得到雅虎 10 亿美元投资,以打造中国最大的互联网搜索平台,这缔造了中国互联网历史上最大的一起并购案。

当时,阿里巴巴的主要业务模式是企业间电子商务(B2B),这是其收入的主要来源,其他的业务包括子公司浙江淘宝网络有限公司的用户间电子商务(C2C),以及浙江支付宝网络科技有限公司的电子支付业务。阿里巴巴是全球著名的 B2B 品牌,连续 5 次被美国《福布斯》选为全球最佳 B2B 站点之一。

1)并购前阿里巴巴的基本情况

阿里巴巴网站于 1998 年正式推出,至 2005 年并购前,阿里巴巴的发展历程如表 10-1 所示。

表 10-1   1998—2005 年阿里巴巴的发展历程

时间	事件
1998 年年末	阿里巴巴网站推出
1999 年 7 月	阿里巴巴中国控股有限公司在中国香港成立
1999 年 9 月	阿里巴巴中国网络技术有限公司在杭州成立
1999 年 10 月	由高盛公司牵头,美国及亚洲、欧洲一流的基金公司参与,阿里巴巴引入 500 万美元风险投资
2000 年 1 月	软库注入第二笔投资 2 000 万美元
2002 年 2 月	日本亚洲投资公司向阿里巴巴投资
2003 年 7 月	阿里巴巴宣布投资淘宝网
2004 年 2 月	阿里巴巴再获 8 200 万美元融资
2004 年 7 月	阿里巴巴对淘宝网追加投资 3.5 亿元

从市场情况来看,并购前阿里巴巴拥有注册用户 720 余万,淘宝网拥有注册会员 900 万、登录商品 800 万件,2005 年第二季度的成交量达 10 亿元人民币,同时,支付宝有上千家购物

平台加盟,并且与招商银行、中国工商银行、中国农业银行和国际信用卡组织 VISA 等建立了战略合作关系。

从营业收益来看,淘宝网和支付宝采取免费经营策略,阿里巴巴的营业收入主要来自阿里巴巴"中国供应商(涉外 B2B 业务)"和"诚信通"会员费。公司通过向 8.5 万名用户收取 250~10 000 美元年费的形式赚钱,而这些企业与阿里巴巴的续签率为 75%~78%。阿里巴巴基本上实现了每天利润达 100 万元的目标。2004 年,阿里巴巴总收入大约为 6 亿元人民币,同行业新浪的年收入约为 1.14 亿美元,搜狐为 1.03 亿美元,网易为 1.09 亿美元。

可以说在中国当时的 B2B 电子商务市场中,阿里巴巴处于绝对领先的地位,在约 10 亿元人民币的总市场规模中,阿里巴巴独占六成。在 C2C 市场中,eBay 占据的份额为 53%,淘宝网占 41%,一拍网为 6%,但淘宝网的增长速度很快,对 eBay 的挑战越来越大。

从当时电子商务的发展来看,2004 年年底,全球电子商务交易总额已达 2.7 万亿美元,中国电子商务市场规模为 3 239 亿元人民币。2004 年的 B2B 交易额为 3 160 亿元人民币,较 2003 年增长了 128.2%。当时预测,2007 年中国电子商务市场总体规模将达 17 373 亿元人民币,这一预测数据在后来基本得到了证实,2007 年我国电子商务的总体交易规模达到 16 087 亿元人民币,2008 年在此基础上又增加了 20%,达到 19 510 亿元人民币。

2) 并购前雅虎中国的基本情况

雅虎曾是全球第一门户搜索网站。1999 年,雅虎进入中国市场,但由于中国市场对外资介入互联网增值业务的政策限制,雅虎中国表现平平,鲜有作为。至 2005 年雅虎中国被并购前,雅虎的发展历程如表 10-2 所示。

表 10-2 　　　　　　　　　　1994—2005 年雅虎的发展历程

时间	事件
1994 年 1 月	创始人杨致远和 David Filo 创立网络指南信息库
1995 年 3 月	雅虎公司成立
1995 年 9 月	获路透和软银投资
1996 年 4 月	在纳斯达克成功上市
2000 年 3 月	推出 B2B 业务
2005 年 8 月	中国区业务卖给阿里巴巴,两公司结成战略合作关系

到 2005 年,雅虎中国通过推出一搜网、创立"电邮联盟"、抢入竞拍排名,搭建起一个像样的目标直指门户及搜索网站的框架结构。从获利情况来,雅虎中国的收入主体仍然是 3721 公司,2004 年的收入为 1.5 亿~2 亿元,占总收入的 2/3 左右,此外,网络广告收入大概为 5 000 万元。从市场情况来看,根据艾瑞调查公司的统计,在搜索市场,整个雅虎系的占有率为 2.27%,排名仅次于百度,领先于谷歌;而在付费市场上,雅虎中国的占有率为 40%,居市场第一。

然而,由于雅虎一直游弋在门户与搜索之间,致使它并没有真正充分利用全球信息资源的优势,因此在门户业务上没有什么建树。其前总裁曾经在接受媒体记者采访时坦言,雅虎中国最大的一个失误就是花了 6 个月时间争论是否在中国开发独立的搜索引擎。

2. 并购交易方式

根据双方签署的股票收购和业务转让协议(SPCA),雅虎以 2.5 亿美元的现金和转让淘宝网股票的代价收购201 617 750股阿里巴巴的股票,并将中国区的业务转让给阿里巴巴。在相关交易完成后,雅虎将拥有阿里巴巴40%的流通股,而阿里巴巴则将完全地拥有淘宝网。但是,SPCA和预期的交易是有条件的,其中包括获政府监管机构的批准,以及其他一些补充协议的执行,包括但不局限于淘宝网股票收购协议、二次股票收购协议、股东协议等。

淘宝网股票收购协议:根据SPCA的条款,在SPCA中的交易完成后,雅虎将与软银及其全资拥有的SB TB Holding Limited签订淘宝网股票收购协议,以3.6亿美元的现金向SB TB Holding Limited收购淘宝网的股票。雅虎收购的淘宝网股票将被转让给阿里巴巴。

二次股票收购协议:根据SPCA的条款,在SPCA中的交易完成后,雅虎将与软银、阿里巴巴的一些投资者、高级管理人员签订二次股票收购协议,以3.9亿美元收购他们持有的阿里巴巴股票。

股东协议:作为SPCA和相关交易执行完毕的一个条件,阿里巴巴、雅虎、软银、阿里巴巴的一些管理人员和股东将签署股东协议,向股东授予并限制他们的权利,其中包括但不局限于董事会代表权、投票权、优先购股权、转让限制。所有相关交易完成后,阿里巴巴董事会将有四名成员:雅虎、软银各指定一名,阿里巴巴管理层指定两名。

此次并购交易中,阿里巴巴以40%的股份、35%的投票权及董事会中的一席为代价,获得了雅虎10亿美元的注资、雅虎中国的全线业务,以及无限期使用雅虎品牌的权利。而雅虎中国的业务主要包括雅虎中国门户业务、搜索技术、通信和广告业务、3721网络实名以及C2C网站一拍网。并购完成后的联合体将囊括B2B、C2C、搜索、即时通信、电子邮箱、门户业务等互联网业务。在新的联合体中,雅虎成为阿里巴巴单一最大股东,但如果将阿里巴巴创业团队的持股合并计算,只能算第二大股东,同时,在董事会中,阿里巴巴拥有四席中的两席,雅虎仍然没有主导权。

但在并购协议中有一个条款:"自2010年10月起,雅虎可委任的董事总数将为于该日期可委任的董事人数及阿里巴巴集团管理股东于该日期可委任的董事人数两者之间较高之数目。"条款同时规定,马云只要持有一股,就有权在董事会指派一个董事。

3. 并购的动因

从阿里巴巴方面来看,2005年1月,eBay宣布将对其中国公司易趣增加1亿美元投资,以巩固中国市场。这无疑对采取免费模式、收入尚不敷出的淘宝网形成很大压力。同时,早期投资者、第二大股东软银已有了套现的意愿,而且当时已有传闻说软银与eBay接触谈判出售手中阿里巴巴股份事宜,最坏的结果是阿里巴巴可能被eBay收购。当时,刚刚崭露头角的淘宝网还不是阿里巴巴的子公司,其最大的股东恰是软银。面对资金和控制权的双重压力,阿里巴巴迫切需要找到一举两得的解决办法。而在此次并购交易中,软银手中的淘宝网股权在出售给雅虎后,又被雅虎作价一起拿去换了阿里巴巴的股份,从而稳定了淘宝网的控制权。此外,雅虎公司全球领先的搜索技术平台支持,以及强大的产品研发保障是非常有吸引力的。阿里巴巴时任CEO马云曾经表示:搜索技术的运用将在未来电子商务的发展中起到关键性的作用,阿里巴巴将用雅虎全球领先的搜索技术,进一步丰富和扩大电子商务的内涵,在B2B、C2C领域继续巩固和扩大自己的领先优势,为中国网民提供更具优势、更加有效的服务,让中国企业获得更多的国际发展渠道。

从雅虎方面来看,主要是希望通过并入阿里巴巴,激活其自收购3721公司之后尚未来得及全面整合的多条业务线,从而把电子商务引入雅虎门户业务中,打通消费者和企业级业务之间的屏障，产生最大的协同效应。此外，雅虎也希望尽快切入中国的C2C市场。并入阿里巴巴之后，雅虎中国将直接成为这家本地网络企业资产的一部分，彻底实现本地化，也将突破其在发展门户网站等业务上的政策限制。

4. 并购的效果

单纯从并购交易来看，并购之后，阿里巴巴拥有了对淘宝网100%的控制权，还争取到2.5亿美元的长期发展资金。交易后不久，淘宝网便宣布继续免费3年的市场扩张计划。并购后5年，淘宝网已是阿里系中最有价值的资产，2009年全年交易额达到2 083亿元人民币，毛利率为43%，是亚洲最大的网络零售商圈。2014年9月，阿里巴巴在纽约证券交易所完成了IPO，开盘价为92.7美元，较发行价上涨了36%，收盘价更是达到93.89美元，较发行价上涨38%。以当日收盘价93.89美元计算，阿里巴巴市值达到2 314亿美元，成为仅次于谷歌的全球第二大市值互联网公司。根据之前的协议，雅虎在此次上市中将抛售阿里巴巴4.9%的股票，将持股比例保持在16.3%。

目前，日本软银集团持有阿里巴巴34.4%的股权，雅虎以22.6%的持股比例成为阿里巴巴第二大股东，马云拥有8.9%的股权，鉴于与日本软银的协议，马云等创始人在主导阿里巴巴上仍旧握有绝对话语权。

（参考资料来源：《阿里巴巴，十月围城》，http://tech.163.com/special/alioct/；
《环球企业家：雅虎阿里巴巴五年之痒》，http://tech.163.com/10/1122/17/6M43S6Q0000915BF.html。）

要求：

请结合阿里巴巴并购雅虎中国及其在美国上市的相关资料，对公司控制权问题进行讨论，并购会给公司控制权带来什么影响？公司创始人可以通过什么方式保障自己的控制权？

项目十一 国际财务管理

2020年,新冠肺炎疫情持续在全球蔓延,全球产业链、供应链中断及跨国人员流动受限等对世界经济造成了严重冲击。国际货币基金组织预计,2020年全球经济将萎缩4.9%,其中发达经济体增长率预计为-8%。联合国《2020年世界投资报告》预计,疫情将使全球外国直接投资自2005年以来首次低于1万亿美元,未来投资前景将取决于疫情持续时间以及缓解疫情对经济影响的政策的有效性。与此同时,在中美关系不断紧张升级背景下,保护主义、单边主义、大国霸权横行,中国企业接连"出海"受挫。疫情的冲击、资本及政治的双重"绞杀",为中国企业的全球化之路蒙上了一层阴影。

全球化似乎走到了十字路口,企业也面临更多风险、挑战,甚至是存亡危机。但危机与机遇往往相伴而生,危机中蕴含着变革的力量。全球化是人类历史发展的必然趋势,尽管会随经济周期性波动而存在一定收缩或扩张,但收缩或许也意味着更大规模的扩张。企业全球化发展是技术发展和市场规律的必然导向,也符合企业自身发展的逻辑趋向。能够把握未来的趋势,在坚守中创新发展的企业,或许就是商界的明日之星。在时代浪潮中翻涌,中国企业仍当坚定全球化发展的决心和信心,同时更加注重提升企业风险防范能力和全球化发展策略。

首先,企业"走出去"应注重多区域化、多边化、多元化发展;其次,中国企业避免海外风险还可以以创办合资企业的形式"走出去",并注重利用国际化、专业化的第三方服务机构;再次,注重打造、保护及维护企业在国际市场的已有品牌形象,因为品牌的力量是一笔无形的资产,具有超越商业价值的跨文化影响力;最后,注重发挥所在国家人才优势,加强国际化人才队伍建设,因为人是跨文化沟通联结的核心所在。

在国家层面,以更加开放的姿态,更加国际化、规范化的标准面对外来投资及外资企业,有助于获得更多国际支持和认可,减少国际社会的指责。近年来,我国正在推动实施更高水平的对外开放、出台外商投资法、进一步缩减外商投资负面准入清单等一系列改善营商环境的措施落地,得到了国际社会的广泛称赞。我国可尽快完善相关法规及细则,加速改善营商环境,以更加开放包容的姿态,欢迎退出中国或未进入中国市场的外资企业在合规的情况下以适应中国市场的方式回到或进入中国,如开放谷歌、推特等公司在中国的运营,彰显中国更加开放的自信。我国在管控安全风险基础上可更加开放,这有助于我国获得更多道德话语权,并改善中国形象,拉近中国与世界的距离,帮助中国企业在国际上实现更好的发展。

[参考资料来源:根据企业国际化蓝皮书《中国企业全球化报告(2020)》整理。]

想一想:在魔幻又真实的2020年,被焦虑感笼罩着的企业,该如何做到国际化运营?在国际化的道路上,又有哪些需要特别注意的事项?

知识目标

国际财务管理的基本概念和特点;外汇风险的种类与避险方式;国际企业的资本来源与筹资方式;国际投资的方式及风险防范;国际营运资金的存量管理,包括现金管理、应收账款及存货的管理方式;国际税收管理的体制与避免双重征税方法的确定。

能力目标

- 能够掌握并区分国际财务管理的特点。
- 能够理解外汇市场的含义及外汇风险的来源。
- 能够选择合适的套期保值的方式避免交易风险。
- 能够辨别国际企业筹资、投资及营运财务管理活动的形式与特点。
- 能够选择合适的方法避免双重征税。

背景知识

随着全球化和世界经济一体化的进程加快,越来越多的企业需要在国际环境下进行财务管理活动,正是在这样的背景下,国际财务管理越来越受到重视并逐渐发展为财务管理的一个新的分支。

早在20世纪50年代至20世纪70年代,国外学者就已经开始对国际财务管理进行研究。20世纪80年代以后,由于跨国公司已经成为推动经济全球化的重要力量,深刻地影响着全球经济、政治和社会文化的发展变化,因此,针对国际财务管理的研究也日益成熟并逐步发展成为一门新兴的学科。直到20世纪90年代初,我国学者才开始着手研究国际财务管理。随着全球跨国公司逐步把目光瞄准中国,以及中国本土公司开始尝试向海外寻求发展,无论是企业集团还是政府管理机构,都需要了解大量的国际财务管理领域的理论知识,建立系统的国际财务管理学体系。

国际企业是相对国内企业而言的,它泛指一切超越国境从事生产经营活动的企业,包括跨国公司、外贸公司、合资企业,以及其他多种形式的处于不同国际化演进阶段的企业。国际企业是从事国际经营活动的经济实体的统称。

任务1 认知国际财务管理

活动1 经济全球化与跨国公司的崛起

活动目标:能够掌握并区分国际财务管理的特点

工作实例11-1:20世纪80年代以后,由于高科技的发展,信息成本逐渐下降,信息交流通畅,整个世界变成了一个"地球村",企业跨国经营迅速发展。乐天企业凭借多年的积累,有望进行海外业务扩张,A总经理让财务部B经理分析一下跨国企业、跨国业务及国际财务的特点。

任务工具：
步骤一：

国际财务管理是基于国际环境，按照国际惯例和国际经济法的有关条款，根据国际企业财务收支的特点，组织国际企业的财务活动、处理国际企业财务关系的一项经济管理工作。

财务管理的国际化特征如下：

（1）生产分工的国际化。当社会分工跨越国界，在世界范围内形成分工关系，便会产生分工的国际化，推动世界经济的发展。企业在各国之间的交易关系一旦突破流通领域进入生产领域，就会导致全球化生产经营领域的分工协作。正是由于全球化的分工协作，传统企业打破国家界限走向国际市场，建立起了更合理的经济活动体系。无论是原材料的供应，还是生产、销售和技术，企业的一切都是在全球范围内进行的，形成了跨出本国范围，在国际范围内相互依赖、相互补充的格局。

（2）资本的国际化。资本市场的国际化大大加快了财务管理的国际化，并为跨国公司的筹资和投资活动找到了新的途径和领域，突破了传统财务管理限制，形成了新的国际财务管理模式。资本国际化趋势在为跨国公司迅速筹集和合理运用资金提供了便利条件的同时，也对跨国公司的财务管理提出了新的要求，并为预测汇率的变动趋势、选用合理的避险方式减少或消除外汇风险提出了新的要求。

（3）营销模式的国际化。全球市场一体化进程的深入是企业集团无法回避的现实，提高本企业的国际化意识和营销运作水平成为"新营销"的重要内容。企业集团必须从国际大市场的层面考虑问题，以国际化竞争的要求开展自己的营销活动。在营销模式的国际化转变过程中，传统企业需要打破以往的营销模式。全球市场需求量的迅速扩大，必然会使交易商品的种类和数量大大增加，促使商品结构和地域布局发生重大改变。在从事国际营销过程中，必然会引起外汇资金的收支等一系列问题。

步骤二：

国际财务管理是国内财务管理向国际经营的扩展，因此，国内企业财务管理的基本原理和方法也适用于国际企业，但由于国际企业的业务散布在多国，财务管理常涉及外汇的兑换和多国政府的法律制度。所以，国际财务管理比国内财务管理更复杂。与国内财务管理相比，国际财务管理具有如下特点。

1. 国际企业的理财环境更加复杂

国际企业的理财活动涉及多国，而各国的政治、经济、法律和文化环境有很多差异。国际企业在进行财务管理时，不仅要考虑本国各方面环境因素，而且要密切注意国际形势和其他国家的具体情况，特别要注意如下问题：①汇率的变化；②外汇管制程度；③通货膨胀和利息率的高低；④税负的轻重；⑤资本收回的限制程度；⑥资金市场的完善程度；⑦政治稳定程度。

影响国际财务管理的环境因素相当复杂，国际财务管理人员在进行财务决策之前，必须对理财环境进行认真的调查、预测、比较和分析，以便提高财务决策的正确性和及时性。

2. 国际企业的资金筹集具有更多的选择

无论是国际企业的资金来源还是筹资方式，都呈现多样化的特点，这使得国际企业在筹资时有更多的选择。国际企业既可以利用母公司所在国的资金，也可以利用子公司所在国的资金，还可向国际金融机构和国际金融市场筹资。国际企业可以利用这种多方筹资的有利条件,选择最有利的资金来源,降低企业的资金成本。

3. 国际企业的资金投入具有较高的风险

从某种意义上说,从事国际投资活动就是预测风险、避免风险的过程。国际企业除了面临国内企业所具有的风险,还面临国际政治、经济环境中的各种风险,这些风险可以概括为两大类十个方面。

经营方面的风险:①汇率变动风险;②利率变动风险;③通货膨胀风险;④经营管理风险;⑤其他经营风险。

政治方面的风险:①政府变动的风险;②政策变动的风险;③战争因素的风险;④法律方面的风险;⑤其他政治风险。

一般而言,政治方面的风险属于企业无法控制的风险,而经营方面的风险可以通过企业有效经营来加以避免和克服。汇率、利率、通货膨胀对国际企业来说,既是遭受损失的原因,又是获得收益的条件。所以,企业财务人员应合理预测这部分风险,以避免不利影响,获取有利条件,取得最大收益。

任务 2　汇率风险的套期保值

活动 2　认识外汇市场

活动目标: 能够理解外汇市场的含义及外汇风险的来源

工作实例 11-2: 乐天公司 A 总经理认识到开展国际业务对于公司发展的必要性,而国际业务必然会牵扯到国际汇率与国际结算。那么,对于外汇,有哪些是需要特别注意的呢?

任务工具:

步骤一:

1. 外汇

外汇是货币行政当局(中央银行、货币管理机构、外汇平准基金及财政部)以银行存款、财政部库券、长短期政府证券等形式保有的在国际收支逆差时可以使用的债权。外汇包括外国货币、外币存款、外币有价证券(政府公债、国库券、公司证券、股票等)、外币支付凭证(票据、银行存款凭证、邮政储蓄凭证等)。

2. 外汇汇率

外汇汇率是以一种货币表示的另一种货币的价格。例如,在外汇市场上,1 美元兑换 6.94 元人民币(2020 年 8 月 13 日汇率),这就意味着人民币对美元的汇率是 6.94 元;如果中国企业要在外汇市场上购买 100 美元,就必须支付 694 元人民币。

汇率有两种标价方法:

(1) 直接标价法:以本国货币表示每单位外币的价格。如在中国外汇市场上,￥6.94/$1,就是直接标价。

(2) 间接标价法:以外国货币表示每单位本币的价格。如在中国外汇市场上,$0.14/￥1,就是间接标价。

大多数国家(包括我国)目前采用的是直接标价法。

步骤二：

外汇风险一般有以下三种。

1. 交易风险

交易风险是指未了结的债权债务在汇率变动后，进行外汇交割清算时出现的风险。公司所收到的各种货币的现金流入量的价值会在兑换时受到货币汇率的影响。同样，公司不同货币的现金流出量的价值也取决于这些货币的汇率。交易风险与某一交易有关，如一笔应收账款初始记录用一个汇率水平，结算时则用另一个汇率水平。

交易风险的主要表现有以下几个方面：①以信用方式购买或销售商品或劳务，而价格是用外币计算的，在货物装运或劳务提供后而货款或劳务费用尚未收到或支付的这一期间，外汇汇率变化所产生的风险；②借入或借出外币，在债权或债务尚未清偿前所存在的风险；③在期汇交易中，由于合约的即期汇率与合同到期日的即期汇率不一致，而使交易的一方按合约日的即期汇率换得（或付出）的货币数额多于或少于按到期日的即期汇率换得（或付出）的货币数额而产生的风险。

2. 折算风险

折算风险又称资产负债表风险，是指企业把不同的外币余额按一定的汇率折算为本国货币的过程中，由于交易发生日的汇率与折算日的汇率不一致，会计账簿上的有关项目发生变动的风险。国际企业的外币资产和负债项目，在最初发生时是按发生日的汇率入账的，但在编制财务报表时，要对其中的某些项目用编表日的汇率进行换算。当某个资产或负债项目发生日的汇率与编表日的汇率不一致时，经过换算后会给企业带来会计账表上的损益。

3. 经济风险

经济风险是指由于汇率变动对企业的产销数量、价格、成本等产生影响，从而使企业的收入或支出发生变动的风险。经济风险是相当复杂的，涉及企业财务、销售、供应、生产等各个方面。一般来说，交易风险与折算风险的管理都由财务人员负责，而管理经济风险是整个企业的责任。公司的经济风险主要取决于以下两个因素：公司原材料和劳动力的来源市场及产品销售市场的结构；公司通过调整市场结构、产品结构和资源来减轻汇率变化的影响能力。

活动3 | 三种套期保值的策略

活动目标： 能够选择合适的套期保值的方式避免交易风险。

工作实例 11-3： 乐天公司顺利地开展了国际业务，准备与南非一家公司进行交易，采购原材料A，签订1年后需要支付货款500万元兰特，公司的财务分析师C获悉以下信息，可用于评价方案的可行性。相关资料如表11-1至表11-3所示。

想一想： 乐天公司可以通过什么方式进行交易保值。

表 11-1　　　　　　　　　　　2×19 年汇率资料

兰特即期汇率	￥0.54	
1年的兰特远期汇率	￥0.51	
1年买入期权	执行价格＝￥0.5	期权费＝￥0.07
1年卖出期权	执行价格＝￥0.52	期权费＝￥0.03

表 11-2　　　　　　　　　　　　　　存款及贷款资料

项目	人民币	兰特
1年存款利率	9%	6%
1年贷款利率	11%	8%

表 11-3　　　　　　　　　　　　　预计 1 年后的兰特资料

项目	汇率	概率
预测 1 年后兰特即期利率	￥0.49	20%
	￥0.51	50%
	￥0.53	30%

任务工具：

步骤一：

跨国公司对交易风险的管理通常采用套期保值的方法，应用于对应付账款套期保值和对应收账款套期保值，来进行交易风险的规避。

远期外汇市场套期保值：又称期货外汇，是指按期汇合同买卖的外汇。在交易时，双方签订合同，规定买卖外汇的币种、数额、汇率和将来交割的时间。到交割日期，按合同的规定，买方付款后，由卖方向买方交付外汇。通过货币的远期合约对交易风险进行套期保值，当企业拥有外汇债权时，可以通过出售远期外汇保证将来的本币流入金额；当企业拥有外汇债务时，则可以通过购买远期外汇锁定支付的本币。由于在签订合同时就已经规定了买卖货币的汇率，因此，企业可以肯定地预知将来收到或支付的货币价值，从而避免了未来现金流不稳定的风险。

货币市场套期保值：主要指通过在国内或国外货币市场上借入和贷出资金来套期保值。通过借（贷）外币对外币应收（应付）进行套期保值，使资产与负债用同种货币表示，从而避免交易风险。

期权市场套期保值：期权是指在一定时期内按一定汇价买进或卖出一定数量外国货币的权利。买入的是购买或卖出某项货币的权利，但不承担相应的义务。外汇期权可分为买进期权和卖出期权。买进期权是指购买外汇期权的一方有权在合同期满时或在此以前按规定的汇率购进一定数量的外币。卖出期权是指购买外汇期权的一方有权在合同期满时或在此以前按规定的汇率卖出一定数额的外币。外汇期权是一种很好的避险形式：①对期权合同的购入方来说，外汇期权类似于保险。因为期权合同购入的是权利而不必承担义务。如果期权交易无利可图，则可放弃这种权利。②对期权合同的购买方来说，使用外币期权可以使保值成本成为确定因素。不管汇率发生多大变动，期权持有者的保值成本都不会超过期权的购买价格，即期权费。

步骤二：

对应付账款套期保值：

（1）远期外汇市场套期保值方法：买入 1 年的远期兰特。

乐天公司 1 年后所需付出的人民币数额＝兰特应付账款数×兰特远期汇率

＝ZAR5 000 000×￥0.51＝￥2 550 000

（2）货币市场套期保值方法：先借人民币，兑换成兰特。用兰特投资（存入当地银行),1年后用兰特本金和利息来归还到期的应付账款。

投资的兰特金额＝ZAR5 000 000÷(1+6%)＝ZAR4 717 000

兑换所需兰特需要的人民币数额：

目前所需的人民币数额＝ZAR4 717 000×￥0.54＝￥2 547 200

1年后归还人民币贷款本息＝￥2 547 200×(1+11%)＝￥2 827 400

(3) 买入期权套期保值方法：购买买入期权，买入期权的执行价格为￥0.50，期权费为￥0.07。具体如表11-4所示。

表11-4　　　　　　　　　　买入期权的计算资料

1年后可能的即期汇率	单位期权费用	履行期权与否	单价包括期权费	购买500万元兰特总价	概率
￥0.49	￥0.07	不履行	￥0.56	￥2 800 000	20%
￥0.51	￥0.07	履行	￥0.57	￥2 850 000	50%
￥0.53	￥0.07	履行	￥0.57	￥2 850 000	30%

1年后所需人民币的期望值＝￥2 800 000×20%＋￥2 850 000×50%＋￥2 850 000×30%
　　　　　　　　　　　＝￥560 000＋￥1 425 000＋￥855 000
　　　　　　　　　　　＝￥2 840 000

(4) 不套期保值，如表11-5所示。

表11-5　　　　　　　　　　不套期保值的计算资料

1年后可能的即期汇率	买入500万元兰特所需人民币数额	概率
￥0.49	￥2 450 000	20%
￥0.51	￥2 550 000	50%
￥0.53	￥2 650 000	30%

1年后所需人民币的期望值＝￥2 450 000×20%＋￥2 550 000×50%＋￥2 650 000×30%
　　　　　　　　　　　＝￥490 000＋￥1 275 000＋￥795 000
　　　　　　　　　　　＝￥2 560 000

经过计算对比得出￥2 550 000＜￥2 560 000＜￥2 827 400＜￥2 840 000，说明远期套期保值优于不套期保值、货币市场套期保值和期权套期保值。

步骤三：

对应收账款套期保值：乐天公司1年后应收800万元兰特，该如何进行套期保值呢？

(1) 远期外汇市场套期保值方法：买入1年的远期兰特。

乐天公司1年后收到的人民币数额＝兰特应付账款数×兰特远期汇率
　　　　　　　　　　　　　　　＝ZAR8 000 000×￥0.51＝￥4 080 000

(2) 货币市场套期保值方法：先借入兰特，兑换成人民币。用人民币投资(存入当地银行)，1年后用到期的应收账款归还贷款。

借入的兰特金额＝ZAR8 000 000÷(1+8%)＝ZAR7 407 400

兑换兰特收到的人民币数额：

目前收到的人民币数额＝ZAR7 407 400×￥0.54＝￥4 000 000

1年后收到人民币存款本息＝￥4 000 000×(1＋9％)＝￥4 360 000

（3）卖出期权套期保值方法：卖出期权的执行价格为￥0.52，期权费为￥0.03。具体如表11-6所示。

表 11-6　　　　　　　　　　卖出期权的计算资料

1年后可能的即期汇率	单位期权费用	履行期权与否	单价(扣除期权费)	购买800万元兰特总价	概率
￥0.49	$0.03	履行	￥0.49	￥3 920 000	20％
￥0.51	￥0.03	履行	￥0.49	￥3 920 000	50％
￥0.53	￥0.03	不履行	￥0.50	￥4 000 000	30％

1年后所需人民币的期望值＝￥3 920 000×20％＋￥3 920 000×50％＋￥4 000 000×30％
　　　　　　　　　　　＝￥784 000＋￥1 960 000＋￥1 200 000
　　　　　　　　　　　＝￥3 944 000

（4）不套期保值，如表11-7所示。

表 11-7　　　　　　　　　　不套期保值的计算资料

1年后可能的即期汇率	买入800万元兰特所需人民币数额	概率
￥0.49	￥3 920 000	20％
￥0.51	￥4 080 000	50％
￥0.53	￥4 240 000	30％

1年后所需人民币的期望值＝￥3 920 000×20％＋￥4 080 000×50％＋￥4 240 000×30％
　　　　　　　　　　　＝￥784 000＋￥2 040 000＋￥1 272 000
　　　　　　　　　　　＝￥4 096 000

经过计算对比得出￥3 944 000＜￥408 000＜￥4 096 000＜￥4 360 000，说明期权套期保值优于远期套期保值、不套期保值和货币市场套期保值。

知识补充：
◇ **避免外汇风险的方式**
除了避免外汇交易风险，还需要合理地避免折算风险与经济风险。

折算风险的避险方式：

因为汇率的变动会同时影响资产和负债，而资产和负债对损益的影响方向相反，所以对折算风险的规避需要首先计算受险资产和受险负债的差额，即净受险资产。

净受险资产＝受险资产－受险负债

（1）调整外汇净受险资产。国际企业可采用适当的方法来调整外汇的净受险资产，以达到规避外汇风险的目的。国际企业的总公司与国外分公司之间以及国外的各分公司之间通常有很多资金往来。例如，在材料采购、产品销售管理服务、资金筹措等方面都会产生资金调度问题，可以通过提前或延缓支付的方式来调整外汇受险额。提前或延缓支付的基本原则是，当预计某种外币将贬值时，应加速收款而延缓付款；当预计某种外币即将升值时，应推迟收款而加速付款。

（2）平衡资产与负债数额。平衡资产与负债数额是指采用特定的方法使企业资产负债表上受汇率变动影响的资产与负债数额相等，使汇率变动的影响出现在资产、负债两个方面，数额相等而方向相反，这样它们能自动相互抵销。因此汇率变动的风险可以降到最低程度。

经济风险的避险方式：

经济风险是一种十分复杂的风险，汇率变化可能会长期影响现金流量。经济风险管理不是一个短期的决策问题，而是涉及公司的长期战略，需要综合考虑生产、销售、财务等相互联系、相互影响的各个领域。从总体上来说，通过多元化经营使各方面产生的不利影响相互抵消是规避经济风险最有效的方式。具体来讲，有以下几种多元化经营策略：

（1）多元化的生产。在生产安排上，尽可能做到产品的品种、规格、质量多样化，使之能更好地适应不同国家、不同类型、不同层次的消费者的需求。

（2）多元化的销售。在销售上，力争使所生产的产品尽快打入不同国家的市场，尽量采用多种外币进行结算。

（3）多元化的采购。在原材料、零配件的采购方面，尽可能到多个国家和地区进行采购，力争使用多种货币结算。

（4）多元化的筹资。企业筹资时，要尽量到多个资本市场上筹集资金，用多种货币计算还本付息金额，如果有的外币贬值，有的升值，就可以使外汇风险相互抵消。

（5）多元化的投资。尽可能向多个国家投资，创造多种外汇收入，这样可避免单一投资带来的风险。

任务 3　认知国际财务管理活动

活动 4 ｜国际企业财务管理活动

活动目标：能够辨别国际企业筹资、投资及营运财务管理活动的形式与特点

工作实例 11-4：乐天公司 A 总经理预想为更扎实铺好企业国际化道路，想要具体了解对于国际筹资有哪些不同于传统财务管理的筹资方式，有什么特点。

任务工具：

步骤一：

筹资渠道是指国际企业取得资金的途径，筹资方式则是指国际企业取得资金的形式。两者之间，既有联系又有区别。同一筹资渠道的资金往往可以采用不同的筹资方式取得，而同一筹资方式往往又可适用于不同的筹资渠道。因此，对于各种筹资渠道和筹资方式的特点，应当分别加以研究，以便确定合理的资金来源。

国际企业所需资金不仅数量庞大，而且涉及众多国家和诸多币种，其筹资渠道广泛而多样。归纳起来，主要有以下四个方面。

1. 来自国际企业内部的资金

国际企业通过内部筹集的资金主要有两类：一类是国际企业内部的未分配利润；另一类

是公司内部积存的各种资金。特别是国际企业集团内部相互融通的资金,已成为国际企业重要的资金来源。国际企业越来越重视国外盈利的再投资,通过这种渠道所筹集的资金不需要支付任何筹资费用,也没有本金偿还的问题,筹资风险很小。

2. 来自国际企业母公司(母国)的资金

国际企业可以利用其与母公司所在国家的密切联系,从母公司银行、非银行金融机构、有关政府组织、企业甚至个人处筹集资金。具体说来,主要有以下三条途径:

(1) 从母国金融机构获得贷款。这是国际企业从外部获取资金的重要途径。

(2) 在母国资本市场上发行债券或股票筹资。这是国际企业一种传统的筹资方式。

(3) 通过母国有关政府机构或经济组织获得资金。

相比较而言,这三条筹资途径中第一条和第三条途径筹资成本较低、风险较小,但筹集的资金量有限,第二条途径筹资成本及风险相对较高,但筹集的资金量较大。

3. 来自东道国的资金

当来源于国际企业内部及其母国的资金不能满足生产经营的需要时,国际企业经营所在国家和地区的资金也是重要的补充来源。由于各国的经济状况与条件不同,利用东道国资金的情况也因国别而异。在发达国家和地区,由于经济基础较好、资本市场发展程度较高,企业资本相对充裕;在发展中国家和地区,由于经济发展相对落后,证券业务起步较晚,资本市场不是很健全,企业通过证券与资本市场筹措资金相当有限,主要依赖银行提供资金,但银行也只是提供国际企业中短期贷款的主要组织。

4. 来自国际的资金

除了上述三种渠道,从第三国或超国家组织获取资金,是国际企业筹措资金的又一主要渠道。具体说来,其主要有:①向第三国或国际金融机构借款。当国际企业向第三国购买货物时,一般可向该国银行获取出口信贷。②向国际资本市场筹资。这种筹资的对象主要是一些大型跨国银行或国际银团。

步骤二:

国际企业的筹资方式主要有国际资本筹资和国际负债筹资。

1. 国际资本筹资

发行国际股票是国际企业筹措长期资金的一种重要方式。国际股票是指一国企业在国际金融市场或国外金融市场上发行的股票,通常也称境外上市。例如,中国的股份有限公司在纽约证券市场上发行的股票、日本企业在中国香港金融市场上发行的股票、美国企业在伦敦金融市场上发行的股票都属于国际股票。随着经济的全球化,股票的发行也已超越了国界的限制,出现国际化趋势,许多大企业特别是大型跨国公司都到国际金融市场上发行股票。

国际企业在国际金融市场上发行股票有以下有利条件:①国际企业规模大,信誉好,有利于股票发行;②国际企业业务散布在多国,对国际金融市场的情况比较了解;③国际企业通过国外的分支机构在当地发行股票,能节约发行费用。

境外上市给企业带来的优势包括:①企业通过扩展潜在的投资群,促使股价提升和资本成本下降;②境外上市为企业股票创造了第二市场,有利于国外市场的筹资;③境外上市能增加公司股票的流动性;④境外上市有利于提高企业与其产品在国际市场上的知名度;⑤境外上市有利于企业进行跨国并购。

企业发行国际股票能迅速筹集外汇资金,提高企业信誉,有利于企业以更快的速度向国际化发展。但是到国外去发行股票，必须遵守国际惯例，遵守有关国家的金融法规，因此，发行程序比较复杂，发行费用也比较高。

2. 国际负债筹资

这是国际企业为最大限度地提高其价值，以承担负债的形式在国际上筹集资金的一种方式。国际负债筹资的具体形式如下。

1) 发行国际债券

发行国际债券是国际企业在国际债券市场上通过发行以某种货币为面值的债券所进行的一种筹资形式。一国政府、金融机构、工商企业为筹措资金而在国外市场发行的以外国货币为面值的债券，即为国际债券。国际债券可分为外国债券和欧洲债券两类。外国债券是指国际借款人（债券发行人）在某一国家债券市场上发行的，以发行所在国货币为面值的债券。例如，新加坡企业在日本发行的日元债券、日本企业在美国发行的美元债券都属于外国债券。欧洲债券是指国际借款人在本国以外的债券市场上发行的不是以发行所在国的货币为面值的债券。例如，日本企业在法国债券市场上发行的美元债券便属于欧洲债券。欧洲债券的特点是，发行人在一个国家，发行在另一个国家，债券面值使用的是第三个国家的货币或综合货币单位（如特别提款权）。

2) 利用国际银行信贷

国际银行信贷是国际企业在国际金融市场向外国银行借入资金的信贷行为。贷款的主要提供者是一些大的商业银行。国际银行信贷按其借款期限可分为短期信贷和中长期信贷两类。短期信贷的借款期限一般不超过1年，国际企业借入短期资金，一般是为了满足流动资产需求，或者支付进口商品的贷款而凭借其信用借入资金。其特点是：期限较短、用途不限、无须担保、形式灵活、手续简便。相对应地，中长期银行信贷的贷款期限一般在1年以上，10年以内。中长期信贷金额大、时间长，银行风险较大，因而，借贷双方要签订贷款协议，对贷款的有关事项加以详细规定。另外，中长期信贷一般要提供财产担保。国际银行信贷按其贷款方式有独家银行信贷与银团贷款两种。独家银行信贷又称双边中期贷款，是一国贷款银行对另一国的银行、政府及企业提供的贷款。银团贷款又称辛迪加贷款，是由一家贷款银行牵头，该国或几国的多家贷款银行联合起来组成贷款银行集团，按同一条件为另一国的政府、银行及企业提供的长期巨额贷款。目前，国际的中长期巨额贷款一般都采用银团贷款方式，以便分散风险，共享利润。

3) 利用国际贸易信贷

国际贸易信贷也称国际企业的进出口信贷，是指一国为支持和扩大本国出口，增强国际竞争力，以对本国的出口给予利息贴补或提供信贷担保的方法，鼓励本国的银行对本国出口商或外国进口商（或其银行）提供利率较低的贷款，以解决本国出口商资金周转的困难，或满足国外进口商对本国出口商支付货款需要的一种信贷方式。国际贸易信贷可以从不同角度进行分类。根据提供信贷的主体不同，国际贸易信贷可分为商业信贷和银行信贷。前者是指国际进、出口企业之间相互提供的信贷；后者则是指银行对进、出口企业的贸易所提供的信贷。在进出口贸易中，信用证应用得比较广泛。信用证是银行应进口商要求向出口商做出的有条件付款的保证。在信用证条件下，银行信用取代了进口商的商业信用。根据进、出口企业是否需要提供抵押品和担保品的不同，国际贸易信贷可分为无抵押（或无担保）贷款和有抵押（或有担保）贷款。

根据期限的长短不同,国际贸易信贷可分为短期信贷和中长期信贷。前者通常是指期限在1年以内的信贷;后者则是指期限在1～5年(中期)和5年以上(长期)的信贷。由于中长期信贷大多适用于大型机械或成套设备的进出口贸易,主要是为了扩大出口,增强国际竞争力,因此,往往又称为出口信贷。其具体形式主要有卖方信贷和买方信贷。卖方信贷通常发生在大型机械或成套设备的国际贸易业务中,是指出口公司所在国银行向出口公司(卖方)提供的信贷。在这种信贷方式下,出口公司付给银行的利息和费用,一般被转嫁给国外的进口公司。其贷款手续简单,使用方便。买方信贷则是指由出口公司所在国银行向进口公司(买方)或进口公司所在国银行提供的用以支付货款的信贷。有关的利息和费用不包括在贷款之中。这种信贷方式可使进出口贸易即期现汇成交,有利于出口公司及时收回货款,也使得进口公司负担的费用和利息较少。但其手续较为复杂,货款限定用途,条件较为严格。

国际企业还可以利用国际补偿贸易方式筹措资金。国际补偿贸易资金主要有两种形式:一种是以特定项目的产品偿还贷款,称为"直接产品补偿",它是国际补偿贸易的基本形式;另一种是以除特定项目的产品以外的其他办法还贷,称为"间接产品补偿"。国际补偿贸易多为发展中国家采取的一种特殊的筹资方式,属于商品信贷性质的一种贸易合作。其特点是以出口信贷为基础,将技术设备的进口与产品的出口相联系,从而有利于进口企业的技术和出口企业的商品出口,有利于缓和进口方外汇资金紧张的状况。在国际补偿贸易中,进、出口双方是贸易关系,而不是资金借贷关系。

4)利用国际租赁

国际租赁筹资也是国际企业的一种筹资方式。在这种方式下,由于跨越国界,而使得承租人和出租人分属不同的国家,故又称跨国租赁筹资,简称国际租赁或跨国租赁。

国际租赁的作用有:①可减轻公司总体税负。由于各国税制相差较大,税率高低不一,国际企业可以利用国际租赁方式在其内部的各成员公司之间转移利润,从而减轻公司总体税负。②可转移公司内部资金。当国际企业需要调度其内部资金时,可以利用国际租赁,通过适当的转让定价策略,将资金从一个成员公司转移至其他成员公司。③可降低或避免政治风险。如果国际企业的成员公司或投资项目位于政治风险较高的国家,则国际企业可指示其从东道国的租赁公司租赁所需的全部或部分设备,从而可以降低或避免设备被征用或没收的风险。一旦东道国发生征用或没收该项设备的风险,国际企业即可停止支付当地租赁公司的租金。

工作实例11-5:乐天企业在筹资板块意识到,国际财务活动的特殊性,其有着更宽阔的筹资渠道但也需要避免各种国际风险。想一想,国际企业投资管理有何特殊性。

任务工具:

步骤一:

国际企业投资的特点如下:

(1)国际企业投资已成为国际交流的重要形式。直接投资方式在国际企业投资中占据重要的地位,其目的不仅是谋取利润,更重要的是实现生产要素的交流、市场的扩大、技术水平的提高、国际金融的渗透。

(2)国际企业投资的资金来源多渠道和多样化。资金来源既包括自有股本、国外利润、应付款项、暂时闲置的库存现金等,也包括其遍布世界各地子公司所吸收的东道国政府和当地私人企业的投资与信贷资金,以及向当地市场和国际资金市场筹集的资金等。

(3) 投资活动中货币单位的差异性。各国所使用的货币不同,货币本位的差别决定了资本的国际相对价格的差别,这种差别影响国际企业投资的规模和形式。

(4) 国际资本流动出现脱离商品劳务流转的趋势。当代国际资本流动和国际货币运动已日益成为谋取高额利润的手段,从而形成一种带有独立性的纯金融交易。

(5) 国际企业投资具有更大的复杂性和风险性。国际企业投资的经营活动遍及多个国家,因而受到各国不同的政治、经济、金融体制和环境的制约。这给企业选择资金投放方向(即投资决策)带来了更多的不确定性。汇率变动、利率变动、通货膨胀问题等以及政治风险因素,都是企业进行国际投资时必须考虑的。

(6) 国际企业投资具有更多的灵活性和套利机会。跨国公司可以通过全球范围的对外直接投资,使其产品的销售市场、主要原材料的供应来源及主要产品的生产地点多元化,进而使公司不易受到当地政府干预的损害,能够有效地减少其盈利的波动性。

步骤二:

国际投资的风险可分为商业风险与政治风险。

1. 商业风险

商业风险是指由于经营环境、企业经营战略、经营决策等的变化导致投资经济损失的变化。其主要包括:

(1) 自然风险,即意外的自然灾害、自然环境的突变等引起的投资经济损失的变化。例如,由于西太平洋海流突然变化,一批批鱼群绕道而行,急剧减少了秘鲁海域的可捕捞资源,给日本三井物产公司设在秘鲁的一家专营鱼粉、鱼油等产品制造和加工的公司带来经济损失。这种风险主要来自大自然的变化,人们现在还很难对其进行控制。

(2) 外汇风险,也称汇率风险,即因汇率变化而导致投资者资产价值发生变化。它主要表现在三方面:①外汇买卖风险,即外汇买卖过程中由于汇率变化而带来的风险;②外汇交易风险,即由于汇率变化给国际投资主体相互之间用外币结算而带来的风险;③会计结算风险,即由于汇率变化使子公司与母公司的资产价值在进行会计结算时发生的包括资产、负债、盈利等方面的变化。

(3) 利率风险,即一定时期内由于利率的变化而导致的国际投资者资产价值的变化。其主要表现在资本的筹集与运用的过程中。利率的变化包括投资者在借款和贷款活动时的利率变化、不同国家的利率变化、不同市场和不同币种的利率变化。利率变化对投资者的影响直接反映在其生产成本上。

(4) 经营风险,即在商品(包括物质产品与非物质产品)的生产与销售过程中,由于市场条件和生产技术的变化而引起的风险。

2. 政治风险

政治风险是指在国际经济往来活动中,与参与国家主权行为密切相关的风险,以及由政治因素而造成的经济损失的风险。其主要包括:

(1) 国有化风险,即东道国因种种原因,经常对外国投资项目进行没收,使其变成国内资产。例如,东道国发生政权更迭,新政权不承认旧政权的对外政策,从而把外国资本实行国有化;东道国政府因对投资方的行为不满而采取强迫没收的政策。

(2) 政策与法律风险,即东道国为了维护国家主权或保护国家利益等需要而颁布的政策和法律。例如,外方企业在某国投资建立工厂,该厂生产的产品深受该国公众喜爱,对该国同类产品有排斥性;该国为了保护本国工业的发展,对外方企业实行限量生产、增加税收等政策,这会影响投资方的利益。有时在国际贷款中,有些国家也会采取停止还债或延期还债等措施,使外方受到损失。

(3) 转移风险,即在经济往来过程中获得的经济收益,由于当地政府的外汇管制政策或歧视行为而无法汇回本国或境外的风险。例如,在海外投资中产生的利润、出卖股权的收入、国际贷款等收入或财产,无法转移到本国或其他安全地方。

(4) 战争风险,即东道国由于发生对外战争或国内革命等使投资者蒙受损失或实际收益偏离预期收益的可能性。战争风险比起其他风险,损失程度更大。

国际企业可以通过以下几种方法防范政治风险:

(1) 资本预算时充分考虑政治风险。国际企业在编制投资预算时应当考虑政治风险这一因素,并据此调整项目的净现值。一般来说,可以通过保守估计预期现金流和提高资本成本来进行,只有当调整后的净现值为正时,投资计划才是可行的。

(2) 购买保险。对一些规模较小的公司来说,购买保险是一种简便易行的方法。例如,美国政府的海外私人投资公司(OPIC)为了促进美国公司在发展中国家的投资,对以下四种政治风险提供保险:外国货币不可兑换、海外资产被征用、东道国的战争、政治暴乱引起的财产损失,政治风波给收入带来的损失。如果面临的政治风险能够全部投保,国际企业在计算投资项目的净现值时应将保险费从预期现金流中扣除,折现率可以采用国内投资正常的资本成本。

(3) 利用当地资源避免政治风险。国际企业可以通过与当地企业建立一些关系来规避政治风险,如与当地企业合资,这样东道国政府就不太可能会没收该投资,因为这种行为也会损害当地企业的利益。当跨国公司从东道国银行获得贷款时,可以适当提高资产负债率,这种情况下,东道国政府的政策变化会考虑银行资金的回收。

步骤三:

国际投资方式是企业进行国际投资时所采用的具体形式。

1. 国际合资投资

国际合资投资是指某国投资者与另一国投资者通过组建合资经营企业的形式所进行的投资。合资经营企业通常是指两个或两个以上的不同国家或地区的投资者按照共同投资、共同经营、共负盈亏、共担风险的原则建立企业。

国际合资投资是国际投资的一种主要方式,其主要优点有:①可减少企业的投资风险。进行合资经营,由于东道国投资者对自己国家的经济情况了解比较多,因而能减少经营上的风险。②由于与东道国投资者合资经营、共负盈亏,外国投资者除了可享受特别优惠,还可获得东道国对本国企业的优惠政策。③能迅速了解东道国的政治、社会、经济、文化等情况,学习当地投资者的先进管理经验,有利于加强企业管理,提高经济效益。

其缺点主要有:①所需时间比较长。一般来说,进行合资投资必须寻找合适的投资伙伴,但这比较困难,需要较长时间。另外,在国外设立合资企业,审批手续比较复杂,需要的时间也比较长。②外国投资者往往不能对合资企业进行完全控制。很多国家都规定,外资股权不能超过50%。

2. 国际合作投资

国际合作投资是指通过组建合作经营企业的形式所进行的投资。合作经营企业又称契约式合营企业,是指外国投资者与东道国投资者通过签订合同、协议等形式来规定各方的责任、权利、义务而组建的企业。

国际合作投资的优点有:①所需时间比较短。兴办合作企业的申请、审批程序比较简便,合作经营的内容与方式没有固定要求,便于双方协商,达成协议。②比较灵活。合作企业的合作条件、管理形式、收益分配方法以及合作各方的责任、权利、义务都比较灵活,均可根据不同情况,在合作各方协商的合同中加以规定。

国际合作投资的缺点在于这种企业组织形式不像合资企业那样规范,合作者在合作过程中容易对合同中的条款发生争议,这会影响合作企业的正常发展。

3. 国际独资投资

国际独资投资是指通过在国外设立独资企业的形式所进行的投资。独资经营的企业是指根据某国的法律,经该国政府批准,在其境内兴办的全部为外国资本的企业。

国际独资投资的优点有:①由投资者提供全部资本,独立经营管理,因而在资金的筹集、运用和分配上都拥有自主权,不会受到干涉。②有利于学习所在国的先进技术和管理经验,有利于投资者利用各国税率的差异,通过内部转移价格进行合理避税。

国际独资投资的缺点有:①对东道国的投资环境调查起来比较困难,不太容易获得详细的资料,因而投资者承担的风险较大。②在许多国家,独资企业投资的条件都比合资企业严格。

4. 国际证券投资

国际证券投资是指一国投资者将其资金投资于其他国家的公司、企业或其他经济组织发行的证券上,以期望在未来获利。国际证券投资是企业从事国际活动的起点之一。

国际证券投资的优点有:①比较灵活。证券投资不像合资经营那样要经过谈判、协商和复杂的审批手续,只要有合适的证券,几乎可以立即进行投资。②可以降低风险。国际证券在发行时一般要经过国际公认的资信评估机构确认发行者的资信等级,有的还需经过发行者所在国家的政府担保,因而证券投资的风险一般要比合资、合作、独资投资的风险低。③可增加企业资金的流动性和变现能力。企业持有国际证券,随时可转让出售变成现金,因而投资于证券比投资于实物资产更具有流动性。

国际证券投资的缺点在于证券投资只能作为一种获得股利或利息的手段,而不能达到学习国外先进的科学技术和管理经验的目的,也无法控制有关市场。

工作实例 11-6:乐天企业在前期紧锣密鼓的准备中,奠定了国际筹资与投资的相关理论基础,了解到了国际环境与行情。A 总经理提出疑问,对于企业管理,管理者 60% 的时间都在处理日常营运管理,那么当企业国际化后,对于各个不同国家的子公司,该如何进行管理。想一想,假设乐天公司实行跨国经营,共有位于巴黎、汉堡、伦敦和罗马的四个子公司,四个子公司间交易频繁。那么该如何进行四个子公司的现金管理,子公司之间又该如何进行应收账款管理,存货管理需要有什么额外注意事项。

任务工具:

步骤一:

财务部 B 经理要求乐天公司驻巴黎、汉堡、伦敦和罗马四地的子公司向中心送交"现金预测日报",报告明年一季度的现金收付预算。所有子公司的金额都按中心规定的汇率换算成统一的记账货币(美元)。那么该如何进行现金管理?四个子公司 2×20 年第一季度现金预测日报,如表 11-8 所示。

表 11-8　　四个子公司 2×20 年第一季度现金预测日报　　单位：万美元

乐天集团巴黎子公司

月份	收入	支出	净额
1	30	18	12
2	32	45	−13
3	31	26	5
一季度合计			4

乐天集团汉堡子公司

月份	收入	支出	净额
1	20	30	−10
2	18	14	4
3	16	10	6
一季度合计			0

乐天集团伦敦子公司

月份	收入	支出	净额
1	40	17	23
2	20	45	−25
3	30	19	11
一季度合计			9

乐天集团罗马子公司

月份	收入	支出	净额
1	28	4	24
2	25	24	1
3	30	31	−1
一季度合计			24

2×20 一季度现金预测

子公司	1月份	2月份	3月份	合计
巴黎子公司	12	−13	5	4
汉堡子公司	−10	4	6	0
伦敦子公司	23	−25	11	9
罗马子公司	24	1	−1	24
现金余缺	49	−33	21	37

　　1月份将有49万美元的结余，2月份有33万美元的缺口，3月份有21万美元的结余，乐天公司现金管理可采用集中管理方式，预测情况调度资金弥补缺口或用盈余来进行短期投资，以此平衡公司整体的现金收支情况，避免现金收支的较大波动。

国际企业的现金账户非常重要。现金量大,而且分布广泛,通常涉及多个国家。在现金调度过程中,要考虑到所涉及的各个国家对现金管理的法令、条例,特别是外汇管理条例,以及各个国家的税则。

1. 现金持有方面的问题

(1) 持有形式。即现金余额在现钞、银行存款、存单及有价证券等持有形式之间如何分配。

(2) 持有时间。各种形式的现金持有多久,应视子公司的环境和具体情况而定。

(3) 持有币种。即国际企业现金管理中持有何种货币。国际企业分支机构遍布全球,必须管理多种货币,而各种货币币值高低起伏,汇率波动很大,所以国际企业面临很大的风险。

2. 现金转移方面的问题

从国内企业的角度看,现金转移过程仅涉及转移成本和利息损失,但从国际企业的角度看,资金在转移过程中还面临汇率风险。因此,国际企业必须设计符合全球业务活动需要的现金转移网络,以便从企业整体利益出发,统一调度现金,使风险减至最小。

3. 现金管理的方法

国际企业通常采用现金集中管理的方式。国际企业在主要货币中心或避税地国家设立现金管理中心,要求它的每一个子公司所持有的当地货币现金余额仅以满足日常交易需要为限,超过此最低需要的现金余额都必须汇给管理中心,它是国际企业中唯一有权决定现金持有形式和持有币种的现金管理机构。这就是现金的集中管理。

为了使现金的集中管理行之有效,各子公司需要对现金的需求进行预测,如编制短期现金预算,预测未来时点的现金流出(入)量;根据所在国的支付习惯和金融状况预计现金溢余或短缺的时间和数量。同时,各子公司还必须建立系统的收付款制度和现金转移的责任制度,这样才能有效配合现金的集中管理,使之更加可行。

现金集中管理的优点如下:

(1) 可以减少整个公司系统的现金储备量,从而减少流动资产总额和筹资成本,提高整个公司的营利能力;

(2) 公司总部在现金管理上能从全局考虑,所做出的决策都以全局利益为最高准则;

(3) 可以分散风险,特别是外汇风险。

步骤二:

乐天公司对于四个子公司间的相互拖欠款项进行矩阵分析,欲采用多边结算制度来进行应收款项的管理。具体如表 11-9 所示。

表 11-9　　　　乐天公司下属四个子公司之间相互拖欠款项资料　　　　单位:万美元

欠款方	欠下列各国子公司的款项的美元价值			
	巴黎	汉堡	伦敦	罗马
巴黎	—	40	80	90
汉堡	60	—	40	30
伦敦	90	20	—	20
罗马	100	30	50	—

乐天公司通过现金集中管理中心,采用多边结算制度,对子公司之间的应收应付款进行综合调度,编制了子公司应收应付款矩阵表,如表 11-10 所示。

表 11-10　　　　　　　　　　　　子公司应收应付款矩阵表　　　　　　　　　　　单位：万美元

收款子公司	付款子公司					
	巴黎	汉堡	伦敦	罗马	合计	净额
巴黎	—	60	90	100	250	40(250－210)
汉堡	40	—	20	30	90	－40(90－130)
伦敦	80	40	—	50	170	40(170－130)
罗马	90	30	20	—	140	－40(140－180)
合计	210	130	130	180	650	

国际企业对于企业集团内部的收付款管理：

由于国际企业对地处各地的子公司的现金进行集中管理，而母子公司之间以及子公司相互之间购销货物、提供劳务、收付款项很频繁，国际企业需要考虑在全球范围内对母、子公司之间的全部收付款进行综合调度，抵消一部分收付款额度，只将抵消后的净额进行结算，以节约大量资金转移成本。据估计，资金转移成本，包括汇费、银行手续费、在途汇款的机会成本、利息费用等，通常占到资金转移数额的 0.25%～1.5%，因此，实行净额结算制度可以有效地节约企业的费用。

（1）双边净额结算。这是指当两个子公司发生业务往来，需要进行相互结算时，子公司之间仅就净额部分进行支付。例如，假定某国际企业在汉堡的子公司，销售 200 万美元的产品给在罗马的子公司，而罗马子公司同期又向汉堡子公司出口 300 万美元的原材料，这两笔业务的收付款之间如果不相互抵销，将会有 500 万美元的资金流动；而采用双边净额结算制度，只要汉堡子公司净支付 100 万美元给罗马子公司，就可以结清账目，这样，子公司之间实际资金流动仅 100 万美元，从而节约了 400 万美元的转移成本。

（2）多边净额结算。只有当母公司与子公司、子公司与子公司之间互为购销时，双边净额结算制度才是有效的。但是，如果国际企业的内部贸易结构复杂，多个子公司之间相互有贷款和劳务往来，款额很大，双边净额结算制度难以有效运行，就需要在内部实行多边净额结算制度。多边净额结算制度和双边净额结算制度的主要差别是：双边净额结算制度是相互之间直接抵销从而结出净额资金；而多边净额结算制度是相互"间接地"轧抵收付款资金，抵消后清算出净额，节约资金转移成本。

（3）提前或延迟付款。子公司之间相互购销货物（劳务），发生应收应付款，应收方如果当时资金充裕，收到的账款可以存入银行，收取存款利息；如果当时资金短缺，收到的账款可以减少从银行的借款，减少利息费用。应付方如果当时资金充裕，付出账款就等于减少银行存款，减少利息收入；如果当时资金短缺，就必须从银行借入款项支付货款，从而增加利息费用。银行存款与银行贷款的利率是有高低的，前者低，后者高。因此，国际企业可以有意识地提前或推迟还款，以节约利息费用或增加利息收益。提前或推迟还款，实际上是由销货人将商业贷款期加以改变。如能在销售时准确预测购销双方的利率差而当即决定付款期的长度，就更为主动。

总之，适度地改变信用期限的方法，在国际企业系统内部是普遍适用的，这有利于公司系统提高整体偿债能力，降低税负，减少外汇风险，但要执行得好，必须做到信息及时。一般所需要的信息包括：①公司间应收应付款结算资料；②各国外汇管理条例；③各国税制；④各公司营运资本情况(这影响到当地贷款的能力);⑤当地存款利率及预计外汇汇率变动。

步骤三:

存货在企业流动资产中占有很大的比重,流动性较差,跨国企业存货管理与国内企业相似,目标仍是存货水平最优化。但是,国际企业的存货管理要比国内企业复杂得多。因为存货的周转、转移要跨越国界,一方面,不同国家的生产成本和储存成本有差别;另一方面,关税和其他壁垒限制存货的自由流动。

由于国际企业的子公司往往在通货膨胀的条件下经营,因此对公司的管理者来说,需要经常做出是存货超前购置还是需要时才购置的决策。存货购置决策需考虑以下因素:

(1) 超前或延迟购置的成本。存货超前购置涉及的业务成本包括投资于存货的资金利息、保险费、储存费、存货损耗等。存货延迟购置涉及的业务成本包括由通货膨胀或货币贬值导致的较高成本、因运输等原因导致存货供应不及时造成的损失等。因此,存货购置决策首先取决于以上两种成本的对比关系。

(2) 存货类型。尽管从理论上说国际企业应使存货水平最优化,但许多在生产过程中依赖进口原材料或半成品的企业仍会经常保持较高的存货水平。主要原因在于担心通货膨胀、原材料短缺、种种国际限制以及战争和冲突的影响等。所以在进行存货购置决策时,必须考虑存货的类型,即是否依赖进口。如果子公司存货主要依赖进口,在预期当地货币贬值的情况下,应提前购置存货并且尽可能多地购置,因为货币贬值后进口成本会大大增加;如果子公司主要从当地购置存货,在预期货币贬值时,应尽量降低原材料、半成品等的存货量,因为如果本地货币发生贬值会大大减少以母公司本国货币表示的当地存货的价值;如果子公司既从国外进货,又在东道国进货,在预期当地货币贬值的情况下,应努力减少当地存货的存量,同时超前购置进口存货;如果不能精确地预见货币贬值的幅度和时间,那么子公司应设法保持同量的进口存货和当地存货,以避免外汇风险。

活动 5 | 国际企业税收管理

活动目标: 能够选择合适的方法避免双重征税。

工作实例 11-7: 乐天集团 A 总经理对于财务部人员的表现非常满意,认为公司已经做好了相关准备,可以投入国外市场的扩张了,那么最后一个问题,就是税务问题了。既然设立了跨国公司,税收肯定需要结合多国政策来进行部署,那该如何权衡利弊,避免双重征税呢?想一想,财务部 B 经理该如何应对。

任务工具:

步骤一:

国际税收的种类分为以下几种。

1. 所得税

所得税是以企业的收益或所得为对象课征的税,如公司所得税、个人所得税等。公司所得税、个人所得税是许多国家重要的财政收入来源。由于大多数发展中国家按人均计算的国民收入较低,一般不对个人征收所得税,因此,在发展中国家,公司所得税是财政收入的主要来源。

2. 增值税

增值税是以商品生产和流通环节的新增价值或商品附加值为征税对象的一种流转税。

增值税克服了传统流转税对已纳税销售额重复纳税、税上加税的弊端,同时又保持了流转税征收范围广和收入及时、稳定的特点。增值税是国际公认的一种透明度较高的中性税收,它不仅有利于组织财政收入,而且有利于按国际惯例对出口产品进行彻底退税,增强本国产品在国际上的竞争力。

3. 关税

关税是一个国家的中央政府对过境的应税货物所征收的一种税。关税主要对进口货物征收,只是在极少数情况下才对出口货物征收。征收关税一是为了财政收入,二是为了保护本国工业。出于前者目的征收的关税税率一般比较适中,出于后者目的征收的关税税率一般比较高。提高关税虽然并没有损害外国商品的完整性和质量特征,但较高的税率必然导致其在我国的价格较高,因而不利于外国商品的竞争,从而可以保护本国民族工业的发展。

4. 预扣税

预扣税是由东道国政府对本国居民或经营法人向外国投资者和债权人支付的股息和利息征收的税。这种税通常是在对方收到这笔收入以前就已经扣除了,也就是说,这种税实际上是由支付股利或利息一方所预先扣除的。例如,如果一公司向其境外投资者支付 200 万美元的股利,预扣税税率为 20%,则该公司只向境外投资者支付 160 万美元的股利,另外 40 万美元由该公司代表该国政府以预扣税的形式预先扣除。

步骤二:

跨国企业在进行经济业务时,要注意避免双重征税问题。

国际双重征税增加了跨国纳税人的义务,同时不利于国际资本流动和经济技术的合作与交流。各国政府对此都极力寻求妥善解决的办法。但由于各国宏观经济利益以及国际企业的目标和策略都不一致,因此在免除双重征税的具体操作上方法各异。当前常见的避免双重征税的方法主要有免税、税收抵免和税收扣除。

1. 免税

免税又称豁免法,是指居住国(或国籍国)政府对本国居民(或公民)纳税人已被有关外国政府课征同类或类似税种的境外所得或财产免予征税。这种方法的实质是母公司所在国政府对收入来源国政府行使了领域税收管辖权征税的那部分所得,放弃了行使居民税收管辖权,因而这种方法是以牺牲母公司所在国政府税收为基础的。作为一种避免国际双重征税的基本方法,其特点在于可以完全避免国际重复征税,操作上简便易行,但由于实际上放弃了母公司所在国的居民税收管辖权,从而不利于居住国组织税收收入。因此,目前采用免税法的国家屈指可数。

2. 税收抵免

税收抵免也称税款贷项,是指居住国政府允许纳税人在本国税法规定的限度内,以已缴所得来源国政府的税款,全部或部分抵免应汇总缴纳本国政府的税额。对于跨国公司而言,就是母公司所在国允许母公司下属企业在境外的已纳税款作为母公司在本国应纳税款的扣除数。抵免法的抵免范围仅限于以跨国纳税人的跨国所得或跨国财产价值为征税对象征收的各税种,同时,抵免法通常有限额规定,即一般以按居住国计算的应纳税额为限,超额部分不予抵免,否则会损害居住国政府的税收利益。直接抵免是指跨国纳税人直接向境外东道国政府交纳的税款在本国给予抵免,其基本特征是直接交纳的国外税款可以全部地、直接地在本国税收中扣除,不必通过双边税收协定加以规范。直接抵免法的计算公式为:

$$母公司所在国公司应纳所得税 = 公司所得税基 \times 适用税率 - 允许抵免的已交外国税款$$

例如,A 国甲公司在 B 国设有分公司乙,某纳税年度公司实现所得总额为 400 万元,其中含乙公司在 B 国所得 100 万元,假定 A 国所得税税率为 50%,B 国所得税税率为 30%。在 A 国行使居民管辖权征税时,甲公司应向 A 国缴纳所得税 200 万元(400×50%),但由于该公司已向 B 国缴纳所得税 30 万元(100×30%),此时甲公司向 A 国只缴纳 170 万元(200-30),但如果 B 国所得税税率超过 A 国标准,设定为 60%,此时已向 B 国缴纳 60 万元(100×60%),其抵免额度只能以 50 万元计算,因为如果按 60 万元抵免,A 国连按地域管辖权征税所得税款 150 万元都不能满足。后一种处理被称为限额抵免。

3. 税收扣除

税收扣除是指母公司所在国政府行使居民管辖权征税时,允许跨国纳税人将其在国外的当地政府缴纳的所得税税款,作为一项费用在应税所得中扣除,以其扣除后的余额计征所得税,以避免国际的双重征税。按照此法对跨国公司征税时,母公司所在国应纳所得税的计算公式为:

$$母公司所在国应纳所得税 = (公司总所得 - 国外已纳所得税) \times 适用税率$$

从上述表述可知,税收抵免是以税抵税,而税收扣除是以税抵应税所得,在同等条件下,实际加重了跨国纳税人的税负,与税收抵免中的全额抵免相比较,该法使跨国纳税多缴纳的所得税额为国外已缴所得税额(本国适用税率)。

习 题

案例分析题

A 公司是中国一家大型的钢铁生产企业,每季度需要进口一定数量的优质铁矿石用于生产。铁矿石进口以美元进行标价,按照前期签订的合同,该公司下个季度需要约 30 万美元用来支付铁矿石的购买。目前估算,如果需要进行套期保值,可以考虑用货币期货或货币期权为该笔进口货款进行套期保值。美元的当前即期汇率为 6.34 元人民币,该买入期权每单位将支付期权费 0.15 元人民币。

A 公司的财务人员对 3 个月后人民币将升值到至少 6.5 元人民币充满信心。该公司以前对人民币价值的预测都较为准确。A 公司的管理风格是风险厌恶型,更看重的是公司的主营业务收入及其对相关行业发展的支撑作用、对产品质量的保障等,对于金融市场的参与,更多是基于风险把控缘由进行的相关业务的开展。

要求:

(1) 作为该公司的一名财务经理,你被分配的工作是在以下可能的策略中进行选择:①购买期货对美元头寸进行套期保值。②购买买入期权对美元头寸进行套期保值。③购买卖出期权对美元头寸进行套期保值。④不进行套期保值。请提出你的建议并阐述必要的理由。

(2) 假定前面所给的信息中,有如下差异:该公司修订了它对 3 个月后的美元预期,即认为美元将值 6.44 美元。根据该修订,提出建议并解释你的建议,你的建议是否可以使股东财富最大化?

项目十二

中小企业财务管理

📎 情景引例

截至2010年7月,陕西省的中小企业已占到全省企业总数的95%以上,对全省生产总值的贡献超过40%,吸纳新增就业人员16万,对陕西省经济持续快速增长贡献突出。然而,95%的中小企业都存在资金紧张的状况。据预测,全省中小企业资金需求大约为2800亿元,流动资金缺口达1100亿元。针对这一现状,结合我国创业板资本市场的开放,陕西省政府着力扶持和发展了一批创业板上市后备企业,对有意愿通过创业板资本市场融资的中小企业进行辅导和培训,为中小企业融资提供可行路径。

2009年9月27日,证监会受理创业板申请的第一天,就有108家企业递交了申报材料。据有关资料显示,截至2010年5月底,创业板已受理331家企业的发行申请,有86家企业实现挂牌上市,其中,高新技术企业的比例达88%,且95%以上是民营企业。正是因为创业板为中小企业融资提供了新的渠道,所以才受到众多中小企业的追捧。

除了融资,中小企业的经营特点也决定了其投资与资本运营。与大企业不同,中小企业应合理利用各种扶持政策,以实现快速发展。

(参考资料来源:《陕西中小企业潮涌创业板》,载《金融界》,http://stock.jrj.com.cn/cgem/2010/07/0908537736306.shtml。)

想一想:中小企业财务管理自身的特点。

🎯 知识目标

中小企业财务管理的特点;中小企业的融资渠道及风险投资过程;中小企业投资战略的制定及资本运营方法;中小企业的信用担保体系及相关的政策。

⌛ 能力目标

● 掌握中小企业财务管理的特点。
● 熟悉中小企业的融资渠道及风险投资过程。
● 熟悉中小企业投资战略的制定及资本运营方法。
● 了解中小企业的信用担保体系及相关的政策。

🎯 背景知识

中小企业是相对于大企业的概念,是指营业收入或资产总额较小、职工人数较少、管理组织简单、职责分工有限的企业。虽然世界各国对中小企业的界定没有统一的标准,但基本上都是基于定性和定量两个方面对中小企业进行划分,定性主要是通过对经济特征和控制方式的描述反映企业的组织结构和经营方式,定量则主要通过规模等数量指标来划分大、中、小型企业。

无论是大企业还是中小企业,财务管理的内容与职能大致相同,但由于中小企业的自身特点及其所面对的独特的外部环境,它们的财务管理工作具有自身的特点。

1. 中小企业的内部管理基础普遍较弱

虽然大企业也存在管理效率低下的问题,但这一问题在中小企业更为普遍。一方面,受生产资源和人才资源等方面的限制,中小企业的管理资源普遍短缺,管理机构简单,专业性不强,内部控制制度不健全。很多中小企业不设财务机构,没有专职财务管理人员,财务管理职能由会计或其他部门兼管,或由企业主管人员一手包办,先进、科学的财务决策方法难以得到规范操作,影响了企业财务管理的有效性。另一方面,许多中小企业仍徘徊在盈亏平衡的边缘,使其无暇全面系统地考虑内部管理的有效性,财务管理作为企业内部管理的一个组成部分,其有效性自然无从谈起。

2. 中小企业的抗风险能力较弱,信用等级较低

中小企业的资本规模有限,这决定了它们的抗风险能力先天不足,从而影响其信用等级。资本是企业获得利润的根本,同时也是担保企业债务、承担企业亏损的基本物质保证。中小企业资本规模较小,内部管理基础较薄弱,产品比较单一,市场风险很大,而市场风险很容易转变为企业的财务风险和银行的信贷风险。企业因资金周转不灵而导致无力支付的风险极大,经营稍有不慎造成亏损便可能带来致命的后果。统计数字表明,中小企业的倒闭数量远远超过大企业。此外,许多中小企业还需承担无限或无限连带责任,这更加大了企业风险。由此,债权人往往对中小企业制定更为严格的借贷条款。

3. 中小企业的融资渠道相对有限

随着金融改革整顿工作的不断深入,曾对中小企业发展产生重要作用的异地拆借、社会集资等不规范融资行为遭到禁止。而在新的融资网络建成之前,中小企业受自身条件限制以及现行体制、政策的影响,融资环境非常恶劣。首先,在直接融资上,现行的上市额度管理机制意味着中小企业很难争取到发行股票上市的机会;在发行企业债券上,因发行额度小也难以获准。其次,考虑间接融资渠道。由于中小企业本身素质不高、人才缺乏、内部组织关系不稳定、规模经济效益差、经营风险高、信用等级低等,往往难以满足银行等金融机构的贷款条件。再加上银行贷款政策倾斜、手续繁杂、收费高,而财产拍卖、信用融资担保、资产评估、信用评估等机制建设滞后,中小企业实际上很难得到银行的贷款,其他融资渠道同样不通畅。由此,中小企业在金融市场上得到的资金与其在国民经济中所占的比重极不相称,一定程度上仅仅依赖于内部资金供给,导致中小企业资金严重不足,制约了企业的进一步发展。

4. 中小企业对管理者的约束较多

在中小企业,特别是处在初创阶段和成长阶段的小企业,管理人员会遇到在一般企业较少见的困难,比如资金紧张、人员缺乏等。中小企业常常支付不起市场研究费用,也可能因现金短缺而雇不起足够的管理人员,这些都会给管理者带来困难。另外,中小企业最为缺乏的是在市场开发、财务分析、人力资源管理等方面有丰富经验的专业人员,这就迫使管理者对企业经营活动的方方面面事必躬亲。很多中小企业的管理者财务意识淡薄,只关注企业的生产活动,终因理财不当而走向失败之路。

任务1　中小企业筹资管理决策

活动1　中小企业筹资管理

活动目标：了解和掌握中小企业融资渠道及风险投资过程

工作实例12-1：美国于1953年成立了中小企业信用担保机构，其担保业务由小企业管理局负责。在美国，信用保证机构通常采用专项授权保证方式，各地的小企业管理局的分支机构除了为中小企业提供一些免费的管理咨询和辅导，还负责对中小企业的信用状况进行调查。

中小企业申请银行贷款时首先向银行提交信贷申请，银行对中小企业进行审查，如果银行认为需要信用担保机构提供担保，会将信用调查资料转交给当地的小企业管理局。如果小企业管理局同意提供担保，银行将发放贷款，贷款的偿还方式可以按照每个企业的需要灵活安排。美国规定的最高担保倍数是50倍。小企业管理局提供的担保比例根据担保数额的不同而有所调整，15万美元以下的贷款，小企业管理局提供的担保比例为85%，15万~100万美元的贷款，担保比例为75%。美国的中小企业担保机构并不向中小企业收取担保费，而是向贷款者（银行）收取其担保部分的费用。当然，贷款银行一般都会将这部分费用转嫁给最终的借款人。对于1年及1年期以下的任何规模的贷款，担保机构只向贷款银行收取0.25%的担保费；对1年期以上、担保金额在15万美元以下的贷款，收取的担保费为2%；对1年期以上、担保金额在15万~70万美元的贷款，收取的担保费为3%；对70万美元以上的贷款，则收取3.5%的担保费。美国担保机构收取的担保费是总的费用，而不是按年收取的费用，因此，企业实际的负担并不高。

（参考资料来源：张蓉：《体制转轨时期中小企业融资》，中共中央党校博士论文，2004。）

任务工具：

步骤一：

1. 中小企业的内源融资

内源融资是指企业不依赖外部资金，而在本单位内部筹集所需资金。它是通过以前的利润留存进行资本纵向积累的一种融资方式。其来源一是企业自身的积累；二是某些暂时闲置的可用来周转的资金，如折旧准备等。与外源融资相比，由于经营规模、资金实力、信誉保证、还款能力等方面的局限，中小企业在内源融资上相对容易一些，且融资成本较低，因而内源融资是中小企业筹集发展资金的主要渠道和基本方式。可以说，在世界范围内，企业特别是中小企业基本上是靠自身的积累发展壮大的。

2. 中小企业的间接融资

间接融资属于外源融资的一种，主要是指企业向商业银行和其他金融机构申请贷款融得资金。国外的经验证明，商业银行贷款是中小企业最重要的外源性融资来源。中小企业处于较为激烈的市场竞争中，发展机会可能稍纵即逝，导致中小企业对资金的需求一般较为迫切，但金额相对较小。这种时间紧、期限短的特点更适合通过银行贷款融取资金，使得中小企业对银行贷款具有一定的路径依赖。

我国金融体系的特点及中小企业自身的特征，使得中小企业获得银行贷款这一融资渠道并不畅通。

从银行方面来看，首先，为中小企业提供金融服务不在大银行的功能定位之列。在我国，四大国有商业银行占据市场的大部分份额，但其目的是为国有大中型企业、大型项目服务。虽然中小商业银行在金融体制改革的背景下有所发展，但其资金实力相对较弱，市场份额较小，在市场战略的选择上逐渐与大银行趋同。其次，由于中小企业往往财务信息不够规范和透明，银行为中小企业提供服务有较高的成本和风险，这也降低了银行贷款的积极性。

从中小企业方面来看，首先，中小企业经营风险较高，企业寿命没有保证。据调查，我国5年内中小企业的淘汰率为70%，只有大约30%具有成长潜力，导致获得银行贷款较难。其次，中小企业大多是劳动密集型企业，还有相当一部分企业无形资产占有很大比重，固定资产的数量和品质无法与大企业相比，从而在申请银行贷款时难以提供令银行满意的担保物和抵押物。

要改善中小企业的间接融资渠道，需要从以上两方面着手，充分发挥中小商业银行为中小企业服务的潜在优势，逐步完善中小企业的信用体系，提高中小企业"逃废债"的违约成本。

步骤二：

近年来，我国各地积极探索创新中小企业的信贷融资渠道与方式。例如，上海市推出"上海市科技型中小企业履约保证保险贷款"试点，以政府引导资金搭建银行贷款平台，由政府、银行和保险公司共担科技型中小企业贷款风险，开创国内银行和保险公司联合参与贷款产品的先例。第一批共通过10家企业的贷款申请，共计发放金额2 380万元。试点中，单笔贷款额度一般为50万~300万元，最高不超过500万元，贷款期限为1年以内。贷款利率根据各借款企业的风险适当浮动。保险费率为贷款本息合计的2%，如果企业按时还本付息，保费的50%可享受财政专项补贴。一旦出现贷款逾期不还，上海市科委风险补偿金将承担25%，保险公司承担45%，银行承担30%。与此同时，为鼓励融资担保机构大力开展中小企业信贷业务，上海市政府将出台新政：融资担保机构的呆账核销将参照金融机构呆账核销管理办法。对上海重点扶持的融资担保机构，其融资担保代偿损失按项目计，由融资担保专项基金予以补偿。对于市区县中小企业融资担保专项资金代偿的损失补偿，将按照融资担保对象属地化原则实施分担。

工作实例12-2： 2004年5月27日，中小企业板在深圳正式启动，标志着我国二板市场建设完成了第一步。我国建立二板市场既有必然性也具备可行性，是解决我国中小企业融资难问题，推进经济体制改革的重要举措，也是推进我国多层次资本市场体系建设的重要步骤。二板市场的建立对我国中小企业的发展起到重大示范效应。目前二板上市的企业具有绩优、盘小和高成长性等特点。2006年重启IPO（首次公开募股）以后，中小企业板的发行呈现出加速态势，仅11月份就有10多家中小企业完成发行或即将发行新股，超过以往5个月发行26只新股的速度。IPO新办法出台以后，中小板企业发行上市的财务条件更加明确，程序更加简化，取消了1年辅导期和不能在上市前12个月内通过扩股引进新股东的要求，采用更为市场化的发行与定价方式，使中小企业上市的周期大大缩短。中小板的发展为中小企业上市提供了更多的机会。

2009年3月31日，中国证监会颁布了《首次公开发行股票并在创业板上市管理暂行办法》,标志着我国创业板市场的大门正式打开,资本市场多层次的金融服务框架基本建立,中小企业的定价和资源配置机制更加完善,以资本市场为纽带的中小企业金融服务体系更加多样化。

全国中小企业股份转让系统(俗称"新三板")是经国务院批准设立的全国性证券交易场所,其运营管理机构为全国中小企业股份转让系统有限责任公司,于2012年9月20日正式成立。新三板是加快我国多层次资本市场建设发展的重要举措,对改善中小企业金融环境,大力推动创新、创业,积极推动我国场外市场健康、稳定、持续发展将起到促进作用。对于中小企业来说,新三板不仅扩充了企业的融资渠道,还可以为企业引入战略投资者,在带来资金的同时,引入规范的公司治理,为企业做大做强奠定资本与治理的基础。

任务工具:

步骤一:

直接融资是不借助于银行等金融机构,直接与资本所有者协商融通资金的一种融资活动。在我国,随着宏观金融体制改革的不断深入,直接融资得以不断发展。具体来讲,直接融资的方式主要有投入资本、发行股票、发行债券等。

中小企业在创立之初主要通过投入资本募集资金。中小企业开始营运的资金基础就是权益性资本,这不仅是企业长期资金的重要来源,也是企业进行间接融资承担债务的基础,还是我国中小企业直接融资的主要方式。严格的股票发行和债券发行制度将大多数中小企业拒之门外。为了鼓励中小企业直接融资,许多国家都设立了二板市场。

二板市场是指主板市场以外的融资市场,也称创业板市场,是为高科技领域中运作良好、成长性强的新兴中小企业提供的融资场所。其主要特点有:①上市对象是中小企业及新兴的高科技企业等;②上市公司股本相对较小;③上市公司的经营规模比较小,经营年限较短,初期盈利能力较弱;④上市公司的发展前景较好;⑤股票发行由指标管理改为标准管理;⑥全流通市场;⑦对投资者来说,投资风险较大,但收益也较高。

二板市场的存在主要是因为主板市场的门槛相对较高,对于那些刚刚步入扩张阶段或稳定阶段的中小高新技术企业来说,存在着难以逾越的规模障碍;另外,在主板市场严格的指标管理机制下,即使能够进入主板市场通道,也无法满足众多高新技术企业的融资要求。从国际二板市场来看,考虑到新兴公司业务前景的不确定性,其上市条件要低于主板市场。二板市场的主要职能在于:①为创业投资提供"出口"和回报实现机制,促进高科技投资的良性循环,提高风险资本的流动性和使用效率;②高科技企业在达到一定标准后在二板市场发行股票上市,由非上市公司改造成公众公司,这将促使这些企业在经营发展、财务管理等方面全方位接受社会监督,在新的制约机制下不断提高自身素质。

步骤二:

我国中小企业创业板上市的基本条件为:①依法设立且持续经营3年以上的股份有限公司。②最近两年连续盈利,最近两年净利润累计不少于1 000万元,且持续增长;或者最近一年盈利,且净利润不少于50万元,最近一年营业收入不少于5 000万元,最近两年营业收入增长率均不低于30%。净利润以扣除非经常性损益前后孰低者为计算依据。③最近一期期末净资产不少于2 000万元,且不存在未弥补亏损。④发行后股本总额不少于3 000万元。此外,申请在创业板上市的公司应有明晰的股权结构和公司治理结构,上市前两年的主营业务、董事以及高管没有发生重大变化,实际控制人没有发生变更。创业板上市公司应主营一种业务,证监会对创业板的政策导向是不鼓励其从事多元化经营。

相比中小板和创业板,新三板挂牌的门槛较低,需要满足的条件为:①公司依法设立且存续满两年。有限责任公司按原账面净资产值折股整体变更为股份有限公司的,存续时间可以从有限责任公司成立之日起计算。②业务明确,具有持续经营能力。③公司治理机制健全,合法规范经营。④股权明晰,股票发行和转让行为合法合规。⑤主办券商推荐并持续督导。⑥全国中小企业股份转让系统公司要求的其他条件。

工作实例 12-3:风险投资始于美国一些私人银行对石油、钢铁、铁路等新兴行业的投资获得了丰厚的回报。1957年,美国哈佛大学教授乔治·多威特和一批新英格兰地区的企业家筹建的美国研究开发公司以7万美元投资美国数据公司的普通股,14年后,这7万美元的投资获得了469亿美元的回报。美国研究开发公司的成功被斯坦福大学的机构借鉴和推广,从而造就了闻名全球的美国中小企业的摇篮——硅谷。据统计,1997年美国有675家风险投资公司,在东部的波士顿地区投入了8.7亿美元,在西部的硅谷地区投入了37亿美元。包括英特尔、微软、苹果、网景等美国许多高科技知名企业都是依靠风险投资由小变大、由弱变强,迅速发展起来的。

任务工具:

步骤一:

风险投资是由风险投资公司进行风险判断、资金投入、经营管理的综合工程,其投资对象一般为具有高新技术项目(产品)、起步不久、急需资金的新型中小企业。其在性质上是一种主要向科技型、高成长型创业企业进行股权投资,或为其提供管理和咨询服务,以期在被投资企业发展成熟后,通过股权转让获取收益的投资行为。所谓风险,主要包括高新技术产业化风险、市场认同与扩展风险、投资安全风险、竞争风险等。

风险投资是一种特殊的投融资活动,其具有四个基本特征:第一,投资的方式主要是股权投资。第二,投资的周期较长。第三,高风险,高回报。投资的目的不在于不断地获得利息或红利,而在于当投资对象的市场评价达到较高水平时,通过股权转让活动一次性获得尽可能大的市场回报,即取得中长期资本利得。第四,它不只是一种投融资活动,还是一种集资金融通、企业管理、科技和市场开发等诸多因素于一体的综合性经济活动。

步骤二:

中小企业如何才能获得风险投资呢?其应具备的条件包括:①高科技。风险投资者特别偏爱那些在高技术领域(比如软件、药品、通信技术领域)具有领先优势的公司。如果企业家有一项受保护的先进技术或产品,他的企业就会引起风险投资公司很大的兴趣。这是因为高技术行业本身就有很高的利润,而领先的或受保护的高技术产品(服务)使风险企业很容易进入市场,并在激烈的市场竞争中立于不败之地。②小规模。大多数风险投资者更偏爱小企业,首先是因为小企业技术创新效率高,有更多的活力,更能适应市场的变化;其次是因为小企业的规模小,需要的资金量也小,风险投资公司所冒风险就是有限的。③范围。一般的风险投资公司都有一定的投资范围,这里的范围有两个含义:一是指技术范围,风险投资公司通常只对自己所熟悉行业或领域的企业进行投资;二是指地理范围,风险投资公司所资助的企业大多分布在公司所在地的附近,这主要是为了便于沟通和控制。④市场。其主要包括:产品市场规模、产品市场需求特性、市场进入难易程度和潜在增长;产品差别化程度,企业创造独一无二产品的技术技能及专利保护有效性;产品和技术被替代的可能性;潜在的竞争者数目。⑤管理。风险投资公司资助的是那些已经组成管理队伍、完成商业调研和市场调研的风险企业。事实上,只有极少数项目在资金投入前就有实际收入,即具备初步经营条件。另外,风险投资公司并不会单给一项技术或产品投资。⑥经验。现在的风险投资公司越来越不愿意和一个缺乏经验的企业家合作,尽管他的想法或产品非常有吸引力。在一般的投资项目中,投资者都会要求企业家有从事该行业工作的经历或成功经验。

中小企业的创业者在设法获取风险投资的时候应该从何处着手?首先,需要了解风险投资公司的背景,风险投资公司对你所从事的行业是否了解。如果它们不了解你所从事的行业,一般不会进行投资。其次,它们是否曾经在这一领域中参与投资。最后,必须清楚风险投资公司关注的问题:①在一定的风险下获得投资回报的可能性;②对企业运行机制的直接参与和影响;③保障投入资金一定程度的流动性;④在企业经营绩效不好时对企业管理进行直接干预甚至控制。对此中小企业必须有充分的心理准备。

任务 2　中小企业投资管理决策

活动 2　中小企业投资管理

活动目标: 了解和掌握中小企业投资战略的制定。

工作实例 12-4: 1984 年 5 月,中科院的几名工程师借款 2 万元,创办了四通公司。除从事电子类产品贸易外,四通二次开发打印机、自主开发文字处理机和编排系统。到 1992 年年底,文字处理机累计销售 10 多万台,全国市场占有率高达 80%,当年总营业额 13.4 亿元,利润 600 多万元,连续 4 年居全国计算机行业首位。同时,经过 8 年的创业,四通拥有相当的剩余资源,主要有四通的招牌、资金、中文软件技术、人才等。最重要的是,四通在全国建立了一个当时独一无二的销售服务网络:32 家分公司、100 多家培训中心、900 多家维修服务中心和 1 280 家销售代理商。

1992 年年初,四通集团开始实施以股份化、集团化、产业化、国际化为中心的"二次创业"总战略,其产业化战略的主要内容是"与巨人同行"的多元化经营。其中几个大规模的投资活动如下:

(1) 1992 年年底,与日本松下电工、三井物产合资成立四通松下电工器材有限公司,总投资 4 000 万美元,四通占 40%,1995 年投产,是中国最大的照明器材企业。

(2) 1993 年,与康柏合资的康柏电脑中国有限公司成立,四通持股 10%,1994 年 8 月投产。这是康柏唯一的合资生产厂,也是中国最大的电脑制造企业。

(3) 1994 年 3 月,安徽四通生物医药有限公司成立,四通通过全资子公司香港钧宝投资公司持股 75%,蚌埠第二制药厂占 25%,生产 Vc 产品,总投资 2 990 万美元,1995 年 7 月投产。

(4) 1994 年 8 月,乐天四通食品有限公司成立,第一期投资 1 990 万美元,外方合资者是日本 LOTTE、韩国 LOTTE 制果和三井物产。其设计目标是全国第一家世界先进水平的综合食品生产企业,于 1995 年 11 月投产。

(5) 1994 年,投资国内一家大规模的水泥厂。

(6) 1994年年底,上海四通国际科技商城开工,拟建总面积13万平方米,60%出租或出售。

(7) 1996年3月,与日本三菱电机、三井物产合资成立"三菱四通集成电路有限公司",四通持股30%,一期投资1亿美元,总投资高达20亿美元,建成后将是中国最大的半导体综合企业。

(8) 1996年7月,成立金融集团,统管财务公司、证券、期货、信用社、房地产业务,并入股保险业。

结果,各项投资中除半导体未投产外,其他行业的业绩是与企业主业的相关程度成正比的,从而导致四通多元化经营出现"酸甜苦辣"的味道:甜者相关程度高,如照明器材、金融基本成功;酸辣者有一定相关,如半导体喜忧参半;苦者不相关,如医药、水泥、房地产则失败了。

1997年9月,四通大规模进入国内电脑市场,推出自有品牌电脑。1997年,集团总营业额达65.9亿元,居全国电子企业第5位,下半年斥资1660万美元,入股全国卫星流动通信网络。1998年年初,四通宣布进入"抓大灭小"的战略调整期,脱身不相关产业,充分发挥主业优势。

(参考资料来源:汤谷良:《汤博士点评中国财务案例》,中华工商联合出版社1999年版;袁建国:《财务管理》,东北财经大学出版社2005年版。)

任务工具:
步骤一:

因规模限制,中小企业的组织结构和经营管理方式一般采取高度集中的模式。由此,对于中小企业,投资不仅是财务管理的核心内容,更是关系企业生死存亡的关键因素。中小企业显然不能在投资活动中盲目跟从大型企业的模式,而应具有自身的特点。

企业投资战略必须以企业总体发展战略为指导,它是企业进行具体投资活动的依据。根据不同的标准,企业投资战略有不同的分类:按投资战略的性质及发展方向,可分为进取型、保守型和退却型投资战略;按投资战略的投向,可分为专业化和多元化投资战略;按投资领域的产业特征,可分为资金密集型、技术密集型和劳动密集型投资战略。不同类型的投资战略适用于不同类型与阶段的企业。中小企业对投资战略的选择,必须考虑企业内外部各种相关因素,主要包括市场机会和风险、企业发展目标和阶段、企业现有投资规模和结构、企业内部经营管理状况等。

中小企业一般处于孕育期或发展期,在发展方向上应选择较为积极的投资战略,所以进取型投资战略是中小企业发展的首选战略。当然,在经济大环境不景气、企业发展空间萎缩的情况下,企业也可选择退却型战略,及时从亏损领域抽回资金和人员,重新寻找有发展前途的领域。当产品市场趋于饱和,企业又无力开辟新市场时,选择保守型投资战略有利于企业的转向。

投资产业方向的选择是关系企业长远发展的关键问题。中小企业在选择时必须充分考虑市场机会、竞争状况、自身综合实力及产品技术特点等因素。中小企业,尤其是初创时期的中小企业,在资金匮乏的情况下,应首先考虑劳动密集型投资战略。当然,这要以劳动力成本较低为前提。若企业已具备一定的资金实力,且市场出现较好的投资时机时,企业应适时选择资金密集型投资战略。考虑到自身抗风险能力,中小企业应高度重视投出资金的流动性与安全性,防范财务风险。当企业具备雄厚的技术力量和研究开发能力时,应选择技术密集型投资战略,但这种战略需要强大的市场营销和资金投入作支持。

步骤二：

中小企业投资项目决策以对项目的全面分析为基础,主要包括以下因素:

(1) 投资收益。企业投资的根本动机是追求投资收益最大化,投资收益包括投资利润和资本利得。在项目决策中应考虑投资收益要求,以收益大小取舍投资方案,分析投资收益的确定性及影响收益的因素,并寻求提高和稳定投资收益的途径。

(2) 投资风险。投资风险主要来自投资者对市场的预期不准确以及经营缺乏效率。企业在投资项目决策中既要充分合理预期投资风险,又要提出有效规避投资风险的策略,最终实现风险与收益的配比。

(3) 投资约束。投资约束即投资企业对接受投资企业行使制约权的程度。投资约束与投资目的和投资风险密切相关,主要有控制权约束、市场约束、担保约束等。

(4) 投资弹性。投资弹性涉及两个方面:一是规模弹性,企业应根据自身资金的可供能力和投资效益或市场供求状况调整投资规模——收缩或者扩张;二是结构弹性,企业应根据市场风险或价格的变动,调整现有投资结构。

综合考虑上述四个因素,对初创期的中小企业而言,稳健投资是关键,切忌盲目扩张。实践中,中小企业在寻求发展过程中常犯两个错误:①将营运资金用于固定资产投资。中小企业在实现较丰厚的利润积累时,往往忽视营运资金周转,急于扩大固定资产投资,极易导致营运资金周转紧张。此时,企业投资弹性较小,面临严峻的财务风险。实际上,企业可将部分资金投资于固定资产,并进行一些流动性较强的投资,如股票、国债、基金、保险等,以便随时撤出补充营运资金的不足。②分散投资。中小企业资本总规模较小,分散投资很容易导致原有项目营运资金周转困难,而新的项目又不能形成规模,缺乏必要的经营能力和管理经验,无法建立竞争优势。

任务3　中小企业营运资本管理决策

活动3 中小企业营运资本管理

活动目标: 掌握中小企业的现金、应收账款和存货管理。

工作实例12-5: 富达自行车有限公司2002年投资2 879万元,引进40万辆铝合金车架生产线已竣工调试,该公司产品质量优良,价格合理,在市场上颇受欢迎,销售很好,达产后新增销售收入1.2亿元,利税2 400万元。因此公司迅速发展壮大,货币资金持有量不断增加。货币资金是企业流动性最强的资产,可以用来满足生产经营开支的各种需要,拥有足够的货币资金,对于降低企业的风险,增强企业资产的流动性和债务的可清偿性具有重要的意义,但是,货币资金属于非盈利性资产,持有量过多,它所提供的流动性边际效益会随之下降进而导致企业的收益水平降低。公司财务经理为了尽量减少企业闲置的现金数,提高资金收益率,考虑确定最佳货币资金持有量,于是分派财务科对四种不同的货币资金持有量的成本做了测算,具体数据见表12-1。

表 12-1　　　　　　　　　　　　货币资金持有方案　　　　　　　　　　　　单位：元

项目	方案 A	方案 B	方案 C	方案 D
货币资金持有量	50 000	75 000	100 000	120 000
管理成本	20 000	20 000	20 000	20 000
短缺成本	9 000	5 500	2 500	1 000

（参考资料来源：同济大学经济与管理学院网站 www.sem.tongji.edu.cn；刘桂英、邱丽娟：《财务管理案例实验教程》，经济科学出版社、中国铁道出版社 2005 年版。）

财务经理根据上述数据，结合企业的资本收益率 10%，利用成本分析模式，确定出企业最佳货币资金持有余额为 100 000 元。想一想，财务经理为什么确定 100 000 万元为企业最佳现金持有量。

任务工具：

步骤一：

现金有广义、狭义之分。广义的现金是指在生产经营过程中以货币形态存在的资金，包括库存现金、银行存款、其他货币资金等。狭义的现金仅指库存现金。这里所讲的现金是指广义的现金。

成本模型强调的是，持有现金是有成本的，最优的现金持有量是使得现金持有成本最小化的持有量。成本模型考虑的现金持有总成本包括：

（1）机会成本。现金的机会成本是指企业因持有一定现金余额丧失的再投资收益。再投资收益是企业不能同时用该现金进行有价证券投资所产生的机会成本，这种成本在数额上等于资金成本。放弃的再投资收益即机会成本属于变动成本，它与现金持有量的多少密切相关，即现金持有量越大，机会成本越大；反之就越小。

（2）管理成本。现金的管理成本是指企业因持有一定数量的现金而发生的管理费用。例如，管理人员工资、安全措施费用等。一般认为管理成本是一种固定成本，这种固定成本在一定范围内和现金持有量之间没有明显的比例关系。

（3）短缺成本。现金的短缺成本是指在现金持有量不足，又无法及时通过有价证券变现加以补充所给企业造成的损失，包括直接损失与间接损失。现金的短缺成本随现金持有量的增加而下降，随现金持有量的减少而上升，即与现金持有量负相关。

成本分析模式是根据持有现金的各项成本，分析预测其总成本最低时现金持有量的方法。其计算公式为：

最佳现金持有量下的现金持有总成本＝min(管理成本＋机会成本＋短缺成本)

在实际工作中运用成本分析模式确定最佳现金持有量的具体步骤为：

（1）根据不同现金持有量测算并确定现金成本数值；

（2）按照不同现金持有量及其相关成本资料编制最佳现金持有量测算表；

（3）在测算表中找出现金持有总成本最低时的现金持有量，即最佳现金持有量。

步骤二：

50 000 元下的机会成本＝50 000×10%＝5 000(元)

50 000 元下的总成本＝20 000＋9 000＋5 000＝34 000(元)

75 000 元下的机会成本＝75 000×10%＝7 500(元)

75 000 元下的总成本＝20 000＋5 500＋7 500＝33 000(元)
100 000 元下的机会成本＝100 000×10％＝10 000(元)
100 000 元下的总成本＝20 000＋2 500＋10 000＝32 500(元)
120 000 元下的机会成本＝120 000×10％＝12 000(元)
120 000 元下的总成本＝20 000＋1 000＋12 000＝33 000(元)

通过对比发现,持有 100 000 元现金时的总成本最小,因此 100 000 元为企业最佳现金持有量。

工作实例 12-6： 华宇服装加工厂与羽裳时装公司签订了一份加工承揽合同。按合同规定,华宇服装加工厂为羽裳时装公司加工 2 500 件真丝衬衣,于 2020 年 4 月底交货;衣料、样品及尺寸等由定做方提供;每件衬衣的加工费为 20 元,共计 5 万元,定做方应于同年 4 月 30 日自提定做物,并同时付清加工费。至同年 4 月 22 日,承揽方即完成了定做任务,但在约定的提货和付款期限内,定做方仍未前来办理提货和交款。同年 5 月中旬,华宇服装加工厂派人去羽裳时装公司催讨债款,但都无功而返。

羽裳时装公司原是一家小时装店。在经理杨某的苦心经营下,几年来发展很快,已发展成为拥有 15 家服装店的时装公司。由于发展太快,公司欠债很多,每天公司都坐满了讨债的人。杨某只好以各种理由推托搪塞。

华宇服装加工厂得知这些情况后,虽恨之入骨,但还是以大局为重,决定用"软刀子",用"笑里藏刀"这个武器来打动债务人杨某。于是,该服装厂派公关部的黄某去办此事。

黄某决定深入"虎穴",他跟杨某约好某日晚亲自登门求见。那天晚上,黄某如期赶到杨某家里。黄、杨二人初次见面。杨某心里内疚,十分尴尬,黄某为了拉近二人距离,始终微笑着,三句话不离本行,谈论两人都熟悉的服装,谈着谈着,杨某发现,两人的爱好及对服装设计的观点竟如此相似,顿生知音之感,杨某还拿出自己的得意之作让黄某评价。黄某一见,倍加赞赏,并具体指出其中的优点,适当地提出其中的不足:假若那样做的话,定会更加完美。在黄某的三寸不烂之舌的鼓吹下,杨某简直觉得"生我者父母,而知我者黄某也"。黄某看时机已到,不失时机地提出厂里的困境,希望杨某予以体谅,是不是……杨某一听此言,二话没说,立即签了 5 万元的支票交给黄某,"5 万元不在话下,再亏也不能亏你们的"。

第二天,华宇服装加工厂就把加工好的服装送到了羽裳服装公司。

(参考资料来源：张向青:《企业卓越理财》,中国广播电视出版社 2003 年版。)

任务工具：

步骤一：

企业在经营中,难免会发生应收账款。对于已经发生的应收账款,应强化日常管理工作,经常进行分析、控制,及时发现问题,提前采取对策。这些措施主要包括应收账款追踪分析、应收账款账龄分析、应收账款坏账准备制度和应收账款收款管理。

(1) 应收账款追踪分析。应收账款一旦为客户所欠,赊销企业就必须考虑如何按期足额收回的问题,要达到这一目的,赊销企业就有必要在收账之前,对该项应收账款的运行过程进行追踪分析。

当然,赊销企业不可能也没有必要对全部的应收账款都实施追踪分析。在通常情况下,赊销企业主要应以那些金额大或信用品质较差的客户的欠款作为考察的重点。如果有必要并且可能的话,赊销企业也可对客户(赊购者)信用品质与偿债能力进行延伸性调查和分析。

（2）应收账款账龄分析。应收账款账龄分析，即应收账款的结构分析。所谓应收账款的账龄结构，是指各账龄应收账款余额占应收账款总计余额的比重。

企业已发生的应收账款时间长短不一，有的尚未超过信用期，有的则已逾期拖欠。一般来说，逾期拖欠时间越长，账款催收的难度越大，成为坏账的可能性也就越高。因此，进行账龄分析，密切注意应收账款的回收情况，是提高应收账款收回率的重要环节。

因此，对不同拖欠时间的账款及不同信用品质的客户，企业应采取不同的收账方法，制定出切实可行的不同的收账政策和收账方案。对可能发生的坏账损失，需提前做出准备，充分估计这一因素对企业损益的影响；对尚未过期的应收账款，也不能放松管理、监督，以防发生新的拖欠。

（3）应收账款坏账准备制度。无论企业采取怎样严格的信用政策，只要存在着商业信用行为，坏账损失的发生总是不可避免的。既然应收账款的坏账损失无法避免，遵循谨慎性原则，对坏账损失的可能性预先进行估计，并建立弥补坏账损失的准备制度，即提取坏账准备就显得极为必要。

（4）应收账款收款管理。应收账款发生后，企业应采取各种措施，争取按期收回款项，减少坏账发生的可能性。除通过编制账龄分析表，随时掌握账款的发生及回收情况外，还要采用一定的收账政策。

企业采用的收款政策必须宽严适度。如果收款政策较严，可能会减少坏账损失，但会增加收账成本，也可能伤害具有特殊原因而拖欠的顾客，以致失去此类顾客，影响企业未来的收益；反之，收款政策过宽，会助长顾客故意拖欠货款，增加应收账款数额和坏账发生的可能性，但收款政策宽却可以节约收账费用。因此，制定收账政策要在收账费用和所减少坏账损失之间权衡，谨慎对待。例如，对过期较短的顾客，不过多地打扰，以免失去这一顾客；对过期稍长的顾客，可措辞婉转地写信催款；对过期较长的顾客，可频繁地信件催款并电话催询；对过期很长的顾客，可在催款时措辞严厉，必要时提请有关部门仲裁或提起诉讼；等等。

通常增加收账费用，能减少坏账损失，收账费用越多，坏账损失越低。但收账费用和坏账损失两者不是线性关系。一般是：开始时花费一些费用，应收账款和坏账损失有少部分降低；当收账费用逐渐增加，应收账款和坏账损失明显减少；但当收账费用达到某一限度后，即使大量增加收账费用，也不能大量降低应收账款和坏账损失，这个限度被称为饱和点。

步骤二：

案例中，华宇服装加工厂在收账中，始终保持微笑，靠微笑的力量化解纷争，顺利收回应收账款，做到了收账成本低，且没有伤害客户的关系，值得其他企业学习。但并不是所有企业都是这么幸运的，在收账中，要注意协调收账费用增加和减少坏账损失之间的关系。

工作实例12-7： 润达轮胎厂是以汽车轮胎为主导产品的企业，有多种系列产品。丁强从学校毕业被分配到该厂做材料管理工作。经理对他分配任务时说："公司以前规模不大，材料一直没进行规范管理。现在公司业务一天比一天壮大，材料所占资金也在不断增加，因此，应对材料进行规范管理。你看看如何管理，尽快拿出方案来。"丁强走进仓库并开始琢磨起来，看着上百种材料，他想到了学校所学的存货ABC管理法。于是，根据年度生产任务及材料供应的特点，丁强对生产所需的主要原料进行了ABC分类排列，区分主次，并提出相应的管理控制措施。主要做法如下：

首先，根据年度生产任务所需每种材料的平均价格和储存量，分别计算出每种主要材料占用的资金额及其占全部资金额的比重。其次,按金额比重大小顺序排列,按预定标准划分出 A、B、C 三类并编制成表格(表 12-2)。

表 12-2　　　　　　　　　　润达轮胎厂主要材料 ABC 分类表

材料名称(用编号代替)	占用资金额(元)	金额比重	类别
1	78 000	39.96%	A
2	60 500	30.99%	A
3	15 200	7.79%	B
4	12 100	6.2%	B
5	7 600	3.89%	B
6	5 400	2.76%	B
7	3 200	1.64%	C
8	2 200	1.12%	C
9	2 100	1.08%	C
10	1 800	0.93%	C
11	1 600	0.82%	C
12	1 350	0.69%	C
13	1 020	0.52%	C
14	880	0.45%	C
15	770	0.39%	C
16	660	0.34%	C
17	560	0.29%	C
18	270	0.14%	C
合计	195 210	100%	—

根据以上分类,归纳统计出分类结果见表 12-3。

表 12-3　　　　　　　　　润达轮胎厂主要材料 ABC 分类统计表

类别	各类材料品种数	品种数量比重	资金额(元)	金额比重
A	2	11.11%	138 500	70.95%
B	4	22.22%	40 300	20.64%
C	12	66.67%	16 410	8.41%
合计	18	100%	195 210	100%

(参考资料来源:刘桂英、邱丽娟:《财务管理案例实验教程》,经济科学出版社、中国铁道出版社 2005 年版。)

任务工具:

步骤一:

存货 ABC 管理法是 19 世纪意大利经济学家巴雷特首创的一种存货控制法的应用。一般来说,企业的存货品种繁多,数量巨大,尤其是大中型生产企业的存货更是成千上万,如何对这些存货加强管理是财务管理工作的重要课题,存货 ABC 管理法是一种很好的管理办法。

在存货 ABC 管理法中,存货分类的划分标准主要有两个,一是存货的金额,二是存货的品种数量,以存货的金额为主。其中,A类存货标准是存货金额很大,存货的品种数量很少;B类存货标准是存货金额较大,存货的品种数量较多。C类存货标准是存货金额较小,存货的品种数量繁多。

尽管每个企业的生产特点不同,从而每个企业存货的具体划分标准各不相同,但是一般来说,存货的划分标准大体如下:A类存货金额占整个存货金额比重的60%~80%,品种数量占整个存货品种数量的5%~15%;B类存货金额占整个存货金额比重的15%~30%,品种数量占整个存货品种数量的20%~30%;C类存货金额占整个存货金额比重的5%~15%,品种数量占整个存货品种数量的60%~70%。

将存货划分成A、B、C三类后,再采取不同的管理方法。对A类存货进行重点管理,经常检查这类存货的库存情况,严格控制这类存货的支出。由于这类存货数量很少,占用金额又较大,企业应对其按照每一个品种分别进行管理。B类存货金额相对较少,数量也较多,可以通过划分类别的方式进行管理,或者按照其在生产中的重要程度和采购难易程度分别采用A类或C类存货的管理方法。C类存货金额占整个存货金额比重很小,品种数量又很多,可以只对其进行总量控制和管理。

步骤二:

润达轮胎厂的存货数量随着业务量的增加也在增加,其存货不仅品种多,且占用较多的资金,是企业流动资产管理的重点。材料管理员丁强使用存货ABC管理法,对存货进行侧重不同的分类管理,既节省了人力和财力,又保证了存货管理的质量,是一种不错的选择。

润达轮胎厂A、B、C三类材料的具体管理和控制方法如下:

A类材料:作为管理和控制的重点,按每一个品种实施严格管理。

(1) 要求严格注意库存量,储存量必须掌握准确,保证材料及时足额的供应。

(2) 旬、月、季都要进行详细的库存统计记录,根据领用部门的用料计划与实际消耗进行平衡,定期进行检查分析。

(3) 建立严格的收、耗、存记录,及时分析资金占用情况,发现问题及时处理。

(4) 确定每种材料的进货期和经济进货批量,按经济进货批量组织进货,遇到特殊情况报经领导批准。

B类材料:通过划分类别实施控制和管理。

(1) 按类别每月填制库存情况统计报表并进行检查。

(2) 按类别大体保证收、耗、存的计划与实际平衡。

(3) 统筹安排进货量与进货期。

C类材料:按总体把握一个总金额实施控制管理。

(1) 制定总体控制金额数,制定材料消耗控制标准。

(2) 采购下放部门根据实际情况自行掌握,可适当增大一次进货量,减少采购费用。

习　题

案例分析题

金蝶软件公司"破蛹化蝶"的历程

"北用友,南金蝶"是对当今国内财务软件市场最简洁、最贴切的描述。金蝶软件公司的前身是1991年在深圳成立的深圳爱普电脑技术有限公司,当时的注册资本仅有30万元,创始人徐少春持有90%的股份。1993年与美籍华人赵西燕女士合资成立金蝶软件科技(深圳)有限公司,并成功发布金蝶财务软件。1998年接受国际数据集团(IDG)1 000万美元的风险投资。2001年在香港联交所创业板挂牌上市。是什么原因让一个本土出生的小企业仅仅经过10年的时间就成为行业的先导企业并顺利进入国际资本市场?金蝶的发展过程可以概括为起跳、腾飞、着陆、远行四个阶段,每一个阶段都离不开资金的支持与运筹。

1. 起跳:让出控股权,迎来新机遇

1991年11月,深圳爱普电脑技术有限公司成立,不久就遇到了多数小企业发展中存在的问题:难以留住人才。一方面,由于体制原因,小企业无法解决员工的户口等现实问题;另一方面,由于企业规模过小,难以吸引优秀人才长久地为企业效劳。将企业做大做强是爱普公司的愿望和目标,但没有资金如何实现这一点?恰在此时,徐少春结识了深圳蛇口社会保险公司总经理赵勇,两人相谈甚欢,萌生了合作之意。徐少春抓住这次机会,果断地"起跳",放弃了对公司的绝对控股权,同时引入美籍华人赵西燕的投资,于1993年8月8日成立了金蝶软件科技(深圳)有限公司。新公司中,徐少春持股35%,赵西燕以33 333美元入股,持股25%,社保公司投资48万元人民币,持股40%。虽然新公司的董事长由社保公司派出,但公司运作权仍由徐少春掌控。当时的国内市场竞争对手不少,其中包括占有很大份额的用友、万能、安易等,另外还有许多其他公司在争夺财务软件市场。

引入新股东不仅为公司融得了发展资金,而且带来许多无形的资产。首先,社保公司是蛇口工业区的全资子公司,所以金蝶成为蛇口工业区的控股子公司,这一身份使得员工的户口、调动、住房等问题迎刃而解。其次,赵西燕的美籍华人背景使金蝶公司享受到合资企业的待遇,在企业的发展中得到不少优惠政策。最后,大股东赵西燕身处美国,随时向国内传递最新技术动态,使得金蝶的产品开发具有一定的前瞻性。在这个背景之下,作为中国第一代电算化硕士,总裁徐少春提出了"突破传统会计核算,跨进全新财务管理"的观念,并且紧紧抓住与国际接轨这一核心,快速开发新产品。1993年,金蝶公司推出V2.0和V3.0 DOS版财务软件;1995年年底,金蝶又先声夺人,在国内还是DOS系统主宰天下的时候,以敏锐的市场判断力率先开发出全新的Windows产品,在同业引起极大轰动;1996年4月,金蝶开发的全新Windows产品经过有关部门严格测试,被评为"中国首家Windows版优秀财务软件",由此奠定了其在国内软件业的地位。

2. 腾飞:风险投资,加速发展

从1997年开始,包括投资新浪的华登等风险投资商看到了金蝶的发展潜力,纷纷伸出"橄榄枝",但金蝶不为所动,因为当时企业发展不缺资金。但是随后的一纸公文改变了金蝶的命运。1997年国家做出决定,不允许保险公司的资金投向高风险行业,这就意味着社保公司必须退出,同时也意味着金蝶身份转换,成为真正的民营企业,这为其今后的资金筹集带来许多困难。1998年1月,社保公司将其股权作价200万元转让给其他股东,正式退出金蝶,金蝶的身份转为民营。

考虑到今后可能需要海外上市,金蝶更倾向于选择一家海外的风险投资公司。最终,IDG的执著与实力赢得了金蝶的芳心。经过磋商,双方达成协议,金蝶公司接受该公司2 000万元人民币的风险投资,用于科研开发和国际市场开拓。这也是中国财务软件行业接受的第一笔国际风险投资。然而作为国际大公司的IDG选择金蝶为风险投资对象绝非偶然,

IDG公司看中了金蝶的创新能力及其所在信息技术行业的巨大发展潜力,正如IDG董事长在考察金蝶公司时所说的那样:"金蝶在产品和服务方面拥有独占的技术,在营销和组织运作方面具有出色业绩,是中国发展速度最快的财务软件公司。"最终IDG的2000万元人民币落入金蝶囊中。IDG持有金蝶25%的股权,留出10%多一点的股权分配给员工,其余股东相应增资,实现金蝶全面扩股。但IDG不参与公司的日常管理和运营。

借助风险资金的注入,金蝶的营销与技术服务网络在全国范围内迅速扩大,分支机构由21家增至37家,代理商达到360家,研发和营销方面的员工更是由300人猛增到800人。

风险投资不仅解决了公司融资难的问题,同时带来了IDG广泛的国际资源和先进的管理文化。IDG参加金蝶的市场活动,扩大了金蝶的影响力,提升了金蝶的发展速度。可以说,风险投资是金蝶发展的助推器,使其驶入发展的快车道。

3. 着陆:登陆联交所,开辟新天地

风险资金的注入加速了金蝶上市的进程。在选择纳斯达克还是香港上市时,虽然股东们有不同意见,但考虑到香港与内地信息交流更加顺畅,最终选择了香港联交所创业板市场。

1999年2月,金蝶对公司的资产、股权结构进行了调整,并在开曼群岛注册了一家控股国内公司的壳公司,于2000年3月向证监会递交了申请材料,7月得到批准。2001年2月15日,金蝶股票在香港创业板成功上市,发行股票5750万股,占总股本的20%。金蝶股票的发行价为1.03港元,筹集资金8000万港元。由于当时网络股神话破灭,美国纳斯达克等国际二板市场持线走低,受其影响金蝶上市的融资额并不理想。与其规模相当的用友软件,因为选择了国内主板上市,其融资额是金蝶的10倍之多。

但海外上市是金蝶国际化发展的必经之路,上市的过程是金蝶熟悉国际资本市场运作规则的过程,由此促进了公司在技术、管理与产品方面与国际惯例接轨,使其国际竞争力得以增强。虽然所募集资金总量不多,但对于当时的金蝶来说,完全可以满足其发展需求。从长远来看,作为成熟的国际资本市场,可持续的再融资渠道为公司通过资本市场快速扩张提供了坚实保障。此外,香港的资本市场有较为完善的监管制度,有利于金蝶公司按国际标准规范公司治理机制,树立良好的国际形象,有利于公司扩大在国际市场上的占有率。

4. 远行:且行且珍惜

上市为金蝶注入新的活力,2001年6月金蝶在美国设立硅谷办事处,金蝶国际软件集团(香港)有限公司随后成立。2001年8月与IBM建立软件合作伙伴关系。2001年9月向33名员工发放总数为172万股的股票期权。2001年12月并购中国ERP老牌劲旅北京开思。2002年3月与清华大学国家CIMS工程技术研究中心签订了战略合作协议。金蝶投资600万元成立企业信息化技术研究所。2002年4月发放上市以来第二次期权,向集团高级管理人员和技术骨干授予总数为562万股的股票期权。2003年1月被信息产业部、国家发展计划委员会、国家对外贸易经济合作部、国家税务总局认定为国家重点软件企业。2003年2月推出金蝶企业应用套件,发布"产品领先,伙伴至上"发展战略。

2005年7月20日,金蝶国际成功从香港创业板转为主板上市。按照联交所规定,创业板企业符合以下三项条件时可以申请转到主板:一是连续3年的盈利记录,最近一年的净利润超过2000万港元,之前两年的累计净利润至少达到3000万港元;二是发行时市值不能少于1亿港元;三是公众股流通量达到5000万港元或者占已发行股本的25%。金蝶国际在创业板上市的第二年(2002年)就已经达到了上述要求,具备从创业板公司转为主板公司的条件。由创业板转往主板上市,有助于金蝶改善股东基础,改进公司治理,提升公司品牌形象,吸引人才,提升内地市场竞争优势,开拓亚太地区国际市场。

2005年在香港主板上市后,金蝶采取了并购扩张的战略,2005—2010年间先后收购了制造业ERP厂商歌利来、SAAS厂商香港会计网、政府财政行业厂商宏景科技和ERP渠道厂商徐州思必得、零售连锁行业厂商深圳商祺、服装行业厂商广州齐胜、财税一体化厂商南京同盟等,总耗资超过1亿元。金蝶完成了管理架构的调整,调整后,金蝶被分为三个分别面对大型、中小型、电子商务客户的运营平台。

［参考资料来源:《金蝶的融资上市之路》,载《财经时报》,2000-08-25;《金蝶国际化险中求胜》,载《亚太经济时报》,2003-12-06;周灿:《金蝶三次融资三次飞跃》,载《国际融资》,2001(9);《管理软件规模尴尬,用友、金蝶并购扩张》,http://www.2lcbh.com/HTML/2010-2-2/164690_2.html。］

要求:

从金蝶软件的发展历程能得到什么启示？有什么值得其他中小企业借鉴之处？

项目十三 非营利组织财务管理

📖 情景引例

Libre Office 背后的非营利组织文档基金会(The Document Foundation,TDF)公开发布了其2019年度报告。完整的报告总共有54页,内容包括项目历史、基金会2019重要事件、Libre Office 2019重要事件、财务与年度预算、市场行为、会议举办记录以及基金会在社交媒体的表现等。

从这份年度报告可知,TDF 作为一个非营利组织,其收入来源主要是捐款和会员费。TDF 在2019财年的总收入为906 470 欧元,与他们2018年的总收入相比有了可观的增长。从相关数据来看,TDF 每个财年总收入从2017年的743 111 欧元到2018年的855 847 欧元,再到2019年的906 470 欧元,期间拥有了显著的增长。这也说明 TDF 的总收入一直保持着健康的同比增长。

TDF 统计的数据显示,其大约68%的收入来自 PayPal 捐款渠道,25%来自信用卡的直接捐赠,还有大约6%的捐赠渠道是"其他",最后1%来自会员费。

至于支出方面,2019年的支出约为679 080 欧元,其中62%是提供给雇主和自由职业者的资金,用于社区工作和活动、法律咨询和会计,以及基础设施成本等费用。

想一想:Liber Office 背后的 TDF 作为非营利组织,在筹资管理中的资金来源有哪些,收入是否需要上税,其财务管理目标是什么。

(参考资料来源:根据 Liber Office 对外披露财务报告整理。)

🎯 知识目标

非营利组织的概念、特征与分类;非营利组织财务管理的整体特点;非营利组织预算的概念及内容;非营利组织的筹资方式与筹资管理;非营利组织项目分析的目标。

⏳ 能力目标

- 能够认识非营利组织的含义及其财务管理特点。
- 能够识别非营利组织的筹资渠道与筹资管理模式。
- 能够掌握非营利组织的预算管理模式与内容。
- 能够计算非营利组织的资本预算。

🎯 背景知识

非营利组织的存在及其运转是社会存在和发展所不可或缺的。过去,我国非营利组织的经费主要来自国家财政提供、部分来自其自身的其他业务活动,其资金运动主要表现为经费的筹集、领拨、使用、报销等事项。因此非营利组织财务实质上是非营利组织在执行国家事业发展计划、开展业务活动过程中,有关经费的筹集、运用、管理和监督的活动。

而从我国非营利组织目前的发展状况来看,其财务已发生了根本性的变化。一方面,非营利组织的筹资正向多渠道、多形式变化,有些进行经营性活动的非营利组织的资金运动的复杂程度已和营利性组织没有太大差别;另一方面,许多从事经营性活动的非营利组织借鉴企业财务的一些管理概念和方法,运用经济手段提高资金的使用效益。另外,非营利组织资金运作状况的好坏直接影响组织的发展。

非营利组织在不同国家和地区的分布虽然有所不同,但主要集中在三个传统福利领域:教育、卫生保健和社会服务。非营利组织是以最大限度地增加社会公共利益为宗旨的社会组织形式。

任务 1　非营利组织的预算与筹资管理决策

活动 1　界定非营利组织财务管理

活动目标:能够认识非营利组织的含义及其财务管理特点。

工作实例 13-1:新型冠状病毒性肺炎疫情来袭,和很多企业一样,乐天企业也在这场"战役"中受到了一定的经济损失。在我国逐渐战胜病毒的过程中,乐天企业没有停下脚步,复工后,加大生产,资助多项防疫物资。

公司 A 总经理与财务部 B 经理沟通时,想了解一下非营利组织是什么样的组织,有什么特点。

任务工具:

步骤一:

非营利组织是指不以营利为宗旨和目的,资源提供者向组织投入资源不取得经济回报,资源提供者不享有组织的所有权,其剩余资产不存在明确的所有者权益,承担一定的受托经营责任的组织。

在我国,非营利组织通常指除营利机构和政府机构以外的一切社会组织,是不以营利为目的的提供不能由营利机构和政府机构充分提供的社会服务的组织。非营利组织是依法登记,并经法律法规授权或政府组织委托进行公共事务管理的组织。其具体表现为学会、协会、商会、基金会、联合会等各种社会团体,以及学校、图书馆、博物馆、研究所、医院、福利院等各种事业单位和民办非企业单位,集中在教育、文化、科学技术、医疗卫生、环境保护、权益保护、社区服务、扶贫发展及慈善救济等领域。

步骤二:

非营利组织的特征如下。

1. 非营利组织不以营利为目的,不存在利润指标

非营利组织与企业的最大区别在于,非营利组织不以营利为目的,而是通过为社会提供产品和服务以实现提高宏观社会效益的目的。所有的非营利组织也开展各种经营活动,实行有偿服务,进行经济核算,但是所获取的收入主要用于补偿完成其社会使命所花费的支出,创造的营业结余不分配给组织内的成员,而是将这些结余留在组织内部,使组织能够持续不断地发展。因此,以实现社会效益为宗旨的非营利组织,在执行社会职能时是不产生利润的,故不能用利润指标衡量其绩效,而应将社会效益作为衡量非营利组织业绩的基本标准。

2. 非营利组织是一种特殊的生产部门

非营利组织一般不提供物质产品,但它们大都从事着能够创造价值的智力劳动,向社会提供精神产品和劳务,具有一定的生产性。有的非营利组织虽然也提供物质产品,但它与企业进行生产经营不同,其所提供的物质产品是作为知识、信息、技术等的载体。

3. 非营利组织的资金来源

非营利组织的资金来源主要依靠全额或差额财政拨款或财政补助、单位收支结余和捐赠者的捐赠。资源提供者向该组织投入资源不取得经济回报、不准备收回所投入的资产、不享有该组织的所有权,即使非营利组织解体,资产提供者也没有分享一份剩余资产的所有者权益。

4. 非营利组织享受税收优惠待遇

由于非营利组织以实现社会效益为宗旨,不以营利为目的,其出资者也不要求获取经济回报,因此政府通常给予其特殊的税收支持。一般来说,凡是与非营利项目有关的收入都可以免交所得税;如果收费与非营利项目无关,比如经营活动取得的收入,则这部分收入应该交所得税。然而,在同一非营利组织的内部,这种界限是很难明确界定的,因此多少会从中获得一定的收益。

5. 非营利组织是社会公益性组织,行政管理的责权利难以界定

非营利组织和政府组织都具有社会公益性,但两者相比,后者的行政管理职能强,前者的行政管理职能相对较弱,除一部分具有一定行政职能的事业单位外,大多数非营利组织不具备行政管理职能。

步骤三:

按照主体性质来划分,非营利组织可分为以下两类。

1. 公立非营利组织

我国的公立非营利组织主要指事业单位。近年来,我国对事业单位的改革一直在不断探索和进行中,我国的事业单位体制因而也发生了较大变革,其资金也由计划经济时期的全部依赖国家拨款逐步变革为大部分或部分依赖国家拨款。

事业单位的类型按财政资金支持程度可分为全额拨款事业单位、差额拨款事业单位和自收自支事业单位。全额拨款事业单位的所有开支主要由财政拨付;差额拨款事业单位一般只有人员工资由财政拨付,其他开支由组织开展业务活动所获取的收入来解决;自收自支事业单位一般无财政拨款,所有开支由组织开展的业务活动收入来支付。

另外,按性质不同,可以将事业单位分为行政支持类事业单位、社会公益类事业单位和经营开发服务类事业单位。对事业单位陆续进行的改革,因其性质不同而异。例如,对行政支持类事业单位,主要是规范精简,加强管理;对社会公益类事业单位,主要是优化布局结构,完善机制,放权搞活;对经营开发服务类事业单位,主要是实行转企改制,使其进入市场。

2. 民间非营利组织

民间非营利组织是指按照财政部 2004 年 8 月 18 日颁布的《民间非营利组织会计制度》所界定的,依照国家法律、行政法规登记的社会团体、基金会、民办非企业单位和寺院、宫观、清真寺、教堂等。这些民间非营利组织一般具有以下三个方面的特点：该组织不以营利为宗旨和目标；资源提供者向该组织投入资源不取得经济回报；资源提供者不享有该组织的所有权。

步骤四：

由于非营利组织没有股东，股东财富最大化无法成为这类组织的目标。非营利组织服务于一些财务关系人，包括所有对这个组织有兴趣（财务或其他方面的兴趣）的团体。例如，一家非营利医疗机构的财务关系人可以包括它的受托管理人委员会、机构的管理人员、雇员、执业医生、借贷者、资金提供人、患者甚至潜在的患者（即社会公众）。因为没有明确规定哪一部分财务关系人拥有组织的控制权，很多人认为非营利组织的管理者不必让所有的财务关系人都满意。实际上，非营利组织的管理者在某种程度上必须取悦于所有财务关系人。因此，非营利组织的财务管理目标可以概括为：致力于最大限度地筹集资金，有效使用资金，以最大的限度完成社会使命，使社会效益最大化。

非营利组织的目标可以通过一些企业使命来表述。以一家非营利医疗机构（社区医院）为例，其使命表述如下："××社区医院及其医疗队伍是公认的具有创新精神，致力于满足公众需要的医疗界的领先者。我们致力于优质服务，力争使自己成为最好的综合性医疗服务提供机构。"为了使社区医院能实现其经营目标，医院的管理者制定了五项财务管理目标，列示如下：①医院必须保持财务活力。②医院必须获取足够利润以便实现与社区发展相适应的扩张。③医院必须获取足够的利润以便在新的医疗技术和服务项目上进行投资。④虽然医院有一份富于进取性的慈善项目方案，但它不应完全依赖于这个方案，或完全依赖于政府拨款来满足经营需要。⑤在实现上述各项财务目标的前提下，医院将致力于为社区提供价格低廉的服务。

任务2　非营利组织的筹资管理决策

活动2　非营利组织的筹资管理

活动目标： 能够识别非营利组织的筹资渠道与筹资管理模式。

工作实例13-2： 了解到非营利组织财务管理的特殊性，A总经理继续追问财务部B经理，想了解作为一个非营利组织要如何进行资金筹集，与乐天企业现在的筹资模式有什么不同。

任务工具：

步骤一：

非营利组织的筹资渠道如下。

1. 政府拨款或补助

这种筹资方式对于资金来源主要依靠财政拨款的全额拨款事业单位有着极为重要的意义，因为这是该类组织最主要的资金来源，因此，该类事业单位要根据工作目标进行深入调研与科学核算，准确核定所需拨款的额度，制定科学合理的预算方案，确定的预算额度既要保证取得既定工作任务的开支需要，又要保证不夸大虚报。

这种筹资方式对于差额拨款事业单位的资金来源也有一定的影响。差额拨款事业单位的人员工资是由财政拨付的，工资能否正常足额发放直接影响工作人员的工作热情和积极性，对于事业单位顺利开展其业务活动有重要的作用，因此，认真准确地核定人员编制，正确计算工资发放额，科学编制预算是该类事业单位所必须做好的基础工作。

民间非营利组织有时会得到政府给予的适当资助。随着民间非营利组织的进一步发展壮大，其发挥的作用也越来越大，政府给予的资助将会逐步增大。

2. 社会捐赠

不论公立的非营利组织，还是民间的非营利组织，都可以接受社会捐赠和赞助，也可以在国家政策、法规允许的条件下向社会捐赠。

特别对于民间非营利组织，其基本资源的提供者主要是组织的捐赠者和会员，因而接受捐款和发展会员成为其资金的最重要来源。民间非营利组织应不断拓展业务空间，吸引不同阶层、不同领域、不同国家的人员向组织捐款、捐物或成为组织的会员。

3. 自创收入

非营利组织自创收入是指非营利组织通过提供产品或劳务而向消费者直接收费而取得的收入以及通过投资而从受资方取得的收益。扩大自创收入并加强其管理应当是我国非营利组织发展的方向。自创收入主要包括业务收入、经营收入和投资收入。

业务收入是指非营利组织为实现其社会使命而开展业务活动取得的收入，这是自创收入的基本形式。

经营收入是指非营利组织在其实现社会使命的业务活动之外开展经营活动取得的收入。非营利组织从事合法的经营来支持其非营利性的活动，需要符合下列条件：一是利润或收入不可分配给其创立人、会员、干部、董事或员工；二是其主要目的并非单纯从事经济活动，而是实现其非营利宗旨。

投资收入是非营利组织所获取的资金，在运用于实现其社会使命的具体项目之前，通过资本运作方式进行投资，获取投资收益，以实现资金的保值与增值。非营利组织进行投资时，必须认真研究投资项目的收益及其风险，优化投资组合，在不提高风险的条件下使收益最高，或者在一定的收益条件下使风险降至最低。

4. 借款

非营利组织可以通过向银行等金融机构或非银行金融机构借款的方式筹集自身发展所需的资金。因为非营利组织不是以营利为目的的，所以利用这种筹资方式时可能会遇到很多困难，如：由于非营利组织的营利能力有限，银行或非银行金融机构不愿意将资金贷给它们；由贷款额度过大导致非营利组织短期内的还款压力过大，财务风险过高，进而影响到非营利组织正常业务的开展。但由于采用向银行或其他非银行金融机构贷款的方式筹集资金的资本成本较发行债券低，因此采用这种方式筹集资金正被越来越多的非营利组织所看好。

5. 发行债券

非营利组织可以通过向社会公开发行债券的方式筹集资金。这种筹资方式在营利组织中采用得较为普遍，在非营利组织中较少采用。非营利组织可以借鉴营利组织发行债券的成功经验，发行适合于自身业务特点的债券以筹集所需资金。

通过发行债券的方式筹集资金，与银行贷款相比，筹资风险较大，资本成本较高，但一般无需办理担保抵押手续，所以该方式是上述几种筹资方式的有益补充。非营利组织应根据自身实际需要,权衡利弊,合理使用这种方式筹集资金。

步骤二:

在非营利组织的各种筹资方式中,政府拨款或补助、社会捐赠、自创收入所形成的资金为自有资金;借款、发行债券所形成的资金为负债资金。不同的筹资方式有不同的特点,非营利组织应该加强自有资金管理和负债资金管理,做好充分、科学的预测,仔细权衡各种筹资方式的资本成本和财务风险因素,选择适当的筹资渠道和筹资方式。

1. 非营利组织的自有资金

1)扩大自创收入

在我国非营利组织的筹资中,自创收入是潜力最大的一块,但所占比例较小。从西方发达国家非营利组织的情况来看,我国非营利组织的发展趋势还是要扩大自创收入,加快发展步伐。

(1)增加经营收入。我国相当多的非营利组织不存在经营收入或经营收入比例很小,如教育机构主要是靠业务收入,即向学生所收取的学费。但是学校要想更换设备、聘请名教师,光靠财政有限的拨款和学生的学费是远远不够的,可学校如果对学生另外收费或提高收费额,那政府和社会又都是不允许的。这时学校可以考虑设立校办厂。如杭州娃哈哈公司就是校办厂出身。非营利组织增大经营收入是可行的。

(2)扩大业务收入总额。非营利组织为实现其社会使命而运作,因此,对于为实现其社会使命所提供的服务,其收费应当是低水平的甚至是免费的,而不能按照市场经济的价值规律来收费,业务收费的单价是不能提高的,我们能做的、要做的是通过扩大规模、延伸各种方式方法来扩大业务收入的总额。

2)深化非自创筹资管理

非自创收入的管理需要做好与政府合作,面向社会公众募捐,寻找企业合作伙伴。

(1)与政府合作。政府不但可提供经费及其他资源,还可以给予认同和道义方面的支持。政府的认同及道义方面的支持,能够使非营利组织获得社会的认同与支持,有利于非营利组织在经济上获得更多的外部援助。特别是民间非营利组织,更应该努力争取政府的支持和资助,与政府部门特别是民政部门、财政部门、统计部门等加强沟通和联系,以争取更多的政府资助和财政支持。

(2)扩大社会捐赠。①对于非营利组织来讲,应充分认识到社会捐赠这一筹资渠道的重要性,切实做好宣传工作,努力开展业务活动,不断提高其资金的利用效用和效率,充分发挥其社会职能,不断提高组织的知名度。②在社会筹资中要重视对捐赠者的利益补偿。在社会筹资过程中,非营利组织不但应与捐赠者坦诚相待,与之建立密切的合作伙伴关系,还需要非营利组织认真对待,就捐款的使用和结果与捐赠人进行及时而有效的沟通。要让赞助者、捐赠人充分地了解他们所捐赠的资金都能按捐赠意愿使用,并且资金的使用过程都有完整的财务记录,只有这样,才能争取到更多的捐助和赞助。③筹资目标要有针对性。非营利组织应设计好资助项目,围绕资助项目对公众行为进行调查,以了解是什么人在捐赠,他们为什么捐赠。还可以根据年龄、职业、收入、对捐赠各种资源的态度等多方面将社会公众进行分类。通过深入了解公众的行为,区分不同的资助者,有针对性地展开筹资,这有利于灵活运用多种筹资方法,提升筹资效率。

(3)寻找企业合作伙伴。非营利组织建立与企业紧密的合作关系,对双方都有益。非营利组织可以得到资金与财物的资助,从事良好的活动,还可吸收企业的员工作为志愿者参与公益事业。企业则可树立良好的社会形象,企业的社会公益成绩完全可以帮助企业的营运取得更佳的成效,鼓励公司的员工把工作做得更好,使优质的人才不致流失,增加公司的收益,吸引更多的投资者。

2. 非营利组织的负债资金

针对非营利组织发展过程中普遍存在的资金缺乏的现状,可以通过负债筹资的渠道来获取资金。例如,高等院校为扩大招生规模而扩建教学楼与学生宿舍,医院为改善医疗条件而更新医疗设备,这些都可通过负债来筹集资金。非营利组织应该加强负债筹资的管理工作,合理确定贷款规模,努力规避和控制财务风险,合理安排项目整个期间的现金流量,在拓展业务领域的同时,不断提高其社会声誉,使组织具有广阔的发展前景和持续发展的能力。采用向银行或其他非银行金融机构贷款的方式筹集组织发展所需资金是一种越来越普遍的筹资方式。

任务 3　非营利组织的资本预算决策

活动 3　非营利组织的预算管理

活动目标:能够掌握非营利组织的预算管理模式与内容。

工作实例 13-3:乐天集团财务部 B 经理提出,非营利组织的日常财务管理活动主要是围绕资金收支活动开展的,而资金的收支活动是通过预算来安排的。任何有支出的机构和核心部门都需要了解实际收入、支出、收支进度与用途等重要信息,并将这些信息与预算数据进行比较,了解差异的大小与性质、差异产生的原因、差异发生在何处,以便采取必要的措施,确保预算执行符合初衷,促进预算目标的实现。

想一想,非营利组织的预算管理是其财务管理的核心内容,非营利组织需要提前做好哪些预算准备。

任务工具:

步骤一:

非营利组织的预算活动如下。

1. 预算内资金收支活动

预算内资金收支活动是事业单位的重要财务活动。预算单位通过编制预算和实施预算来完成预算资金的收支活动。事业单位的预算规定了预算资金用于什么项目,每个规定项目支出的金额是多少,定员定额的标准是多少。

2. 预算外资金收支活动

1996 年 9 月,国务院发布了《关于加强预算外资金管理的决定》,规定预算外资金不是单位的自有资金,必须纳入预算管理。单位的预算外资金必须上缴同级财政专户,支出由同级财政按预算外资金收支计划和单位财务收支计划统筹安排,从财政专户中拨出,实行"收支两条线"管理。

预算会计改革将事业单位的预算内资金和预算外资金改为统一核算和综合平衡。因此,预算外资金的取得与使用所产生的资金收支,便构成了非营利组织预算外资金收支活动。

步骤二：

非营利组织预算是非营利组织根据事业发展计划和公共事务的管理任务编制的，经过规定程序批准的年度财务收支计划。

非营利组织预算由收入预算和支出预算组成。收入预算包括：财政补助收入、上级补助收入、事业收入、经营收入、附属单位上缴收入、其他收入、拨入专款等内容；支出预算包括事业支出、经营支出、自筹基本建设支出、对附属单位补助支出、上缴上级支出等内容。

步骤三：

1. 收入预算的编制

首先要把各收入项目纳入预算。收入项目可以划分为三类，即财政补助收入、非财政补助收入和基本建设拨款收入。非财政补助收入包括事业收入、经营收入、上级补助收入、附属单位上缴收入和其他收入。在编制收入预算过程中，首先应按收入类会计科目设定各收入项目，再确定预算额度。由于预算收支的依据不同，可以通过一些方法（如比例法、定额法、标准法、比较法、估值法等）进行具体的测算来确定预算金额。具体编制方法归纳如下：

（1）"财政补助收入"应依据同级财政部门确定的具体补助办法进行编制。

（2）"上级补助收入"应根据上级有关部门的补助标准和要求进行编制。

（3）"附属单位上缴收入"应按照与附属单位约定的上缴比例或定额进行编制。

（4）"其他收入"主要参考上年度的实际发生数并根据预算年度的收入变化给予适当的调整。

（5）"事业收入"可分为两大类，一类是有收费标准的收入项目，另一类是没有明确收费标准的收入项目。这两类收入项目的预算编制要区别对待。对有收费标准的收入项目，应根据有关业务量按标准计算。例如，学校一般根据在校学生数乘以核定的收费标准确定学费收入。对没有明确收费标准的项目，一般根据上年实际发生数，并结合预算年度的相关因素予以适当调整，来确定预算金额。

（6）"经营收入"根据本单位在预算年度制定的规划并参考上年度经营收入完成情况来确定预算金额。

（7）"拨入专款"按收入的预算金额在保持正常预算收支平衡的基础上统筹安排。

2. 支出预算的编制

非营利组织的基本支出按性质可分为人员支出和公用支出。人员支出是指用于个人方面的支出，具体包括基本工资、补助工资、其他工资、职工福利费、社会保障费、助学金等。人员支出的预算根据有关标准和编制人数计算确定。公用支出是指单位支出中用于日常公共事务方面的支出，包括公务费、设备购置费、维修费、业务费、其他费用等。公用支出可按支出定额计算，如果没有支出定额，可结合实际情况和相关规定计算。

步骤四：

非营利组织的预算，综合反映了单位内部不同层级在预算期间应实现的目标和完成的任务，单位内各部门必须相互配合、协调才能保证组织的总体目标和任务的实现。

单位预算是一个具有严格规范程序的运作体系。从编制到审批，一般采"两上两下"的预算编制与审批程序，即：单位自下而上编报年度预算，财政部门和主管部门自上而下下达预算控制数；单位根据上级下达的预算数自下而上编报正式年度预算，财政部门和主管部门自上而下核定并批复单位年度预算。财政部门和主管部门核定并批复的年度预算如何控制与执行，是一个非常重要的工作，关系到非营利组织通过为社会提供产品和服务能否有效地实现社会效益，关系到组织的运转是否能保证有效性和效率。另外还有一个关键的问题，财政部门和主管部门核定的年度预算资金最终是以支出的形式消耗的，因此支出的合规性是非营利组织必须重视的问题。

1. 预算指标的分解

公立非营利组织一旦收到财政部门批复下达的年度预算，该预算就成为执行的依据。各单位要围绕本单位的计划与目标，由财务部门统筹安排，将预算指标分解到各个部门。预算指标的分解是一项极其烦琐、细致而又科学的工作，其内容涉及面广，应在组织上和业务上做好充分准备，单位的领导层、财务部门以及各部门中层干部和有关人员必须给予足够重视。

（1）组织上的准备。在单位主管财务工作的负责人的领导下，成立由财务部门牵头，各部门负责人参与的预算指标分解领导小组。各部门围绕组织目标和本部门应完成的任务，就各部门必须开展的工作所需资金，提交详细的资金估算。

（2）财务部门的业务操作。对一个单位来说，资源是有限的，单位的每个部门都尽可能争取预算投入，并尽量在规定的有效期内使用完毕。由此产生的结果是：各部门意欲争取的预算资源之和总是超过单位本身拥有的预算资源。因此，财务部门应该合理分解预算指标，把预算指标落实到各部门中去，并以此作为监控各部门经费支出的依据。一般来说，人员经费支出是相对固定的，人员经费预算可由财务部门从预算总额中剔除。财务部门根据各部门上报的资金使用计划，参照历史数据和单位的发展需要，会同负责预算指标落实的领导小组成员，最终确定各部门的预算数，并以文件形式下达。

2. 预算控制

公立非营利组织的财务报告侧重于预算执行情况，因为对于公立非营利组织来说，其资金的流出主要表现为购进商品、支付劳务、支付薪酬等形式。它不同于企业会计，因为后者有成本费用标准作为参照物来反映成本控制的结果，并以此作为业绩评价的依据。所以，评价公立非营利组织的效益与效率，主要看资金的流出是否实现了决策和预算的意图，资源的投入和使用的结果如何，有多少产出和成果，在多大程度上实现了期望的成果。一般情况下，会计系统将决策和预算的意图转化为管理和控制的信息，使得有效的财务管理和支出控制成为可能。

预算控制的关键是对支出各阶段进行严密的合规性控制，以防范在预算执行过程中出现财务违规。财务合规性控制可以分为以下几个阶段：

（1）在承诺阶段进行财务控制。在承诺阶段进行财务控制，主要确认的内容有：支出资金的建议得到批准；资金按预算意图使用；预算中确定的各个支出类别都能保留充足的资金；支出资金申请是按预算中规定的支出类别提出的。

（2）在取得商品与服务阶段进行核实。需要确认所得到的商品、服务与其凭证（或合同、订单）的内容相一致。

（3）付款前的会计控制。付款前的会计控制要确认的事项有：付款发票和其他凭证是正确的；有相关的人员证实商品与服务被交付；有明确的收款方，即商品与服务的供应方。

（4）最终付款后的审计。最终付款后的审计的目的在于详细审查支出可能发生的任何违规行为。

活动4 非营利组织的资本预算

活动目标：能够计算非营利组织的资本预算。

工作实例13-4：乐天企业A总经理提到，作为非营利组织，可用于投资的资本数量是受到限制的，资本受限于可取得的保留盈余、捐赠和政府拨款，债务资本又受限于以其基金资本为基础可以获得的数额。

如果存在资本配量的情况，从财务管理学角度，需要接受能使NPV最大化的项目。那么想一想，在非营利组织中，也是以NPV作为考核依据吗？

任务工具：

步骤一：

非营利组织的整体目标是向社会提供服务，而不是股东财富的最大化，在这种情况下，资本预算决策除了考虑项目的营利能力以外，还要考虑其他许多要素，包括某些非经济要素，如社会的正常运行等。这些要素的重要性超过了非营利组织财务要素的重要性。

但是，若想保证非营利组织未来的生命力，就必须作出正确的财务决策，这就要求组织的管理者充分认识每一项资本投资的财务影响。实际上，如果某家非营利组织所承担的非营利性项目的耗费，无法被其承担的营利性项目的收入抵销，那么这一组织的财务状况就会逐步恶化。如果这种情况持续下去，就可能导致组织的破产、倒闭。很显然，一家破产组织是无法满足社会需求的。

步骤二：

通常，营利组织的项目分析技术同样适用于非营利组织。然而，两者之间还是存在差别的。由于非营利组织的某些项目除了单纯的经济价值以外，还要提供社会价值，因此进行项目分析时，既要考虑财务价值或现金流量价值，也要考虑社会价值。项目的总净现值（total net present value，TNPV）可以用以下公式表示：

$$TNPV = NPV + NPSV$$

式中：NPV表示项目现金流量的净现值；NPSV表示项目社会价值的净现值。

很显然，总净现值这一定义使非营利组织的资本预算与营利组织不同，并且，提出了与通过现金流量的净现值来衡量单纯的财务价值相并列的项目社会价值的估价问题。

如果某个项目的$TNPV \geqslant 0$，那么就认为这个项目是可以接受的。事实上并不是所有的项目都存在社会价值，但是，如果某个项目存在社会价值，那么在决策过程中就要充分予以考虑。为了保持企业的财务活力，计划期内所有投资项目的现金流量的净现值加上企业获得的社会价值净现值必须大于或等于零。如果未附加强制性限制条件，那么社会价值随时间推移可以取代财务价值，但这并不一定是个持续的过程，因为除非某一组织能保持它的财务完整性，否则它就无法持续地提供社会价值。社会价值的净现值的计算公式如下：

$$NPSV = \sum_{t=1}^{n} \frac{SV_t}{(1+KS)^t}$$

式中：SV_t 表示项目在第 t 年所获得的社会价值；K 表示适合这种社会价值的贴现率。

在这里，项目在第 n 年所取得的社会价值，可以根据某种量化方法贴现至第 0 年，然后求和。特别重要的是，非营利组织的资本提供者从未从他们的投资中取得现金报酬，他们得到的是社会股利形式的报酬，如慈善护理服务、医疗科研教育以及社会服务等。如果非营利组织为消费者提供服务的价格大于或等于其成本，那么一般认为这种服务没有产生社会价值。与此类似，如果政府主体购置服务是为了某个项目的利益或支持某项研究，那么我们认为这个项目所带来的社会价值的贡献者是政府主体，而不是服务真正提供者。

若想估算某个项目的 NPSV，就必须对项目每年提供的服务的社会价值进行定量分析，并确定适用于这些服务的贴现率。

首先，考虑怎样才能确定项目所提供服务的社会价值。当某个项目向消费者提供服务，而接受服务的消费者愿意并且能够为这些服务付费时，这些服务的价值就可以用消费者支付的实际数额来表示。因此，测算无支付能力的消费者所接受服务价值的一种方法就是使用那些有支付能力的消费者所支付净价的平均值。这种方法用起来很直观，但是依然存在一些容易引起争论的问题。

其次，估算贴现率。与非营利组织的权益报酬率类似，关于如何对未来社会价值进行合适的贴现也引起很大争论。显然，资本的捐赠者可以通过两种途径获得社会价值：第一种是直接将财物捐赠给非营利组织；第二种是将基金投资于有价证券，然后利用其产生的收入直接购买社会服务。由于捐赠的收入可以免税，因此在第二种情况下不会产生税务后果，但是在证券上投资的基金数额不得不纳税。由于存在第二种选择，因此可以讲，资本提供者有权获得社会价值的回报，这种回报与投资于提供相同服务的营利性组织的权益资本所获得的回报大约相等。

净社会价值现值模型使资本预算决策过程适用于非营利组织。虽然很少有非营利组织将它们所有项目的 NPSV 进行量化，但是至少应该客观地考虑其待实行项目的内在社会价值。

营利性组织与非营利组织之间还存在一个重要区别，涉及可用于投资的资本数量。标准的资本预算过程假设企业可以筹集无限数量的资本满足投资的需要。可以假定，如果某家企业想将资本投资于获利（正 NPV）项目，那么它必须增加负债或权益去满足项目的资本需求。然而，非营利组织的资本获得是受到限制的，它们的资本受限于它们可取得的保留盈余、捐赠和政府拨款；它们的举债资本受限于以其资本为基础可以获得的数额。所以，在某些时间里，非营利组织可能面临这样的情况：某个待开展项目的成本高于它们的可筹集资本量。因此，非营利组织有时不得不进行资本配量（capital rationing）。

如果存在资本配量的情况，从财务角度来讲，该企业就应该接受那种既能使 NPV 最大化，又不违反资本限制的资本项目组合。这既包括"将手中的钱尽可能地发挥最大效用"，也包括挑选给企业的财务状况带来最优正面影响的项目。然而，在非营利组织中，有时不得不优先挑选利润较低甚至 NPV 为负的项目。当这些项目带来的负面效应可以被经过挑选的 NPV 为正的项目抵消时，此种考虑是可以接受的，因为在这种情况下，优先选择低利润的项目不会破坏非营利组织的财务完整性。

习 题

案例分析题

非营利性组织新会计制度凸现"民间性"

经过反复调研和论证,《民间非营利组织会计制度》终于颁布,并于 2005 年 1 月 1 日起执行。该制度是我国第一部非营利组织的会计制度,它的颁布和执行标志着我国非营利组织财务会计规范体系建设迈出了重要的一步,这必将对我国非营利事业,特别是民间非营利事业的发展起到积极的推动作用。

政府通过法制规范和管理,使非营利组织在近年来获得了快速发展。2004 年 2 月 11 日发布的《基金会管理条例》就是政府对其进行规范,并促进其发展的一个例子。如何提高我国非营利组织(NPO)的内部管理水平,如何加强对其的监督管理提上了议事日程。

NPO 的资金主要来自捐赠人的捐赠、会员交纳的会费、向服务对象收取的服务费等,对象广,涉及公众较多,而且这些资金提供者在提供资金以后不再享有所有权。捐赠人、会员以及管理部门等都有了解相关财务信息的需要,这在很大程度上要求必须通过编制能够反映这些信息的财务报告来实现。但是目前大多数 NPO 采用的是事业单位会计准则和制度,这种制制度没有考虑主要依靠民间资金来源、鲜有国家财政资金投入的民间非营利组织会计业务的特殊性,依据其编制的会计报表难以满足民间非营利组织会计信息使用者的需要,也不便于监督管理。另外,我国不少民间非营利组织还从海外募集捐款,开展国际业务,按照我国事业单位编制的会计报表显然十分不利于国际交流,在一定程度上影响了海外资金的吸收和国际业务的拓展。

在这种情况下,专门制定一套会计标准不仅十分必要而且相当迫切,这一方面有助于国家有关民间非营利组织的法律法规相互配套,便于法律部门和行业监管部门对民间非营利组织加强监督管理;另一方面有助于提高我国民间非营利组织的财务管理和会计水平,提高透明度,促进我国民间非营利组织的健康发展。

会计规范是一个体系,除了制度本身,还需要一系列配套的法规,这样才能真正发挥制度规范会计行为的作用。我们最起码要做好以下 5 点:

(1) 领导重视。会计法规定,单位负责人要对单位编制的财务会计报告的真实性、完整性负责,如果是虚假的财务报告,不仅编制报告的会计人员要承担法律责任,单位负责人也要承担责任。

(2) 完善内部治理结构和内控制度。单位内部要有一套治理结构,并相应建立内控、资产管理等制度。

(3) 独立的审计机构要跟上。NPO 没有国有资产,一般来说,国家的审计不会涉及。基金会必须委托会计师事务所的注册会计师,对年报进行审计。

(4) 政府的监管要转换思路。政府年检的重要内容之一就是要 NPO 提供包括会计报表在内的年度财务会计报告。年检的时候就要看年检的内容是不是完整,是不是按照会计制度的要求编制,有没有按照相关的法规审计,有没有审计报告。政府监管部门要特别重视保留意见和否定意见的审计报告,政府监管部门可以清晰看到每个单位的资产负债、净资产及收入费用的情况,可以拿到相应的汇总的统计数据,这样就可以知道这个行业今年的资产总额、负债总额、费用、收入等信息,汇总起来就可以看到这个行业的发展情况。

(5) 捐赠人的监管。很多人被列到董事会、理事会,这样捐赠者就可以进行有效的监管。

要求:

(1)《民间非营利组织会计制度》的实施对非营利组织有什么影响?

(2) 非营利组织在进行管理时需要注意哪些问题?

附表

附表一　　　　　　　　复利终值系数表

期数	1%	2%	3%	4%	5%	6%	7%	8%	9%	10%
1	1.010 0	1.020 0	1.030 0	1.040 0	1.050 0	1.060 0	1.070 0	1.080 0	1.090 0	1.100 0
2	1.020 1	1.040 4	1.060 9	1.081 6	1.102 5	1.123 6	1.144 9	1.166 4	1.188 1	1.210 0
3	1.030 3	1.061 2	1.092 7	1.124 9	1.157 6	1.191 0	1.225 0	1.259 7	1.295 0	1.331 0
4	1.040 6	1.082 4	1.125 5	1.169 9	1.215 5	1.262 5	1.310 8	1.360 5	1.411 6	1.464 1
5	1.051 0	1.104 1	1.159 3	1.216 7	1.276 3	1.338 2	1.402 6	1.469 3	1.538 6	1.610 5
6	1.061 5	1.126 2	1.194 1	1.265 3	1.340 1	1.418 5	1.500 7	1.586 9	1.677 1	1.771 6
7	1.072 1	1.148 7	1.229 9	1.315 9	1.407 1	1.503 6	1.605 8	1.713 8	1.828 0	1.948 7
8	1.082 9	1.171 7	1.266 8	1.368 6	1.477 5	1.593 8	1.718 2	1.850 9	1.992 6	2.143 6
9	1.093 7	1.195 1	1.304 8	1.423 3	1.551 3	1.689 5	1.838 5	1.999 0	2.171 9	2.357 9
10	1.104 6	1.219 0	1.343 9	1.480 2	1.628 9	1.790 8	1.967 2	2.158 9	2.367 4	2.593 7
11	1.115 7	1.243 4	1.384 2	1.539 5	1.710 3	1.898 3	2.104 9	2.331 6	2.580 4	2.853 1
12	1.126 8	1.268 2	1.425 8	1.601 0	1.795 9	2.012 2	2.252 2	2.518 2	2.812 7	3.138 4
13	1.138 1	1.293 6	1.468 5	1.665 1	1.885 6	2.132 9	2.409 8	2.719 6	3.065 8	3.452 3
14	1.149 5	1.319 5	1.512 6	1.731 7	1.979 9	2.260 9	2.578 5	2.937 2	3.341 7	3.797 5
15	1.161 0	1.345 9	1.558 0	1.800 9	2.078 9	2.396 6	2.759 0	3.172 2	3.642 5	4.177 2
16	1.172 6	1.372 8	1.604 7	1.873 0	2.182 9	2.540 4	2.952 2	3.425 9	3.970 3	4.595 0
17	1.184 3	1.400 2	1.652 8	1.947 9	2.292 0	2.692 8	3.158 8	3.700 0	4.327 6	5.054 5
18	1.196 1	1.428 2	1.702 4	2.025 8	2.406 6	2.854 3	3.379 9	3.996 0	4.717 1	5.559 9
19	1.208 1	1.456 8	1.753 5	2.106 8	2.527 0	3.025 6	3.616 5	4.315 7	5.141 7	6.115 9
20	1.220 2	1.485 9	1.806 1	2.191 1	2.653 3	3.207 1	3.869 7	4.661 0	5.604 4	6.727 5
21	1.232 4	1.515 7	1.860 3	2.278 8	2.786 0	3.399 6	4.140 6	5.033 8	6.108 8	7.400 2
22	1.244 7	1.546 0	1.916 1	2.369 9	2.925 3	3.603 5	4.430 4	5.436 5	6.658 6	8.140 3
23	1.257 2	1.576 9	1.973 6	2.464 7	3.071 5	3.819 7	4.740 5	5.871 5	7.257 9	8.954 3
24	1.269 7	1.608 4	2.032 8	2.563 3	3.225 1	4.048 9	5.072 4	6.341 2	7.911 1	9.849 7
25	1.282 4	1.640 6	2.093 8	2.665 8	3.386 4	4.291 9	5.427 4	6.848 5	8.623 1	10.834 7
26	1.295 3	1.673 4	2.156 6	2.772 5	3.555 7	4.549 4	5.807 4	7.396 4	9.399 2	11.918 2
27	1.308 2	1.706 9	2.221 3	2.883 4	3.733 5	4.822 3	6.213 9	7.988 1	10.245 1	13.110 0
28	1.321 3	1.741 0	2.287 9	2.998 7	3.920 1	5.111 7	6.648 8	8.627 1	11.167 1	14.421 0
29	1.334 5	1.775 8	2.356 6	3.118 7	4.116 1	5.418 4	7.114 3	9.317 3	12.172 2	15.863 1
30	1.347 8	1.811 4	2.427 3	3.243 4	4.321 9	5.743 5	7.612 3	10.062 7	13.267 7	17.449 4

（续表）

期数	11%	12%	13%	14%	15%	16%	17%	18%	19%	20%
1	1.110 0	1.120 0	1.130 0	1.140 0	1.150 0	1.160 0	1.170 0	1.180 0	1.190 0	1.200 0
2	1.232 1	1.254 4	1.276 9	1.299 6	1.322 5	1.345 6	1.368 9	1.392 4	1.416 1	1.440 0
3	1.367 6	1.404 9	1.442 9	1.481 5	1.520 9	1.560 9	1.601 6	1.643 0	1.685 2	1.728 0
4	1.518 1	1.573 5	1.630 5	1.689 0	1.749 0	1.810 6	1.873 9	1.938 8	2.005 3	2.073 6
5	1.685 1	1.762 3	1.842 4	1.925 4	2.011 4	2.100 3	2.192 4	2.287 8	2.386 4	2.488 3
6	1.870 4	1.973 8	2.082 0	2.195 0	2.313 1	2.436 4	2.565 2	2.699 6	2.839 8	2.986 0
7	2.076 2	2.210 7	2.352 6	2.502 3	2.660 0	2.826 2	3.001 2	3.185 5	3.379 3	3.583 2
8	2.304 5	2.476 0	2.658 4	2.852 6	3.059 0	3.278 4	3.511 5	3.758 9	4.021 4	4.299 8
9	2.558 0	2.773 1	3.004 0	3.251 9	3.517 9	3.803 0	4.108 4	4.435 5	4.785 4	5.159 8
10	2.839 4	3.105 8	3.394 6	3.707 2	4.045 6	4.411 4	4.806 8	5.233 8	5.694 7	6.191 7
11	3.151 8	3.478 6	3.835 9	4.226 2	4.652 4	5.117 3	5.624 0	6.175 9	6.776 7	7.430 1
12	3.498 5	3.896 0	4.334 5	4.817 9	5.350 3	5.936 0	6.580 1	7.287 6	8.064 2	8.916 1
13	3.883 3	4.363 5	4.898 0	5.492 4	6.152 8	6.885 8	7.698 7	8.599 4	9.596 4	10.699 3
14	4.310 4	4.887 1	5.534 8	6.261 3	7.075 7	7.987 5	9.007 5	10.147 2	11.419 8	12.839 2
15	4.784 6	5.473 6	6.254 3	7.137 9	8.137 1	9.265 5	10.538 7	11.973 7	13.589 5	15.407 0
16	5.310 9	6.130 4	7.067 3	8.137 2	9.357 6	10.748 0	12.330 3	14.129 0	16.171 5	18.488 4
17	5.895 1	6.866 0	7.986 1	9.276 5	10.761 3	12.467 7	14.426 5	16.672 2	19.244 1	22.186 1
18	6.543 6	7.690 0	9.024 3	10.575 2	12.375 5	14.462 5	16.879 0	19.673 3	22.900 5	26.623 3
19	7.263 3	8.612 8	10.197 4	12.055 7	14.231 8	16.776 5	19.748 9	23.214 4	27.251 6	31.948 0
20	8.062 3	9.646 3	11.523 1	13.743 5	16.366 5	19.460 8	23.105 6	27.393 0	32.429 4	38.337 6
21	8.949 2	10.803 8	13.021 1	15.667 6	18.821 5	22.574 5	27.033 6	32.323 8	38.591 0	46.005 1
22	9.933 6	12.100 3	14.713 8	17.861 0	21.644 7	26.186 4	31.629 3	38.142 1	45.923 3	55.206 1
23	11.026	13.552 3	16.626 6	20.361 6	24.891 5	30.376 2	37.006 2	45.007 6	54.648 7	66.247 4
24	12.239	15.178 6	18.788 1	23.212 2	28.625 2	35.236 4	43.297 3	53.109 0	65.032 0	79.496 8
25	13.586	17.000 1	21.230 5	26.461 9	32.919 0	40.874 2	50.657 8	62.668 6	77.388 1	95.396 2
26	15.07	19.04	23.99	30.17	37.86	47.41	59.27	73.95	92.09	114.5
27	16.73	21.32	27.11	34.39	43.54	55.00	69.35	87.26	109.6	137.3
28	18.57	23.88	30.63	39.20	50.07	63.80	81.13	103.0	130.41	164.8
29	20.62	26.75	34.62	44.69	57.58	74.01	94.93	121.5	155.2	197.8
30	22.89	29.96	39.12	50.95	66.21	85.85	111.1	143.4	184.7	237.4

(续表)

期数	21%	22%	23%	24%	25%	26%	27%	28%	29%	30%
1	1.210 0	1.220 0	1.230 0	1.240 0	1.250 0	1.260 0	1.270 0	1.280 0	1.290 0	1.300 0
2	1.464 1	1.488 4	1.512 9	1.537 6	1.562 5	1.587 6	1.612 9	1.638 4	1.664 1	1.690 0
3	1.771 6	1.815 8	1.860 9	1.906 6	1.953 1	2.000 4	2.048 4	2.097 2	2.146 7	2.197 0
4	2.143 6	2.215 3	2.288 9	2.364 2	2.441 4	2.520 5	2.601 4	2.684 4	2.769 2	2.856 1
5	2.593 7	2.702 7	2.815 3	2.931 6	3.051 8	3.175 8	3.303 8	3.436 0	3.572 3	3.712 9
6	3.138 4	3.297 3	3.462 8	3.635 2	3.814 7	4.001 5	4.195 9	4.398 0	4.608 3	4.826 8
7	3.797 5	4.022 7	4.259 3	4.507 7	4.768 4	5.041 9	5.328 8	5.629 5	5.944 7	6.274 9
8	4.595 0	4.907 7	5.238 9	5.589 5	5.960 5	6.352 8	6.767 5	7.205 8	7.668 6	8.157 3
9	5.559 9	5.987 4	6.443 9	6.931 0	7.450 6	8.004 5	8.594 8	9.223 4	9.892 5	10.604 5
10	6.727 5	7.304 6	7.925 9	8.594 4	9.313 2	10.085 7	10.915 3	11.805 9	12.761 4	13.785 8
11	8.140 3	8.911 7	9.748 9	10.657 1	11.641 5	12.708 0	13.862 5	15.111 6	16.462 2	17.921 6
12	9.849 7	10.872 2	11.991 2	13.214 8	14.551 9	16.012 0	17.605 3	19.342 8	21.236 2	23.298 1
13	11.918 2	13.264 1	14.749 1	16.386 3	18.189 9	20.175 2	22.358 8	24.758 8	27.394 7	30.287 5
14	14.421 0	16.182 2	18.141 4	20.319 1	22.737 4	25.420 7	28.395 7	31.691 3	35.339 1	39.373 8
15	17.449 4	19.742 3	22.314 0	25.195 6	28.421 7	32.030 1	36.062 5	40.564 8	45.587 5	51.185 9
16	21.113 8	24.085 6	27.446 2	31.242 6	35.527 1	40.357 9	45.799 4	51.923 0	58.807 9	66.541 7
17	25.547 7	29.384 4	33.758 8	38.740 8	44.408 9	50.851 0	58.165 2	66.461 4	75.862 1	86.504 2
18	30.912 7	35.849 0	41.523 3	48.038 6	55.511 2	64.072 2	73.869 8	85.070 6	97.862 2	112.455 4
19	37.404 3	43.735 8	51.073 7	59.567 9	69.388 9	80.731 0	93.814 7	108.890 4	126.242 2	146.192 0
20	45.259 3	53.357 6	62.820 6	73.864 1	86.736 2	101.721 1	119.144 6	139.379 7	162.852 4	190.049 6
21	54.763 7	65.096 3	77.269 4	91.591 5	108.420	128.168 5	151.313 7	178.406 0	210.079 6	247.064 5
22	66.264 1	79.417 5	95.041 3	113.573	135.525	161.492 4	192.168 3	228.359 6	271.002 7	321.183 9
23	80.179 5	96.889 4	116.900	140.831	169.406	203.480 4	244.053 8	292.300 3	349.593 5	417.539 1
24	97.017 2	118.205	143.788	174.630	211.758	256.385 3	309.948 3	374.144 4	450.975 6	542.800 8
25	117.390	144.210	176.859	216.542	264.68	323.045 4	393.634 4	478.904 9	581.758 5	705.641 0
26	142.042	175.936	217.536	268.512	330.872	407.037 3	499.915 7	612.998 2	750.468 5	917.333 3
27	171.871	214.642	267.570	332.955	413.590	512.867 0	634.892 9	784.637 7	968.104 4	1 192.533
28	207.965	261.863	329.111	412.864	516.987	646.212 4	806.314 0	1 004.336	1 248.854 6	1 550.293
29	251.637	319.473	404.807	511.951	646.234	814.227 6	1 024.018 7	1 285.550	1 611.022 5	2 015.381
30	304.481	389.757	497.912	634.819	807.793	1 025.926	1 300.503 8	1 645.504	2 078.219 0	2 619.995

325

附表二　　　　　　　　　　复利现值系数表

期数	1%	2%	3%	4%	5%	6%	7%	8%	9%	10%
1	0.990 1	0.980 4	0.970 9	0.961 5	0.952 4	0.943 4	0.934 6	0.925 9	0.917 4	0.909 1
2	0.980 3	0.961 2	0.942 6	0.924 6	0.907 0	0.890 0	0.873 4	0.857 3	0.841 7	0.826 4
3	0.970 6	0.942 3	0.915 1	0.889 0	0.863 8	0.839 6	0.816 3	0.793 8	0.772 2	0.751 3
4	0.961 0	0.923 8	0.888 5	0.854 8	0.822 7	0.792 1	0.762 9	0.735 0	0.708 4	0.683 0
5	0.951 5	0.905 7	0.862 6	0.821 9	0.783 5	0.747 3	0.713 0	0.680 6	0.649 9	0.620 9
6	0.942 0	0.888 0	0.837 5	0.790 3	0.746 2	0.705 0	0.666 3	0.630 2	0.596 3	0.564 5
7	0.932 7	0.870 6	0.813 1	0.759 9	0.710 7	0.665 1	0.622 7	0.583 5	0.547 0	0.513 2
8	0.923 5	0.853 5	0.789 4	0.730 7	0.676 8	0.627 4	0.582 0	0.540 3	0.501 9	0.466 5
9	0.914 3	0.836 8	0.766 4	0.702 6	0.644 6	0.591 9	0.543 9	0.500 2	0.460 4	0.424 1
10	0.905 3	0.820 3	0.744 1	0.675 6	0.613 9	0.558 4	0.508 3	0.463 2	0.422 4	0.385 5
11	0.896 3	0.804 3	0.722 4	0.649 6	0.584 7	0.526 8	0.475 1	0.428 9	0.387 5	0.350 5
12	0.887 4	0.788 5	0.701 4	0.624 6	0.556 8	0.497 0	0.444 0	0.397 1	0.355 5	0.318 6
13	0.878 7	0.773 0	0.681 0	0.600 6	0.530 3	0.468 8	0.415 0	0.367 7	0.326 2	0.289 7
14	0.870 0	0.757 9	0.661 1	0.577 5	0.505 1	0.442 3	0.387 8	0.340 5	0.299 2	0.263 3
15	0.861 3	0.743 0	0.641 9	0.555 3	0.481 0	0.417 3	0.362 4	0.315 2	0.274 5	0.239 4
16	0.852 8	0.728 4	0.623 2	0.533 9	0.458 1	0.393 6	0.338 7	0.291 9	0.251 9	0.217 6
17	0.844 4	0.714 2	0.605 0	0.513 4	0.436 3	0.371 4	0.316 6	0.270 3	0.231 1	0.197 8
18	0.836 0	0.700 2	0.587 4	0.493 6	0.415 5	0.350 3	0.295 9	0.250 2	0.212 0	0.179 9
19	0.827 7	0.686 4	0.570 3	0.474 6	0.395 7	0.330 5	0.276 5	0.231 7	0.194 5	0.163 5
20	0.819 5	0.673 0	0.553 7	0.456 4	0.376 9	0.311 8	0.258 4	0.214 5	0.178 4	0.148 6
21	0.811 4	0.659 8	0.537 5	0.438 8	0.358 9	0.294 2	0.241 5	0.198 7	0.163 7	0.135 1
22	0.803 4	0.646 8	0.521 9	0.422 0	0.341 8	0.277 5	0.225 7	0.183 9	0.150 2	0.122 8
23	0.795 4	0.634 2	0.506 7	0.405 7	0.325 6	0.261 8	0.210 9	0.170 3	0.137 8	0.111 7
24	0.787 6	0.621 7	0.491 9	0.390 1	0.310 1	0.247 0	0.197 1	0.157 7	0.126 4	0.101 5
25	0.779 8	0.609 5	0.477 6	0.375 1	0.295 3	0.233 0	0.184 2	0.146 0	0.116 0	0.092 3
26	0.772 0	0.597 6	0.463 7	0.360 7	0.281 2	0.219 8	0.172 2	0.135 2	0.106 4	0.083 9
27	0.764 4	0.585 9	0.450 2	0.346 8	0.267 8	0.207 4	0.160 9	0.125 2	0.097 6	0.076 3
28	0.756 8	0.574 4	0.437 1	0.333 5	0.255 1	0.195 6	0.150 4	0.115 9	0.089 5	0.069 3
29	0.749 3	0.563 1	0.424 3	0.320 7	0.242 9	0.184 6	0.140 6	0.107 3	0.082 2	0.063 0
30	0.741 9	0.552 1	0.412 0	0.308 3	0.231 4	0.174 1	0.131 4	0.099 4	0.075 4	0.057 3

(续表)

期数	11%	12%	13%	14%	15%	16%	17%	18%	19%	20%
1	0.9009	0.8929	0.8850	0.8772	0.8696	0.8621	0.8547	0.8475	0.8403	0.8333
2	0.8116	0.7972	0.7831	0.7695	0.7561	0.7432	0.7305	0.7182	0.7062	0.6944
3	0.7312	0.7118	0.6931	0.6750	0.6575	0.6407	0.6244	0.6086	0.5934	0.5787
4	0.6587	0.6355	0.6133	0.5921	0.5718	0.5523	0.5337	0.5158	0.4987	0.4823
5	0.5935	0.5674	0.5428	0.5194	0.4972	0.4761	0.4561	0.4371	0.4190	0.4019
6	0.5346	0.5066	0.4803	0.4556	0.4323	0.4104	0.3898	0.3704	0.3521	0.3349
7	0.4817	0.4523	0.4251	0.3996	0.3759	0.3538	0.3332	0.3139	0.2959	0.2791
8	0.4339	0.4039	0.3762	0.3506	0.3269	0.3050	0.2848	0.2660	0.2487	0.2326
9	0.3909	0.3606	0.3329	0.3075	0.2843	0.2630	0.2434	0.2255	0.2090	0.1938
10	0.3522	0.3220	0.2946	0.2697	0.2472	0.2267	0.2080	0.1911	0.1756	0.1615
11	0.3173	0.2875	0.2607	0.2366	0.2149	0.1954	0.1778	0.1619	0.1476	0.1346
12	0.2858	0.2567	0.2307	0.2076	0.1869	0.1685	0.1520	0.1372	0.1240	0.1122
13	0.2575	0.2292	0.2042	0.1821	0.1625	0.1452	0.1299	0.1163	0.1042	0.0935
14	0.2320	0.2046	0.1807	0.1597	0.1413	0.1252	0.1110	0.0985	0.0876	0.0779
15	0.2090	0.1827	0.1599	0.1401	0.1229	0.1079	0.0949	0.0835	0.0736	0.0649
16	0.1883	0.1631	0.1415	0.1229	0.1069	0.0930	0.0811	0.0708	0.0618	0.0541
17	0.1696	0.1456	0.1252	0.1078	0.0929	0.0802	0.0693	0.0600	0.0520	0.0451
18	0.1528	0.1300	0.1108	0.0946	0.0808	0.0691	0.0592	0.0508	0.0437	0.0376
19	0.1377	0.1161	0.0981	0.0829	0.0703	0.0596	0.0506	0.0431	0.0367	0.0313
20	0.1240	0.1037	0.0868	0.0728	0.0611	0.0514	0.0433	0.0365	0.0308	0.0261
21	0.1117	0.0926	0.0768	0.0638	0.0531	0.0443	0.0370	0.0309	0.0259	0.0217
22	0.1007	0.0826	0.0680	0.0560	0.0462	0.0382	0.0316	0.0262	0.0218	0.0181
23	0.0907	0.0738	0.0601	0.0491	0.0402	0.0329	0.0270	0.0222	0.0183	0.0151
24	0.0817	0.0659	0.0532	0.0431	0.0349	0.0284	0.0231	0.0188	0.0154	0.0126
25	0.0736	0.0588	0.0471	0.0378	0.0304	0.0245	0.0197	0.0160	0.0129	0.0105
26	0.0663	0.0525	0.0417	0.0331	0.0264	0.0211	0.0169	0.0135	0.0109	0.0087
27	0.0597	0.0469	0.0369	0.0291	0.0230	0.0182	0.0144	0.0115	0.0091	0.0073
28	0.0538	0.0419	0.0326	0.0255	0.0200	0.0157	0.0123	0.0097	0.0077	0.0061
29	0.0485	0.0374	0.0289	0.0224	0.0174	0.0135	0.0105	0.0082	0.0064	0.0051
30	0.0437	0.0334	0.0256	0.0196	0.0151	0.0116	0.0090	0.0070	0.0054	0.0042

(续表)

期数	21%	22%	23%	24%	25%	26%	27%	28%	29%	30%
1	0.8264	0.8197	0.8130	0.8065	0.8000	0.7937	0.7874	0.7813	0.7752	0.7692
2	0.6830	0.6719	0.6610	0.6504	0.6400	0.6299	0.6200	0.6104	0.6009	0.5917
3	0.5645	0.5507	0.5374	0.5245	0.5120	0.4999	0.4882	0.4768	0.4658	0.4552
4	0.4665	0.4514	0.4369	0.4230	0.4096	0.3968	0.3844	0.3725	0.3611	0.3501
5	0.3855	0.3700	0.3552	0.3411	0.3277	0.3149	0.3027	0.2910	0.2799	0.2693
6	0.3186	0.3033	0.2888	0.2751	0.2621	0.2499	0.2383	0.2274	0.2170	0.2072
7	0.2633	0.2486	0.2348	0.2218	0.2097	0.1983	0.1877	0.1776	0.1682	0.1594
8	0.2176	0.2038	0.1909	0.1789	0.1678	0.1574	0.1478	0.1388	0.1304	0.1226
9	0.1799	0.1670	0.1552	0.1443	0.1342	0.1249	0.1164	0.1084	0.1011	0.0943
10	0.1486	0.1369	0.1262	0.1164	0.1074	0.0992	0.0916	0.0847	0.0784	0.0725
11	0.1228	0.1122	0.1026	0.0938	0.0859	0.0787	0.0721	0.0662	0.0607	0.0558
12	0.1015	0.0920	0.0834	0.0757	0.0687	0.0625	0.0568	0.0517	0.0471	0.0429
13	0.0839	0.0754	0.0678	0.0610	0.0550	0.0496	0.0447	0.0404	0.0365	0.0330
14	0.0693	0.0618	0.0551	0.0492	0.0440	0.0393	0.0352	0.0316	0.0283	0.0254
15	0.0573	0.0507	0.0448	0.0397	0.0352	0.0312	0.0277	0.0247	0.0219	0.0195
16	0.0474	0.0415	0.0364	0.0320	0.0281	0.0248	0.0218	0.0193	0.0170	0.0150
17	0.0391	0.0340	0.0296	0.0258	0.0225	0.0197	0.0172	0.0150	0.0132	0.0116
18	0.0323	0.0279	0.0241	0.0208	0.0180	0.0156	0.0135	0.0118	0.0102	0.0089
19	0.0267	0.0229	0.0196	0.0168	0.0144	0.0124	0.0107	0.0092	0.0079	0.0068
20	0.0221	0.0187	0.0159	0.0135	0.0115	0.0098	0.0084	0.0072	0.0061	0.0053
21	0.0183	0.0154	0.0129	0.0109	0.0092	0.0078	0.0066	0.0056	0.0048	0.0040
22	0.0151	0.0126	0.0105	0.0088	0.0074	0.0062	0.0052	0.0044	0.0037	0.0031
23	0.0125	0.0103	0.0086	0.0071	0.0059	0.0049	0.0041	0.0034	0.0029	0.0024
24	0.0103	0.0085	0.0070	0.0057	0.0047	0.0039	0.0032	0.0027	0.0022	0.0018
25	0.0085	0.0069	0.0057	0.0046	0.0038	0.0031	0.0025	0.0021	0.0017	0.0014
26	0.0070	0.0057	0.0046	0.0037	0.0030	0.0025	0.0020	0.0016	0.0013	0.0011
27	0.0058	0.0047	0.0037	0.0030	0.0024	0.0019	0.0016	0.0013	0.0010	0.0008
28	0.0048	0.0038	0.0030	0.0024	0.0019	0.0015	0.0012	0.0010	0.0008	0.0006
29	0.0040	0.0031	0.0025	0.0020	0.0015	0.0012	0.0010	0.0008	0.0006	0.0005
30	0.0033	0.0026	0.0020	0.0016	0.0012	0.0010	0.0008	0.0006	0.0005	0.0004

附表三   年金终值系数表

期数	1%	2%	3%	4%	5%	6%	7%	8%	9%	10%
1	1.000 0	1.000 0	1.000 0	1.000 0	1.000 0	1.000 0	1.000 0	1.000 0	1.000 0	1.000 0
2	2.010 0	2.020 0	2.030 0	2.040 0	2.050 0	2.060 0	2.070 0	2.080 0	2.090 0	2.100 0
3	3.030 1	3.060 4	3.090 9	3.121 6	3.152 5	3.183 6	3.214 9	3.246 4	3.278 1	3.310 0
4	4.060 4	4.121 6	4.183 6	4.246 5	4.310 1	4.374 6	4.439 9	4.506 1	4.573 1	4.641 0
5	5.101 0	5.204 0	5.309 1	5.416 3	5.525 6	5.637 1	5.750 7	5.866 6	5.984 7	6.105 1
6	6.152 0	6.308 1	6.468 4	6.633 0	6.801 9	6.975 3	7.153 3	7.335 9	7.523 3	7.715 6
7	7.213 5	7.434 3	7.662 5	7.898 3	8.142 0	8.393 8	8.654 0	8.922 8	9.200 4	9.487 2
8	8.285 7	8.583 0	8.892 3	9.214 2	9.549 1	9.897 5	10.259 8	10.636 6	11.028 5	11.435 9
9	9.368 5	9.754 6	10.159 1	10.582 8	11.026 6	11.491 3	11.978 0	12.487 6	13.021 0	13.579 5
10	10.462 2	10.949 7	11.463 9	12.006 1	12.577 9	13.180 8	13.816 4	14.486 6	15.192 9	15.937 4
11	11.566 8	12.168 7	12.807 8	13.486 4	14.206 8	14.971 6	15.783 6	16.645 5	17.560 3	18.531 2
12	12.682 5	13.412 1	14.192 0	15.025 8	15.917 1	16.869 9	17.888 5	18.977 1	20.140 7	21.384 3
13	13.809 3	14.680 3	15.617 8	16.626 8	17.713 0	18.882 1	20.140 6	21.495 3	22.953 4	24.522 7
14	14.947 4	15.973 9	17.086 3	18.291 9	19.598 6	21.015 1	22.550 5	24.214 9	26.019 2	27.975 0
15	16.096 9	17.293 4	18.598 9	20.023 6	21.578 6	23.276 0	25.129 0	27.152 1	29.360 9	31.772 5
16	17.257 9	18.639 3	20.156 9	21.824 5	23.657 5	25.672 5	27.888 1	30.324 3	33.003 4	35.949 7
17	18.430 4	20.012 1	21.761 6	23.697 5	25.840 4	28.212 9	30.840 2	33.750 2	36.973 7	40.544 7
18	19.614 7	21.412 3	23.414 4	25.645 4	28.132 4	30.905 7	33.999 0	37.450 2	41.301 3	45.599 2
19	20.810 9	22.840 6	25.116 9	27.671 2	30.539 0	33.760 0	37.379 0	41.446 3	46.018 5	51.159 1
20	22.019 0	24.297 4	26.870 4	29.778 1	33.066 0	36.785 6	40.995 5	45.762 0	51.160 1	57.275 0
21	23.239 2	25.783 3	28.676 5	31.969 2	35.719 3	39.992 7	44.865 2	50.422 9	56.764 5	64.002 5
22	24.471 6	27.299 0	30.536 8	34.248 0	38.505 2	43.392 3	49.005 7	55.456 8	62.873 3	71.402 7
23	25.716 3	28.845 0	32.452 9	36.617 9	41.430 5	46.995 8	53.436 1	60.893 3	69.531 9	79.543 0
24	26.973 5	30.421 9	34.426 5	39.082 6	44.502 0	50.815 6	58.176 7	66.764 8	76.789 8	88.497 3
25	28.243 2	32.030 3	36.459 3	41.645 9	47.727 1	54.864 5	63.249 0	73.105 9	84.700 9	98.347 1
26	29.525 6	33.670 9	38.553 0	44.311 7	51.113 5	59.156 4	68.676 5	79.954 4	93.324 0	109.181 8
27	30.820 9	35.344 3	40.709 6	47.084 2	54.669 1	63.705 8	74.483 8	87.350 8	102.723 1	121.099 9
28	32.129 1	37.051 2	42.930 9	49.967 6	58.402 6	68.528 1	80.697 7	95.338 8	112.968 2	134.209 9
29	33.450 4	38.792 2	45.218 9	52.966 3	62.322 7	73.639 8	87.346 5	103.965 9	124.135 4	148.630 9
30	34.784 9	40.568 1	47.575 4	56.084 9	66.438 8	79.058 2	94.460 8	113.283 2	136.307 5	164.494 0

(续表)

期数	11%	12%	13%	14%	15%	16%	17%	18%	19%	20%
1	1.000 0	1.000 0	1.000 0	1.000 0	1.000 0	1.000 0	1.000 0	1.000 0	1.000 0	1.000 0
2	2.110 0	2.120 0	2.130 0	2.140 0	2.150 0	2.160 0	2.170 0	2.180 0	2.190 0	2.200 0
3	3.342 1	3.374 4	3.406 9	3.439 6	3.472 5	3.505 6	3.538 9	3.572 4	3.606 1	3.640 0
4	4.709 7	4.779 3	4.849 8	4.921 1	4.993 4	5.066 5	5.140 5	5.215 4	5.291 3	5.368 0
5	6.227 8	6.352 8	6.480 3	6.610 1	6.742 4	6.877 1	7.014 4	7.154 2	7.296 6	7.441 6
6	7.912 9	8.115 2	8.322 7	8.535 5	8.753 7	8.977 5	9.206 8	9.442 0	9.683 0	9.929 9
7	9.783 3	10.089 0	10.404 7	10.730 5	11.066 8	11.413 9	11.772 0	12.141 5	12.522 7	12.915 9
8	11.859 4	12.299 7	12.757 3	13.232 8	13.726 8	14.240 1	14.773 3	15.327 0	15.902 0	16.499 1
9	14.164 0	14.775 7	15.415 7	16.085 3	16.785 8	17.518 5	18.284 7	19.085 9	19.923 4	20.798 9
10	16.722 0	17.548 7	18.419 7	19.337 3	20.303 7	21.321 5	22.393 1	23.521 3	24.708 9	25.958 7
11	19.561 4	20.654 6	21.814 3	23.044 5	24.349 3	25.732 9	27.199 9	28.755 1	30.403 5	32.150 4
12	22.713 2	24.133 1	25.650 2	27.270 7	29.001 7	30.850 2	32.823 9	34.931 1	37.180 2	39.580 5
13	26.211 6	28.029 1	29.984 7	32.088 7	34.351 9	36.786 2	39.404 0	42.218 7	45.244 5	48.496 6
14	30.094 9	32.392 6	34.882 7	37.581 1	40.504 7	43.672 0	47.102 7	50.818 0	54.840 9	59.195 9
15	34.405 4	37.279 7	40.417 5	43.842 4	47.580 4	51.659 5	56.110 1	60.965 3	66.260 7	72.035 1
16	39.189 9	42.753 3	46.671 7	50.980 4	55.717 5	60.925 0	66.648 8	72.939 0	79.850 2	87.442 1
17	44.500 8	48.883 7	53.739 1	59.117 6	65.075 1	71.673 0	78.979 2	87.068 0	96.021 8	105.930 6
18	50.395 9	55.749 7	61.725 1	68.394 1	75.836 4	84.140 7	93.405 6	103.740 3	115.265 9	128.116 7
19	56.939 5	63.439 7	70.749 4	78.969 2	88.211 8	98.603 2	110.284 6	123.413 5	138.166 4	154.740 0
20	64.202 8	72.052 4	80.946 8	91.024 9	102.443 6	115.379 7	130.032 9	146.628 0	165.418 0	186.688 0
21	72.265 1	81.698 7	92.469 9	104.768 4	118.810 1	134.840 5	153.138 5	174.021 0	197.847 4	225.025 6
22	81.214 3	92.502 6	105.491 0	120.436 0	137.631 6	157.415 0	180.172 1	206.344 8	236.438 5	271.030 7
23	91.147 9	104.602 9	120.204 8	138.297 0	159.276 4	183.601 4	211.801 3	244.486 8	282.361 8	326.236 9
24	102.174 2	118.155 2	136.831 5	158.658 6	184.167 8	213.977 6	248.807 6	289.494 5	337.010 5	392.484 2
25	114.413 3	133.333 9	155.619 6	181.870 8	212.793 0	249.214 0	292.104 9	342.603 5	402.042 5	471.981 1
26	127.998 8	150.333 9	176.850 1	208.332 7	245.712 0	290.088 3	342.762 7	405.272 1	479.430 6	567.377 3
27	143.078 6	169.374 0	200.840 6	238.499 3	283.568 8	337.502 4	402.032 3	479.221 1	571.522 4	681.852 8
28	159.817 3	190.698 9	227.949 9	272.889 2	327.104 1	392.502 8	471.377 8	566.480 9	681.111 6	819.223 3
29	178.397 2	214.582 8	258.583 4	312.093 7	377.169 7	456.303 2	552.512 1	669.447 5	811.522 8	984.068 0
30	199.020 9	241.332 7	293.199 2	356.786 8	434.745 1	530.311 7	647.439 1	790.948 0	966.712 2	1 181.881 6

(续表)

期数	21%	22%	23%	24%	25%	26%	27%	28%	29%	30%
1	1.000 0	1.000 0	1.000 0	1.000 0	1.000 0	1.000 0	1.000 0	1.000 0	1.000 0	1.000 0
2	2.210 0	2.220 0	2.230 0	2.240 0	2.250 0	2.260 0	2.270 0	2.280 0	2.290 0	2.300 0
3	3.674 1	3.708 4	3.742 9	3.777 6	3.812 5	3.847 6	3.882 9	3.918 4	3.954 1	3.990 0
4	5.445 7	5.524 2	5.603 8	5.684 2	5.765 6	5.848 0	5.931 3	6.015 6	6.100 8	6.187 0
5	7.589 2	7.739 6	7.892 6	8.048 4	8.207 0	8.368 4	8.532 7	8.699 9	8.870 0	9.043 1
6	10.183 0	10.442 3	10.707 9	10.980 1	11.258 8	11.544 2	11.836 6	12.135 9	12.442 3	12.756 0
7	13.321 4	13.739 6	14.170 8	14.615 3	15.073 5	15.545 8	16.032 4	16.533 9	17.050 6	17.582 8
8	17.118 9	17.762 3	18.430 0	19.122 9	19.841 9	20.587 6	21.361 2	22.163 4	22.995 3	23.857 7
9	21.713 9	22.670 0	23.669 0	24.712 5	25.802 3	26.940 4	28.128 7	29.369 2	30.663 9	32.015 0
10	27.273 8	28.657 4	30.112 8	31.643 4	33.252 9	34.944 9	36.723 5	38.592 6	40.556 4	42.619 5
11	34.001 3	35.962 0	38.038 8	40.237 9	42.566 1	45.030 6	47.638 8	50.398 5	53.317 8	56.405 3
12	42.141 6	44.873 7	47.787 7	50.895 0	54.207 7	57.738 6	61.501 3	65.510 0	69.780 0	74.327 0
13	51.991 3	55.745 9	59.778 8	64.109 7	68.759 6	73.750 6	79.106 6	84.852 9	91.016 1	97.625 0
14	63.909 5	69.010 0	74.528 0	80.496 1	86.949 5	93.925 8	101.465 4	109.611 7	118.410 8	127.912 5
15	78.330 5	85.192 2	92.669 4	100.815 1	109.686 8	119.346 5	129.861 1	141.302 9	153.750 0	167.286 3
16	95.779 9	104.934 5	114.983 4	126.010 8	138.108 5	151.376 6	165.923 6	181.867 7	199.337 4	218.472 2
17	116.893 7	129.020 1	142.429 5	157.253 4	173.635 7	191.734 5	211.723 0	233.790 7	258.145 3	285.013 9
18	142.441 3	158.404 5	176.188 3	195.994 2	218.044 6	242.585 5	269.888 2	300.252 1	334.007 4	371.518 0
19	173.354 0	194.253 5	217.711 6	244.032 8	273.555 8	306.657 7	343.758 0	385.322 7	431.869 6	483.973 4
20	210.758 4	237.989 3	268.785 3	303.600 6	342.944 7	387.388 7	437.572 6	494.213 1	558.111 8	630.165 5
21	256.017 6	291.346 9	331.605 9	377.464 8	429.680 9	489.109 8	556.717 3	633.592 7	720.964 2	820.215 1
22	310.781 3	356.443 2	408.875 3	469.056 3	538.101 1	617.278 3	708.030 9	811.998 7	931.043 8	1 067.279 6
23	377.045 4	435.860 7	503.916 6	582.629 8	673.626 4	778.770 7	900.199 3	1 040.358 3	1 202.046 5	1 388.463 5
24	457.224 9	532.750 1	620.817 4	723.461 0	843.032 9	982.251 1	1 144.253 1	1 332.658 6	1 551.640 0	1 806.002 6
25	554.242 2	650.955 1	764.605 4	898.091 6	1 054.791 2	1 238.636 3	1 454.201 4	1 706.803 1	2 002.615 6	2 348.803 3
26	671.633 0	795.165 3	941.464 7	1 114.633 6	1 319.489 0	1 561.681 8	1 847.835 8	2 185.707 9	2 584.374 1	3 054.444 3
27	813.675 9	971.101 6	1 159.001 6	1 383.145 7	1 650.361 2	1 968.719 1	2 347.751 5	2 798.706 1	3 334.842 6	3 971.777 6
28	985.547 9	1 185.744 0	1 426.571 9	1 716.100 7	2 063.951 5	2 481.586 0	2 982.644 4	3 583.343 8	4 302.947 0	5 164.310 9
29	1 193.512 9	1 447.607 7	1 755.683 5	2 128.964 8	2 580.939 4	3 127.798 4	3 788.958 3	4 587.680 1	5 551.801 6	6 714.604 2
30	1 445.150 7	1 767.081 3	2 160.490 7	2 640.916 4	3 227.174 3	3 942.026 0	4 812.977 1	5 873.230 6	7 162.824 1	8 729.985 5

附表四 年金现值系数表

期数	1%	2%	3%	4%	5%	6%	7%	8%	9%	10%
1	0.990 1	0.980 4	0.970 9	0.961 5	0.952 4	0.943 4	0.934 6	0.925 9	0.917 4	0.909 1
2	1.970 4	1.941 6	1.913 5	1.886 1	1.859 4	1.833 4	1.808 0	1.783 3	1.759 1	1.735 5
3	2.941 0	2.883 9	2.828 6	2.775 1	2.723 2	2.673 0	2.624 3	2.577 1	2.531 3	2.486 9
4	3.902 0	3.807 7	3.717 1	3.629 9	3.546 0	3.465 1	3.387 2	3.312 1	3.239 7	3.169 9
5	4.853 4	4.713 5	4.579 7	4.451 8	4.329 5	4.212 4	4.100 2	3.992 7	3.889 7	3.790 8
6	5.795 5	5.601 4	5.417 2	5.242 1	5.075 7	4.917 3	4.766 5	4.622 9	4.485 9	4.355 3
7	6.728 2	6.472 0	6.230 3	6.002 1	5.786 4	5.582 4	5.389 3	5.206 4	5.033 0	4.868 4
8	7.651 7	7.325 5	7.019 7	6.732 7	6.463 2	6.209 8	5.971 3	5.746 6	5.534 8	5.334 9
9	8.566 0	8.162 2	7.786 1	7.435 3	7.107 8	6.801 7	6.515 2	6.246 9	5.995 2	5.759 0
10	9.471 3	8.982 6	8.530 2	8.110 9	7.721 7	7.360 1	7.023 6	6.710 1	6.417 7	6.144 6
11	10.367 6	9.786 8	9.252 6	8.760 5	8.306 4	7.886 9	7.498 7	7.139 0	6.805 2	6.495 1
12	11.255 1	10.575 3	9.954 0	9.385 1	8.863 3	8.383 8	7.942 7	7.536 1	7.160 7	6.813 7
13	12.133 7	11.348 4	10.635 0	9.985 6	9.393 6	8.852 7	8.357 7	7.903 8	7.486 9	7.103 4
14	13.003 7	12.106 2	11.296 1	10.563 1	9.898 6	9.295 0	8.745 5	8.244 2	7.786 2	7.366 7
15	13.865 1	12.849 3	11.937 9	11.118 4	10.379 7	9.712 2	9.107 9	8.559 5	8.060 7	7.606 1
16	14.717 9	13.577 7	12.561 1	11.652 3	10.837 8	10.105 9	9.446 6	8.851 4	8.312 6	7.823 7
17	15.562 3	14.291 9	13.166 1	12.165 7	11.274 1	10.477 3	9.763 2	9.121 6	8.543 6	8.021 6
18	16.398 3	14.992 0	13.753 5	12.659 3	11.689 6	10.827 6	10.059 1	9.371 9	8.755 6	8.201 4
19	17.226 0	15.678 5	14.323 8	13.133 9	12.085 3	11.158 1	10.335 6	9.603 6	8.950 1	8.364 9
20	18.045 6	16.351 4	14.877 5	13.590 3	12.462 2	11.469 9	10.594 0	9.818 1	9.128 5	8.513 6
21	18.857 0	17.011 2	15.415 0	14.029 2	12.821 2	11.764 1	10.835 5	10.016 8	9.292 2	8.648 7
22	19.660 4	17.658 0	15.936 9	14.451 1	13.163 0	12.041 6	11.061 2	10.200 7	9.442 4	8.771 5
23	20.455 8	18.292 2	16.443 6	14.856 8	13.488 6	12.303 4	11.272 2	10.371 1	9.580 2	8.883 2
24	21.243 4	18.913 9	16.935 5	15.247 0	13.798 6	12.550 4	11.469 3	10.528 8	9.706 6	8.984 7
25	22.023 2	19.523 5	17.413 1	15.622 1	14.093 9	12.783 4	11.653 6	10.674 8	9.822 6	9.077 0
26	22.795 2	20.121 0	17.876 8	15.982 8	14.375 2	13.003 2	11.825 8	10.810 0	9.929 0	9.160 9
27	23.559 6	20.706 9	18.327 0	16.329 6	14.643 0	13.210 5	11.986 7	10.935 2	10.026 6	9.237 2
28	24.316 4	21.281 3	18.764 1	16.663 1	14.898 1	13.406 2	12.137 1	11.051 1	10.116 1	9.306 6
29	25.065 8	21.844 4	19.188 5	16.983 7	15.141 1	13.590 7	12.277 7	11.158 4	10.198 3	9.369 6
30	25.807 7	22.396 5	19.600 4	17.292 0	15.372 5	13.764 8	12.409 0	11.257 8	10.273 7	9.426 9

(续表)

期数	11%	12%	13%	14%	15%	16%	17%	18%	19%	20%
1	0.9009	0.8929	0.8850	0.8772	0.8696	0.8621	0.8547	0.8475	0.8403	0.8333
2	1.7125	1.6901	1.6681	1.6467	1.6257	1.6052	1.5852	1.5656	1.5465	1.5278
3	2.4437	2.4018	2.3612	2.3216	2.2832	2.2459	2.2096	2.1743	2.1399	2.1065
4	3.1024	3.0373	2.9745	2.9137	2.8550	2.7982	2.7432	2.6901	2.6386	2.5887
5	3.6959	3.6048	3.5172	3.4331	3.3522	3.2743	3.1993	3.1272	3.0576	2.9906
6	4.2305	4.1114	3.9975	3.8887	3.7845	3.6847	3.5892	3.4976	3.4098	3.3255
7	4.7122	4.5638	4.4226	4.2883	4.1604	4.0386	3.9224	3.8115	3.7057	3.6046
8	5.1461	4.9676	4.7988	4.6389	4.4873	4.3436	4.2072	4.0776	3.9544	3.8372
9	5.5370	5.3282	5.1317	4.9464	4.7716	4.6065	4.4506	4.3030	4.1633	4.0310
10	5.8892	5.6502	5.4262	5.2161	5.0188	4.8332	4.6586	4.4941	4.3389	4.1925
11	6.2065	5.9377	5.6869	5.4527	5.2337	5.0286	4.8364	4.6560	4.4865	4.3271
12	6.4924	6.1944	5.9176	5.6603	5.4206	5.1971	4.9884	4.7932	4.6105	4.4392
13	6.7499	6.4235	6.1218	5.8424	5.5831	5.3423	5.1183	4.9095	4.7147	4.5327
14	6.9819	6.6282	6.3025	6.0021	5.7245	5.4675	5.2293	5.0081	4.8023	4.6106
15	7.1909	6.8109	6.4624	6.1422	5.8474	5.5755	5.3242	5.0916	4.8759	4.6755
16	7.3792	6.9740	6.6039	6.2651	5.9542	5.6685	5.4053	5.1624	4.9377	4.7296
17	7.5488	7.1196	6.7291	6.3729	6.0472	5.7487	5.4746	5.2223	4.9897	4.7746
18	7.7016	7.2497	6.8399	6.4674	6.1280	5.8178	5.5339	5.2732	5.0333	4.8122
19	7.8393	7.3658	6.9380	6.5504	6.1982	5.8775	5.5845	5.3162	5.0700	4.8435
20	7.9633	7.4694	7.0248	6.6231	6.2593	5.9288	5.6278	5.3527	5.1009	4.8696
21	8.0751	7.5620	7.1016	6.6870	6.3125	5.9731	5.6648	5.3837	5.1268	4.8913
22	8.1757	7.6446	7.1695	6.7429	6.3587	6.0113	5.6964	5.4099	5.1486	4.9094
23	8.2664	7.7184	7.2297	6.7921	6.3988	6.0442	5.7234	5.4321	5.1668	4.9245
24	8.3481	7.7843	7.2829	6.8351	6.4338	6.0726	5.7465	5.4509	5.1822	4.9371
25	8.4217	7.8431	7.3300	6.8729	6.4641	6.0971	5.7662	5.4669	5.1951	4.9476
26	8.4881	7.8957	7.3717	6.9061	6.4906	6.1182	5.7831	5.4804	5.2060	4.9563
27	8.5478	7.9426	7.4086	6.9352	6.5135	6.1364	5.7975	5.4919	5.2151	4.9636
28	8.6016	7.9844	7.4412	6.9607	6.5335	6.1520	5.8099	5.5016	5.2228	4.9697
29	8.6501	8.0218	7.4701	6.9830	6.5509	6.1656	5.8204	5.5098	5.2292	4.9747
30	8.6938	8.0552	7.4957	7.0027	6.5660	6.1772	5.8294	5.5168	5.2347	4.9789

(续表)

期数	21%	22%	23%	24%	25%	26%	27%	28%	29%	30%
1	0.8264	0.8197	0.8130	0.8065	0.8000	0.7937	0.7874	0.7813	0.7752	0.7692
2	1.5095	1.4915	1.4740	1.4568	1.4400	1.4235	1.4074	1.3916	1.3761	1.3609
3	2.0739	2.0422	2.0114	1.9813	1.9520	1.9234	1.8956	1.8684	1.8420	1.8161
4	2.5404	2.4936	2.4483	2.4043	2.3616	2.3202	2.2800	2.2410	2.2031	2.1662
5	2.9260	2.8636	2.8035	2.7454	2.6893	2.6351	2.5827	2.5320	2.4830	2.4356
6	3.2446	3.1669	3.0923	3.0205	2.9514	2.8850	2.8210	2.7594	2.7000	2.6427
7	3.5079	3.4155	3.3270	3.2423	3.1611	3.0833	3.0087	2.9370	2.8682	2.8021
8	3.7256	3.6193	3.5179	3.4212	3.3289	3.2407	3.1564	3.0758	2.9986	2.9247
9	3.9054	3.7863	3.6731	3.5655	3.4631	3.3657	3.2728	3.1842	3.0997	3.0190
10	4.0541	3.9232	3.7993	3.6819	3.5705	3.4648	3.3644	3.2689	3.1781	3.0915
11	4.1769	4.0354	3.9018	3.7757	3.6564	3.5435	3.4365	3.3351	3.2388	3.1473
12	4.2784	4.1274	3.9852	3.8514	3.7251	3.6059	3.4933	3.3868	3.2859	3.1903
13	4.3624	4.2028	4.0530	3.9124	3.7801	3.6555	3.5381	3.4272	3.3224	3.2233
14	4.4317	4.2646	4.1082	3.9616	3.8241	3.6949	3.5733	3.4587	3.3507	3.2487
15	4.4890	4.3152	4.1530	4.0013	3.8593	3.7261	3.6010	3.4834	3.3726	3.2682
16	4.5364	4.3567	4.1894	4.0333	3.8874	3.7509	3.6228	3.5026	3.3896	3.2832
17	4.5755	4.3908	4.2190	4.0591	3.9099	3.7705	3.6400	3.5177	3.4028	3.2948
18	4.6079	4.4187	4.2431	4.0799	3.9279	3.7861	3.6536	3.5294	3.4130	3.3037
19	4.6346	4.4415	4.2627	4.0967	3.9424	3.7985	3.6642	3.5386	3.4210	3.3105
20	4.6567	4.4603	4.2786	4.1103	3.9539	3.8083	3.6726	3.5458	3.4271	3.3158
21	4.6750	4.4756	4.2916	4.1212	3.9631	3.8161	3.6792	3.5514	3.4319	3.3198
22	4.6900	4.4882	4.3021	4.1300	3.9705	3.8223	3.6844	3.5558	3.4356	3.3230
23	4.7025	4.4985	4.3106	4.1371	3.9764	3.8273	3.6885	3.5592	3.4384	3.3254
24	4.7128	4.5070	4.3176	4.1428	3.9811	3.8312	3.6918	3.5619	3.4406	3.3272
25	4.7213	4.5139	4.3232	4.1474	3.9849	3.8342	3.6943	3.5640	3.4423	3.3286
26	4.7284	4.5196	4.3278	4.1511	3.9879	3.8367	3.6963	3.5656	3.4437	3.3297
27	4.7342	4.5243	4.3316	4.1542	3.9903	3.8387	3.6979	3.5669	3.4447	3.3305
28	4.7390	4.5281	4.3346	4.1566	3.9923	3.8402	3.6991	3.5679	3.4455	3.3312
29	4.7430	4.5312	4.3371	4.1585	3.9938	3.8414	3.7001	3.5687	3.4461	3.3317
30	4.7463	4.5338	4.3391	4.1601	3.9950	3.8424	3.7009	3.5693	3.4466	3.3321